Reformnotwendigkeiten und Reformmöglichkeiten des § 4 III EStG

Europäische Hochschulschriften

Publications Universitaires Européennes
European University Studies

Reihe II
Rechtswissenschaft

Série II   Series II
Droit
Law

Bd./Vol. 4895

PETER LANG

Frankfurt am Main · Berlin · Bern · Bruxelles · New York · Oxford · Wien

Björn Büssen

Reformnotwendigkeiten und Reformmöglichkeiten des § 4 III EStG

Die Einnahmen-/Überschussrechnung in aktuellen Reformentwürfen und im US-Tax-Accounting

PETER LANG
Internationaler Verlag der Wissenschaften

Bibliografische Information der Deutschen Nationalbibliothek
Die Deutsche Nationalbibliothek verzeichnet diese Publikation
in der Deutschen Nationalbibliografie; detaillierte bibliografische
Daten sind im Internet über <http://www.d-nb.de> abrufbar.

Zugl.: Köln, Univ., Diss., 2008

Gedruckt auf alterungsbeständigem,
säurefreiem Papier.

D 38
ISSN 0531-7312
ISBN 978-3-631-58586-3

© Peter Lang GmbH
Internationaler Verlag der Wissenschaften
Frankfurt am Main 2009
Alle Rechte vorbehalten.

Printed in Germany 1 2 3 4 5 7

www.peterlang.de

Meinen Eltern

Vorwort

Die vorliegende Arbeit wurde im Sommersemester 2008 von der Rechtswissenschaftlichen Fakultät der Universität zu Köln als Dissertation angenommen. Das Manuskript ist auf dem Stand von Mai 2007.

Mein besonderer Dank gilt in erster Linie Frau Prof. Dr. Johanna Hey, von der der Vorschlag zu dieser Arbeit stammt und die wertvolle Anregungen gegeben hat. Dank gilt Frau Prof. Dr. Johanna Hey darüber hinaus für das Ermöglichen eines Forschungsaufenthaltes an der University of California, Berkeley. In diesem Zusammenhang gilt es Prof. John McNulty und Herrn Arthur Albrecht für deren wertvolle Unterstützung im Bereich des US-amerikanischen Steuerrechts zu danken. Herrn Prof. Dr. Joachim Lang bin ich für die unkomplizierte Erstellung des Zweitgutachtens zu Dank verpflichtet.

Mein tief empfundener Dank gilt Frau Nicole Virnich, Herrn Dr. Maximilian Wagner, Herrn Dr. Klaus Cannivé, meinem Vater, Herrn Bernd Büssen, und meiner Frau Ruth, die mich bei der Erstellung der vorliegenden Abhandlung unterstützt haben und die so wichtige Aufgabe übernommen haben, die Arbeit Korrektur zu lesen. Insbesondere möchte ich meine Frau hervorheben, die mich in der Zeit der Erstellung nach besten Kräften unterstützt hat.

Zu danken habe ich nicht zuletzt meinen Eltern, denen ich diese Arbeit widme.

Inhaltsverzeichnis

9

Kapitel A: Einleitung, Problemstellung und Gang der Untersuchung

Das Thema der vorliegenden Arbeit ist die Reform der in § 4 III EStG kodifizierten Einnahmen-/Überschussrechnung. Der Reiz, sich mit dieser Gewinnermittlungstechnik auseinanderzusetzen, liegt in der Einfachheit ihrer Grundtechnik. Die aktuelle Kodifikation spiegelt diese Einfachheit jedoch nicht wieder. *Groh* stellt sogar die Frage, „ob der betrieblichen Überschussrechnung überhaupt ein rationales Prinzip zugrunde liegt oder sie nur durch Konventionen zusammengehalten wird, die man kennen muß, aber nicht zu verstehen braucht"[1]. Der Gesetzgeber hat diese Problematik durch die Neufassung des § 4 III Satz 4 EStG im Wege des sog. Gesetzes zur Eindämmung missbräuchlicher Steuergestaltungen (MissbrauchEindämmG) vom 28. April 2006 noch verschärft, indem er die Einnahmen-/Überschussrechung weiter an den Betriebsvermögensvergleich angenähert hat.

Die vorliegende Arbeit nimmt diese Problematik auf und untersucht, ob die Einnahmen- /Überschussrechnung gemäß § 4 III EStG einem Grundprinzip zugänglich ist. Über die Frage des Grundprinzips hinaus werden die Reformnotwendigkeiten des § 4 III EStG herausgearbeitet und entsprechende Reformmöglichkeiten aufgezeigt. In diesem Zusammenhang wird auch der Frage nachgegangen, ob eine reformierte Einnahmen- /Überschussrechung als echte Alternative zur steuerlichen Gewinnermittlung durch Betriebsvermögensvergleich in Betracht zu ziehen ist. Hier stellt sich die weitergehende Frage, welche Konsequenzen sich für das Maßgeblichkeitsprinzip des § 5 I EStG ergeben.

Für die Frage nach den Reformmöglichkeiten des § 4 III EStG werden aktuelle Reformmodelle untersucht, die Elemente der Einnahmen-/Überschussrechnungstechnik enthalten. Ebenso wird das US-amerikanische Tax-Accounting auf Elemente der Einnahmen-/Überschussrechnungstechnik geprüft, um Reformmöglichkeiten für die deutsche Regelung herauszuarbeiten.

In einem ersten Schritt greift der Gang der Untersuchung die theoretischen Grundlagen der Gewinnermittlung nach dem EStG auf (sub Kapitel B). Hier wird insbesondere auf Regelung des Betriebsvermögensvergleichs als die bedeutende Gewinnermittlungsart der gegenwärtigen Gesetzesfassung Bezug genommen und deren Verknüpfung mit dem Handelsrecht betrachtet werden, um dann

---

1   Groh, FR 1986, 393 (393).

auf die bestehende Regelung des § 4 III EStG hinzuführen und deren Reformnotwendigkeiten aufzuzeigen (sub Kapitel C).

Im Anschluss werden die Elemente der Einnahmen-/Überschussrechnungstechnik und deren konkrete Ausgestaltungen in ausgewählten aktuellen Reformentwürfen[2] dargestellt (sub Kapitel D), wobei deren Gewinnermittlungskonzept in einem ersten Schritt überblickt wird und in einem zweiten Schritt mögliche Lösungsansätze für die Reformnotwendigkeiten der gegenwärtigen Einnahmen-/ Überschussregelung herausgearbeitet werden. Nach einem Überblick über die steuerliche Gewinnerermittlung in den USA werden die entsprechenden US-Regelungen unter der Perspektive der Reformnotwendigkeiten des deutschen § 4 III EStG verglichen (sub Kapitel E). Im Anschluss werden die Reform- und deren Umsetzungsmöglichkeiten einer neu zu gestaltenden Regelung der Einnahmen-/Überschussrechnung diskutiert (sub Kapitel F).

---

2 Auswahlkriterium ist insoweit das Vorliegen eines ausformulierten Reformmodells mit Gesetzestext und ein Bezug zur Einnahme-/Überschussrechnung.

Kapitel B: Grundlagen der Gewinnermittlung nach dem EStG

I. Der Steuergegenstand des EStG und der Dualismus der Einkünfteermittlung

Steuergegenstand der deutschen Einkommensteuer ist gemäß § 2 EStG das Einkommen[3]. Dieses ist dem EStG nicht generalklauselartig zugrunde gelegt. § 2 V Satz 1 EStG definiert zwar nach seinem Wortlaut das Einkommen[4], beinhaltet aber weder den Steuergegenstand noch die Bemessungsgrundlage der Einkommensteuer, sondern fixiert lediglich eine Zwischengröße für weitere Abzugstatbestände[5]. § 2 IV EStG bestimmt das Einkommen als den Gesamtbetrag der Einkünfte, vermindert um die Sonderabgaben und die außergewöhnlichen Belastungen. Dabei handelt es sich aber um keine abstrakte Definition, sondern im Wesentlichen um eine von den Tatbestandsmerkmalen des § 2 I Satz 1 EStG geprägte Begriffsfassung. § 2 I Satz 1 EStG normiert als Ausgangspunkt zur Ermittlung der Bemessungsgrundlage den Steuergegenstand selbst[6] und legt den sachlichen Anwendungsbereich der Einkommensteuerpflicht auf sieben Einkunftsarten fest. Die Einkunftarten erfahren ihre jeweilige Definitionen gemäß § 2 I Satz 2 EStG in den §§ 13 bis 24 EStG[7]. Dabei wechseln in den von der Verweisung umfassten

---

3   BT-Drucks. 7/1470, 238. In diesem Sinne ebenfalls Lang, in Tipke/Lang, Steuerrecht, § 9 Rz. 40; Tipke, in FS für Heinz Paulick, S. 391. Andere Ansichten Bayer/Müller, BB 1978, 1 ff, die den Steuergegenstand des EStG in der „steuerbaren Handlung" sehen und Kirchhof, in Kirchhof, EStG,, § 2 Rz. 67, der den Steuergegenstand in dem durch Nutzung einer Erwerbgrundlage erzielten Einkommen bzw. in der Nutzung einer Erwerbsgrundlage mit dem Erfolg individueller Einkünfte sieht. So Kirchhof, in Kirchhof/Söhn/Mellinghoff, EStG, § 2 A79.

4   § 2 V Satz 1 EStG: „¹Das Einkommen vermindert um die Freibeträge nach § 32 Abs. 6 und um die sonstigen vom Einkommen abzuziehenden Beträge, ist das zu versteuernde Einkommen; dieses bildet die Bemessungsgrundlage für die tarifliche Einkommensteuer."

5   In diesem Sinne ebenfalls Kirchhof, in Kirchhof, EStG, § 2 Rz. 137; Zugmaier, in Hermann/Heuer/Raupach, Einkommensteuer, August 2002, § 2 Rz. 53.

6   Handzik, in Littmann/Bitz/Pust, EStG, November 2004, § 2 Rz. 35 f.; Lang, in Tipke/Lang, Steuerrecht, § 7 Rz. 25.

7   § 2 I EStG impliziert also keine Definition des Einkommens als Einkommensteuergegenstand, sondern umschreibt diesen lediglich mit der Aufzählung der sieben Einkunftsarten in § 2 I Satz 1 Nr. 1 bis 7 EStG und der Verweisung in § 2 I Satz 2 EStG auf die

Vorschriften der §§ 13 bis 24 EStG die Vorschriften zum Steuergegenstand mit den Vorschriften der Einkünfteermittlung[8]. Dies spiegelt das mit der Fassung des § 2 EStG durch das EStRG 1974[9] verbundene gesetzgeberische Ziel wider, eine Vorschrift zu schaffen, welche die Elemente der Steuerbemessungsgrundlage, ihr Verhältnis zueinander und den Weg für die Ermittlung der Einkommensteuerschuld normiert[10]. Insoweit steht in § 2 die Pragmatik einer stufenweisen Ermittlung der Steuerbemessungsgrundlage im Vordergrund, wohingegen die Dogmatik des Steuergegenstandes in den Hintergrund tritt.

Objektiv steuerbar sind nur solche Arten von Einkünften, die sich einer der sieben Einkunftsarten zurechnen lassen[11]. Begrifflich sind zwar auch die nicht unter den Einkünftekatalog des § 2 I Satz 1 EStG fallenden Vermögensmehrungen Einkünfte, sie unterliegen nur nicht dem Zugriff des EStG[12].

Von den objektiv nicht dem Zugriff der Einkommensteuer unterliegenden Einkünften sind die subjektiv nicht steuerbaren Einkünfte zu unterscheiden[13]. Dies sind Einkünfte, die sich zwar ihrer Art nach objektiv unter den Einkünftekatalog subsumieren lassen, bei denen der Steuerpflichtige aber trotzdem keine Einkünfte im Sinne des § 2 I Satz 1 EStG erzielt („Liebhaberei"[14]). Denn der Rechtsprechung des Großen Senats des Bundesfinanzhofs und der herrschenden Literaturmeinung zufolge ist dem Tatbestandsmerkmal des Erzielens in § 2 I Satz 1 EStG die subjektive Voraussetzung eines auf Vermögensmehrung gerichteten Handelns zu entnehmen, das als ein auf positive steuerpflichtige Einkünfte gerichtetes Streben verstanden wird[15].

---

§§ 13 ff. EStG näher. So bereits: Kaminski, in Korn, EStG, § 2 Rz. 2; Zugmaier, in Hermann/Heuer/Raupach, EStG, August 2002, § 2 Rz. 68.
8 Siehe § 13a, § 16 II, § 17 II, § 22 Nr.1, § 23 Nr.3 EStG.
9 BGBl. I 1974, 3656.
10 BT-Drucks. 7/1470, 238.
11 Tipke, Steuerrechtsordnung, Bd. II, Seite 659. Dieser weist weiter darauf hin, dass auch die sonstigen Einkünfte gemäß § 2 I Satz 1 Nr.7 i.V.m. § 22 EStG nicht etwas als Restgröße alles Einkommen erfasst, welches sich nicht in § 2 I Satz 1 Nr. 1-6 EStG unterbringen lässt, sondern abschließend nur die in § 22 EStG aufgeführten Einkünfte.
12 Ratschow, in Blümich, EStG, August 2006, § 2 Rz. 45 ff.; Seeger, in Schmidt, EStG; § 2 Rz. 14; Zugmaier, in Hermann/Heuer/Raupach, EStG, August 2002, § 2 Rz. 68 und 79 ff.
13 Zugmaier, in Hermann/Heuer/Raupach, EStG, August 2002, § 2 Rz. 79 mit Verweis auf Lang, Bemessungsgrundlage, 258.
14 Exemplarisch zum Begriff der Liebhaberei GrS BFH, BStBl. II 1984, 751; BFH, BStBl. II 2004, 455. Mit weiteren Beispielen aus der Rechtsprechung Frank, StBP 2004, 265. Siehe auch Kaminski, in Korn, EStG, November 2001, § 2 Rz. 36; Lang, StuW 1981, 223; Seeger, in Schmidt, EStG, § 2 Rz. 22.
15 Vergleiche beispielsweise GrS BFH, BStBl. II 1982, 751 (766); aber auch Handzik, in Littmann/Bitz/Pust, EStG, November 2004, § 2 Rz.68; Raupach/Schenking, in Hermann/Heuer/Raupach, EStG, Mai 1990, § 2 Rz. 382; Lang, in Tipke/Lang, Steuerrecht, § 9 Rz. 122 ff.

Gemeinsam ist den sieben Einkunftsarten des § 2 I Satz 1 EStG das Erfordernis von erwirtschafteten, am Markt realisiertem Einkommen[16]. § 2 II EStG unterteilt die Einkunftsarten des § 2 I Satz 1 EStG wiederum in zwei Kategorien. Nach § 2 II Nr. 1 EStG sind Einkünfte bei Land- und Forstwirtschaft, Gewerbebetrieb und selbstständiger Arbeit der Gewinn im Sinne der §§ 4 bis 7 k EStG (sog. Gewinneinkünfte). Nach § 2 II Nr. 2 EStG sind die Einkünfte bei den anderen Einkunftsarten der Überschuss der Einnahmen über die Werbungskosten gemäß §§ 8 bis 9a EStG (sog. Überschusseinkünfte). Diese Differenzierung wird als sog. Dualismus der Einkünfte bezeichnet[17]. Dessen Ursache liegt in einem divergierenden Verständnis des Einkommensbegriffs. Während in § 2 II Nr. 1 EStG die sog. Reinvermögenszugangstheorie ihre grundsätzliche Umsetzung gefunden hat, spiegelt § 2 II Nr. 2 EStG im Wesentlichen die Herleitung des Einkommensbegriffs nach der sog. Quellentheorie wieder[18].

1. Reinvermögenszugangstheorie

§ 2 II Nr. 1 EStG liegt die Reinvermögenszugangstheorie zugrunde[19]. Diese versteht das Einkommen als Vermögenszugang innerhalb eines bestimmten Zeitab-

---

16 So GrS BFH, BStBl. II 1984, 766; Kirchhof, in Kirchhof EStG, § 2 Rz. 22.
17 Siehe beispielsweise BVerfG, BVerfGE 26, 302 (310 ff.), BVerfGE 84, 348 (363 f.); BVerfGE 96, 1 (6); BVerfGE 99, 88 (95); BVerfGE 105, 73; Kaminski, in Korn, EStG, Juni 2004, § 2 Rz. 105 ff.; Handzik, in Littmann/Bitz/Pust, November 2004, § 2 Rz. 156 ff.; Kirchhof, in Kirchhof/Söhn/Mellinghoff, EStG, September 1992, § 2 C5 ff.; Lang, in Tipke/Lang, Steuerrecht, § 9 Rz. 181 ff.; Tipke, in Die Steuerrechtsordnung, Bd. II, 716 ff.; Zugmaier, in Herrmann/Heuer/Raupach, EStG, Juli 2003, § 2 Rz. 500 ff.
18 Ebenso Elicker, DStZ 2005, 564 (565); Kaminski, in Korn, EStG, Oktober 2006, § 2 Rz. 18; Lang, in Tipke/Lang, Steuerrecht, § 9 Rz. 50; Lindberg, in Frotscher, EStG, Juli 2007, § 2 Rz. 12 ff.
19 Zurückzuführen ist die Reinvermögenszugangstheorie auf Hermann, in Staatswissenschaftliche Untersuchungen, aufgenommen durch von Schmoller, in Zeitschrift für die gesamte Staatswissenschaft, 19. Bd. (1863), 1 und entscheidend ausgebaut durch von Schanz, in Finanz-Archiv 13. Jg. (1896), 1 ff. und in Finanz-Archiv 39. Jg. (1922), 505 ff. Dieser definiert das Einkommen als der Reinvermögenszuwachs eines bestimmten Zeitabschnittes inklusive der Nutzungen und geldwerter Leistungen Dritter, welches alle Reinerträge und Nutzungen, geldwerten Leistungen Dritter, alle Geschenke, Erbschaften, Legate, Lotteriegewinne, Versicherungskapitalien, Versicherungsrenten, Konjunktureingewinne jeder Art abzüglich aller Schuldzinsen und Vermögensverluste während einer gegebenen Periode. So von Schanz, Finanz-Archiv 13. Jg. (1896), 1 (7, 23 f.) Im Weiteren Exemplarisch dazu: Handzik, in Littmann/Bitz/Pust, EStG, November 2004, § 2 Rz. 25; Lindberg, in Frotscher, EStG, Juli 2004, § 2 Rz. 14; Ruppe, in Herrmann/Heuer/Raupach, EStG, Einf. ESt Rz. 12; Tipke, Steuerrechtsordnung, Bd. II, 624 ff.

schnitts unabhängig von der Quelle des Zugangs. Die Reinvermögenszugang-theorie umfasst neben dem gesamten Bereich des Betriebs- auch den des Privat-vermögens[20]. Dieses extensive Verständnis bemisst die wirtschaftliche Leis-tungsfähigkeit[21] mithin am gesamten Bedürfnisbefriedigungspotential des Steuer-pflichtigen[22]. Allerdings wird bei den Ausführungen der Begründer der Reinver-mögenszugangstheorie nicht deutlich, ob dabei nur die realisierten Vermögens-mehrungen gemeint sind, also zwischen einem Vermögenszugang und einem tatsächlichen Vermögenszuwachs zu unterscheiden ist[23].

Die angelsächsischen Vertreter der Reinvermögenszugangstheorie (sog. *net accretion theory*), Haig[24] und Simons[25], weisen beispielsweise auch unrealisierte Gewinne dem Reinvermögenszugangsbegriff und damit der steuerlichen Bemes-sungsgrundlage zu[26]. Dieses sehr weite Verständnis des Einkommensbegriffs, der grundsätzlich[27] alle Vermögenszugänge inklusive unrealisierter Wertsteige-rungen sowohl im Bereich des Betriebsvermögens als auch des Privatvermögens umfasst, wirft nicht nur im deutschen Recht verfassungsrechtliche Bedenken auf, sondern ist bereits rechtspraktisch nicht umsetzbar[28]. Daher enthält die Umset-zung der Reinvermögenszugangtheorie[29] in § 2 II Nr.1 EStG deutliche Ein-

---

20 Ausführlich dazu Kirchhof, in Kirchhof/Söhn/Mellinghoff, April 1992, § 2 Rz. A 326.; Icking, Deutsches Einkommensteuerrecht zwischen Quellen- und Reinvermögenszu-gangstheorie, 12.
21 Siehe Kapitel B III 2.
22 So bereits Lang, in Tipke/Lang, Einkommensteuer, § 8 Rz. 32.
23 Ebenso Lion, in FS für von Schanz, Bd. 2, 273 ff.
24 Haig, Columbia University Press 1921, 7 (7 ff.).
25 Simons, University of Chicago Press 1938, 15 (15 ff.).
26 Simons formuliert betreffend der Frage nach einer Notwendigkeit eines Realisations-kriteriums wie folgt: „One may gain without realizing and realize without gaining; and, if either is essential to the existence of income, the other must be excluded. Common sense and established usage suggest that gain is the true sin qua non". Simons, University of Chicago Press 1938, 15 ff.
27 Von Schanz differenziert insoweit, ob Vermögensanfälle nicht bereits von anderen Steuerarten erfasst sind. Dazu Kirchhof, in Kirchhof/Söhn/Mellinghoff, EStG, April 1992, § 2 Rz. A 327.
28 Lang, in Tipke/Lang, Steuerrecht, § 8 Rz. 33. Um den einleitenden Charakter der Ausführungen nicht zu sprengen, wird auf eine Untersuchung der verfassungsrechtli-chen Bedenken und der rechtspraktischen Defizite verzichtet und insoweit auf die Er-läuterungen bei Elicker, Entwurf einer proportionalen Einkommensteuer, 95 ff., Be-zug genommen.
29 Zurückzuführen ist die Umsetzung der Reinvermögenszugangstheorie auf die Erzber-ger'sche Steuerreform von 1920. Ausführlich zum Reichseinkommensteuergesetz von 1920 Icking, Deutsches Einkommensteuerrecht zwischen Quellen- und Reinvermö-genszugangstheorie, 53 ff. Ausführlich zur Person Erzbergers: Möller, Reichsfinanz-minister Matthias Erzberger und sein Reformwerk.

schränkungen in ihrem Anwendungsbereich. So werden nur Vermögenszugänge aus einer wirtschaftlichen Tätigkeit umfassend besteuert, hingegen werden unentgeltliche Vermögensanfälle, Wertveränderungen des Privatvermögens, abgeleitete Einkünfte oder Vermögensnutzungen grundsätzlich nicht oder nur in Einzelfällen zum Einkommen gerechnet[30].

Auf Grund der Ausrichtung der Reinvermögenszugangstheorie auf die Wertentwicklung des Vermögens innerhalb eines bestimmten Zeitabschnitts wird in der Literatur[31] teilweise gefolgert, dass dementsprechend der bilanzielle Vermögensvergleich die der Reinvermögenszugangstheorie entsprechende Einkommensermittlungsmethode sei, da nur so die Erfassung aller Vermögenszugänge und -abgänge ermöglicht und sichergestellt werden könne.

2. Quellentheorie

Nach dem Verständnis der Quellentheorie[32] sind als Einkommen ausschließlich die laufenden Einkünfte zu qualifizieren, nicht hingegen Wertänderungen im Stammvermögen (Quellenvermögen) einschließlich einer eventuellen Wertrealisation durch dessen Veräußerung[33]. Steuerbare Erträge werden allein aus bestimmten Quellen über die Teilnahme am Wirtschaftsverkehr erzielt[34]. Güterzu-

---

30 So zutreffend: Ruppe, in Hermann/Heuer/Raupach, EStG, Februar 1990, Einf. EStG Rz. 32.
31 In diesem Sinne Icking, Deutsches Einkommensteuerrecht zwischen Quellen- und Reinvermögenszugangstheorie, 16; Lang, in Tipke/Lang, Steuerrecht, § 9 Rz. 181 ff., 188; Tipke, in FS für Paulick, 391 (393 ff.).
32 Die Quellentheorie ist hauptsächlich auf Fuisting zurückzuführen. Dieser definiert in seiner Schrift „Die Preußischen direkten Steuern" von 1902 Einkommen als „die Gesamtheit der Sachgüter, die in einer bestimmten Periode (Jahr) dem Einzelnen als Erträge dauernder Quellen der Gütererzeugung zur Bestreitung der persönliche Bedürfnisse für sich und für die in Bezug ihres Lebensunterhaltes von ihm gesetzlich angewiesenen Personen (Familie) zur Verfügung stehen" (Fuisting, in Die Preußischen direkten Steuern, Bd. 4 Grundzüge der Steuerlehre, 112; 148 f. und 151 ff.). Im Weiteren exemplarisch zur Quellentheorie: Biergans/Stockinger, FR 1982, 1 (2 f); Kirchhof, in Kirchhof/Söhn/ Mellinghoff, EStG April 1992, § 2 A313 ff.; Ruppe, in Hermann/ Heuer/Raupach, EStG, Februar 1990, Einf. ESt Rz. 11; Tipke, in Steuerrechtsordnung, Bd. II, 627.
33 So bereits Lang, in Tipke/Lang, Steuerrecht, § 9 Rz. 50 f.
34 Fuisting nennt als diesbezüglich in Betracht kommende Quellen Grundbesitz, Geldkapital, landwirtschaftliche, gewerbliche oder freiberufliche Betriebe, Arbeitsverhältnisse, Renten, Apanagen und laufend geleistete Unterstützungen. Aber auch im Nutzungswert selbstgenutzten Vermögens, insbesondere im Mietwert der Wohnung im eigenen Haus, sieht Fuisting einen Einkommensbestandteil. Siehe dazu Fuisting, in Die Preußischen direkten Steuern, Bd. 4 Grundzüge der Steuerlehre, 112; 148 f. und 151 ff.

wächse, die nicht durch Nutzung des Quellenvermögens im wirtschaftlichen Verkehr erwirtschaftet wurden, sind vom Vermögen, nicht jedoch vom Einkommensbegriff der Quellentheorie erfasst[35]. Wertschwankungen im Zustand einer Quelle, welche nicht in ihrer bestimmungsgemäßen Verwendung zur Ertragserzielung ihren Ursprung haben, werden nicht als Erträge und somit nicht vom Einkommen umfasst[36]. Einkommen und Vermögen stellen daher nach diesem Verständnis wirtschaftliche Gegensätze dar.

Das Ergebnis aus der Veräußerung von Gegenständen des betrieblichen Anlagevermögens beispielsweise ist kein Bestandteil des Einkommens, wohl aber jener aus der Veräußerung von Gegenständen des Umlaufvermögens, da diese ihrer Bestimmung nach im wirtschaftlichen Verkehr zur Ertragserzielung umgesetzt werden sollen und daher Erträge aus der Nutzung der Quelle „Gewerbebetrieb" sind[37]. Infolge der Ausgrenzung von Veräußerungseinkünften sowie Substanz- und Wertverlusten des Quellenvermögens kann es hier konzeptionell auch keine Einlagen, Entnahmen und Teilwertabschreibungen geben[38]. Daher ist die der Quellentheorie entsprechende Ermittlungsform des Einkommens kein Vermögensvergleich in bilanzieller Form, sondern eine Einnahmen- und Ausgabenrechnung[39].

Über das rein quellentheoretische Verständnis des Einkommensbegriffs geht der Gesetzgeber bei der Umsetzung in § 2 II Nr.2 i.V.m. § 17 bzw. §§ 22, 23 EStG aktueller Fassung aber insofern hinaus, als dass dort auch innerhalb einer bestimmten Frist realisierte Wertsteigerungen des privaten Stammvermögens, also der Quelle selbst, dem steuerlichen Steuergegenstand zugewiesen werden. Die Berücksichtigung der Anschaffungs- und Herstellungskosten während der Nutzungsdauer durch die Absetzungen für Abnutzung (AfA) gemäß § 9 I Nr.7 EStG stellt ebenfalls eine solche Modifikation des quellentheoretischen Ansatzes dar[40].

---

35 Beispiele sind insoweit Güterzuwächse wie Erbschaften, Schenkungen, Lotteriegewinne. Siehe Fuisting, in Die Preußischen direkten Steuern, Bd. 4 Grundzüge der Steuerlehre, 148 f.

36 Bernhard Fuisting, in Die Preußischen direkten Steuern, Bd. 4 Grundzüge der Steuerlehre, Seite 147; Ruppe, in Hermann/Heuer/Raupach, EStG, Februar 1990, Einf. ESt Rz. 11.

37 Biergans/Stockinger, FR 1982, 1 (3); Icking, Deutsches Einkommensteuerrecht zwischen Quellen- und Reinvermögenszugangtheorie, 6.

38 So bereits Lang, in Tipke/Lang, Steuerrecht, § 9 Rz. 182.

39 Icking, Deutsches Einkommensteuerecht zwischen Quellen- und Reinvermögenszugangstheorie, 7.

40 Zutreffend Kirchhof, in Kirchhof, EStG, § 2 Rz. 80.

3. Markteinkommenstheorie

Neben Reinvermögenzugangs- und Quellentheorie hat die Markteinkommenstheorie Vertreter in der Literatur gefunden, welche ebenso auf Gewinn- wie auf Überschusseinkünfte bezogen wird[41]. Ruppe, auf den die Markteinkommenstheorie zurückzuführen ist, sieht im Umsatz von Leistungen am Markt jenen kleinsten gemeinsamen Nenner, der nach Verzicht auf die normative Verankerung ökonomischer Einkommenstheorien und Einkommensbegriffe die pragmatische Aufzählung der Einkommensquellen des geltenden Einkommensteuerrechts verbindet[42]. Steuergegenstand dieser Theorie ist mithin ausschließlich das Markteinkommen, welches durch die Nutzung der in § 2 I Satz 1 EStG genannten Erwerbsgrundlagen am Markt erzielt worden ist. Markt wird hierbei unter Rückgriff auf die Rechtsprechung des Preußischen Oberverwaltungsgerichts zum Preußischen Gewerbesteuergesetz von 1891 als Beteiligung am allgemeinen wirtschaftlichen Verkehr verstanden[43]. Dieser Ansatz ist allerdings nicht unumstritten, da die Einkommensteuer ihren Charakter als Leistungsfähigkeitssteuer verliert, wenn sie mit dem Nutzen der Teilhabe am Markt gerechtfertigt werde[44]. Für Belange dieser Arbeit ist festzuhalten, dass die Markteinkommenstheorie keine gesetzgeberische Umsetzung gefunden hat, sondern lediglich versucht, die bestehenden Kodifikationen von Reinvermögenszugangs- und Quellentheorie umzudeuten.

4. Resümee

Festzuhalten ist, dass § 2 II EStG die Einkommensbegriffe von Quellen- und Reinvermögenszugangstheorie kombiniert, indem er die Einkunftsarten entsprechend unterteilt und jeweilig zuordnet. Als Überschusseinkünfte gemäß § 2 II Nr. 2 EStG werden jene Einkünfte normiert, deren Erfolgstatbestand in der Regel im Leistungsentgelt erfasst werden kann (Arbeitslohn, Kapitalertrag, Mietzins, Rentenbezüge, Leistungserträge)[45]. Hier werden allein die Erträge der jeweiligen

---

41 Exemplarisch Jakob; Einkommensteuer, 2 f.; Kirchhof, in Kirchhof/Söhn/Mellinghoff, EStG, April 1992, § 2 Rz. A 365 ff., Kirchhof, Gutachten für den 57. Deutschen Juristentag, 20 ff.; Tipke, Steuerrechtsordnung Bd. 2, 566 m.w.N.; weitere Vertreter bei Lang, Bemessungsgrundlage, 18 f. und bei Biergans/Stockinger, FR 1982, 1 (5).

42 Ruppe, in Hermann/Heuer/Raupach, EStG, Februar 1990, Einf. EStG Rz. 17.

43 Um den einleitenden Charakter dieser Ausführungen nicht zu sprengen, wird auf die Darstellung der Markteinkommenstheorie bei Elicker, in Entwurf einer proportionalen Netto-Einkommensteuer, At B 46 ff. sowie Elicker, DStZ 2005, 564 Bezug genommen.

44 So zutreffend Lang, in Tipke/Lang, Steuerrecht, § 8 Rz. 30 f.

45 Kirchhof, in Kirchhof, EStG, § 2 Rz. 78.

Quelle erfasst, ohne dass die Quelle grundsätzlich selbst eine steuerliche Berücksichtigung findet. Diese Erträge bzw. Erwerbseinnahmen im Sinne des § 2 II Nr. 2 EStG abzüglich der Werbungskosten ergeben den Überschuss und damit das Steuerobjekt. Die Begriffe (Erwerbs-)Einnahmen und Werbungskosten werden in § 8 bzw. §§ 9, 9a EStG legal definiert. Bei den Gewinneinkünften des § 2 II Nr. 1 EStG spiegelt sich hingegen das Einkommensverständnis der Reinvermögenszugangstheorie wider, dass sich nämlich der Erfolgstatbestand der Einkünfte nicht in den Überschüssen einer Geldrechnung ausdrückt, sondern in der Wertentwicklung des Betriebsvermögens innerhalb einer Periode[46]. Die Ermittlung des Erfolgstatbestandes Gewinn erfolgt durch die §§ 4 bis 7k bzw. §§ 9 a, 13 a, 16 II, 17 II EStG. Aus dem Themenzuschnitt der vorliegenden Untersuchung ergibt sich, dass im Folgenden allein die Methoden der Gewinnermittlung betrachtet werden.

II. Bedeutung der einkommensteuerlichen Gewinnermittlung für das KStG

Die einkommensorientierte Gewinnermittlung des EStG ist aber nicht nur auf die Steuerpflichtigen des EStG begrenzt, sondern hat zudem wesentliche Bedeutung für die Körperschaftsteuer. Die Bestimmung und Ermittlung des körperschaftlichen Steuergegenstandes im Sinne des § 7 I KStG richtet sich gemäß § 8 I KStG grundsätzlich nach den Vorschriften des EStG, wobei den Gewinnermittlungsvorschriften des EStG auf Grund der Vorschrift des § 8 II KStG wesentliche Bedeutung zukommt. Der Einkünftedualismus des EStG kommt insoweit faktisch im KStG nur begrenzt zur Geltung[47].

---

46 So bereits Kirchhof, in Kirchhof,EStG, § 2 Rz. 78.

47 Die grundsätzliche Bezugnahme des § 8 I KStG auf die dualistische Einkünfteermittlung des EStG wird durch § 8 II KStG begrenzt. Für Steuerpflichtige, die nach den Vorschriften des HGB Bücher führen müssen, sind nämlich gemäß § 8 II KStG alle Einkünfte als Einkünfte aus Gewerbebetrieb im Sinne des § 2 I EStG zu behandeln. § 8 II KStG beinhaltet insoweit eine Regelung zur (Um-)Qualifizierung der Einkünfte. Damit ist nicht gemeint, dass die Einkünfte nach den Grundsätzen des § 2 EStG bestimmt, ermittelt und danach lediglich in gewerbliche Einkünfte umbenannt werden, sondern vielmehr dass die Einkünfte stets nach den für gewerbliche Einkünfte geltenden Normen ermittelt werden. Damit finden aber nur die für die Gewinnermittlung einschlägigen Vorschriften des EStG grundsätzliche Anwendung. Ausgenommen von der Verweisung des § 8 I KStG sind die Einkunftsarten, die sich ihrem Wesen nach auf die Subjekte des Einkommensteuerrechts beziehen, mithin Einkünfte aus freiberuflicher Tätigkeit gemäß § 18 I 1 Nr.1 EStG und solche aus nichtselbständiger Arbeit gemäß § 19 EStG. Exemplarisch zu diesem Aspekt: Lang, in Ernst & Young, KStG, Januar 1997, § 8 Rz. 3, 406; Schulte, in Erle/Sauter, KStG, § 8 Rz. 11, 49; Balmes, Hermann/Heuer/Raupach, KStG, November 2002, § 8 Rz. 6; Hüffer, in Staub, HGB, § 238 Rz. 10.

III. Der steuerliche Gewinn: Begriff, Prinzipien und Funktion

1. Der Gewinnbegriff des EStG und die Ermittlungsmethoden im Überblick

§ 4 I EStG definiert den steuerlichen „Gewinnbegriff im Allgemeinen"[48] legal:

> „Gewinn ist der Unterschiedsbetrag zwischen dem Betriebsvermögen am Schluss des Wirtschaftsjahres und dem Betriebsvermögen am Schluss des vorangegangenen Wirtschaftsjahres, vermehrt um den Wert Entnahmen und vermindert um den Wert der Einlagen".

Dabei handelt es sich um den materiellen Gewinnbegriff des EStG, der zugleich die Grundform der Gewinnermittlung beschreibt[49]. Nicht der Gewinnbegriff selbst hat für die Begriffsfassung zentrale Bedeutung, also nicht die Betrachtung dessen, was Gewinn ist, sondern wann und wie dieser begründet wird. Die Legaldefinition des Gewinnbegriffs im Allgemeinen begrenzt sich also auf eine Darstellung der Gewinnermittlung, basierend auf der Reinvermögenszugangstheorie[50]. Neben der Gewinnermittlungsmethode nach § 4 I Satz 1 EStG existieren weitere Arten der Gewinnermittlung. So bietet das EStG in § 5 I EStG einen weiteren Bestandsvergleich, in § 4 III EStG die Einnahmen-/Überschussrechnung sowie die Gewinnermittlung nach Durchschnittssätzen gemäß § 5 a EStG bzw. § 13 a EStG. Umstritten ist, ob es sich bei der sog. Gewinnschätzung um eine eigenständige, also fünfte Gewinnermittlungsart handelt (§ 162 AO)[51]. Daneben existieren noch spezielle Ermittlungsmethoden für die Veräußerung eines Betriebs gemäß § 16 II EStG und für die Veräußerung von im Privatvermögen gehaltenen Anteilen an Kapitalgesellschaften gemäß § 17 II EStG[52]. Diese Mehrzahl von Möglichkeiten, den Gewinn im EStG zu fixieren, wird als Pluralismus der Gewinnermittlung bezeichnet[53].

---

48 So die gesetzliche Überschrift des § 4 EStG.

49 Siehe auch Frotscher, in Frotscher, EStG, November 2002, § 4 Rz. 1 f.; Groh, BB 1990, 379; Rick, in, Lehrbuch ESt, Rz. 997 ff.; Kanzler, in Hermann/Heuer/Raupach, EStG, Oktober 2004, § 4 Rz. 15; Stöcker, in Korn, EStG, März 2006, § 4 Rz. 1.

50 So bereits: Lang, in Tipke/Lang, Steuerrecht § 9 Rz. 188.

51 Sich dafür aussprechend Kanzler, FR 1998, 223 (223, 237 f.); anderer Ansicht Lang, in Tipke/Lang, Steuerrecht, § 9 Rz. 204.

52 In diesem Sinne ebenfalls: Eisgruber, Die Zahlungsmittelrechnung nach § 4 III EStG, 11, Wacker, in Schmidt, EStG, § 16 Rz. 210 ff.; Weber-Grellet, in Schmidt, EStG, § 17 Rz. 131 mit Bezugnahme auf BFH, BStBl. II 1995, 725.

53 Kruse, in FS für Ritter, 1997, 413 (422 ff.).

2. Steuerliche Grundprinzipien im Überblick

Die für diese Arbeit relevanten Prinzipien des Steuerrechts sollen im Folgenden überblickt werden, um den zugrunde liegenden Maßstab der Untersuchung herauszuarbeiten[54].

2.1 Prinzip der Totalgewinnidentität

Die unterschiedlichen Gewinnermittlungsmethoden regeln in der Hauptsache die Ermittlung des laufenden Gewinns (sog. Periodengewinn) sowie die Ermittlung des Veräußerungs- oder Aufgabegewinns[55]. Trotz dieser unterschiedlichen Gewinnermittlungsarten und damit eines in aller Regel unterschiedlichen Periodengewinns im Sinne der §§ 2 VII, 4 a EStG soll nach herrschender Ansicht die Höhe eines Totalgewinns, also der Gewinn eines Betriebes von seiner Gründung bis zu seiner Veräußerung, Aufgabe oder Liquidation, nicht von der Gewinnermittlungsart abhängen (sog. Prinzip der Totalgewinnidentität)[56]. Die jeweilige Gewinnermittlung soll sich lediglich in der Höhe der jährlichen Gewinne und Verluste, nicht jedoch in der Höhe des Totalgewinns unterscheiden. Dies ist zwar nicht gesetzlich normiert, ist aber ganz herrschende Meinung im Schrifttum[57]

---

54 Siehe zur rechtsstaatlichen Ordnung des Steuerrechts insgesamt Lang, in Tipke/Lang, Steuerrecht, § 4 Rz. 1 ff.

55 Drüen, Periodengewinn und Totalgewinn, 19; Plückebaum, in Kirchhof/Söhn/Mellinghoff, EStG, Juli 2006, § 4 Rz. A 174.

56 Drüen, FR 1999, 1097 (1098, Fn. 10) verweist auf die Synonyme Grundsatz der Totalgewinngleichheit und Grundsatz der Gesamtgewinngleichheit. Exemplarisch zum Prinzip der Totalgewinngleichheit: Alt, Das Überschußvermögen, 88; Bergkemper, in Hermann/Heuer/Raupach, EStG, Juli 1998, § 4 Rz. 507; Drüen, FR 1999, 1097 (1097 f.); Erhardt-Rauch, DStZ 2001, 423 (424); Heinicke, in Schmidt, EStG, § 4 Rz. 10, 14; Holler, Der Wechsel der Gewinnermittlungsart im Einkommensteuerrecht; Groh, FR 1986, 393 (396 f); Frotscher, in Frotscher, EStG, November 2006; § 4 Rz. 227, 244; Kanzler, FR 1999, 225 (225 ff.); Kirchhof, in Kirchhof/Söhn/Mellinghoff, EStG, September 1992, § 2 Rz. C 36; Lang, in Tipke/Lang, Steuerrecht, § 9 Rz. 126; Schoor, FR 1982, 505 (506); Segebrecht, Die Einnahmen-/Überschussrechnung nach § 4 Abs. 3, Rz. 5; Winnefeld, Bilanzhandbuch, Einf. Rz. 97.

57 So beispielsweise: Alt, Das Überschußvermögen, 88; Bergkemper, in Hermann/Heuer/Raupach, EStG, Juli 1998, § 4 Rz. 507; Crezelius, Steuerrecht II, 1994, § 8 Rz. 80; Drüen, FR 1999, 1097 (1097 f.); Erhardt-Rauch, DStZ 2001, 423 (424); Heinicke, in Schmidt, EStG, § 4 Rz. 10, 14; Groh, FR 1986, 393 (396 f.); Frotscher, in Frotscher, EStG, November 2006; § 4 Rz. 227, 244; Kanzler, FR 1999, 225 (225 ff.); Kirchhof, in Kirchhof/Söhn/Mellinghoff, EStG, September 1992, § 2 Rz. C 36; Kirchhof, in Handbuch des Staatsrechts, Bd. IV, § 88 Rz. 114 ff.; Holler, Der Wechsel der Gewinnermittlungsart im Einkommensteuerrecht; Lang, in Tipke/Lang, Steuerrecht, § 9 Rz. 126; Sachse, in Die Abschnittsbesteuerung im deutschen Ertragsteuerrecht, 1977,

wie in der Rechtsprechung[58]. Eine Ungleichbehandlung in Form unterschiedlich hoher Totalgewinne allein infolge der Wahl der Gewinnermittlungsmethode lässt sich nicht rechtfertigen und verstößt gegen das Leistungsfähigkeitsprinzip bzw. Art. 3 I GG[59].

2.2   Leistungsfähigkeitsprinzip

In diesem Kontext stellt sich die Frage nach dem Verhältnis der Gewinnermittlungsvorschriften zum Leistungsfähigkeitsprinzip, ob aus diesem nämlich ein bestimmter Maßstab für die Gewinnermittlung folgt.

Systemtragendes Prinzip der Besteuerung und damit auch der steuerlichen Gewinnermittlung ist das aus dem Gleichheitssatz des Art. 3 I GG resultierende Leistungsfähigkeitsprinzip[60]. Zum Teil wird es auch als das Fundamentalprinzip des Steuerrechts bezeichnet[61]. Danach sind die Steuerlasten auf die Steuerpflichtigen im Verhältnis der wirtschaftlichen Leistungsfähigkeit zu verteilen[62]. Dieser Richtwert der Besteuerung bedarf jedoch der konkretisierenden Umsetzung durch den Gesetzgeber[63]. Dieser hat bezogen auf den Steuergegenstand drei Leistungsfähigkeitsindikatoren zur Auswahl: das Einkommen (Vermögenszugang), den

---

90; Schoor, FR 1982, 505 (506); Segebrecht, Die Einnahmen-/Überschussrechnung nach § 4 Abs. 3, Rz. 5; Winnefeld, Bilanzhandbuch, Einf. Rz. 97. Einzig andere Ansicht Seeger, Die Gewinnerzielungsabsicht – Ein unmögliches Tatbestandsmerkmal, in FS L. Schmidt, 1993, S. 37 und Vinzenz, DStR 1993, 550.

58 Ständige Rechtsprechung: BFH, BStBl. III 1960, 306 (308); BFH, BStBl. III 1962, 199 (200), BFH, BStBl. III 1962, 366 (366); BFH, BStBl. II 1968, 736 (737); BFH, BStBl. II 1969, 584 (585); BFH, BStBl. II 1972, 334 (335); BFH, BStBl. II 1973, 51 (51); BFH, BStBl. II 1973, 293 (294) , BFH, BStBl. II 1975, 526 (528); BFH, BStBl. II 1980, 239 (240); BFH GrS, BStBl. II 1990, 830 (834); BFH, BStBl. 1991, 228 (229), BFH, BStBl. II 1994, 852 (853).

59 So bereits: Heinicke, in Schmidt, EStG, § 4 Rz. 10 ff.; Segebrecht, Die Einnahmen-/Überschussrechnung nach § 4 Abs. 3, Rz. 5.

60 Exemplarisch: BVerfGE 6, 55 (67); BVerfGE 8, 51 (68 f.); BVerfGE 9,237 (243); BVerfGE 13, 290 (297); BVerfGE 14, 34 (41); BVerfGE 27, 58 (64); BVerfGE 32, 333 (339); BVerfGE 36, 66 (72); BVerfGE 43, 108 (118 ff.); BVerfGE 55, 274 (302); BVerfGE 61, 319 (343 ff.); BVerfGE 66, 214 (223); BVerfGE 67,290 (297); BVerfGE 68, 143 (152 f.); BVerfGE 82, 60 (86 f.) sowie Vogel, in DStZA 1975, 409 (410); Friauf, in StuW 1985, 312 (312 f.); Kirchhof, in StuW 1985, 319 (321, 323 f.); Birk, in Das Leistungsfähigkeitsprinzip als Maßstab der Steuernormen, 159 ff., Tipke, in Die Steuerrechtsordnung, Bd. I, 479 ff.

61 So beispielsweise Lang, in Tipke/Lang, Steuerrecht, § 4 Rz. 81, 83; Winnefeld, Bilanzhandbuch, Einf. Rz. 104.

62 So bereits Lang, in Tipke/Lang, § 4 Rz. 81.

63 Herzig, in IAS/IFRS und steuerliche Gewinnermittlung, S.18; Tipke, in StuW 1988, 262 (272).

Konsum (Güterverbrauch) als dynamische Stromgrößen oder das Vermögen (Konsum- und Investitionsfonds) als statische Bestandsgröße. Im Ausgestaltungsspielraum des Gesetzgebers steht mithin der bei den Indikatoren jeweils unterschiedliche Zeitpunkt des Besteuerungszugriffs und damit die sozialpolitische Ausgestaltung des Steuersystems[64].

2.3   Der Besteuerungszeitpunkt im gegenwärtigen Einkommensteuerrecht

Im gegenwärtigen Einkommensteuerrecht erfolgt der Besteuerungszugriff auf Ebene der Einkommenserzielung, d.h. auf der zeitlich ersten Ebene des Vermögenszugangs. Steuergegenstand ist das Einkommen, welches sich im Einkünftekatalog des § 2 I EStG konkretisiert und sich wiederum gemäß § 2 II EStG in Gewinn- und Überschusseinkünfte unterteilt. Die Ermittlung von Gewinnen oder Überschüssen erfolgen als Rein- oder Nettoeinkünfte, mithin nach dem objektiven Nettoprinzip[65]. Steuerlich wird also nur auf das Nettoergebnis wirtschaftlicher Erwerbsbetätigung zugegriffen. Gleichwohl dieser gesetzgeberischen Konkretisierung stellt eine solche einkommensorientierte Ausformung des Leistungsfähigkeitsprinzips aber noch keinen eindeutigen Ausgangspunkt für eine differenzierte Gewinnermittlung dar. Insbesondere bleibt offen, worin sich die Fähigkeit des Steuerpflichtigen, Steuern zu leisten, konkretisiert und damit einhergehend die Frage nach sachgerechten Gewinnermittlungsmethoden[66]. Mit der gesetzgeberischen Entscheidung im Wege der Umsetzung des Leistungsfähigkeitsprinzips für eine Besteuerung des Einkommens ist folglich keine kumulative Entscheidung hinsichtlich der Gewinnermittlungsmethode als Bestandteil der Einkommensermittlung verbunden.

2.4   Objektivierbarkeit und Bestimmtheit des zu besteuernden Gewinns

Ein weiteres systemtragendes Prinzip ist die aus dem Rechtsstaatprinzip des Art. 20 III GG fließende Objektivierbarkeit und Bestimmtheit des zu besteuernden Gewinns. Danach muss sich der Gewinn als das Resultat einer Ermittlungsmethode nicht nur für den Steuerpflichtigen möglichst einfach ermittelbar und nachvoll-

---

64 So auch Kirchhof, in Handbuch des Staatsrechts, Bd. IV, § 88 Rz. 70; Lang, in Tipke/ Lang, Steuerrecht, § 4 Rz. 95 und 97 ff.

65 Exemplarisch Friauf, in StuW 1973, 97; Lang, StuW 1985, 10 (16); Söffing, StbJb 1988/89, 121, Lang, in Tipke/Lang, Steuerrecht, § 9 Rz. 54; Uelner, in FS für Schmidt, 21 (25), Wolff-Dieppenbrock, DStZ 1999, 717. In diesem Sinne ebenfalls: BVerfGE 27, 59 (64); BVerfG 107, 27 (47), das ein „Prinzip der Nettobesteuerung" im EStG grundsätzlich anerkennt, anders als die herrschende Lehre im Schrifttum aber Abweichungen bei Vorliegen gewichtiger Gründe zulässt.

66 Ebenso Herzig, in IAS/IFRS und steuerliche Gewinnermittlung, S.19.

ziehbar, sondern auch für Dritte intersubjektiv überprüfbar sein[67]. Dies setzt neben eindeutigen Regelungen ebenfalls voraus, dass grundsätzlich auf vergangenheitsbezogene, bereits bekannte Daten zurückgegriffen wird und keine zu weiten Ermessensspielräume bei der Ermittlung des Gewinns bestehen[68]. Nach der Rechtsprechung des BVerfG muss eine in die Rechte des Bürgers eingreifende Norm derart bestimmt sein, dass der betroffene Bürger weiß, was von ihm verlangt wird[69]. Für das Steuerrecht hat das BVerfG den allgemeinen Bestimmtheitsgrundsatz dahingehend konkretisiert, dass der Steuerpflichtige die auf ihn entfallenden Steuern vorausberechnen kann[70].

Herzig weist darauf hin, dass das Prinzip der Objektivierbarkeit des Gewinns im Einklang mit dem Grundsatz der Gleichmäßigkeit der Besteuerung und damit letztlich dem Leistungsfähigkeitsprinzip steht, da nur eindeutige und nachprüfbare Gewinnermittlungsregelungen eine Vergleichbarkeit der Leistungsfähigkeit und damit eine Gleichheit der Besteuerung ermöglichen[71]. Andererseits findet die Einfachheit der Besteuerung ihre Grenze im Axiom der Steuergerechtigkeit[72]. Vergröbernde, die Abwicklung des Massenverfahrens erleichternde Typisierungen sind einzig zulässig, wenn ein entsprechendes Bedürfnis besteht, sie zur Vereinfachung geeignet und verhältnismäßig sind[73]. Insofern sind gänzlich auf einem Pauschalierungsgedanken beruhende Gewinnermittlungsmethoden wie § 5 b EStG-E des Kleinunternehmerförderungsgesetzes von 2004[74] bereits im Ansatzpunkt als Reformgrundlage abzulehnen[75].

2.5 Prinzip eigentumsschonender Besteuerung

Aus der Eigentumsgarantie des Art. 14 GG resultiert schließlich das sog. Prinzip eigentumsschonender Besteuerung[76], wonach dem bestehenden Vermögen Be-

---

67 Zutreffend Kirchhof, in Handbuch des Staatsrechts, Bd. IV, Rz. 106 ff.
68 Budde/Steuber, DStR 1998, 504; Herzig, IAS/IFRS und steuerliche Gewinnermittlung, S.16; Herzig., Wpg. 2000, 104 ; Kahle Wpg. 2002, 178 (180); Moxter, BB 1987, 1846 (1847); Tipke, Steuerrechtsordnung, Bd. II; 691 f.
69 Vergleiche BVerfGE 78, 205 (212); BVerfGE 87, 234 (264).
70 Vergleiche BVerfGE 19, 253 (267); BVerfGE 73, 388 (400).
71 Herzig, IAS/IFRS und steuerliche Gewinnermittlung, 16 f.
72 Zum Begriff der Steuergerechtigkeit Tipke, Steuerrechtsordnung, Bd. I, 236 ff., 307.
73 So Kirchhof, in Handbuch des Staatsrechts, Bd. IV, § 88 Rz. 120 ff.
74 Zur Kritik an § 5 b EStG-E Briese, DStZ 2003, 571 (571); von Camphausen; DB 2003, 632.
75 In diesem Sinne ebenfalls Herzig, IAS/IFRS und steuerliche Gewinnermittlung, S.24.
76 Grundlegend zum Prinzip eigentumsschonender Besteuerung BVerfGE 93,121 zur Vermögensteuer und BVerfGE 93,165 zur Erbschaftsteuer. Siehe allerdings BVerfG, in NJW 2006, 1191. Mit diesem Beschluß stellt das BVerfG fest, dass aus der Eigentumsgarantie des Grundgesetzes keine verbindliche, absolute Belastungsobergrenze in

standsschutz zukommt und die Einkommenbesteuerung auf die Ertragsfähigkeit des Vermögens begrenzt ist, wobei auch nach der Besteuerung dem Steuerpflichtigen ein Teil des Ertrages verbleiben muss[77]. Teilweise findet sich im Schrifttum die Ansicht, dass sich der Bestandsschutz nur über eine an Isterträge und nicht an Sollerträge anknüpfende Besteuerung gewährleisten lässt[78]. Schließlich unterliegt der Besteuerung nach Maßgabe des Art 14 GG nur ein tatsächlich sicherer und der Höhe nach bestimmter Gewinn[79]. Eine Konkretisierung dessen, was als tatsächlich sichere und der Höhe nach bestimmter Gewinn zu verstehen ist und wann dieser vorliegt, verbleibt dem Gesetzgeber im Wege der Bestimmung der Gewinnermittlungsart(-en).

2.6 Gesetzmäßigkeit der Besteuerung

Dabei ist zu beachten, dass die Ausgestaltung der Gewinnermittlungsart allein dem Gesetzgeber durch Gesetz oder auf Grund eines Gesetzes obliegt. Bei dem Steuerzugriff des Staates und somit auch der Ermittlung dessen, was diesem Zugriff unterfällt, handelt es sich um sog. Eingriffsverwaltung gegenüber den Steuerpflichtigen, die der Legitimation durch die legislativen Organe Bundestag und Bundesrat bedarf. Aus Artikel 2 I GG, aus Art. 20 III GG und einfachgesetzlich aus §§ 3 I, 38 AO ist die Gesetzmäßigkeit der Besteuerung abzuleiten[80]. Voraussetzung für eine Besteuerung und speziell der Ermittlungsvorschriften des Steuergegenstandes ist somit ein Gesetz im formellen Sinne. Damit scheidet insbesondere eine dynamische Verweisung auf internationale Rechnungslegungsstandards, die von privatrechtlich organisierten Institutionen wie beispielsweise bei der Fassung von Grundsätzen ordnungsgemäßer Buchführung für die Konzernrechnungslegung gemäß § 342 HGB das Deutsche Rechnungslegungs Standards Committee (DRSC)[81] oder dessen internationale, namentlich anglo-amerikanischen

der Nähe einer hälftigen Teilung ableiten lasse. Zwar sei im Jahr 1995 für die Vermögensbesteuernrg ein solcher Halbteilungsgrundsatz aufgestellt worden, jedoch sei dieser nicht ohne weiteres auf die Einkommensteuer (und Gewerbesteuer) übertragbar.

77 Exemplarisch: Herzig, in IAS/IFRS und steuerliche Gewinnermittlung, S. 16 f; Kirchhof, StuW 1985, 319 (327); Kirchhof, in Handbuch des Staatsrechts, Bd. IV, § 88 Rz. 98 ff.; Lang, in Tipke/Lang, § 4 Rz. 101, 214 ff., Tipke, Steuerrechtsordnung, Bd. II, 438 ff.

78 So Lang, in Tipke/Lang, § 4 Rz. 101 ff.

79 Zutreffend Herzig, IAS/IFRS und steuerliche Gewinnermittlung, S. 16 f.; Herzig, Wpg 2000, 113 (113 ff.); Kirchhof, StuW, 1985, 319 (327); Zeitler, DB 2003, 1531 (1531 ff.).

80 Anstatt Vieler siehe Tipke, Steuerrechtsordnung, Bd. I, 118 ff. mit einer Vielzahl weiterer Nachweise.

81 Zu Einzelheiten und Aufgaben des DRSC siehe unter http://www.standardsetter.de/drsc/news/news.php. Dazu Ebke, ZIP 1999, 1193.

Vorbilder wie dem Financial Accounting Board (FASB) in den USA[82], dem Accounting Standards Board (ASB) in Großbritannien[83] und dem International Accounting Standards Committee (IASC)[84] aus[85].

2.7 Resümee

Festzuhalten ist, dass die Gewinnermittlung nicht dem Erkennen eines bereits vorhandenen Gewinns dient. Vielmehr ist Gewinn der Betrag, der sich nach Anwendung der Gewinnermittlungsvorschriften ergibt[86]. Die Anforderungen an solche Gewinnermittlungsvorschriften müssen sich dabei an den dargestellten Prinzipien orientieren. Eine ausdifferenzierte Gewinnermittlungsart lässt sich aus den Prinzipien aber nicht unmittelbar ableiten. Es obliegt dem Gesetzgeber unter Beachtung der dargestellten Prinzipien die steuerliche Gewinnermittlung zu konkretisieren.

Funktion der Konkretisierung ist es, über die Feststellung des Gewinns eine Ausgangsgröße für die Ermittlung der Steuerbemessungsgrundlage und somit für die Besteuerung insgesamt zu fixieren. Dabei ist der „volle" Gewinn zu ermitteln[87]. Adressat ist dabei allein der Fiskus. Entgegen einer wirtschaftlichen Gewinnermittlung im Sinne des HGB, IAS/IFRS oder US-GAAP, der neben der reinen Gewinnermittlungsfunktion auch Gläubigerschutz und Informationsfunktion zukommt, ist es nämlich Aufgabe der steuerlichen Gewinnermittlung, den Steuerpflichtigen grundsätzlich nach seiner tatsächlichen Leistungsfähigkeit zu besteuern, um so das Aufkommen der Einkommensteuer als einer Grundlage der Staatsfinanzierung zu sichern (vgl. Art. 106 III GG)[88].

---

82 Zu Einzelheiten und Aufgaben des FASB siehe unter http://www.fasb.org/.
83 Zu Einzelheiten und Aufgaben des ASB siehe unter http://www.frc.org.uk/asb/.
84 Zu Einzelheiten und Aufgaben des IASC siehe unter http://www.iasb.org/Home.htm.
85 In diesem Sinne ebenfalls Herzig, DB 04, 01 (01); Hommelhoff/Schwab, in FS für Kruse, 693 (707 ff.); Kirchhof, in ZGR 00, 681.
86 So bereits: Eisgruber, Die Zahlungsmittelrechnung nach § 4 III EStG, 23.
87 Exemplarisch: GrS BFH 2/68, in BStBl. 1969 II, 291; GrS 2/99, in BStBl. 2000 II, 632. Übereinstimmend: Moxter, StuW 1983, 300 (301); Schön, in Die steuerliche Maßgeblichkeit in Deutschland und Europa, 11; Weber-Grellet, in Schmidt, EStG, § 5 Rz. 21.
88 Siehe beispielsweise BFH GrS vom 2.3.1969, in BStBl. 1969 II, 291; Arnold, StuW 2005, 148 (149 ff.); Drüen/Grundmann, StuSt 2005, 334 (334); Herzig/Hausen, DB 04, 1 (1); Kirchhof, in Handbuch des Staatsrechts, Bd. IV, § 88 Rz. 50 ff.; Jackmann, in Bonner Kommentar zum Grundgesetz, Art. 105 Rz. 1 ff.; Kyrill/Schwarz, in Bonner Kommentar zum Grundgesetz, Art. 106 Rz. 59 ff.

IV. Gewinnermittlung nach dem EStG

Mit Recht stellt Tipke fest, dass niemand besteuert wird, weil er Landwirt, Gewerbetreibender, Freiberufler, Arbeitnehmer, Kapitalanleger, Vermieter, Rentner, Pensionär ist, sondern weil er Einkünfte erzielt[89]. Allerdings wird jemand, weil er einem bestimmten Personenkreis zugehörig ist und entsprechende Einkünfte erzielt, unterschiedlichen Ermittlungsmethoden unterworfen. Damit existiert nicht nur ein objektiver Anwendungsbereich, dessen Unterteilung auf die Einkommenstheorien zurückzuführen ist, sondern darüber hinaus auch ein subjektiver Anwendungsbereich der Ermittlungsarten. Dieser wird im nächsten Schritt einer näheren Betrachtung unterzogen.

1. Gewinnermittlung gemäß §§ 5 a, 13 a EStG

Land- und Forstwirten ermitteln in der Regel den Gewinn nach Durchschnittssätzen gemäß § 13 a EStG. Für den Betrieb von Handelsschiffen kann seit 1999 gemäß § 5 a EStG wahlweise der Gewinn ertragsunabhängig im Wege der Tonnagesteuer ermittelt werden[90]. Hintergrund dieser auf einem Pauschalierungsgedanken beruhenden Gewinnermittlungsmethoden ist, dass beide Normen nicht der Ermittlung der tatsächlichen Leistungsfähigkeit dienen, sondern von Subventionsgedanken getragen sind[91]. Daher sind diesen beiden speziellen Gewinnermittlungsarten für die vorliegende Untersuchung ohne Relevanz und bleiben im Weiteren unberücksichtigt. Gleiches gilt für die Ermittlungsart der Gewinnschätzung gemäß § 162 AO[92].

2. Gewinnermittlung gemäß §§ 16 II, 17 II EStG

Die Gewinnermittlungsmethoden gemäß § 16 II und § 17 II EStG beinhalten ebenfalls jeweils Einzelfälle. So befasst sich § 16 II EStG allein mit Frage, wie der Ver-

---

89 Tipke, StuW 1990, 246 (246).
90 Eingeführt durch das sog. SeeschifffahrtsanpassungsG vom 09.09.1998, BGBl. I, 2860 (=BStBl. I, 1158).
91 In diesem Sinne auch Eisgruber, Die Zahlungsmittelrechnung nach § 4 III EStG, 11; Gosch, in Kirchhof, EStG, § 5 Rz. 1 und Schultze, in FR 1999, 977 zur Tonnagesteuer sowie Hiller, in Die Information über Steuer und Wirtschaft 1999, 449 und Kleeberg, in Kirchhof/Söhn/Mellinghoff, EStG, Januar 2002, § 13 a Rz. A 37, 76, zur Ermittlung des Gewinns aus Land- und Forstwirtschaft.
92 Insofern erübrigt sich eine Klärung, ob es sich bei der Gewinnschätzung gemäß § 162 AO überhaupt um eine eigenständige Gewinnermittlungsart handelt.

äußerungsgewinn bei einer Betriebsveräußerung zu ermitteln ist, und § 17 II EStG normiert eine eigenständige Ermittlungsart[93] zur Fixierung des Gewinns bei der Veräußerung von Anteilen an Kapitalgesellschaften. Sowohl § 16 II EStG wie § 17 II EStG sind über ihren originären Anwendungsbereich hinaus nicht anwendbar und treffen auch keine darüber hinausgehende Aussage[94]. Mithin sind beide Gewinnermittlungsarten auf Grund ihres Zuschnitts auf einen speziellen Anwendungsfall für die konkrete Untersuchung nicht zweckdienlich und werden folgend nicht weiter erörtert.

3. Gewinnermittlung nach dem Betriebsvermögensvergleich

Die Grundform der steuerlichen Gewinnermittlung des gegenwärtigen Einkommensteuerrechts ist die des Betriebsvermögensvergleichs[95]. Dieser ist in seiner ursprünglichen Form in § 4 I EStG normiert und stellt zugleich die Legaldefinition des „Gewinnbegriff(s) im Allgemeinen" dar. Danach wird der steuerliche Gewinn durch Bilanzierung auf Grundlage der Bestandsentwicklung des im Betrieb arbeitenden Vermögens ermittelt[96]. Objektiv ist der Anwendungsbereich des § 4 I EStG auf alle Gewinneinkünfte im Sinne des § 2 Nr. 1 EStG ausgerichtet. Auch in subjektiver Hinsicht ist die Gewinnermittlungsart des Betriebsvermögensvergleichs § 4 I EStG nicht eingeschränkt, d.h. nach dem Wortlaut kann jeder Steuerpflichtige seine Gewinneinkünfte gemäß § 4 I EStG ermitteln. Insoweit erklärt sich auch die Bezeichnung des § 4 I EStG als Grundtatbestand der Gewinnermittlung.

4. Sonderregelung gemäß § 5 I EStG gegenüber § 4 I EStG

Eine Einschränkung des subjektiven Anwendungsbereichs des § 4 I EStG ergibt sich jedoch auf Grund der Vorschrift des § 5 I EStG, die für einen bestimmten Teil

---

93 Siehe auch BFH, in BStBl. III 57, 443; BFH, in BStBl. II 1980, 494.
94 Vgl. jeweils die Kommentierung Reiß, in Kirchhof,EStG, § 16 Rz. 400 und Gosch, in Kirchhof,EStG, § 17 Rz. 167 ff.
95 In diesem Sinne ebenfalls Groh, BB 1990, 379; Kanzler, in Hermann/Heuer/Raupach, EStG, Oktober 2004, § 4 Rz. 15; Mathiak, FR 1976, 157 (158).
96 Für das Bilanz- und das Bilanzsteuerrecht sind die theoretischen Erkenntnisse verschiedener Bilanztheorien hier nur insoweit von Interesse, als sie ihren gesetzlichen Niederschlag gefunden haben oder als Grundsätze ordnungsgemäßer Buchführung anerkannt sind (vgl. Schneider, StuW 983, 141). Insoweit wird hinsichtlich der statischen, dynamischen und organischen Bilanztheorien auf die Ausführungen bei Knobbe-Keuk, in Bilanz und Unternehmenssteuerrecht, § 1 verwiesen.

von Steuerpflichtigen eine dem § 4 I EStG vorrangige Regelung trifft[97] und diese somit dem subjektiven Anwendungsbereich des § 4 I EStG entzieht. § 5 I EStG erfasst als lex specialis die auf Grund gesetzlicher Vorschriften zur Buchführung und regelmäßigen Abschlusserstellung Verpflichteten bzw. die diesem kumulativ freiwillig nachkommenden Steuerpflichtigen mit Einkünften aus Gewerbebetrieb gemäß § 15 EStG[98]. Die restlichen Gewinneinkünfte im Sinne des § 2 II Nr. 1 EStG aus Land- und Forstwirtschaft gemäß § 13 EStG sowie aus selbstständiger Arbeit gemäß § 18 EStG bleiben dagegen von § 4 I EStG erfasst. Die Differenzierung zwischen § 4 I und § 5 I EStG führt zwar zu unterschiedlichen Anwendungsbereichen, nicht aber zu unterschiedlichen Gewinnermittlungsarten. Schon allein die Bezugnahme in § 5 I EStG auf den Betriebsvermögensvergleich des § 4 I EStG verdeutlicht die sachliche Nähe der beiden Gewinnermittlungsvorschriften.

Verbleibende Unterschiede zwischen § 4 I und § 5 I EStG wirken sich auf die andere Gewinnermittlungstechnik, die Einnahmen-/Überschussrechnung, nicht aus. Für die Belange der vorliegende Arbeit ist es daher hinreichend, den Betriebsvermögensvergleich als generelle Grundtechnik der gegenwärtigen Gewinnermittlung nach dem EStG als Vergleichsmodell zur Einnahmen-/Überschussrechnung heranzuziehen[99].

5. *Gewinnermittlung gemäß § 4 III EStG*

Ebenfalls dominiert von dem Kriterium der Buchführung und Abschlussanfertigung ist die weitere grundsätzliche Gewinnermittlungsmethode des § 4 III EStG. Danach wird der Gewinn als Überschuss der Betriebseinnahmen über die Betriebsausgaben ermittelt. Diese sog. Einnahmen- Überschussrechnung gemäß § 4

---

97   In diesem Sinne auch Crezelius, in Kirchhof, EStG, § 5 Rz. 1 f.; Wied, in Blümich, EStG, August 2006, § 4 Rz. 27; Schiffers, in Korn, EStG, Juni 2005, § 5 Rz. 1; Weber-Grellet, in Schmidt, EStG, § 4 Rz. 1.

98   „Bücher" in diesem Sinne sind Handelsbücher gemäß §§ 238, 239 HGB und § 141 I AO. Regelmäßige Abschlüsse sind im engeren Sinne Eröffnungs- und Jahresschlussbilanz gemäß § 242 I HGB, im weiteren Sinne der aus Bilanz, Gewinn- und Verlustrechnung und ggf. Anhang bestehende Jahresabschluss gemäß § 242 III, 264 I, 284, 285, 286 HGB (Weber-Grellet, in Schmidt, EStG Kommentar, § 5 Rz. 6). Ausführlich zu den Begriffen und den Funktionen der Bücher und Aufzeichnungen Dumke, in Schwarz, AO , Vor. §§ 140-148 Rz. 5 ff., Trzaskalik, in Hübschmann/ Hepp/ Spitaler, AO, Juni 1999, Vor §§ 140-148 AO, Rz. 8 ff.

99   Vgl. Eisgruber, Die Zahlungsmittelrechnung nach § 4 Abs. 3 EStG, 12.

III EStG[100] wird auch als „vereinfachte Form der Gewinnermittlung nach § 4 I EStG"[101] bezeichnet[102].

6.   *§ 4 III EStG*

Anwendung findet § 4 III EStG seinem Satz 1 nach nur auf die Gewinnermittlung all derjenigen Steuerpflichtigen, die nicht auf Grund gesetzlicher Vorschriften einer Buchführungs- und Abschlusspflicht unterliegen und auch freiwillig keiner solchen nachkommen. Entgegen § 4 I EStG, dessen Anwendungsbereich zunächst einmal alle Steuerpflichtigen erfasst und dieser dann erst durch Spezialregelungen begrenzt wird, ist der Anwendungsbereich des § 4 III EStG bereits von vornherein auf die Negativvoraussetzung einer fehlenden Buchführung und regelmäßigen Abschlusserstellung des Steuerpflichtigen begrenzt. Die Buchführungspflicht selbst folgt aus §§ 140, 141 AO[103].

6.1   *Buchführungspflicht gemäß § 140 AO*

Nach § 140 AO sind diejenigen Steuerpflichtigen buchführungspflichtig, die außerhalb der Steuergesetze zur Buchführung oder Aufzeichnung gesetzlich verpflichtet sind[104]. Es handelt sich dabei um sog. abgeleitete Buchführungspflichten[105]. Dabei muss es sich um gesetzliche, für die Besteuerung bedeutsame Buchführungs- und Aufzeichnungspflichten handeln[106]. Eine solche Bedeutsamkeit meint die Eignung der Aufzeichnungen zur Tatsachenfeststellung und zum

---

100 Vergleiche beispielsweise R 4.5 und R 4.6 EStR; Bergkemper, in Hermann/Heuer/ Raupach, EStG, Juli 1998, § 4 Rz. 503 ff.; Frotscher, in Frotscher, EStG, November 2006, § 4 Rz. 227; Korn, KÖSDI 2006, 14968; Korn, in Korn, EStG, März 2006, § 4 Rz. 480; Segebrecht, Die Einnahmen-Überschussrechnung nach § 4 Abs. 3 EStG; Zenthöfer, in Zenthöfer/ Schulze zur Wiesche, Einkommensteuer, 436.
101 So die Bezeichnung des Kölner Entwurfs. Siehe dazu Kapitel D I 2.1.
102 Exemplarisch: BFH, BStBl. III 1962, 199; BFH, in BStBl. 1990 II, 817; Bergkemper, Hermann/Heuer/Raupach, EStG, Juli 1998, § 4 Rz. 503 sowie Offerhaus, BB 1977, 1493 (1493); Zenthöfer, in Zenthöfer/ Schulze zur Wiesche, Einkommensteuer, 23.
103 Siehe dazu R 4.5 i.V.m. R 4.1 I, II EStR.
104 Bei dem Begriff der Aufzeichnungen handelt es sich nach dem BFH, in BStBl. II 1968, 648, um den Oberbegriff für Buchungen innerhalb einer kaufmännischen Buchführung und für Ausgabenaufzeichnungen im Sinne des § 4 III EStG.
105 Mösbauer, in Koch/Scholtz, AO, § 140 Rz. 2; Mösbauer, DStZ 96, 722 (722 ff.); Trzaskalik, in Hübschmann/ Hepp/ Spitaler, AO, Juni 1999, Vor §§ 140-148 Rz. 11.
106 Bergkemper, in Hermann/Heuer/Raupach, EStG, Juli 1998; § 4 Rz. 544; Brockmeyer, in Klein, AO, § 140 Rz. 1; Dumke, in Schwarz, AO, § 140 Rz. 4; Mösbauer, in Koch/Scholtz, AO, § 140 Rz. 2.

Tatsachenbeweis, beispielsweise zur Kontrolle des Betriebergebnisses oder auch die Kontrolle anderer Steuerpflichtiger[107]. Aus Verwaltungsvorschriften resultierende Pflichten genügen nicht, da § 140 AO von „anderen Gesetzen" spricht[108]. Dies sind gemäß § 4 AO ausschließlich Rechtsnormen[109]. Diese Kriterien erfüllen insbesondere handels-[110], gesellschafts-[111] und genossenschaftsrechtliche[112] Buchführungs- bzw. Aufzeichnungspflichten, aber auch die in einer Vielzahl von anderen Gesetzen und Verordnungen geregelten Buchführungs- bzw. Aufzeichnungspflichten bestimmter Berufe und Tätigkeiten[113].

6.2   Bedeutung des § 140 AO i.V.m. § 238 I HGB

Die Anwendung des § 4 III EStG maßgeblich ausschließende außersteuergesetzliche Buchführungs- bzw. Aufzeichnungspflicht folgt aus § 238 HGB i.V.m. § 140 AO[114]. § 238 I Satz 1 HGB verpflichtet jeden Kaufmann zur Führung von Handelsbüchern[115]. Hintergrund der umfassenden Verknüpfung außersteuerrecht-

---

107 Dumke, in Schwarz, AO, § 140 Rz. 4; im Grundsatz übereinstimmend, jedoch mit anderer Ansicht hinsichtlich der Kontrolle Dritter Cöster, in Pahlke/König, AO, § 140 Rz. 14.

108 So bereits Dumke, in Schwarz, AO, § 140 Rz. 2.

109 Zu Rechtsnormen zählen die Verfassung, die formellen Gesetze, die Rechtsverordnungen, die Satzungen, das Recht des Gewohnheitsrechts, Doppelbesteuerungsabkommen und supranationale Rechtsnormen wie beispielsweise die Richtlinienverordnung der Europäischen Union, so Balmes, in Kühn/von Wedelstädt, AO, § 4 Rz. 1. Siehe auch Birk, in Hübschmann/Hepp/Spitaler, AO, Juli 1997, § 4 Rz. 15 ff.; Gersch, in Klein, AO, § 4 Rz. 4 ff.

110 Sich aus dem HGB ergebende Buchführungs- und Aufzeichnungspflichten finden sich u.a. in den Vorschriften über die Buchführung und das Inventar gemäß §§ 238-241 HGB, über die Eröffnungsbilanz und Jahresabschluss gemäß §§ 242-256 HGB, über die Aufbewahrung und Vorlage gemäß §§ 257-261 HGB, über Kapitalgesellschaften gemäß §§ 264 ff. HGB und über den Konzernabschluss gemäß § 290 ff. HGB.

111 Vgl. §§ 150 ff., 270, 286 AktG; §§ 41f GmbHG.

112 §§ 33 ff. GenG.

113 Siehe dazu Niewerth, in Lippross, AO, März 2005, § 140 Rz. 3 ff.; Tipke/Drüen, in Tipke/Kruse, AO und FGO, § 140 Rz. 1, 14 mit einer Aufzählung von derartigen besonderen Buchführungs- und Aufzeichnungspflichtigen sowie Brockmeyer, in Klein, AO, § 140 Rz. 5.

114 Vergleiche Dumke, in Schwarz, AO, § 140 Rz. 5, Trzaskalik, Hübschmann/Hepp/Spitaler, AO, Juni 1999, § 140 Rz. 2.

115 Insofern scheiden Personenhandelsgesellschaften im Sinne der §§ 105, 161 HGB aufgrund ihrer sich aus § 6 I i.V.m. § 238 HGB ableitenden Buchführungspflicht gemäß § 140 AO aus dem Anwendungsbereich des § 4 III EStG aus. Für diese geht vielmehr mit der handelsrechtlichen Buchführungspflicht die steuerliche Gewinnermittlung durch Betriebsvermögensvergleich gemäß § 5 I EStG einher. Für die gemäß § 17 II GenG als Kaufleute geltenden Genossenschaften ordnet § 238 HGB gleichfalls

licher Buchführungspflichten mit § 140 AO ist einerseits, dass das Steuerrecht von der Notwendigkeit entbunden ist, selbst den Kreis der verpflichteten Personen und ihre Buchführungs- bzw. Aufzeichnungspflichten detailliert zu bestimmen. Andererseits sollen Steuerpflichtige entlastet werden, da sie ihre Buchführungs- bzw. Aufzeichnungspflichten nur einmal nachkommen müssen[116] – so zumindest der theoretische Gedanke. Dieser fußt insbesondere auf dem in § 5 I EStG normierten Maßgeblichkeitsprinzip[117].

6.3 Buchführungspflicht gemäß § 141 AO

Eine weitere Verengung erfährt der persönliche Anwendungsbereich der Einnahmen-/Überschussrechnung gemäß § 4 III EStG durch § 141 AO. Denn § 141 AO normiert für die nicht bereits von § 140 AO erfassten Steuerpflichtigen eine originär steuerrechtliche Buchführungspflicht. Eine entsprechende Pflicht ordnet § 141 AO an, wenn die entsprechenden Einkünfte gewerblicher Unternehmer sowie Land- und Forstwirte eine bestimmte Größe von Umsatz,-[118], selbstbewirtschafteten Flächen-[119] oder Gewinn[120] aufweisen[121]. Die Zahlengrößen des § 141 AO wurden im Wege des Kleinunternehmerförderungsgesetzes vom 31.07.2003 mit der Intention erhöht, den persönlichen Anwendungsbereich des § 4 III EStG zu erweitern[122].

die Buchführungspflicht an und verschließt diesen so über § 140 AO den persönlichen Anwendungsbereich des § 4 III EStG. „Vereine", also insbesondere Kapitalgesellschaften, werden ebenfalls aufgrund der aus § 6 II i.V.m. § 238 HGB resultierenden Buchführungspflicht von § 4 III EStG nicht erfasst. Ferner sind die Gewerbetreibenden, deren Unternehmen nach Art und Umfang einen kaufmännischen Geschäftsbetrieb erfordert, aufgrund der daraus resultierenden Kaufmannseigenschaft gemäß § 1 I, II HGB gemäß § 238 I Satz 1 HGB buchführungspflichtig und damit von § 140 AO erfasst. In diesem Sinne ebenfalls: Mösbauer, in Koch/Scholz, Abgabenordnung, § 140 Rz. 7; Segebrecht, in Die Einnahmen-Überschussrechnung nach § 4 III EStG, Rz. 210.

116 In diesem Sinne ebenfalls Lauth, DStR 2000, 1365 (1368); Kruse/Drüen, in Tipke/Kruse, AO und FGO, § 140 Rz. 1; Trzaskalik, in Hübschmann/Hepp/Spitaler, AO, Juni 1999, § 140 Rz. 10 ff.
117 Siehe zum Maßgeblichkeitsprinzip Kapitel B IV.
118 Siehe zur genauen Voraussetzung: § 141 I Satz 1 Nr. 1 AO.
119 Siehe zur genauen Voraussetzung: § 141 I Satz 1 Nr. 3 AO.
120 Siehe zur genauen Voraussetzung: § 141 I Satz 1 Nr. 4, 5 AO.
121 BMF Schreiben, in BStBl. I 1981, 878, 1.1.; Deutsches wissenschaftliches Steuerinstitut der Steuerberater e.V., AO Handbuch, Abgabenordnung, Finanzgerichtsordnung, § 141 AO Rz. 5, 10. Bei einem einmaligen Überschreiten der Grenzen, besteht gemäß § 148 AO die Möglichkeit, einen Antrag auf Befreiung von der Verpflichtung zur Buchführung zu stellen, dazu Brockmeyer, in Klein, AO, § 148 Rz. 1.
122 BGBl. I 2003, 1550. Kritisch dazu Hey, in Tipke/Lang, § 17 Rz. 6.

Im Bereich der land- und forstwirtschaftlichen Einkünfte ist allerdings weitere Negativvoraussetzung, dass der Tatbestand des § 13a I EStG nicht erfüllt ist und positiv ein Antrag gemäß § 13a II Satz 1 EStG sowie gemäß § 13a II Satz 2 eine Entscheidung für die Anwendung des § 4 III EStG vorliegt[123]. § 141 AO gilt allgemein für die Einkunftsarten im Sinne der § 13 und § 15 EStG derjenigen Steuersubjekte, die keine gesetzlichen Buchführungspflichten im Sinne des § 140 AO treffen. Neben den Land- und Forstwirten sind das insbesondere Kleingewerbetreibende, deren Unternehmen keinen nach Art oder Umfang in kaufmännischer Weise eingerichteten Geschäftsbetrieb erfordert und die nicht gemäß § 2 I HGB freiwillig in das Handelsregister eingetragen sind[124]. Insofern sind hauptsächlich natürliche Personen und die Gesellschaft bürgerlichen Rechts (GbR), die mangels Kaufmannseigenschaft handelsrechtlich nicht zur Buchführung angehalten ist, mit entsprechenden Einkünften erfasst.

6.4   Resümee zu §§ 140, 141 AO

Während § 140 AO allein an eine außersteuergesetzliche Buchführungspflicht anknüpft, setzt § 141 AO bei bestimmten Einkunftsarten an. Somit sind einzig die selbstständig Tätigen im Sinne des § 18 EStG unabhängig vom Umsatz, Gewinn und Betriebsvermögen nicht vom Tatbestand und damit von der weiteren Verengung des § 141 AO erfasst[125]. Eine Buchführungspflicht trifft die freiberuflich Tätigen mangels erfasster Einkunftsart weder aus § 141 AO noch mangels Ausübung eines Gewerbes als Voraussetzung für die Kaufmannseigenschaft i. V.m. § 238 HGB aus § 140 AO[126]. Auch Personenzusammenschlüsse allein freiberuflich Tätiger, zum Beispiel in der Rechtsform einer GbR oder einer Partnerschaft gemäß

---

123 So bereits Segebrecht, in Die Einnahmen-Überschussrechnung nach § 4 Abs. 3 EStG, Rz. 212 ff.
124 In diesem Sinne ebenso Hey, in Tipke/Lang, § 17 Rz. 6, Kantwill, StuSt, 2006, 65 (66 f.), Schoor, FR 1982, 505 (505 f.). Zum Erfordernis eines nach Art oder Umfang einen in kaufmännischer Weise eingerichteten Geschäftsbetrieb, siehe mit weiteren Nachweisen Baumbach/Hopt, § 1 Rz. 22 ff. sowie Karsten Schmidt, in Handelsrecht, §§ 9 IV, 10 IV. Zur Möglichkeit eines freiwilligen Eintrags in das Handelsregister, Karsten Schmidt, in MüKo HGB, § 2 Rz. 9 ff.
125 So auch sinngemäß Lang, Bemessungsgrundlage, 448 f.; Niewerth, Lippross, AO, März 2005, § 141 Rz. 1; Segebrecht, Die Einnahmen-/Überschussrechnung nach § 4 Abs. 3, Rz. 208 ff., 239; Winnefeld, Bilanzhandbuch, Rz. A 140. Hervorzuheben sind in diesem Zusammenhang insbesondere die Einkünfte aus freiberuflicher Tätigkeit gemäß § 18 I Nr.1 EStG und gemäß § 18 I Nr.4 EStG aus Beteiligungsfonds an Wagniskapitalgesellschaften. Dazu jeweils Wacker, in Schmidt, EStG, § 18 Rz. 5 ff. und Lambrecht, in Kirchhof, Kirchhof, EStG, § 18 Rz. 158.
126 Exemplarisch. Henssler, in ZHR 161 (1997), 13 (24); Hopt, in Baumbach/Hopt, § 1 Rz. 19; Winnefeld, Bilanzhandbuch, Rz. A 140.

§ 1 I PartGG, trifft somit keine Buchführungspflicht. Abhängig ist dies allerdings von der jeweiligen Beteiligungsstruktur bzw. von der Rechtsform des Zusammenschlusses[127].

7. Resümee

Festzuhalten ist, dass zwei generelle Gewinnermittlungstechniken innerhalb des EStG existieren. Einmal die Techniken des Betriebsvermögensvergleichs in der Ausgestaltung der § 4 I EStG und § 5 I EStG, zum anderen die der Einnahmen-/Überschussrechnung. Im parallelen Anwendungsbereich ermitteln beide Techniken denselben Totalgewinn, d.h. beide Ermittlungsarten divergieren in der jeweiligen Technik, nicht aber in ihrem endgültigen Ermittlungsergebnis.

Maßstab der Gewinnermittlung durch Betriebsvermögensvergleich ist die Wertentwicklung des Betriebsvermögens innerhalb eines Zeitraumes, hingegen für die Einnahme-/Überschussrechnung der Überschuss der Betriebseinnahmen über die Betriebsausgaben. In gleichrangiger Konkurrenz stehen die beiden Gewinnermittlungsmethoden jedoch nicht, da der Anwendungsbereich des § 4 III EStG auf diejenigen Steuerpflichtigen beschränkt ist, die weder gesetzlich buchführungspflichtig sind noch dies freiwillig tun[128]. Dabei kann sich eine Buchführungspflicht abgeleitet aus außersteuergesetzlichen Normen ergeben, wie auch originär steuerrechtlich. Daher entfallen der Einnahmen-/Überschussrechnung gemäß § 4 III EStG die Steuerpflichtigen, deren gewerbliche sowie land- und

---

127 So werden beispielsweise Einkünfte eines Personenzusammenschlusses unter Beteiligung sog. Berufsfremder, d.h. keine Freiberufler im Sinne des § 18 I Nr. 1 EStG, aufgrund der besonderen persönlichen Eigenschaften, die Freiberufler kennzeichnen, gemäß § 15 III Nr. 1 i.V.m. § 15 I Satz 1 Nr. 1 EStG insgesamt als gewerbliche qualifiziert. Mit dieser Qualifikation ist aber zugleich die potentielle Buchführungspflicht gemäß § 141 AO verbunden. Dies gilt auch für eine allein von Freiberuflern gegründete und betriebene Kapitalgesellschaft. Diese erzielt nämlich gemäß § 8 II KStG gewerbliche Einkünfte und unterfällt damit grundsätzlich wieder der größenabhängigen Buchführungspflicht des § 141 AO. Allerdings läge hier bereits eine Buchführungspflicht aus § 140 AO, § 238 HGB vor, da eine Kapitalgesellschaft gemäß § 6 II HGB i.V.m. dem jeweiligen Spezialgesetz als Formkaufmann gemäß § 238 HGB buchführungspflichtig ist. Vergleiche BFH in BStBl. II 2001, 241 (242); Lambrecht, in Kirchhof, EStG, § 18 Rz. 34, 36, Wacker, in Schmidt, EStG, § 18 Rz. 52 f. mit zahlreichen Nachweisen; Winnefeld, in Bilanzhandbuch, Rz. A 140.

128 Zutreffend Bergkemper, in Hermann/Heuer/Raupach, EStG, Juli 1998, § 4 Rz. 516; Offerhaus, BB 1977, 1493 (1494 f.); Ramb/Schneider, Die Einnahme-Überschussrechnung von A-Z, 246 f.; Segebrecht, Die Einnahmen-/Überschussrechung nach § 4 Abs. 3 EStG, Rz. 208; Schoor, FR 1982, 505 (505 f.); Speich, DStR 1972, 743 (744); Stöcker, in Korn, EStG, März 2006, § 4 Rz. 4.

forstwirtschaftlichen Einkünften, eine bestimmte Umsatz-, Flächen- oder Gewinngrößen aufweisen und insbesondere alle nach dem HGB unmittelbar oder mittelbar Buchführungsverpflichteten. Der persönliche Anwendungsbereich des § 4 III EStG ist mithin durch die Tatbestandsvoraussetzung einer fehlenden Buchführungspflicht deutlich eingeschränkt. Uneingeschränkt fallen nur die die selbstständig Tätigen in den persönlichen Anwendungsbereich der Einnahmen-/Überschussrechnung.

Indes erfasst die Gewinnermittlungssystematik des Betriebsvermögensvergleichs, sei es in der Grundform des Betriebsvermögensvergleichs gemäß § 4 I EStG oder in der Ausgestaltung des § 5 EStG, im Grundsatz alle Gewinneinkünfte im Sinne des § 2 II Nr. 1 EStG unabhängig bestimmter Größen.

V. Betriebsvermögensvergleich versus Einnahmen-/Überschussrechnung: Die Grundtechniken

Sowohl der Betriebsvermögensvergleich als auch die Einnahmen-/Überschussrechnung sind Gewinnermittlungsarten[129]. Beide Methoden dienen damit der Ermittlung des Einkommens nach dem Verständnis der Reinvermögenszugangstheorie. Diese versteht grundsätzlich das Einkommen als Wertentwicklung im Betriebsvermögen. Damit ist zunächst ein gemeinsamer Ausgangspunkt der beiden Ermittlungsarten fixiert. Allerdings sind die Grundtechniken der Ermittlungsarten Betriebsvermögensvergleich und Einnahmen-/Überschußrechnung unterschiedlich.

1. Die Gewinnermittlungstechnik des Betriebsvermögensvergleichs

Der Betriebsvermögensvergleich ermittelt die Wertentwicklung im Betriebsvermögen durch Bilanzierung, d.h. aus der Betrachtung des Betriebsvermögens nach der Maßgabe Aktiva abzüglich der Schulden an zwei bestimmten Stichtagen. Soweit die Höhe des tatsächlichen Betriebsvermögens durch Einlagen und Entnahmen beeinflusst wird, sind diese nicht betrieblich veranlassten Zu- und Abgänge bei der Gewinnermittlung zu korrigieren[130].

---

129 Siehe beispielsweise Crezelius, in Kirchhof, EStG, § 4 Rz. 1; Heinicke, in Schmidt, EStG, § 4 Rz. 1; Kanzler, FR 1999, 225 (225); Pickert, DB 1994, 1581 (1581); Stöcker, in Korn, EStG, Juli 2006, § 4 Rz. 1 ff.; Wied, in Blümich, EStG, August 2006, § 4 Rz. 1.
130 In diesem Sinne auch Kanzler, in Herrman/Heuer/Raupach, Oktober 2004, § 4 Rz. 20.

Die Bilanz gibt dabei lediglich als Momentaufnahme das am Bilanzstichtag vorhandene Vermögen wieder[131]. Ermittelt werden die jeweiligen Bilanzposten in aller Regel im Wege der sog. doppelten Buchführung[132]. Doppelte Buchführung meint dabei die zweifache (doppelte) Erfassung eines Geschäftsvorfalls als Soll- und Habenbuchung auf Konten. Charakteristisch ist, dass sich die Summe der Soll- und die Summe der Habenbuchung entsprechen[133]. Gewinnauswirkung hat allerdings nur eine Buchung auf einem Bestandskonto, die zur Gegenbuchung auf einem Erfolgs- oder Aufwandskonto führt und damit das Eigenkapital berührt[134]. Geschäftsvorfälle im Rahmen der Bestandskonten des Aktivvermögens und des Fremdkapitals berühren hingegen das Eigenkapital und damit den Gewinn nicht[135]. Neben den erfolgswirksamen und erfolgsneutralen Geschäftsvorfällen gibt es noch solche mit einer ungewollten Gewinnauswirkung, die außerhalb der Bilanz korrigiert werden müssen[136].

Der Erfassungszeitpunkt bestimmt sich dabei über das Maßgeblichkeitsprinzip anhand der sog. Grundsätze ordnungsgemäßer Buchführung[137]. Den Ausgangspunkt bildet insoweit das Verständnis des Betriebsvermögensvergleichs als eine periodisierende Erfolgsrechnung. Der Gewinn (bzw. der Verlust) wird durch die Aufwendungen und Erträge bestimmt, die dem Wirtschaftsjahr unabhängig von den Zeitpunkten der entsprechenden Zahlungen (§ 252 I Nr.5 HGB) zugeordnet werden[138]. So tritt eine Gewinnrealisierung bei einem Austauschgeschäft dann ein, wenn der Leistungsverpflichtete die von ihm geschuldete Erfüllungshandlung in der Weise erbracht hat, dass ihm die Forderung auf die Gegenleistung –

---

131 Sog. statisches Bilanzverständnis, dazu Hey, in Tipke/Lang, § 17 Rz. 20, 93, Kanzler, in Hermann/Heuer/Raupach, EStG, Oktober 2004, § 4 Rz. 16, Thiele, in Baetge/ Kirsch/Thiele, Bilanzrecht, September 2002, § 246 Rz. 34 ff. Im Gegensatz dazu steht die dynamische Sollrechnung der Gewinn- und Verlustrechnung (GuV), siehe Falterbaum/Bolke, Buchführung und Bilanz, 215 ff.; Thiele, in Baetge/Kirsch/Thiele, Bilanzrecht, September 2002, § 246 Rz. 47 ff.

132 Die doppelte Buchführung ist in der Praxis die Regel für kaufmännische Unternehmer und für die Wirtschaftsbetriebe der öffentlichen Hand in privater Rechtsform. Daneben sei aber der Vollständigkeit halber auf die Buchführungssysteme der einfachen und der kameralistischen Buchführung hingewiesen. Dazu Winkeljohann/Klein, in Beck'scher Bilanzkommentar, § 238 Rz. 77 ff.

133 Quick/Wolz, in Baetge/Kirsch/Thiele, Bilanzrecht, § 238 Rz. 34.

134 Ausführlich zum Begriff der doppelten Buchführung Winnefeld, Bilanz-Handbuch, Rz. A 720 ff.

135 In diesem Sinne auch Heinicke, in Schmidt, EStG, § 4 Rz. 46.

136 Dazu Heinicke, in Schmidt, § 4 Rz. 45, 48.

137 Siehe H 5.2 EStR und statt vieler Winnefeld, Bilanzhandbuch, Rz. A 240 ff.; C 555 ff.; D 10 ff., D 20 ff.

138 Exemplarisch Winkeljohann/Geißler, in Beck'scher Bilanzkommentar, § 252, Rz. 51 ff. und Lang, in Tipke/Lang, § 9 Rz. 190.

von den mit jeder Forderung verbundenen Risiken abgesehen – so gut wie sicher ist (§ 252 I Nr. 4 2.HS HGB)[139]. Verluste und Risiken sind bereits mit ihrer Vorhersehbarkeit zu berücksichtigen (§ 252 I Nr.4 1.HS HGB)[140]. Der Ausweis der Aufwendungen oder Erträge erfolgt gemäß dem Zeitpunkt ihrer wirtschaftlichen Verursachung[141]. Wertveränderungen des reinen Betriebsvermögens kommen somit unmittelbar in der Periode zum Ausdruck, in der sie wirtschaftlich begründet wurden, ohne dass sie eines Realisationsaktes bedürfen. Mangels notwendigen Realisationsaktes kommt der Bewertung einzelner Bilanzposten entscheidende Bedeutung zu, da so die Parameter Aktiva bzgl. Schulden bestimmt werden und mittelbar über den Differenzbetrag der Gewinn (bzw. Verlust).

Zum Bilanzstichtag werden die einzelnen Buchungskonten abgeschlossen und in ein Schlussbilanzkonto gebucht, wobei die Erfolgskonten erst in einem Gewinn- und Verlustkonto zusammengeführt werden. Das Schlussbilanzkonto entspricht der Schlussbilanz[142].

Die tatsächlichen Bestände der Buchhaltung werden mittels Inventur, d.h. einer mengen- und wertmäßigen Bestandserfassung (vgl. §§ 240, 241 HGB) kontrolliert und der bilanziellen Erstellung des Betriebsvermögensvergleichs zugrunde gelegt[143].

2. Die Gewinnermittlungstechnik der Einnahmen-/Überschussrechnung

Die Gegenbetrachtung der kodifizierten Form der Einnahmen-/Überschussrechnung § 4 III EStG ist nicht unproblematisch, da ihr zahlreiche Durchbrechungen der Grundsystematik und Vermengungen mit der Gewinnermittlungstechnik des Betriebsvermögensvergleichs vorgehalten werden. In der sich damit befassenden Literatur findet sich beständig die Bezugnahme auf den bereits einleitend erwähnten Gedanken von Groh, „ob der betrieblichen Überschussrechnung überhaupt ein rationales Prinzip zugrunde liegt oder sie nur durch Konventionen zusammenge-

---

139 Sog. Realisationsprinzip; siehe exemplarisch dazu BFH, BStBl. II 1991, 213; BFH, BStBl. II 1999, 21, Baetge/Ziesemer, in Baetge/Kirsch/Thiele, Bilanzsteuerrecht, Juli 2003, § 252 Rz. 181 ff.; Merkt, in Baumbach/Hopt, § 252 Rz. 13 ff.; Winkeljohann/Geißler, in Beck'scher Bilanzkommentar, § 252 Rz. 43 ff.; Winnefeld, Bilanzhandbuch, Rz. E 86 ff.

140 Sog. Vorsichtsprinzip; dazu Exemplarisch Kusterer, in Glanegger, HGB, § 252 Rz. 5; Kessler, DB 1997, 1; Merkt, in Baumbach/Hopt, § 252 Rz. 11 f.; Winkeljohann/Geißler, in Beck'scher Bilanzkommentar, § 252 Rz. 50; Winnefeld, Bilanzhandbuch, Rz. E 70 ff.

141 So bereits Merkt, in Baumbach/Hopt, § 252 Rz. 13.

142 Hey, in Tipke/Lang, § 17 Rz. 27.

143 Zum Begriff und Bedeutung der Inventur Winnefeld, Bilanz-Handbuch, Rz. B 20 ff.

halten wird, die man kennen muss, aber nicht zu verstehen braucht"[144]. Weitergehende Übereinstimmung besteht im Schrifttum allein hinsichtlich der Grundtechnik. In der Ausgestaltung darüber hinaus und insbesondere der Einordnung eines Gesamtkonzepts herrscht allerdings Meinungsvielfalt[145]. Insofern ist die Einnahmen-/Überschussrechnung für die Zwecke dieser Arbeit zunächst auf ihre absolute Grundtechnik zurückzuführen und diese zu qualifizieren. Ausnahmen werden strikt außer Acht zu lassen, um so die wesentlichen Unterschiede zum Betriebsvermögensvergleich und deren Hintergründe zu verdeutlichen.

2.1 Die Grundtechnik

Die Grundtechnik der Einnahmen-/Überschussrechnung stellt an einem Stichtag Betriebseinnahmen und Betriebsausgaben eines Ermittlungszeitraumes gegenüber, wobei der Zahlungsüberschuss als steuerlicher Gewinn herangezogen wird[146]. Diese Technik lehnt sich an die Ermittlungsmethode der Überschusseinkünfte im Sinne des § 2 II Nr. 2 EStG durch die Gegenüberstellung der Einnahmen und Werbungskosten gemäß §§ 8 ff. EStG an[147]. Die Einnahmen/Überschussrechnung ist aber Gewinnermittlungsmethode und dient – wie der Betriebsvermögensvergleich – damit der Einkunftsbestimmung nach § 2 II Nr. 1 EStG, also dem Einkommensverständnis nach der Reinvermögenszugangstheorie. Dieses Einkommensverständnis basiert auf der Betrachtung der Wertentwicklung des Betriebsvermögens. Das lässt die Überschussrechnung der Einnahmen über die Werbungskosten auf Grund ihres quellentheoretischen Einkommensverständnisses außer Acht. Daraus folgt, dass die Anlehnung der Einnahmen-/Überschussrechnung ausschließlich technischer

---

144 Groh, FR 1986, 393 (393). Siehe in diesem Zusammenhang auch Eisgruber, Die Zahlungsmittelrechnung nach § 4 Abs. 3 EStG, 6 ff.; Fein, Die Systematik der Einnahme-Überschussrechnung gemäß § 4 Abs. 3 EStG, 22.
145 Vergleiche beispielsweise Bergkemper, in Hermann/Heuer/Raupach, Juli 1998, § 4 Rz. 504, Bordewin, in Bordewin/Brandt, EStG, § 4 Rz. 153, Crezelius, in Kirchhof, EStG, § 4 Rz. 107, Dziadkowski, BB 2000, 399 (399); Eisgruber, Die Zahlungsmittelrechnung nach § 4 Abs. 3 EStG, 6 ff.; Fein, Die Systematik der Einnahme-Überschussrechnung gemäß § 4 Abs. 3 EStG, 22 ff.; Groh, FR 1986, 393 (393 ff.); Heinicke, in Schmidt, EStG, § 4 Rz. 371; Lang, in Tipke/Lang, Steuerrecht, § 9 Rz. 455 f.; Nacke, in Littmann/Bitz/Pust, EStG, Mai 2006, §§ 4,5 Rz. 1506; Meurer, in Lademann, EStG, Mai 2006; § 4 Rz. 421; Pickert, DB 1994, 1581 (1581 ff.); Segebrecht, Die Einnahmen- Überschußrechnung nach § 4 Abs. 3 EStG Rz. 10; Söffing, DStZ 1970, 17 (17); Wied, in Blümich, ESt, August 2006, § 4 Rz. 153; Weber-Grellet, in Kirchhof/Söhn/Mellinghoff, EStG, Januar 1988, § 4 Rz. D 9.
146 Zureffend Ehrhardt-Rauch, DStZ 2001, 424 (424 f.); Herzig/Hausen, DB 2004, 1 (4); Herzig, IAS/IFRS und steuerliche Gewinnermittlung, 336.
147 Ebenso Eisgruber, Die Zahlungsmittelrechnung nach § 4 III EStG, 12.

Natur ist und somit Wertentwicklungen des Betriebsvermögens auch bei der Einnahmen-/Überschussrechnung Berücksichtigung finden müssen[148].

Der Ermittlungszeitpunkt bestimmt sich grundsätzlich nach dem an Zahlungsvorgängen anknüpfenden Zu- und Abflussprinzip, welches sich in kodifizierter Form dem § 11 EStG entnehmen lässt[149]. Danach sind Einnahmen gemäß § 11 I Satz 1 EStG innerhalb des Kalenderjahres bezogen, in dem sie dem Steuerpflichtigen zugeflossen sind, Ausgaben gemäß § 11 II Satz 1 EStG für das Kalenderjahr abzusetzen, in dem sie geleistet worden sind. Im Gegensatz zur periodisierenden Erfolgsrechung des Betriebsvermögensvergleichs ist also bei der Grundtechnik der Einnahmen-/Überschussrechnung allein der tatsächliche Zu- bzw. Abfluss von Zahlungen entscheidend, nicht lediglich das Entstehen einer einredefreien und durchsetzbaren Forderung oder Verbindlichkeit[150]. Forderungen und Schulden entstehen auch bei der Einnahmen-/Überschussrechnung als Betriebsvermögen, haben aber keinen direkten Einfluss auf den Gewinn[151]. Damit ist die Einnahmen-/Überschussrechnung ihrer Grundtechnik nach eine Cashflow-Rechnung[152]. Nur Ist-Beträge in Form von Betriebseinnahmen und Betriebsausgaben werden in Ansatz gebracht, nicht hingegen die Soll-Beträge in Form von Ertrag und Aufwand (sog. Ist-Rechnung)[153].

Im Unterschied zur unmittelbar periodengerechten Gewinnauswirkung beim Betriebsvermögensvergleich wird eine Wertentwicklung des Betriebsvermögens erst dann erfasst, wenn sich die Wertentwicklungen in Form von Betriebseinnahmen- bzw. ausgaben nach Zu- bzw. Abfluss niederschlagen. Demnach erfolgt auch bei der Einnahmen-Überschussrechnung eine Steuerverstrickung des Betriebsvermögens mit der Konsequenz, dass – realisierte – Wertsteigerungen des

---

148 So bereits Bergkemper, in Hermann/Heuer/Raupach, Juli 1998, § 4 Rz. 503; Jakob, Einkommensteuerrecht, Rz. 839.

149 Exemplarisch Heinicke, in Schmidt, EStG, § 4 Rz. 371; Herzig, in IAS/IFRS und steuerliche Gewinnermittlung, 337; Seiler, in Kirchhof, EStG, § 11 Rz. 2; Trzaskalik, StuW 1985, 222 (222).

150 In diesem Sinne auch Lang, in Tipke/Lang, § 9 Rz. 192.

151 So bereits Heinicke, in Schmidt, EStG, § 4 Rz. 371, 400 ff.

152 Ebenso Lang, in Tipke/Lang, § 9 Rz. 58, 194. Zum Begriff der Cashflow-Rechnung und zur Besteuerung auf Grundlage einer Chashflowsteuer siehe exemplarisch Hiller, Cashflow-Steuer und Umsatzsteuer, 32 ff.; Dorenkamp, Nachgelagerte Besteuerung von Einkommen; Lang, in Tipke/Lang, Steuerrecht, § 4 Rz. 117; Mitschke, StuW 1988, 111 (122); Nguven-Thanh, Finanzreform 2004, 167; Nguven-Thanh/Rose/ Thalmeier, StuW 2003, 169; Petersen, StuW 2006, 266; Rose, StuW 1991, 88; Rose, StuW 1999, 191; Schneider, BB 1987, 693;

153 Crezelius, in Kirchhof, EStG, § 4 Rz. 107; Nacke, in Littmann/Bitz/Pust, EStG, Mai 2006, § 4 Rz. 1506; Fein, Die Systematik der Einnahmen-/Überschussrechnung gemäß § 4 III EStG, 38; Segebrecht, Die Einnahmen-Überschussrechung nach § 4 Abs. 3, Rz. 10 ff.

zur Einkünfteerzielung eingesetzten Vermögens besteuert werden[154]. Die zeitlich divergierende Besteuerung von Wertzuwächsen im Betriebsvermögen führt zwar in der Regel zu unterschiedlichen Periodenergebnissen der beiden Gewinnermittlungsmethoden, aber zu keinem eigenständigen Gewinnbegriff[155]. Es gilt das Prinzip der Totalgewinnidentität[156].

2.2 Der Vereinfachungsgedanke

Die Grundtechnik der Einnahmen-/Überschussrechnung trägt dem Vereinfachungsgedanken Rechnung. Der Rückgriff auf Stromgrößen, Einnahmen und Ausgaben, nicht aber auf Bestandsgrößen ermöglicht die einfache Erfassung von nur zahlungswirksamen Geschäftsvorfällen[157]. Die mit jeder Betriebseinnahme verbundenen Wertabgänge sowie die mit jeder Betriebsausgabe verbundenen Wertzugänge werden nicht betrachtet[158]. Diese „einfache" Ermittlungssystematik verlangt nach keiner den Betriebsvermögensvergleich kennzeichnenden doppelten Buchführung. Eine entsprechende Bewertung des Betriebsvermögens ist bei einer einfachen Erfassung der Geschäftsvorfälle ebenfalls obsolet, so dass es auch einer Inventur als Bestandsaufnahme nicht bedarf[159].

2.3 Qualifikation als Zahlungsmittelrechnung

Die Ermittlungstechnik der Einnahmen-/Überschussrechnung wird auch als sog. Kassenrechnung[160] oder Geldrechnung[161] bezeichnet. Diese Bezeichnungen sollen

---

154 Zutreffend Crezelius, in Kirchhof, EStG, § 4 Rz. 111.
155 Anderer Ansicht Bundt, DStZ 1958, 346; Flies, DB 1967, 1430.
156 Dazu Kapitel B III 2.1.
157 In diesem Sinne ebenfalls BFH, BStBl. II 1975, 441 sowie Bergkemper, in Hermann/Heuer/Raupach, EStG, Juli 1998, § 4 Rz. 504; Groh, FR 1986, 393 (393 ff.); Herzig, in IAS/IFRS und steuerliche Gewinnermittlung, 337; Lang, Bemessungsgrundlage, 451 ff.; Speich, DStR 1972, 743 (743 ff.); Söffing, DStZ 1970, 17 (17 f.); Weber-Grellet, in Kirchhof/Söhn/Mellinghofff, EStG, Januar 1988, § 4 Rz. D 6; Wied, in Blümich, EStG, August 2000, § 4 Rz. 153.
158 So auch Crezelius, in Kirchhof, EStG, § 4 Rz. 108; 111; Heinicke, in Schmidt, EStG, §4 Rz. 370 f.; Segebrecht, Die Einnahmen-/Überschussrechnung nach § 4 Abs. 3, Rz. 20.
159 Zutreffend Bergkemper, in Hermann/Heuer/Raupach, EStG, Juli 1998, § 4 Rz. 536; Fein, Die Systematik der Einnahmen-/Überschussrechnung gemäß § 4 III EStG, 33. Daneben spielen die aus der Natur der Bilanz resultierenden Probleme des Bilanzzusammenhanges sowie der Bilanzänderung und -berichtigung bei den Einnahmen-/Überschussrechnung auch keine Rolle. Siehe Herzig, in IAS/IFRS und steuerliche Gewinnermittlung, 337.
160 Beispielsweise Crezelius, Steuerrecht Bd. II, Rz. 81; Lang, in Tipke/Lang, § 9 Rz. 192; Lang, Bemessungsgrundlage, 453.

die grundsätzliche Ausrichtung der Einnahmen-/Überschussrechnung auf die Veränderung der Zahlungsmittel zum Ausdruck bringen[162]. Weder der Begriff Kassenrechnung noch der Begriff Geldrechnung sind dabei im betriebswirtschaftlichen Sinne zu verstehen. Denn die betriebswirtschaftliche Lehre versteht unter Kassenrechnung allein die Zu- und Abnahme des Bargeldbestandes[163]. Dieses Verständnis ist für die Einnahmen-/Überschussrechnung zu eng, da diese auch Veränderungen der Geldbestände auf schnell verfügbaren Bankkonten als Zu- oder Abfluss erfasst, da diesen faktisch Bargeldbedeutung zukommt[164]. Die Geldrechnung erfasst nach betriebswirtschaftlichem Verständnis neben dem Zahlungsmittelbestand auch den Bestand an sonstigen Forderungen – soweit nicht bereits im Zahlungsmittelbestand erhalten – abzüglich des Bestandes an Verbindlichkeiten[165]. Dieses Verständnis ist jedoch für die Technik zu Einnahmen-/Überschussrechnung zu weit, denn allein das Entstehen einer Forderung oder einer Verbindlichkeit hat keine Auswirkung auf den tatsächlichen Zu- oder Abfluss[166]. Die Grundtechnik der Einnahmen-/Überschussrechnung stellt vielmehr allein den Einnahmen der betrieblichen Zahlungsmittel die Ausgaben der betrieblichen Zahlungsmittel gegenüber. Dabei sind Zahlungsmittel die Kassenbestände im betriebswirtschaftlichen Sinne und jederzeit verfügbare Bankguthaben[167]. Dieser Technik der Gegenüberstellung ist zugleich das Zu-/ Abflussprinzip immanent: Gegenübergestellt werden die erfassten Ein- und Ausgaben, dies sind aber zwangsläufig nur die bereits zu-/abgeflossenen.

2.4   Problematiken in der Kodifizierung der Grundtechnik

Allein die Betrachtung der Grundtechnik verdeutlicht die gegenwärtige Problematik der Einnahmen-/Überschussrechnung. Die Begriffe Betriebseinnahmen und Betriebsausgaben erfassen entsprechend der dargestellten Grundtechnik

---

161 Beispielsweise Bergkemper, in Hermann/Heuer/Raupach, EStG, Juli 1998, § 4 Rz. 504; Fein, Die Systematik der Einnahmen-/Überschussrechnung gemäß § 4 III EStG, 34; Heinicke, in Schmidt, EStG, § 4 Rz. 371; Söffing, DStZ 1970, 17 (17 f.).

162 In diesem Sinne ebenfalls Eisgruber, in Die Zahlungsmittelrechnung nach § 4 III EStG, 19.

163 So beispielsweise das Gabler, Wirtschaftslexikon zu dem Begriff der Kassenrechnung. Ebenso Weber, Betriebswirtschaftliches Rechnungswesen, 39.

164 So auch Eisgruber, in Die Zahlungsmittelrechnung nach § 4 III EStG, 19.

165 Eisgruber, in Die Zahlungsmittelrechnung nach § 4 III EStG, 19; Kirchhof, EStGB, Vor § 3 Rz. 35.

166 In diesem Sinne auch Vogel, INF 1990, 1 (2); Kantwill, StuSt 2006, 65 (73 f.); Lang, in Tipke/Lang, § 9 Rz. 192; Lang, Bemessungsgrundlage, 451 ff.; Speich, DStR 1972, 743 (745).

167 So auch Eisgruber, Die Zahlungsmittelrechnung nach § 4 Abs. 3, 15.

lediglich den betrieblichen Zu- oder Abflüsse von Geld- oder geldgleichen Forderungsrechten[168]. Wenn aber allein Zu- und Abflüsse in Geld oder geldgleichen Forderungsrechten erfasst sind, stellt sich die Frage, ob Zu- und Abgänge in Geldwert zu erfassen sind. Solche geldwerten Güter können in Sach- und Dienstleistungen und sogar in Nutzungen bestehen, die außerhalb des Anwendungsbereichs der Grundtechnik liegen. Nach dem der Einnahmen-/Überschussrechnung zugrunde liegenden Einkommensverständnis der Reinvermögenzugangstheorie sind auch diese zwingend zu erfassen. Das erfordert dann aber Ausnahmen von der strikten Zahlungsanknüpfung der Einnahmen-/Überschussrechnung in ihrer Grundtechnik.

Die zahlreichen Ausgestaltungs- und Auslegungsüberlegungen der Einnahmen-/Überschussrechnung gemäß § 4 III EStG weisen auf eine keine befriedigende Kodifikation der Ausnahmen hin. Neben der hier dargestellten Ausnahmenotwendigkeiten im Bereich der Sachzu-/abgänge bestehen auch darüber hinausgehende Modifikationen der Grundtechnik im Bereich des Erfassungszeitpunktes von Ein-/Ausnahmen, dem Zu-/Abflussprinzip[169]. Dies erklärt die eingangs zitierte Frage Grohs nach einem einheitlichen Prinzip der Einnahmen-/Überschussrechnung, das eben auch die Ausnahmen erfasst, ohne sich in nicht nachvollziehbaren Konventionen zu verlieren.

3. Resümee

Festzuhalten bleibt, dass sowohl die Technik der Einnahmen-/Überschussrechnung wie die des Betriebsvermögensvergleich der Ermittlung eines einheitlichen Gewinnbegriffs nach der Reinvermögenszugangstheorie dienen. Die Techniken sind aber verschieden. Insbesondere erfasst die Grundtechnik der Einnahmen-/Überschussrechnung lediglich Veränderungen der Zahlungsmittel im Wege des Zu-/Abflusses Die Erweiterung auf geldwerte Güter führt zur Durchbrechung der Grundtechnik, ist aber auf Grund des Einkommensverständnisses der Reinvermögenszugangstheorie geboten. Insofern stellt sich dann die Frage nach der konkreten Ausgestaltung der daraus resultierenden Ausnahmen. Darüber hinaus

---

168 Dabei wird an dieser Stelle von Erläuterungen der betrieblichen Veranlassung sowie einem möglichen Erfordernis der Erfolgswirksamkeit abgesehen.

169 Exemplarisch Bergkemper, in Hermann/Heuer/Raupach, EStG, Juli 1998; § 4 Rz. 571 ff.; Crezelius, in Kirchhof, EStG, § 4 Rz. 120 ff.; Heinicke, in Schmidt, EStG, § 4 Rz. 372 sowie § 11 Rz. 6 f.; Kantwill, StuSt, 2006, 65 (68); Segebrecht, Die Einnahmen-Überschussrechnung nach § 4 Abs. 3, Rz. 258 ff.; Veigel, INF 1990, 1 (2 f.).

besteht aus der Perspektive des zugrunde liegenden Einkommensverständnisses keine Notwendigkeit für Abweichungen von Zu-/Abflussprinzip.

Beide Gewinnermittlungsarten führen zu unterschiedlichen Realisationszeitpunkten. Das wirft die Frage auf, ob eine Harmonisierung der unterschiedlichen Jahresergebnisse nach dem Prinzip der Totalgewinnidentität ausreichend ist oder es eines Korrektivs zur Angleichung der einzelnen Periodenergebnisse auf Grund der Gefahr divergierender Progressionsbelastungen bedarf. Voraussetzung ist hierbei, dass eine reformierte Gewinnermittlung beide Gewinnermittlungstechniken weiterhin zulässt.

VI. Betriebsvermögensvergleich unter besonderer Betrachtung der Maßgeblichkeit im Überblick

Die Diskussion um eine Reform der steuerlichen Gewinnermittlung ist verbunden mit der Frage nach der Verknüpfung zum Handelsrecht durch das Maßgeblichkeitsprinzip[170]. Insofern stellt sich diese Frage auch bei der Betrachtung der Einnahmen-/Überschussrechnung als Reformgrundlage. Daher wird im Folgenden die gegenwärtige Verknüpfung zwischen Steuer- und Handelsrecht dargelegt, um mögliche Anforderungen an eine reformierte Einnahmen-/Überschussrechnung herauszuarbeiten.

1. Die Verbindung zwischen steuer- und handelsrechtlicher Gewinnermittlung

Die Grundtechniken der Gewinnermittlung gemäß § 4 I und § 5 I EStG sind identisch[171]. In der konkreten Umsetzung verweist § 5 I Satz 1 EStG jedoch erweiternd auf die handelsrechtlichen Grundsätze ordnungsgemäßer Buchführung[172].

170 Zum Begriff Maßgeblichkeitsprinzip Kapitel B IV.1.
171 Crezelius, in Kirchhof, EStG, § 5 Rz. 1; Kanzler, in Herrmann/Heuer/Raupach, EStG, Februar 1999, EStG, Vor §§ 4,5 Rz. 23 ff.; Stobbe, in Herrmann/Heuer/Raupach, EStG, Januar 2002, § 5 Rz. 16; Kempermann, in Kirchhof/Söhn/Mellinghoff, EStG, Juli 1994, § 5 Rz. B 6.
172 Darunter wird die Gesamtheit der handelsrechtlichen Regeln – sowohl die geschriebenen als auch die ungeschriebenen – als Ausdruck der handelsrechtlichen Grundsätze ordnungsgemäßer Buchführung verstanden. Dem Überblickscharakter dieser Ausführungen folgend wird auf eine Darstellung der Grundsätze ordnungsgemäßer Buchführung verzichtet und insoweit auf die Ausführungen Bezug genommen von Hey, in Tipke/Lang, Steuerrecht, Steuerrecht, § 17 Rz. 60 ff. und Winnefeld, Bilanzhandbuch, D 11 ff. und D 20 ff., 30 ff. Exemplarisch aus der Rechtsprechung des BFH-Rechtsprechung: BFH, BStBl. III 1966, 496; BFH, BStBl. II 1980, 146;

Diese stellen die Grundlage für die Einkunftsermittlung durch Betriebsvermögensvergleich dar[173]. Während § 5 I EStG pauschal auf die handelsrechtlichen Grundsätze ordnungsgemäßer Buchführung Bezug nimmt, enthält § 4 I EStG über § 141 I Satz 2 AO eine konkrete Auflistung handelsrechtlicher Rechnungslegungsvorschriften[174]. Mit Ausnahme der Verpflichtung zur Erstellung einer Gewinn- und Verlustrechnung gemäß § 242 II HGB und der Definition des Jahresabschlusses gemäß § 242 III HGB gelten für die Gewinnermittlung gemäß § 4 I EStG dieselben Vorschriften des HGB wie für die originär zur handelsrechtlichen Buchführung Verpflichteten[175]. Die in § 5 II bis IV EStG normierten Vorbehalte finden unmittelbar keine Anwendung bei der Gewinnermittlung nach § 4 I EStG. In Rechtsprechung und im Schrifttum ist aber eine starke Tendenz einer entsprechenden Anwendung dieser Absätze im Hinblick auf eine Befolgung der allgemeinen Regeln der kaufmännischen Buchführung erkennbar[176]. Dem folgend unterscheiden sich die Gewinnermittlung nach § 4 I und § 5 I EStG nur bemerkenswert in der Ausübung von Bewertungswahlrechten gemäß § 6 I Nr.1, 2 EStG. Diese können dann allein die freiwillig nach § 4 I EStG Ermittelnden ohne handelsrechtliche Begrenzungen ausüben. Darüber hinaus bestehen noch Unterschiede bei einzelnen Steuervergünstigungstatbeständen, die allein bei der Gewinnermittlung gemäß § 5 I EStG in Anspruch genommen werden können[177]. Diese Unterscheidungen im Detail ändern aber nichts an der prinzipiellen Übereinstimmung der Gewinnermittlungstechniken der § 4 I EStG und des § 5 I EStG. Mithin ist der Betriebsvermögensvergleich als die gegenwärtig bedeut-

---

BFH, BStBl. II 1981, 398; BFH, BStBl. II 1988, 327; BFH, BStBl. II 1990, 57; BFH, in BStBl. II 1990, 94. Exemplarisch zum Maßgeblichkeitsprinzip: Eigenstetter, Wpg 1993, 575 (575 ff.); Bullinger, DB 1991, 2397 (2397 ff.); Eichhorn, Das Maßgeblichkeitsprinzip bei Rechnungslegung nach International Accounting Standarts, 5; Hauser/Meurer, Wpg 1998, 269 (296 ff.), Henscheid, BB 1992, 98 (98 ff.); Königbauer, Das Massgeblichkeitsprinzip im Spannungsfeld zwischen Handelsrecht und Steuerrecht, Berichte aus der Rechtswissenschaft, 16; Küting/Kessler, DStR 1989, 655 (656); Mathiak, StbJb. Bd. 38 1986/87, 79 (83); Söffing, in FS Budde, 635 (641).

173 So bereits Lang, in Tipke/Lang, § 9 Rz. 188.
174 § 238, §§ 240 bis 242 I, §§ 243 bis 256 HGB.
175 Zutreffend Königbauer, Das Maßgeblichkeitsprinzip im Spannungsfeld zwischen Handelsrecht und Steuerrecht, 14 f.
176 Beispielsweise BFH, BStBl. II 1990, 57; BFH, BStBl. II 1990, 175; BFH, BStBl. 1992 II, 94 sowie Kanzler, in Herrmann/Heuer/Raupach, EStG, Februar 1999, Vor §§ 4-7 Rz. 24; Lang, in Tipke/Lang, § 9 Rz. 188.
177 Siehe beispielsweise § 82 f. EStDV.

samste Gewinnermittlungstechnik des EStG mit dem Handelsrecht verbunden. Diese Verbindung wird als Maßgeblichkeitsprinzip bezeichnet[178].

2. Ursprung des Maßgeblichkeitsgrundsatzes

Seinen Ursprung hat der Maßgeblichkeitsgrundsatz in dem Gedanken, dass die für die handelsrechtliche Gewinnermittlung erstellte Bilanz zutreffend die Leistungsfähigkeit des Unternehmers widerspiegele. Gleich einem Anteilseigner könne der Fiskus als stiller Teilhaber ausschließlich den tatsächlichen Gewinn besteuern[179]. Daher könne die Handelsbilanz als Grundlage der steuerlichen Gewinnermittlung herangezogen werden[180]. Zudem entlaste eine sog. Einheitsbilanz die bilanzierenden Steuerpflichtigen von dem zusätzlichen Aufwand der Erstellung einer eigenständigen steuerlichen Gewinnermittlung[181]. Die Gewinnermittlung erfolgt also vom Grundgedanken her handelsrechtlich, ist aber zugleich für die steuerrechtliche Gewinnermittlung maßgeblich. § 140 AO erweitert diesen Grundgedanken der „Einmal-Gewinnermittlung" auf gesetzliche Buchführungspflichten allgemein, soweit sie steuerrechtlich relevant sind.

3. Unterschiedliche Ausrichtung von Handels- und Steuerbilanz

Problematisch ist allerdings eine unterschiedliche Ausrichtung von Handelsbilanz und Steuerrecht[182]. Während in der Handelsbilanz Gläubigerschutz, Substanzerhaltung und zunehmend Informationsfunktion in Vordergrund stehen, hat das Steuerrecht die Gleichmäßigkeit der Besteuerung sowie daraus folgend die Be-

---

178   Statt vieler Schön, in Steuerliche Maßgeblichkeit in Deutschland und Europa, 4 ff. mit zahlreichen weiteren Nachweisen.

179   Dieser Gedanke ist auf Döllerer, BB 1971, 1333 (1334) zurückzuführen.

180   So Döllerer, BB 1971, 1333 (1334); Moxter, DStZ 2000, 157 (159 ff.); Schön, StuW 1995, 366 (377); Kraus-Grünewald, FS für Beisse, 285; Federmann, Bilanzierung nach Handelsrecht und Steuerrecht, 184. Andere Ansicht Wagner, BB 2002, 1885.

181   Kanzler, FR 1998, 233 (234); Arnold, StuW 2005, 148 (148); Drüen, Periodengewinn und Totalgewinn, 29 ff.

182   In diesem Sinne auch Arnold, StuW 2005, 148 (152 f.); Herzig, IStR 2006, 557 (557 ff.); Hey, in Tipke/Lang, Steuerrecht, § 17 Rz. 44 f.; Hoffmann, in Littmann/Bitz/Pust, EStG, November 2001; § 4 Rz. 14; Kahle, StuW 2001, 126 (126); Königsbauer, Das Maßgeblichkeitsprinzip im Spannungsfeld zwischen Handelsrecht und Steuerrecht, 19 ff.; Lauth, DStR 2000, 1365, (1365); Weber-Grellet, Steuerbilanzrecht, § 2 Rz. 17.

steuerung nach Leistungsfähigkeit zu gewährleisten[183]. Diese Ziele müssen nicht zwangsläufig divergieren, sie können aber[184]. In solchen Fällen kommt dem Steuerrecht Vorrang zu, wenn die Durchbrechung der Maßgeblichkeit der vollständigen und periodengerechten Erfassung des Betriebsgewinns oder der Herstellung steuerlicher Systemgerechtigkeit, etwa der Gleichbehandlung aller Einkunftsarten dient[185]. Dies erfolgt nicht nur durch ausdrücklich normierte Steuervorbehalte wie beispielsweise §§ 5 III-VI, 6 I Nrn.1-3 a, 7 I Satz 4 EStG, sondern auch durch Richterrecht, wie sich der Rechtsprechung des Bundesfinanzhofs zu den Ansatz-[186] und den Bewertungswahlrechten[187] entnehmen lässt. Die teleologische Reduktion ist zwar nicht unumstritten[188], rechtfertigt sich aber eben aus dem steuerrechtlichen Kontext des § 5 I EStG als Gewinnermittlungsvorschrift und der damit einhergehenden Einbindung in aus dem Verfassungsrecht abgeleiteten Steuerprinzipien[189].

4. Maßgeblichkeit gemäß § 5 I Sätze 1 und 2 EStG

Inhaltlich wird unter dem Maßgeblichkeitsprinzip die Anknüpfung des steuerlichen Betriebsvermögensvergleichs, also der Steuerbilanz mit der handelsrechtlichen Gewinnermittlung durch die Handelsbilanz verstanden (§ 5 I Satz 1 EStG). Die Bindung ist faktisch beidseitig: Die materielle Maßgeblichkeit gemäß § 5 I Satz 1 EStG wird durch die formelle Bindung der Steuerbilanz an die konkret erstellte Handelsbilanz gemäß § 5 I Satz 2 EStG umgekehrt[190].

183 Exemplarisch Kort, FR 2001, 53 (59 f.); Lauth, DStR, 2000, 1365 (1367); Weber-Grellet, BB 1999, 2659 (2661); Tipke, Steuerrechtsordnung, Bd. II, 689 f.
184 So auch Hennrichs, StuW 1999, 138 (141 ff.); Federmann, Bilanzierung nach Handelsrecht und Steuerrecht, 184 f.; Vasel, StuSt, 2003, 213 (216). Siehe dazu insbesondere die Beispiele bei Lauth, DStR 2000, 1365 (1365 f.).
185 In diesem Sinne Clemm, in FS für Klein, 715 (734 f.); Hennrichs, StuW 1999, 138 (148); Hey, in Tipke/Lang, Steuerrecht, § 17 Rz. 45 mit weiteren Nachweisen.
186 Ständige Rechtsprechung seit BFHGrS, BStBl. 1969, 291.
187 Siehe dazu BFH, BStBl. 1994, 176.
188 Vergleiche Beisse, FS für Müller, 2001, 731 (739); Crezelius, DB 1994, 689 (689 ff.); Knobbe-Keuk, Bilanz- und Unternehmenssteuerrecht, § 2 II 3e und Gail, in FS für Havermann, 109 (117), Moxter, DStZ, 2002, 243 (246) sowie EuGH, DStR, 1996, 1093; BFH, DStR 1998, 383; BFH, BStBl. II 99, 21; BFH Grs, BStBl. II 2000, 632. Andere Ansicht Hey, in Tipke/Lang, Steuerrecht, § 17 Rz. 81; Weber-Grellet, StuW 1995, 336 (349).
189 Zu den Prinzipien siehe Kapitel B III.
190 Statt vieler Hey, in Tipke/Lang, Steuerrecht, § 17 Rz. 41.

Nach § 5 I Satz 1 EStG ist bei buchführenden Gewerbetreibenden das Betriebsvermögen anzusetzen (§ 4 Abs. 1 Satz 1), das nach handelsrechtlichen Grundsätzen ordnungsgemäßer Buchführung auszuweisen ist[191].

Die materielle Maßgeblichkeit führt im Grundsatz dazu, dass die Frage, was als Wirtschaftsgut zu bilanzieren ist, handelsrechtlich zu beantworten ist[192]. Einschränkungen erfolgen durch vorrangige Steuernormen wie beispielsweise für den Ansatz entgeltlich erworbener immaterieller Anlagegüter (§ 5 II EStG), den Ansatz von Rückstellungen und Rechnungsabgrenzungsposten (§ 5 V EStG). Demgegenüber wird die Frage der Bewertung von Bilanzposten dominiert durch steuerrechtliche Vorgaben, so dass die Maßgeblichkeit handelsrechtlicher Vorgaben in diesem Bereich deutlich eingeschränkt ist (sog. steuerlicher Bewertungsvorbehalt gemäß § 5 VI EStG i.V.m. §§ 6, 6a III-V, 7, 7 a bis 7 g EStG)[193].

Steuerrechtliche Wahlrechte bei der Gewinnermittlung sind gemäß § 5 I Satz 2 EStG, § 60 II, EStDV in Übereinstimmung mit den handelsrechtlichen auszuüben. Die Maßgeblichkeit handelrechtlicher Wahlrechte gilt aber auch hier nur einge-

---

191 Strittig ist dabei, ob damit im Ausgangspunkt sämtliche geschriebenen und ungeschriebenen Gewinnermittlungsregeln des HGB erfasst sind (vgl. §§ 238 I Satz 1, 243 HGB) (so Crezelius, Kirchhof,EStG, § 4 Rz. 32; Hüffer, Großkommentar HGB, Anh. § 243 Rz. 4; Mathiak, FS für Beisse, 1997, 323 (325 ff.); Schön, StuW 1995, 366 (374);) oder nur die Grundsätze im Sinne von Prinzipien und nicht die unterhalb der Grundsätze-Ebene stehenden einfachen Normen des HGB (so Weber-Grellet, in Schmidt, EStG, § 5 Rz. 28; Winkler/Golücke, BB 2003, 2602 (2602 f.). Nach der zuletzt genannten Ansicht handele es sich nicht bei allen handelsrechtlichen Normen um Grundsätze ordnungsgemäßer Buchführung, so dass deren Heranziehung für die steuerliche Gewinnermittlung ein Frage der Analogie und nicht des Maßgeblichkeitsprinzips sei. Das Bestreben, die Eigenständigkeit des Steuerbilanzrechts und dessen Einbindung in die steuerrechtlichen Normzusammenhänge zu betonen, ist positiv zu bewerten. Jedoch lässt sich weder dem Wortlaut des § 5 I Satz 1 EStG noch dessen Entstehungsgeschichte eine Differenzierung in obere und untere Grundsätze ordnungsgemäßer Buchführung entnehmen. In diesem Sinne auch Hennrichs, StuW 1999, 138 (140 f.). Zustimmend Crezelius, Kirchhof, EStG, § 4 Rz. 32. Die Bezugnahme auf das gesamte Normensystem des HGB bietet zudem eine hinreichend bestimmte Grundlage für das Prinzip der Tatbestandsbestimmtheit der Besteuerung (so bereits Hennrichs, StuW 1999, 138 (140 f.). Letztlich ist die Differenzierung zwischen unterer und oberer Grundsätze ordnungsgemäßer Buchführung keine handelsrechtliche Fragestellung, sondern durch das Auseinanderfallen von steuer- und handelsbilanziellen Zielen aus steuerlichen Gründen bedingt. Es bedarf daher keiner mittelbaren Selektion von Grundsätze ordnungsgemäßer Buchführung im Handelsrecht, sondern der unmittelbaren Eingrenzung des § 5 I Satz 1 EStG entweder durch Gesetz oder durch teleologische Reduktion selbst.

192 Siehe dazu Winnefeld, Bilanzhandbuch, Rz. C 314; und D 415.

193 So bereits Hey, in Tipke/Lang, § 17 Rz. 76; Förschle, Beck'scher Bilanzkommentar, 6.Auflage, § 243 Rz. 119.

schränkt. Der Gesetzeszweck, Gewinn als Maßstab für die Besteuerung nach dem Leistungsfähigkeitsprinzip zu ermitteln, und Art. 3 I GG sprechen für eine teleologische Reduktion handelsrechtlicher Wahlrechte. Insofern sind die handelsrechtlichen Ansatz- und Bewertungswahlechte grundsätzlich nur dann maßgeblich, sofern einkommensteuerrechtliche Vorschriften ein gleichartiges Wahlrecht einräumen[194]. Ebenso grundsätzlich eingeschränkt ist die Maßgeblichkeit der Handelsbilanz bei Bilanzierungshilfen, d.h. Aktivierungswahlrechten, die auf keinen Wirtschaftsgütern oder Rechnungsabgrenzungsposten basieren. Ausgenommen dem Sonderverlustkonto und dem Beteiligungsentwertungskonto der DM-Eröffnungsbilanz zum 1.7.1990 (§§ 17 IV, 24 V i.V.m. § 50 II I DMBilG) darf in der Steuerbilanz kein Aktivposten für Bilanzierungshilfen angesetzt werden[195].

Die verbleibenden steuerrechtlichen Wahlrechte sind bei der Existenz korrespondierender Ansatz- und Bewertungswahlrechte im Handelsrecht kongruent auszuüben[196]. So der theoretische Gedanke. Will der Steuerpflichtige für sich günstig verfahren, wählt er aber handelsrechtlich den niedrigeren Wert. Die handelsrechtliche Bilanzierung wird folglich faktisch durch die Steuerbilanz motiviert und führt so zu einer umgekehrten Maßgeblichkeit der Steuer- für die Handelsbilanz. Die sog. Öffnungsklauseln der §§ 247 III, 254, 273, 279 II HGB zeigen die handelsrechtliche Akzeptanz der umgekehrten Maßgeblichkeit[197].

5. Fortbestand des Maßgeblichkeitsprinzips

Kennzeichnend für das Maßgeblichkeitsprinzip ist die Frage nach seinem Fortbestand. So wird der Maßgeblichkeitsgrundsatz nicht nur als „in Gefahr"[198] oder

---

194   In diesem Sinne BFH GrS vom 3.2.1969, BStBl. 1969, 291 in ständiger Rechtsprechung zu den Ansatzwahlrechten und BFH, BStBl. 1994, 176 zu den Bewertungswahlrechten. Zustimmend Weber-Grellet, BB 1999, 2659 (2659), Weber-Grellet, in Schmidt, § 5 Rz. 31, 35. Dieser weist auf die Ausnahmen, also die Geltung des Maßgeblichkeitsprinzips, für den Ansatz von Alt-Pensionszusagen vor dem 1.7.1987 (Art. 28 I Satz 1 EGHGB) und das Ansatzwahlrecht bei öffentlichen Zuschüssen hin (R 6.5 (2) EStR).
195   So Weber-Grellet, in Schmidt, EStG, § 5 Rz. 32.
196   So müssen sich beispielsweise die einkommensteuerlichen Wahlrechte für den Ansatz des Sonderpostens mit Rücklagenanteil oder die Bewertung erhöhter Absetzungen für Abnutzung in der Steuerbilanz formal nach den handelsbilanziellen Bilanzposten richten. Siehe in diesem Zusammenhang Crezelius, in Kirchhof, EStG, § 5 Rz. 58.
197   So bereits Hoffmann, Littmann/Bitz/Pust, EStG, Februar 2007, §§ 4,5, Rz. 334 ff.
198   Weber-Grellet, DB 1997, 385 (391).

„bis zur Unkenntlichkeit ausgehöhlt"[199] bezeichnet, sondern ihm sogar „keine Zukunftschancen"[200] sowie „keine Existenzberechtigung"[201] eingeräumt. Grundlage dieser Titulierungen ist die Kritik, dass sich der Maßgeblichkeitsgrundsatz nur noch formal im Gesetz finde. Die vielfältige Durchlöcherung des Prinzips habe die Regel zur Ausnahme verkehrt und dem Vereinfachungsgedanken einer Einheitsbilanz in den Hintergrund treten lassen[202]. Außerdem wird die funktionale Differenz betont: Während die Handelsbilanz eine Zwischenrechnung sei, handele es sich bei der Steuerbilanz um eine Endrechnung mit divergierender Zielsetzung[203].

Gewichtigkeit erhält die Diskussion um die Maßgeblichkeit insbesondere durch den zunehmenden Bedeutungsverlust der HGB-Bilanz im Rahmen einer internationalen Rechungslegung. Abgesehen von einer verbreiteten Nichtakzeptanz des HGB-Abschlusses im internationalen Raum, der damit einhergehenden Notwendigkeiten für Unternehmen nach einem dritten Regelwerk bilanzieren zu müssen, de facto also ein drittes Rechnungslegungswerk nach IAS/IFRS oder US-GAAP aufzustellen zu müssen[204], wirkt sich auch das Europarecht zu Lasten der Maßgeblichkeit aus[205]. Hier ist insbesondere die EU-Verordnung 1602/2002 vom 19.07.2002 zu nennen, die im Wege des Bilanzrechtsreformgesetzes zur Einfügung des § 315 a HGB geführt hat. Danach müssen ab dem Jahr 2005 kapitalmarktorientierte Unternehmen ihre Konzernbilanz nach den IFRS erstellen. Gleichzeitig werden sie von der Erstellung einer HGB-Bilanz befreit. Mangels Konzernsteuerbilanz hat dies keine unmittelbare Auswirkung auf die steuerliche Gewinnermittlung. Allerdings ist zu fragen, ob die IFRS mittelbar als Grundlage der steuerlichen Gewinnermittlung über eine IFRS konforme Auslegung der 4. EG-Bilanzrichlinie herangezogen werden müssen[206].

Der deutsche Gesetzgeber hat freilich von der in der IAS-VO der EG vorgesehenen Öffnungsklausel, IAS/IFRS auch für den Einzelabschluss vorzuschreiben, keinen Gebrauch gemacht. Statt IAS/IFRS auch für den Einzelabschluss zuzulassen, wird eine Internationalisierung von den Grundsätzen ordnungsgemäßer Buchführung's angedacht. Gleichwohl ist die Schwierigkeit eines derart im

---

199 Lauth, DStR 2000, 1365 (1365).
200 Lauth, DStR 2000, 1365 (1365).
201 Weber-Grellet, BB 1999, 2659 (2666).
202 Lauth, DStR 2000, 1365 (1365); Weber-Grellet, BB 1999, 2659 (2659 f.).
203 Weber-Grellet, BB 1999, 2659 (2661).
204 In diesem Sinne auch Hey, in Tipke/Lang, Steuerrecht, § 17 Rz. 48; Hoffmann, in Littmann/Bitz/Pust, EStG, November 2001, § 4 Rz. 12 ff., insbesondere Rz. 15.
205 Herzig/Bär, DB 2003, 1; Herzig, IStR 2006, 557; Herzig, IAS/IFRS und steuerliche Gewinnermittlung, 3 f.; Kahle, 2001, 126.
206 Insgesamt dazu Hey, in Tipke/Lang, § 17 Rz. 47 ff.

Umbruch befindlichen Bilanzrechts als rechtssicherer Maßstab für die Besteuerung zu sehen[207].

Daher findet sich in der Literatur[208] zunehmend der Gedanke einer grundlegenden Trennung der steuerlichen von der handelsrechtlichen Gewinnermittlung. Es wird über eine Abkehr vom Betriebsvermögensvergleich nachgedacht und als Grundlage einer selbstständigen steuerlichen Gewinnermittlung die Einnahmen-/Überschussrechnung genannt. Dieser Vorschlag ist aber nicht unproblematisch, da die Grundtechnik der Einnahmen-/Überschussrechnung sich auf eine reine Zahlungsmittelrechnung beschränkt und damit als einheitliche Gewinnermittlungsart unvollkommen ist. Daher soll im nächsten Schritt die modifizierte Grundtechnik der Einnahmen-/Überschussrechnung in ihrer gesetzlichen Ausgestaltung in § 4 III EStG im Hinblick auf ihre Reformnotwendigkeiten und Reformmöglichkeiten untersucht werden.

6. Resümee

Für die Belange dieser Arbeit ist festzustellen, dass die Verknüpfung des Steuer- und des Handelsrecht kein obligatorischer Bestandteil einer reformierten steuerlichen Gewinnermittlung ist. Vielmehr ist auf Grund der Kritik des Maßgeblichkeitsgrundsatzes der Gedanke einer vom Handelsrecht unabhängigen steuerlichen Gewinnermittlung hervorzuheben. Daher stellen sich keine zwingenden Anforderungen an eine reformierte Einnahmen-/Überschussrechnung resultierend aus dem Maßgeblichkeitsprinzip.

---

207 So bereits Hey, in Tipke/Lang, Steuerrecht, § 17 Rz. 53.
208 Exemplarisch Herzig, IStR, 2006, 557 (560); Herzig, IAS/IFRS und steuerliche Gewinnermittlung, 14 ff.; Hirschberger, in BA VS, Steuern/Prüfungswesen, Diskussionsbeiträge 01/2005, 4 ff.; Lauth, 2000, 1365 (1371 f.); Sittel, Der Grundsatz der umgekehrten Maßgeblichkeit, 245; Thiel, DB 2005, 2316 (2319); Vasel, StuSt 2003, 213 (217). Andere Ansicht Wehrheim/Lenz, StuB 2005, 455.

Kapitel C: Die Einnahmen-/Überschussrechnung gemäß § 4 III EStG und deren Reformnotwendigkeiten

I. Steuerliche Gewinnermittlung gemäß § 4 III EStG

Die Grundtechnik der Einnahmen-/Überschussrechnung findet ihre Kodifikation in § 4 III EStG in modifizierter Ausgestaltung. In vielen Bereichen der Kodifikation herrscht in der Rechtsprechung und in der Literatur Meinungsvielfalt. Daher folgt eine Untersuchung der einzelnen Tatbestandsmerkmale des § 4 III EStG, um die Reformnotwendigkeiten der Norm aufzuzeigen.

1. Anwendungsbereich

Es wurde festgestellt, dass der Anwendungsbereich der Einnahmen-/Überschussrechnung in Form der aktuellen gesetzlichen Fassung des § 4 III EStG in persönlicher und sachlicher Hinsicht deutlich eingeschränkt ist[209]. Diese Einschränkungen führen dazu, dass die Einnahme-/Überschussrechnung sachlich nur einen begrenzten Teil des Steuerobjekts der Einkommensteuer erfasst, nämlich den Gewinn. Außer Acht gelassen wird aktuell der Überschuss im Sinne des § 2 II Nr.2 EStG. Im Bereich der Steuersubjekte reduziert sich der Anwendungsbereich auf Selbstständige, Kleinstgewerbetreibende sowie kleinere land- und forstwirtschaftliche Betriebe. Soll die Einnahmen-/Überschussrechnung aber als Ausgangspunkt der Reform der steuerlichen Gewinnermittlung dienen, bedarf es einer Ausweitung ihres Anwendungsbereichs jedenfalls in persönlicher, eventuell auch in sachlicher Hinsicht. Falls Abgrenzungskriterien dazu notwendig sind, bedarf es deren Fixierung.

Gleichzeitig ist die mit einer Kriterienfestlegung verbundene Problematik der willkürlichen Fixierung und den damit einhergehenden verfassungsrechtliche

---

209 Diese Einschränkungen führen dazu, dass die Einnahme-/Überschussrechnung sachlich nur einen begrenzten Teil des Steuerobjekts der Einkommensteuer erfasst, nämlich den Gewinn. Außer Acht gelassen wird aktuell der Überschuss im Sinne des § 2 II Nr.2 EStG. Im Bereich der Steuersubjekte reduziert sich der Anwendungsbereich auf Selbstständige, Kleinstgewerbetreibende sowie kleinere land- und forstwirtschaftliche Betriebe.

Bedenken wegen eines von vorn herein nicht auszuschließenden Verstoßes gegen das Gleichheitsgebot gemäß Art. 3 I GG zu begegnen[210].

2. Kodifikation der Grundtechnik der Einnahmen-/Überschussrechnung gemäß § 4 III Satz 1 EStG

§ 4 III Satz 1 EStG gibt die normierte Grundtechnik der Einnahmen-/Überschussrechnung als „Überschuss der Betriebseinnahmen über die Betriebsausgaben" wieder. Zur Bestimmung des steuerbaren Gewinns gemäß § 4 III Satz 1 EStG bedarf es der Definition der Gesetzesbegriffe „Betriebseinnahmen" und „Betriebsausgaben". Darüber hinaus ist eine Bestimmung des Realisationszeitpunktes notwendig.

2.1 Betriebseinnahmen gemäß § 4 III Satz 1 EStG

Eine Legaldefinition des im § 4 III Satz 1 EStG verwendeten Begriffs der Betriebseinnahmen findet sich im EStG im Gegensatz zum Begriff der Betriebsausgaben (§ 4 IV EStG) nicht. Die steuerrechtliche Begriffsfassung ist daher „zwangsläufig" umstritten[211].

2.1.1 Kritische Betrachtung der Begriffsfassungen Söffings und Speichs

Söffing und Speich sprechen sich dafür aus, „§ 4 III EStG entgegen dem Wortlaut dieser Vorschrift nicht als Ermittlung des Überschusses der Betriebseinnahmen über die Betriebsausgaben, sondern grundsätzlich nur als Ermittlung des Unterschiedsbetrages zwischen den in Geld bestehenden Betriebseinnahmen und den in Geld bestehenden Betriebsausgaben auszulegen[212]. Diese enge Definition der Betriebseinnahmen als nur in Geld bestehenden Zugängen fasst alle darüber hinausgehenden Zugänge in Geldwert nicht. Begründet wird dies lediglich mit dem Hinweis, dass sich durch eine solche Auslegung des § 4 III EStG viele im Bereich der Überschussrechnung streitige Fragen systematisch begründen und im Ergebnis befriedigend lösen lassen[213]. Diese sich auf eine Wiedergabe der Grundtechnik beschränkende Definition ist aber für eine Gewinnermittlung nach dem Einkommensverständnis der Reinvermögenszugangstheorie wie die des § 4 III EStG un-

210 Zu den Kriterien siehe Herzig, in IAS/IFRS und steuerliche Gewinnermittlung, 440 ff.
211 Heinicke, in Schmidt, EStG, § 4 Rz. 420.
212 Söffing, DStZ 1970, 17 (18); dem zustimmend Speich, DStR 1972, 743 (744).
213 Söffing, DStZ 1970, 17 (18).

tauglich. Danach sind eben auch geldwerte Güter in die Gewinnermittlung einzubeziehen. Dies gelingt der Begriffsfassung Söffings und Speichs nicht, da sie sich ausschließlich auf eine Betrachtung der Liquiditätsflüsse beschränkt, nicht aber die darüber hinaus relevanten Vermögensbewegungen einbezieht. Eine konsequente Umsetzung der Begriffsfassung Söffings und Speichs ist zudem mit den Gedanken der Totalgewinnidentität und der Besteuerung nach Leistungsfähigkeit unvereinbar. So rechtfertigt sich beispielsweise keine unterschiedliche Behandlung von Sachgeschenken in der betrieblichen Sphäre bei der Einnahmen-/Überschussrechung und beim Betriebsvermögensvergleich. In jedem Fall erhält der Steuerpflichtige nämlich einen seine Leistungsfähigkeit erhöhenden Wertzuwachs der dann aber nur beim Betriebsvermögensvergleich besteuert würde[214]. Auch ist der erforderliche Einbezug von geldwerten Gütern wie Sach- und Dienstleistungen oder Nutzungen nicht möglich, der aber beim Betriebsvermögensvergleich erfolgt. Das Begriffsverständnis der Betriebseinnahme nach Söffing und Speich fixiert daher im Ergebnis keine befriedigende Systematik, sondern reduziert die Betriebseinnahmen auf einen Teil des Einkommensverständnisses der Reinvermögenszugangstheorie, ohne eine Ausgestaltung der darüber hinausgehenden Einkommensbestandteile anzubieten. Auf Grund dieser fehlenden Ausrichtung auf Vermögenszuflüsse in Geldeswert ist die Begriffsfassung abzulehnen. Eine Totalgewinnidentität zwischen den beiden Gewinnermittlungsarten Betriebsvermögensvergleich und Einnahmen-/Überschussrechnung ist bei einer einseitigen Nichterfassung von Vermögensflüssen nicht erreichbar. Der Anwendungsbereich der Regel ist bei diesem Begriffsverständnis daher zu eng gefasst und bietet keinen ausreichenden Lösungsvorschlag zur Behandlung der entsprechend notwendigen Ausnahmen.

2.1.2 Die herrschende Begriffsfassung des Bundesfinanzhofs

Der BFH wählt in seiner Rechtsprechung eine weite Begriffsfassung der Betriebseinnahme. Seit dem Urteil vom 21.11.1963 definiert der BFH regelmäßig Betriebseinnahmen als alle Zugänge in Geld oder Geldeswert, die durch den Betrieb veranlasst sind und dem Steuerpflichtigen im Rahmen seines Betriebes zufließen[215]. Entscheidend ist danach die objektive Bereicherung des Steuerpflichtigen in Form einer Vermögensmehrung und darüber hinaus die Erlangung

---

214 In diesem Sinne auch Fein, Die Systematik der Einnahmen-/Überschussrechnung gemäß § 4 III EStG, 87.
215 BFH, BStBl. III 1964, 183 (184). Siehe Exemplarisch BFH, BStBl. II 1975, 776; BFH, BStBl. II 1988, 633; BFH, BStBl. II 1993, 41; BFH, BStBl. II 1995, 54; BFH, BStBl. II 1996, 273; BFH, BFH, BStBl. II 1998, 252; BFH, BFH/NV 05, 682 mit weiteren Nachweisen.

der wirtschaftlichen Verfügungsmacht über das Geld bzw. die geldwerten Güter[216]. Diese Begriffsfassung ist dem für die Überschussermittlung unmittelbar geltenden § 8 I EStG sowie dem in § 4 IV EStG normierten Veranlassungsprinzip entnommen[217]. Danach erfasst der Begriff der Betriebseinnahme außer Geld und geldgleichen Forderungsrechten auch solche Vorteile, denen vom Markt ein in Geld ausdrückbarer Wert beigemessen wird[218]. Dies ist in § 8 I EStG nur für die Einnahmen bei den Überschusseinkünften ausdrücklich geregelt, gilt aber nach Auffassung des Bundesfinanzhofs allgemein für die Gewinnermittlung gemäß § 4 III EStG[219]. Dies rechtfertigt sich aus dem Gedanken, dass der Steuerpflichtige keinen Vorteil dadurch haben soll, anstatt Bargeld für seine Lieferungen oder Leistungen freie Waren, Dienstleistungen oder Nutzugsvorteile etc. zu erhalten und daher alle geldwerten Zuflüsse als Betriebseinnahmen zu qualifizieren sind[220]. Der Einnahmenbegriff des § 8 I EStG und der Betriebseinnahmenbegriff sind demzufolge weitgehend deckungsgleich[221]. Einnahmen sind damit alle Zugänge, denen ein geldwerter Vorteil zukommt wie Sachen, Leistungen und Nutzungen[222]. Voraussetzung bleibt aber ein realer Zugang dieser Güter in Geld oder Geldwert, so daß bei dessen Fehlen bloße Nutzungsrechte, Forderungen, ideelle Vorteile oder fiktive Einnahmen keine Betriebseinnahmen sind[223].

216   So bereits RFH, RStBl. 1929, 224; RFH, RStBl. 1930, 59; BFH, BStBl. II 1975, 776; BFH BStBl. II 1993, 41; BFH, BStBl. II 1995, 54; BFH, BStBl. II 1996, 273; BFH, BStBl. II 1998, 252; BFH, BStBl. II 1998, 618, BFH, BStBl. II 1998, 621; BFH, BFH/NV 05, 682.
217   BFH, BStBl. II 1991, 914; BFH, BFH/NV 05, 682.
218   BFH, BStBl. III 1964, 183; BFH, BStBl. II 1974, 210; BFH, BStBl. II 1986, 607; BFH, BStBl. II 1988, 266, BFH, BStBl. II 1993, 36; BFH, BFH/NV 05, 682. Siehe dazu Kommentierung bei Kirchhof, in Kirchhof, EStG, § 8 Rz. 22.
219   Beispielsweise BFH, BStBl. III 1964, 183; BFH, BFH/NV 05, 682.
220   So auch Ramb/Schneider, Die Einnahmen-/Überschussrechnung von A-Z, 200 f.; Segebrecht, Die Einnahmen-/Überschussrechnung gemäß § 4 Abs. 3 EStG, Rz. 279; Wied, in Blümich, EStG, August 2006, § 4 Rz. 522.
221   Bergkemper, in Hermann/Heuer/Raupach, Juli 1998, § 4 Rz. 560; Birk, in Hermann/Heuer/Raupach, Januar 1998, § 8 Rz. 5. Letzterer sieht jedoch in § 8 I EStG nur eine Klarstellung für den Bereich der Überschusseinkünfte. Ein Rückgriff auf § 8 für die Begriffsfindung der Betriebseinnahmen bedürfe es nicht, da sich der Einbezug geldwerter Güter bereits aus der Methode der Gewinnermittlung (Betriebsvermögensvergleich, § 4 I, § 5 I EStG; Einnahmen aus betrieblich veranlassten Wertzugängen) ergebe.
222   Vergleiche BFH, BStBl. II 1986, 607; BFH, BStBl. II 1996, 273; BFH, BFH/NV 2005, 682.
223   Vergleiche BFH, BStBl. III 1960, 513; BFH 17.09.1982, BStBl. II 1983, 39. Siehe auch Segebrecht, Die Einnahmen-/Überschussrechnung gemäß § 4 Abs. 3 EStG, Rz. 280, Wied, in Blümich, EStG, August 2006, § 4 Rz. 525.

2.1.2.1 Einbezug geldwerter Güter

Der Einbezug geldwerter Güter wie Sach- und Dienstleistungen oder Nutzungen führt zu einer Durchbrechung der Grundtechnik der Einnahmen-/Überschussrechnung, löst diese aber nicht von der Zahlungsanknüpfung. Durch die Modifikation der Grundtechnik gelingt es, die nicht von der Grundtechnik erfaßten Einkommensbestandteile unter den Betriebseinnahmenbegriff zu erfassen. Da aber weiterhin allein Zahlungsmittelflüssen Gewinnwirkung zukommt, sind Betriebseinnahmen in Geldeswert in fiktive Zahlungsmittelflüsse umzurechnen. Die Einnahmen-/Überschussrechnung verliert dadurch zwar ihre unmittelbare Zahlungsausrichtung, auf Grund der Umrechnung nicht aber – wie so oft behauptet[224] – ihren Charakter als Zahlungsmittelrechnung.

Solche Einnahmen sind mangels besonderer Bewertungsvorschriften für die Einnahmen- /Überschussrechnung gemäß § 1 II BewG unter Heranziehung der allgemeinen Vorschriften des Bewertungsgesetzes „umzurechnen". Danach sind dem Betriebsvermögen zufließende Betriebseinnahmen – im Ergebnis wie beim Betriebsvermögensvergleich – gemäß § 9 II BewG mit dem Teilwert zu bewerten[225]. Dasselbe Ergebnis wie beim Betriebsvermögensvergleich ergibt sich dabei zwingend aus dem Grundsatz der Totalgewinnidentität, der selbige Bewertungsmaßstäbe bei den unterschiedlichen Gewinnermittlungsarten impliziert. Insoweit ließe sich auch vertreten, § 8 II EStG zumindest entsprechend heranzuziehen und den um die üblichen Preisnachlässe geminderten üblichen Endpreise am Abgabeort anzusetzen, da diese Wertermittlung dem Teilwert entsprechen dürfte[226].

2.1.2.2 Betriebliche Veranlassung der Einnahmen

Aus dem für Betriebsausgaben in § 4 IV EStG normierten Veranlassungsprinzip[227] folgert der Bundesfinanzhof für den Begriff der Betriebseinnahmen gemäß § 4 III Satz 1 EStG, dass nur die durch den Betrieb veranlassten Einnahmen in der Einnahmen-/Überschussrechnung Berücksichtigung finden[228]. Bei der damit einhergehenden Abgrenzung zu den außerbetrieblich erzielten Einnahmen kommt es

---

224 In diesem Sinne Groh, FR 1986, 393 (394 f.); Kruse, in FS für Ritter, 413 (423), Weber-Grellet, in Kirchhof/Söhn/Mellinghoff, Januar 1988, § 4 Rz. D 9.

225 So bereits Lang, Bemessungsgrundlage, 454 f.

226 Bergkemper, Hermann/Heuer/Raupach, EStG, Juli 1998, § 4 Rz. 560; Weber-Grellet, Kirchhof/Söhn/Mellinghoff, EStG, Januar 1988, § 4 Rz. D 71. Zum Verhältnis von § 8 II EStG zum Teilwert siehe auch Crezelius, Kirchhof/Söhn/Mellinghoff, EStG, April 1990, § 8 Rz. C 21.

227 Zum Veranlassungsprinzip Kapitel C I. 2.2.1.

228 In diesem Sinne BFH GrS, BStBl. II 1990, 817. Vergleiche auch BFH, BStBl. II 1988, 995, BFH, BStBl. II 1996, 273; BFH, DStRE 2006, 962.

dem Bundesfinanzhof nach auf den sachlichen, also objektiven oder wirtschaftlichen Zusammenhang der Betriebseinnahmen mit der betrieblichen Tätigkeit an[229]. Ein zugrunde liegendes subjektives Handlungsmotiv des Steuerpflichtigen wird in der Regel vorausgesetzt, aber mit der Voraussetzung der objektiven Nachweisbarkeit verbunden[230]. Ausreichend ist ein mittelbarer Zusammenhang, so daß auch Nebeneinnahmen, die durch das Hauptgeschäft bedingt sind, betrieblich veranlasst sind[231]. Das sog. Aufteilungs- und Abzugsverbot für gemischte Aufwendungen, das die Rechtsprechung aus § 12 Nr.1 Satz 2 EStG ableitet, kann für gemischt veranlasste Einnahmen nicht entsprechend herangezogen werden[232]. Ist keine eindeutige Zuordnung möglich, muss bei Fehlen eines geeigneten Aufteilungsmaßstabes der betriebliche Anteil im Wege einer objektiven Schätzung ermittelt werden[233]. Ist keine klare Trennung möglich, ist der Erwerbsvorgang insgesamt als betrieblich anzusehen[234].

Der Zusammenhang zu der betrieblichen Tätigkeit kommt auch in der Bezeichnung der Betriebseinnahmen in § 4 III Satz 1 EStG zum Ausdruck. Insoweit wird der Begriff der Einnahmen für die Gewinnermittlung im Gegensatz zum originären Einnahmenbegriff in § 8 I EStG für die Überschussermittlung spezifiziert. Denn bei der Ermittlung der Gewinneinkünfte gemäß § 2 I Satz 1 Nr.1 bis Nr. 3 EStG werden nur die betrieblich veranlassten Vermögensmehrungen erfasst[235].

2.1.2.3 Wirtschaftliche Endgültigkeit der Betriebseinnahme

Über den Wortlaut der Begriffsfassung hinaus, sich aus dem Grundsatz der Totalgewinnidentität ergebend, setzt der Bundesfinanzhof weiter die wirtschaftliche Endgültigkeit der Betriebseinnahme voraus[236]. Anhand dieses Kriteriums werden Darlehensaufnahmen bzw. –rückzahlungen ausgegrenzt. Die Tilgung von Darlehensverbindlichkeiten soll mit Hinweis auf den Totalgewinnidentitätsgrundsatz

---

229 Exemplarisch BFH, BStBl. III 1964, 183 (184); BFH, BStBl. II 1982, 587, BFH, BStBl. II 1985, 427, BFH, BStBl. II 1994, 180.

230 Herzig, IAS/IFRS und steuerliche Gewinnermittlung, 340; Heinicke, in Schmidt, EStG, § 4 Rz. 30; Tipke, StuW 1979, 206, Wied, in Blümich, EStG, August 2006, § 4 Rz. 533.

231 BFH, BStBl. III 1964, 183 (184); Meurer, in Lademann, EStG, § 4 Rz. 539.

232 Heinicke, in Schmidt, § 4 Rz. 444; Wied, in Blümich, EStG, August 2006, § 4 Rz. 533.

233 BFH, StrK EStG § 15 Rz. 617; Meurer, in Lademann, EStG, § 4 Rz. 536 ff.; Nacke, Littmann/Bitz/Pust, EStG, Mai 2006, § 4 Rz. 1581.

234 BFH, BStBl. II 1982, 587; Bergkemper, in Hermann/Heuer/Raupach, Juli 2001, § 4 Rz. 563; Frotscher, in Frotscher, EStG, November 2006, § 4 Rz. 266.

235 Zureffend Bergkemper, in Hermann/Heuer/Raupach, EStG, Juli 2001, § 4 Rz. 5 63.

236 So beispielsweise BFH, BStBl. II 1970, 45; BFH, BStBl. II 1975, 441.

hingegen als Betriebseinnahme beim Darlehensnehmer erfasst werden[237]. Dabei stellt die Nichterfassung von Zahlungen beruhend auf Darlehensaufnahmen bzw. -rückzahlungen eine weitere Durchbrechung der Grundtechnik der Einnahmen-/ Überschussrechnung dar. Klarstellend sei aber darauf hingewiesen, dass die wirtschaftliche Endgültigkeit der Betreibseinnahme unabhängig vom rechtlichen „Behaltendürfen" zu verstehen ist[238]. So meint Endgültigkeit nicht den rechtlichen Grund der erhaltenen Betriebseinnahme im Sinne des Kondiktionsrechtes (§§ 812 ff. BGB), sondern dass der Zahlung selbst keine vereinbarte Rückzahlungspflicht – wie eben beim Darlehensvertrag – immanent ist.

2.1.2.4 Zufluss als Tatbestandsmerkmal des Betriebseinnahmenbegriffs

Eine vereinzelt abweichende Begriffsfassung des Bundesfinanzhofs zeigt die Abkehr von der Zahlungsanknüpfung zugunsten eines weiten Betriebseinnahmenverständnisses noch deutlicher. In dem Urteil vom 13.12.1973 definiert der Bundesfinanzhof Betriebseinnahmen als „alle betrieblich veranlassten Wertzugänge zum Betriebsvermögen (...), die keine Einlagen sind"[239]. Diese Begriffsfassung führt zu der Frage, ob das Merkmal des Zuflusses dem Begriff der Betriebseinnahme immanent ist. Der Bundesfinanzhof lehnt dies – aber nur in der zitierten Einzelentscheidung – mit der Begründung ab, dass bei der Anwendung des § 8 I EStG zur Definition des Betriebseinnahmenbegriffs dessen unmittelbarer Anwendungsbereich für die Überschusseinkünfte gemäß § 2 I Nr. 4 bis 7 EStG beachtet werden müsse und Betriebseinnahmen beim Betriebsvermögensvergleich unabhängig vom Zufluss anfallen könnten[240].

Auch Mathiak äußert sich negativ[241]. Er begründet dies unter anderem damit, dass die Gewinnermittlungsart des Betriebsvermögensvergleichs dem Wesen der Gewinnermittlung überhaupt entspreche. Bei der für alle Gewinnermittlungsvorschriften notwendigen einheitlichen Begriffauslegung sei die Begriffsfindung im Sinne des Betriebsvermögensvergleichs bestimmend. Bei der Einnahmen-/Überschussrechnung handele es sich lediglich um eine temporär begrenzte Gewinnermittlung, die spätestens bei Betriebsbeendigung wieder hin zum Totalergebnis eines Betriebsvermögensvergleichs korrigiert werden müsse. Es handele sich dabei lediglich um eine Ausnahme der grundsätzlichen Gewinnermittlung durch Betriebsvermögensvergleich. Insofern fielen ratio legis Betriebseinnahmen – unab-

---

237 BFH, BStBl. II 1982, 345.
238 BFH, BStBl. II 1994, 179.
239 BFH, BStBl. II 1974, 210.
240 BFH BStBl. II 1974, 210.
241 Mathiak, FR 1976, 157 (158 f.). Eine Zusammenfassung seiner Argumente findet sich bei Eisgruber, in Die Zahlungsmittelrechnung nach § 4 III EStG, 31.

hängig vom Zufluss – entsprechend den Regeln des Betriebsvermögensvergleichs im Zeitpunkt der Gewinnrealisierung an, ohne dass es eines Zuflusskriteriums insgesamt bedürfe[242].

Giloy tritt dem entgegen und leitet in der Hauptsache den Zufluss als notwendiges Tatbestandsmerkmal der Betriebseinnahmen hauptsächlich aus dem Wort „Einnahme" ab. Das Wort Einkommen bedeute, etwas, was von draußen her in einen Kreis hineinkommt oder von außen her hereintritt, nicht auch, was innerhalb des Kreises neu entsteht. Insofern unterschieden sich das Wort „Einkommen" von der „Einnahme" nur dadurch, dass Einkommen auf den objektiven Vorgang des Hereinkommens des wirtschaftlichen Gutes hinweist, „Einnahmen" auf die subjektive Handlung des Hereinnehmens. Daher könnten Einnahmen ausschließlich Vermögensmehrungen sein, die von außen kommen, nicht auch solche, die innerhalb des Ertragskreises selbst entstehen[243]. Dies belege, dass auch dem Betriebseinnahmenbegriff das Zufließen begriffsimmanent sei.

Im Ergebnis, nicht aber in seiner Begründung ist Giloy zufolgen. So ist dem bereits zuvor gewählten Vergleich zu den Betriebswirtschaftswissenschaften zu entnehmen, dass diese auch in dem Entstehen einer Forderung eine Einnahme sehen, § 8 I EStG grundsätzlich aber nicht[244]. Demnach setzt der Begriff der Einnahme nicht zwingend einen realen Zufluss voraus. Giloys Hauptarguments Mathiaks Begründung mit einer begrifflichen Ableitung zu widerlegen, überzeugt daher nicht.

Dennoch schlägt die Argumentation Mathiaks fehl. Der Totalgewinngrundsatz erfordert nach herrschender Auffassung richtigerweise eine einheitliche Auslegung der maßgeblichen Grundbegriffe für die einzelnen Gewinnermittlungsarten[245]. Daraus folgt aber nicht, dass sich die Begriffsfassung des Betriebseinnahmenbegriffs einseitig aus dem Verständnis des Betriebsvermögensvergleichs erfolgen muss. Vielmehr ist zu beachten, dass den Betriebseinnahmen allein bei der Einnahmen-/Überschussrechnung unmittelbare Bedeutung zukommt, da nur bei dieser Gewinnermittlungsart Betriebseinnahmen den Betriebsausgaben gegenübergestellt werden[246]. Bei der Gewinnermittlung durch Bestandsvergleich ist die entsprechende

242 Mathiak, FR 1976, 157 (160).
243 Giloy, FR 1975, 517 (517).
244 In diesem Sinne auch Eisgruber, in Die Zahlungsmittelrechnung nach § 4 III EStG, 19, 38; Drenseck, in Schmidt, EStG, § 8 Rz. 2, 30; Steiner, in Lademann, EStG, Juli 2005, § 8, 34
245 Heinicke, Schmidt EStG, § 4 Rz. 19; Hoffmann, in Littmann/Bitz/Pust, EStG, November 2001, § 4 Rz. 4. Nur im Grundsatz übereinstimmend Wied, in Blümich, EStG, August 2006, § 4 Rz. 3, der eine an der jeweiligen Problemstellung ausgerichtete unterschiedliche Deutung bestimmter Einzelaspekte der Begriffe nicht ausschließt.
246 Zutreffend Weber-Grellet, in Kirchhof/Söhn/Mellinghoff, EStG, Januar 1998, § 4 Rz. D 61.

Größe die erfolgswirksame Vermehrung des Betriebsvermögens, der Ertrag. Ertrag ist der ergebniswirksame Wertzugang einer Periode, der keine Einlage ist[247]. Den Betriebseinnahmen hingegen kommt beim Betriebsvermögensvergleich nur mittelbare Funktion zu, da hier dem konkreten Zufluss nicht zwangsläufig Gewinnauswirkung zukommt, sondern lediglich der erfolgswirksamen Betriebseinnahme[248].

Sowohl Ertrag als auch Betriebseinnahme sind beides positive Faktoren zur Ermittlung desselben Totalgewinns, die sich lediglich in der zeitlichen Erfassung von Vermögensänderungen unterscheiden. Während die zeitliche Erfassung von Vermögensmehrungen in Form von Erträgen durch bilanz- und bilanzsteuerrechtliche Vorschriften erfolgt[249], baut der Begriff der Betriebseinnahme auf dem Zufluss auf. Die ist aus § 11 EStG abzuleiten[250]. Denn aus der systematischen Überlegung folgt, dass § 11 I Satz 5 und § 11 II Satz 4 EStG nur die Gewinnermittlung durch Betriebsvermögensvergleich gemäß § 4 I, § 5 EStG ausdrücklich vom Zuflussprinzip des § 11 EStG ausnimmt, nicht aber § 4 III EStG.

Daher kommt § 11 EStG im Umkehrschluss grundsätzlich umfassende Geltung für die Einkünfteermittlung zu, im Besonderen für die Gewinnermittlung des § 4 III EStG[251]. Dies belegt auch die Stellung des § 11 EStG in dem mit „Vereinnahmung und Verausgabung" selbstständig titulierten Abschnitt II. 6 des EStG. Damit ist auch die Argumentation des Bundesfinanzhofs in dem zuvor zitierten Urteil widerlegt.

Der Grundsatz der Totalgewinnidentität erfordert keine Identität der einzelnen Periodenergebnisse, sondern nur deren Summe bei Betriebsbeendigung. Ein darüber hinausgehender Auslegungsmaßstab für den Vorrang des Betriebsvermögensvergleichs bei der Begriffsfindung der Betriebseinnahme ist nicht erkennbar. Mithin ist dem Begriff der Betriebseinnahme das Zuflusskriterium immanent[252].

---

247 Förschle, in Beck'scher Bilanzkommentar, § 247 Rz. 653 f.; Hey, in Tipke/Lang, Steuerrecht, § 17 Rz. 22.
248 Siehe dazu das Beispiel bei Jakob, Einkommensteuer, Rz. 566.
249 Beispielsweise § 252 I Nr. 5 HGB.
250 So bereits Bergkemper, Hermann/Heuer/Raupach, EStG, Juli 1998, § 4 Rz. 559; Hey, in Tipke/Lang, § 9 Rz. 190; 205; 229.
251 Übereinstimmend BFH, BStBl. II 1995, 635; Lang, in Tipke/Lang, Steuerrecht,, § 9 Rz. 58; Segebrecht, Die Einnahmen-Überschussrechnung nach § 4 abs. 3, Rz. 258; Seiler, in Kirchhof,EStG, § 11 Rz. 5, Wied, in Blümich, EStG, August 2006, § 4 Rz. 154.
252 Segebrecht, Die Einnahmen-/Überschussrechnung gemäß § 4 Abs. 3 EStG, Rz. 276 verweist auf die rein theoretische Natur des Streits, ob der Zufluss ein Begriffsmerkmal der Betriebseinnahme darstelle, da jedenfalls § 11 EStG den Zufluss erfordere.

2.1.3. Die Begriffsfassung der wohl herrschenden Literaturmeinung

In der Literatur wird im Ergebnis der regelmäßigen Definition des Bundesfinanzhofs zugestimmt, wobei sich Ausgestaltung und Begründung der Begriffsfassung teilweise im Einzelnen unterscheiden[253]. Beispielsweise definiert Weber-Grellet Betriebseinnahmen i.S.d. § 4 Abs. 3 als alle realen und erfolgswirksamen Zuflüsse in Geld oder Geldeswert, die durch den Betrieb veranlasst sind, mit der Ausnahme der Gegenleistung für Betriebsausgaben[254]. Jedoch ist zu konstatieren, dass dieses Begriffsverständnis Weber-Grellets nicht alle Einkunftsbestandteile erfasst. So lässt sich etwa die Entnahme eines Wirtschaftsgutes des Betriebsvermögens nicht als erfolgswirksamer Vermögenszuwachs erfassen. Zum anderen bleibt das Verhältnis des Zugangs von Geld zu Geldeswert unbestimmt. So wird ein innerer Maßstab zur Lösung von Zweifelsfällen verhindert. Ein solcher erübrigt aber gerade den Korrekturrückgriff auf den Totalgewinngrundsatz und garantiert damit eine Unabhängigkeit der Einnahmen-/Überschussrechnung vom Betriebsvermögensvergleich hin zu einer tatsächlich selbstständigen Gewinnermittlungsart[255]. Daher bleibt festzuhalten, dass die Definition Weber-Grellets der des Bundesfinanzhofs nicht vorzugswürdig ist.

2.1.4 Die Nichterfassung von Darlehenszuflüssen

Rechtsprechung[256], Finanzverwaltung[257] und die herrschende Literaturmeinung[258] sind sich im Ergebnis einig, dass die auf einer Darlehensaufnahme beruhenden

---

253 Siehe beispielsweise Bergkemper, in Hermann/Heuer/Raupach, Juli 1998, § 4 Rz. 559; Heinicke, in Schmidt EStG, § 4 Rz. 420; Crezelius, in Kirchhof, EStG, § 4 Rz. 127; Frotscher, in Frotscher, EStG, November 2001, § 4 Rz. 226, Meurer, in Lademann, EStG, Mai 2006, § 4 Rz. 430; Nacke, in Littmann/Bitz/Pust, EStG, Mai 2006, § 4 Rz. 1561 ff.; Segebrecht, Die Einnahmen-Überschussrechnung nach § 4 Abs. 3, Rz. 276 ff.; Weber-Grellet in Kirchhof/Söhn/Mellinghoff, Januar 1988, D 61 ff.

254 Weber-Grellet, in Kirchhof/Söhn/Mellinghoff, Januar 1988, D 67.

255 In diesem Sinne auch Eisgruber, in Die Zahlungsmittelrechnung nach § 4 III EStG, 24 ff.

256 Exemplarisch BFH, BStBl. II 1970, 44; BStBl. II 1972, 334; BFH, BStBl. II 1973, 293. Abweichende Ansicht FG Köln vom 20.04. 1983, EFG 1984, 64.

257 H 4.5 (2) EStR.

258 Exemplarisch Bergkemper, Hermann/Heuer/Raupach, EStG, Juli 1998, § 4 Rz. 530; Crezelius, in Kirchhof, EStG, § 4 Rz. 119; Eisgruber, Die Zahlungsmittelrechnung nach § 4 Abs. 3 EStG, 106 f.; Groh, FR 1986, 393; Heinicke, in Schmidt, EStG, § 4 Rz. 383, Nacke, Littmann/Bitz/Pust, EStG, Mai 2006, §§ 4,5 Rz. 1564; Segebrecht, Die Einnahmen-/Überschussrechnung nach § 4 Abs. 3 EStG; Wied, in Blümich,

Zahlungszuflüsse nicht unter das Tatbestandsmerkmal der Betriebseinnahme gemäß § 4 III Satz 1 EStG zu subsumieren sind. Dies wird bei der sich anschließenden Untersuchung als gegeben hingenommen. In Frage steht jedoch eine überzeugende Begründung dieses Ergebnisses.

2.1.4.1 Die wohl herrschende Begründung in der Literatur

Nicht überzeugend ist es, die Einnahmen-/Überschussrechnung in ihrer Grundform gemäß § 4 III Satz 1 EStG als eine „Spielart der Erfolgsrechnung"[259] oder „Abart der Gewinn- und Verlustrechnung"[260] zu begreifen[261] Die Ermittlungstechnik der Gewinn- und Verlustrechung basiert nämlich auf einer Gegenüberstellung von Erträgen und Aufwendungen des Geschäftsjahres unabhängig von dem tatsächlichen Geldfluss (Einnahme oder Ausgabe)[262]. Hierbei handelt es sich – unabhängig von der Darstellungsmethode nach dem Gesamtkostenverfahren gemäß § 275 II HGB oder dem Umsatzkostenverfahren gemäß § 275 III HGB – weiterhin um eine Gegenüberstellung bilanzieller Erträge und Aufwendungen in Staffelform gemäß § 275 I Satz 1 HGB, wobei gemäß § 275 I Satz 2 HGB die einzelnen Posten gesondert und in der angegebenen Reihenfolge auszuweisen sind. Beiden Verfahren ist gemeinsam, dass sie auf den Ertrag abstellen und damit lediglich erfolgwirksame Vermögensbewegungen erfassen[263]. Insofern gilt das Zuflussprinzip aber auch bei der Gewinn- und Verlustrechung nur mittelbar, hingegen gemäß § 11 I Satz 1 EStG bei der Einnahmen-/Überschussrechnung gemäß § 4 III Satz 1 EStG unmittelbar. Die unmittelbare Wirkung des Zuflussprinzips für den Betriebseinnahmenbegriff des § 4 III Satz 1 EStG widerlegt das Erfolgskriterium im Sinne eines handelsrechtlichen Ertragsverständnisses für die Begriffsfindung der Betriebseinnahme.

Das Erfolgskriterium im Sinne eines handelsrechtlichen Ertragsverständnisses in der Literatur ist zumeist aus dem Grundsatz der Totalgewinnidentität abgelei-

---

EStG, August 2006, § 4 Rz. 185 ff.; Weber-Grellet, in Kirchhof/Söhn/Mellinghoff, EStG, Januar 1988, § 4 Rz. D 63.
259 Groh, FR 1986, 393 (393).
260 Groh, FR 1986, 393 (395); ebenso Wacker, in Blümich, EStG; Februar 2000, § 4 Rz. 35.
261 Groh, FR 1986, 393 (395); ebenso Wacker, in Blümich, EStG; Februar 2000, § 4 Rz. 35.
262 So bereits Hüttemann, in Staub, HGB, § 275 Rz. 4; Kirch/Siefke, in Baetge, Bilanzrecht, September 2002, § 275 Rz. 1; Winnefeld, Bilanzhandbuch, Rz. G 1.
263 In diesem Sinne auch Beater, in Münchener Kommentar HGB, § 275, Rz. 2; Hüttemann, in Staub, HGB, § 275 Rz. 8 ff.; Kirch/Siefke, in Baetge, Bilanzrecht, September 2002, § 275 Rz. 24.

tet[264]. Die Ableitung überzeugt jedoch nicht, weil die Totalgewinnidentität bei Betriebsaufgabe oder -ende vorliegen muss und nur derselbe Gewinn und nicht dieselbe Besteuerungssumme zu diesem Zeitpunkt vorliegen muss.

Unterstellt man, dass auf Darlehensaufnahmen beruhende Zahlungszuflüsse als Betriebseinnahmen gemäß § 4 III Satz 1 EStG erfasst würden, ergibt sich trotzdem kein unterschiedlicher Totalgewinn im Verhältnis zum Betriebsvermögensvergleich. Nimmt beispielsweise ein Steuerpflichtiger im Veranlagungszeitraum (VZ) 01 ein – zinsloses – Darlehen auf, zahlt es im VZ 02 zurück und stellt im VZ 03 den Betrieb ein, so erhöht sich zwar bei Gewinnermittlung durch Einnahmen-/Überschussrechnung der Gewinn im VZ 01 um die Summe des aufgenommenen Darlehens. Im VZ 02 hingegen – dies sei an dieser Stelle der Arbeit unterstellt – löste die Darlehensrückzahlung einen Verlust in gleicher Höhe aus, so daß bei Betriebsende im VZ 03 ein Gewinn von 0 vorliegt. Dasselbe Ergebnis erhält man bei einer Gewinnermittlung durch Betriebsvermögensvergleich, nur mit dem Unterschied, dass der Gewinn stetig bei 0 liegt. Im VZ 01 erhöht sich zwar der Kassenposten auf der Aktivseite der Bilanz um die Summe des aufgenommen Darlehens, dieser wird aber durch den Verbindlichkeitsposten in eben dieser Höhe auf der Passivseite ausgeglichen. Durch die Rückzahlung des Darlehens im VZ reduzieren sich Kassen- und Verbindlichkeitsposten gleichermaßen, so daß sich auch hier keine Auswirkungen auf den Gewinn feststellen lassen. Bei Betriebsende 03 liegt also – wie auch durch Einnahmen-/Überschussrechnung ermittelt – ein Gewinn von 0 vor.

Folglich lässt sich das Erfolgskriterium, verstanden im Sinne eines handelsrechtlichen Ertrages, nicht aus dem Totalgewinngrundsatz ableiten. Beide Gewinnermittlungsarten kommen über die Totalgewinnperiode zum gleichen Ergebnis, ohne dass es bei der Einnahmen-/Überschussrechnung eines Ertragselements bedürfte. Nicht der Totalgewinngrundsatz ist Hintergrund der Ableitung, sondern vielmehr das – steuerpolitische – Bestreben die divergierenden Periodenergebnisse anzugleichen.

2.1.4.2 Abweichende Begründung Eisgrubers

Ebenfalls nicht überzeugend ist die Auffassung, die Darlehensaufnahme tatbestandlich als Betriebseinnahme zu subsumieren, ihre Nichterfassung aus dem Vergleich zum Betriebsvermögensvergleich zu ziehen. Eisgruber begründet dies mit der Notwendigkeit einer erhöhten Darlehensaufnahme zur Fremdfinanzierung von Wirtschaftsgütern des Anlagevermögens bei der Einnahmen-/Überschussrech-

---

264 Beispielsweise Groh, FR 1986, 393 (395); Bordewin, DStR 1992, 244 (244); Herzig, IAS/IFRS und steuerliche Gewinnermittlung, 341 f.

nung. Während beim Betriebsvermögensvergleich eine Darlehensaufnahme sich nicht auf den Gewinn und somit nicht auf die Steuerlast auswirkt, ist dies bei Erfassung der Darlehenssumme als Betriebseinnahme im Sinne des § 4 III Satz 1 EStG der Fall. Somit ist der Steuerpflichtige gezwungen, die Darlehenssumme zu erhöhen, um mit derselben Nettosumme wie beim Betriebsvermögensvergleich arbeiten zu können. Insoweit wiche diese Rechtsfolge in ihrer Quantität innerhalb einer Periode zu stark gegenüber der Bilanzierung ab, so daß die Quantität an dieser Stelle in Qualität umschlage. Die quantitative Abweichung erfordere die Annahme einer eigenständigen Ausnahme von der Behandlung von Zahlungsflüssen, die Eisgruber aus der gesetzlichen Ausnahme vom Grundsatz der Zahlungsmittelrechnung gemäß § 4 III Satz 3 und Satz 4 EStG zieht[265].

Der Auffassung ist entgegenzuhalten, dass die Rechtfertigung der Ausnahme nur bei der Fremdfinanzierung von Wirtschaftsgütern des Anlagevermögens bzw. den in § 4 III Satz 4 genannten Wirtschaftsgütern des Umlaufvermögens trägt, hingegen nicht bei sonstigen Gütern des Umlaufvermögens[266]. Zudem gibt Eisgruber außer dem Hinweis auf eine faktische Ungleichbehandlung zwischen den Gewinnermittlungsarten und dem daraus resultierenden Bedürfnis einer Gleichstellung keine Begründung der Nichterfassung der Darlehensaufnahme bei der Einnahmen-/Überschussrechnung. Insoweit bleibt er einer systematischen Herleitung des Ergebnisses schuldig und zieht sich argumentativ auf ein Billigkeitserfordernis zurück.

Eine solche Herleitung ist aber geboten, wenn man wie Eisgruber annimmt, dass die Darlehensaufnahme den Tatbestand einer Betriebseinnahme im Sinne des § 4 III Satz 1 EStG erfüllt, die Rechtsfolgenseite mit dem Hinweis einer entsprechenden Anwendung der Ausnahmevorschrift des § 4 III Satz 4 EStG aber verneint[267]. Dies gilt um so mehr, da sich § 4 III Satz 4 EStG in unmittelbarer Anwendung lediglich auf die Betriebsausgabenseite des Anlagevermögens bzw. spezieller Wirtschaftsgüter des Umlaufvermögens bezieht[268].

2.1.4.3 Abweichende Begründung Langs

Lang[269] begreift die Überschussrechnung als eine Erfolgsermittlung ohne Aufzeichnungen von Beständen an Geld, Bankguthaben, Waren, Forderungen, Schul-

---

265 Eisgruber, Die Zahlungsmittelrechnung nach § 4 Abs. 3 EStG, 106 f.
266 Eisgruber, Die Zahlungsmittelrechnung nach § 4 Abs. 3 EStG, 107 mit Beispiel.
267 Eisgruber, Die Zahlungsmittelrechnung nach § 4 Abs. 3 EStG, 108 f.
268 Siehe dazu Kapitel C Punkt I 4.1.
269 Zur einer anderen Argumentation von Lang siehe Lang, in Tipke/Lang, Steuerrecht, 15. Auflage, § 9 Rz. 457. Zur Kritik dieser, in der aktuellen Auflage des Werkes

den etc. Diese bedeutet, dass der lediglich für das Gesamtergebnis der Totalperiode zu erfassende Vermögenszufluss nur einmal erfolgwirksam ohne Ansatz des Gegenwerts verbucht wird, was die einen Aktiv- und Passivtausch begründende vermögensumschichtende und erfolgsneutrale Buchung erübrigt[270]. Diese nur einseitige Betrachtung macht es erforderlich, vorläufige Geldbewegungen in der Vermögensumschichtungskette auszuscheiden. Daher stimmt er dem Bundesfinanzhof zu, dass Geldbeträge der Darlehensaufnahme mangels endgültigen Zahlungszugangs nicht als Betriebseinnahmen bei der Einnahmen-/Überschussrechnung berücksichtigt werden können[271]. Eine Betriebseinnahme liege demnach nur bei einem erfolgswirksamen Zugang, verstanden als endgültiger Zufluss vor. In Anlehnung an den Bundesfinanzhof begründe sich das Endgültigkeitserfordernis des Zuflusses wirtschaftlich, da nur in diesem Falle eine Gewinnrealisation vorliege[272]. Lang weicht aber insoweit von der Auffassung des Bundesfinanzhofs ab, da er das Erfordernis eines wirtschaftlichen Erfolges als eigenständige Gewinnvoraussetzung der Einnahmen-/Überschussrechnung versteht und nicht als bloße Ableitung der Totalgewinnidentität. Wie bereits zuvor bei der Stellungnahme zu dem Erfolgskriterium im handelsrechtlichen Ertragssinne dargelegt, überzeugt das aus dem Totalgewinngrundsatz abgeleitete Kriterium der wirtschaftlichen Endgültigkeit nicht. Eben diese Ableitung aber wird in der Rechtsprechung durchgängig zur Begründung der Nichterfassung des Zahlungsflusses beruhend auf Darlehensvergaben herangezogen[273].

Langs Auffassung, dass „vorläufige Geldbewegungen" infolge der einfachen Erfassung in der Einnahmen-/Überschussrechnung eines Korrektivs bedürfen, überzeugt letztlich nicht. Vielmehr neutralisieren sich „vorläufige Geldbewegungen" wie Darlehenszu- und –abflüsse auch bei Anwendung der Grundtechnik der Einnahmen-/Überschussrechnung ohne Rückgriff auf ein Korrektiv selbst. Es besteht nur ein zeitlicher Unterschied. Während dem wirtschaftlichen Erfolgskriterium unmittelbare Neutralisierungswirkung zukommt, gleicht die Grundtechnik der Einnahmen-/Überschussrechnung „vorläufige Geldbewegungen" zeitlich versetzt aus. So käme beispielsweise dem Zufluss eines Darlehensbetrages beim Darlehensnehmer direkte Erfolgswirkung zu, welcher sich dann erst bei Abfluss der Darlehenssumme neutralisieren würde. Damit ist die Grundtechnik der Einnahmen-/Überschussrechnung gleichwohl in der Lage, den tatsächlichen wirtschaftlichen

---

Tipke/Lang nicht mehr enthaltenen Begründung, siehe Eisgruber, Die Zahlungsmittelrechnung gemäß § 4 Abs. 3 EStG, 103 ff.

270   Lang, Die Bemessungsgrundlage, 452.
271   Lang, Die Bemessungsgrundlage, 454.
272   Beispielsweise BFH, BStBl. II 1970, 44 (45).
273   Exemplarisch BFH, BStBl. II 1970, 44; BFH, BStBl. II 1972, 334; BFH, BStBl. II 1973, 293.

Erfolg zu ermitteln, allerdings überperiodisch. Daher rechtfertigt sich das Hilfskriterium „wirtschaftliche Erfolgwirksamkeit" nicht aus der Technik der Einnahmen-/Überschussrechnung, sondern ist letzten Endes eine Frage periodischer Gerechtigkeit. Diese gründet auf der Dominanz des Betriebsvermögensvergleichs, bei dem aktuelle Darlehensflüsse durchgängig neutral behandelt werden und somit bei konsequenter Anwendung der Grundtechnik der Einnahmen-/Überschussrechung Belastungsunterschiede aufgrund von Progressions- und Zinseffekten drohen. Damit rechtfertigt sich die Nichterfassung aber – ähnlich der Argumentation Eisgrubers – allein aus dem Vergleich zum Betriebsvermögensvergleich.

2.1.5 Resümee

Mangels überzeugender Alternative ist der Begriff der Betriebseinnahme gemäß § 4 III Satz 1 EStG im Sinne der regelmäßigen Begriffsfassung des Bundesfinanzhofs und der dieser im Wesentlichen zustimmenden herrschenden Literaturmeinung zu definieren[274]. Die Praxis, Darlehenszahlungen nicht als Betriebseinnahmen zu erfassen, ist bei der Auslegung des § 4 III Satz 1 EStG zu beachten. Diese Ausnahme vom Zahlungsprinzip der Grundtechnik lässt sich unter Zuhilfenahme des eigenständigen Korrektivkriteriums „wirtschaftliche Endgültigkeit" begründen. Wirtschaftliche Endgültigkeit kann dann im Sinne eines Erfolgskriteriums verstanden werden, ohne dass dies der Begriffsimmanenz des Zuflusskriteriums entgegensteht, soweit diesem ein wirtschaftliches und kein bilanzielles Ertragsverständnis zugrunde liegt[275]. Das Korrektivkriterium rechtfertigt sich daher nicht aus der Grundtechnik, die Geschäftsfälle nur einfach erfasst, oder dem Totalgewinngrundsatz, sondern aus Gründen periodischer Gerechtigkeit im Vergleich zur Gewinnermittlungsart des Betriebsvermögensvergleichs.

Weiter wird in der Literatur übereinstimmend konstatiert, dass der Einbezug geldwerter Zuflüsse die Einnahmen-/Überschussrechnung verkompliziert[276]. Denn mit dem Einbezug geldwerter Vorteile gehen Bewertungserfordernisse und die damit verbundenen Fragen einher. Problematisch ist zudem, dass sich weder der

---

274 Exemplarisch Bergkemper, Hermann/Heuer/Raupach, EStG, Juli 1998, § 4 Rz. 530; Crezelius, in Kirchhof, EStG, § 4 Rz. 119; Eisgruber, Die Zahlungsmittelrechnung nach § 4 Abs. 3 EStG, 106 f.; Groh, FR 1986, 393; Heinicke, in Schmidt, EStG, § 4 Rz. 383, Nacke, Littmann/Bitz/Pust, EStG, Mai 2006, §§ 4,5 Rz. 1564; Segebrecht, Die Einnahmen-/Überschussrechnung nach § 4 Abs. 3 EStG; Wied, in Blümich, EStG, August 2006, § 4 Rz. 185 ff.; Weber-Grellet, in Kirchhof/Söhn/Mellinghoff, EStG, Januar 1988, § 4 Rz. D 63.

275 So aber Herzig, IAS/IFRS und steuerliche Gewinnermittlung, 341 f.

276 Ausdrücklich Eisgruber, Die Zahlungsmittelrechnung nach § 4 III EStG, 42; Söffing, DStZ 1970, 17 (18); sinngemäß Lang, Bemessungsgrundlage, 455. Andere Auffassung Dziadkowski, BB 2000, 399 (400).

Rechtsprechung noch dem bisher dargestellten Schrifttum ausdrücklich entnehmen lässt, in welchem Verhältnis die geldwerten Zuflüsse zu denen in Geld bestehen. Zwar sind zwei Grundrichtungen auszumachen, einmal die geldwerten Zuflüsse als Oberbegriff, zum anderen als subsidiärer Rückgriff[277]. Jedoch mangelt es an einem klaren Prinzip, nach welchem die Betriebseinnahmen zu qualifizieren sind. Ein solches ist aber für eine tatsächlich eigenständige Gewinnermittlung nach der Einnahmen-/Überschussrechnung Voraussetzung.

2.2 Betriebsausgaben gemäß § 4 III Satz 1 EStG

2.2.1 Legaldefinition der Betriebsausgaben in § 4 IV EStG

Der Begriff der Betriebsausgaben ist in § 4 IV EStG legal definiert als die Aufwendungen, die durch den Betrieb veranlasst worden sind. Sie mindern – abgesehen von den nicht abzugsfähigen Betriebsausgaben – den Gewinn[278]. Entsprechend der Grundtechnik der Einnahmen-/Überschussrechnung bilden die Betriebsausgaben das Gegenstück der Betriebseinnahmen. Insofern gelten die vorherigen Ausführungen zu den Betriebseinnahmen für die Auslegung des Begriffs der Betriebsausgaben sinngemäß. Dies belegt auch ein entsprechender Vergleich zum Korrelat des Einnahmenbegriffs gemäß § 8 I EStG, dem Werbungskostenbegriff gemäß § 9 I EStG. Beide Legaldefinitionen beschreiben Betriebsausgaben (§ 4 IV EStG) bzw. Werbungskosten (§ 9 I EStG) zwar mit unterschiedlichen Worten als „Aufwendungen" verfolgen aber dasselbe Ziel. Diese Vorschriften dienen der Umsetzung des objektiven Nettoprinzips, nach dem nur die Reineinkünfte, d.h. solche nach Abzug von Aufwendungen, der Einkommenbesteuerung zu unterwerfen sind[279]. § 4 IV EStG kommt diese Funktion im Rahmen der Gewinneinkünfte gemäß § 2 I Nr. 1 bis 3 EStG und § 9 I EStG im Rahmen der Überschusseinkünfte gemäß § 2 I Nr. 4 bis 7 zu[280]. Zudem erfahren die Grundbegriffe im Interesse der Gleichmäßigkeit der Besteuerung als Ausfluss des Leistungsfähigkeitsprinzips über die divergierenden Ausrichtungen des Einkünftedualismus hinweg eine

---

277 So zutreffend Eisgruber, Die Zahlungsmittelrechnung nach § 4 III EStG, 42 f.
278 Zutreffend Crezelius, in Kirchhof, EStG, § 4 Rz. 135; Meurer, in Lademann, EStG, § 4 Rz. 444; Ramb/Schneider, Die Einnahme-Überschussrechnung von A-Z, 2, Söhn, in Hermann/Heuer/Raupach, EStG, August 1993, § 4 Rz. E 17, Wied, in Blümich, EStG, August 2006, § 4 Rz. 551.
279 Exemplarisch Friauf, StuW 1973, 97; Klein, DStZ 1995, 630; Lang, in Tipke/Lang, § 9 Rz. 54 f.; Tipke, Steuerrechtsordnung Bd. II, 762 ff.; Uelner, in FS für Schmidt, 21 (25); Wolff-Diepenbrock, DStZ 1999, 717.
280 In diesem Sinne auch Frotscher, in Frotscher, EStG, Oktober 1998, § 4 Rz. 273; Söhn, in Hermann/Heuer/Raupach, EStG, August 1993, § 4 Rz. E 17; Stapperfend, in Hermann/Heuer/Raupach, Oktober 1999, § 4 Rz. 721.

„gleichheitskonforme Interpretation"[281]. Die Rechtsprechung geht daher in der Regel von der Deckungsgleichheit der Begriffe aus. Sie gleicht den sprachlich um die Voraussetzung der Zeckbestimmung der Aufwendungen enger definierten Werbungskostenbegriff des § 9 I EStG an den Betriebsausgabenbegriff des § 4 IV EStG an.[282]. Diese Auffassung wird durch die herrschende Ansicht im Schrifttum unterstützt[283].

Anders als beim Begriff der Betriebseinnahmen gibt das Gesetz für die Betriebsausgaben also eine Legaldefinition in § 4 IV EStG vor. Diese ist entsprechend der Begriffsfassung der Betriebseinnahmen des § 4 III in Anlehnung an den Einnahmenbegriff gemäß § 8 I EStG mit dem Pendant der Werbungskosten nach allgemeiner Ansicht deckungsgleich.

Dieser Vergleich zu der Herleitung des Betriebseinnahmenbegriffs ist um so wichtiger, als dass die Legaldefinition des § 4 IV EStG (wie auch die des § 9 I EStG) auf den unbestimmten Rechtsbegriff der „Aufwendungen" Bezug nimmt. Der Begriff der Aufwendungen definiert steuerrechtlich alle Güter in Geld oder Geldeswert, die dem Steuerpflichtigen im Rahmen einer Gewinneinkunftsart (§ 4 IV EStG) bzw. Überschusseinkunftsart (§ 9 I EStG) abfließen[284]. Das Abflussprinzip im Sinne des § 11 II Satz 1 EStG findet auch auf der Betriebsausgabenseite der Einnahmen-/Überschussrechnung unmittelbare Geltung, soweit es nicht gesetzlich oder durch richterliche Rechtsfortbildung eingeschränkt wird[285]. Entsprechend kann auch auf die Ausführungen bei den Betriebseinnahmen zur Frage der Geltung des Zuflussprinzips verwiesen werden. Es kommt somit – im Grundsatz nach § 4 III

---

281 Lang, Bemessungsgrundlage, 289.
282 Beispielsweise BFH GrS, BStBl. II 1978, 105; BFH, BStBl. II 1981, 368, BFH, BStBl. II 1982, 37; BFH, BStBl. II 84, 315; BFH, BStBl. II 84, 373. Abweichend BFH, BStBl. II 1985, 286; BFH, BStBl. II 90, 423.
283 Exemplarisch Bornhaupt, BB 1981, 773, Bornhaupt, DStR 1983, 15; Curtius/Hartung, StbJB. 1982/83, 12; Felix, KÖSDI 1985, 938, Lang, Bemessungsgrundlage, 1981/1988, 325, 491; Prinz, StuW 1996, 267; Richter, FR 1981, 556, Söffing, DB 1990, 2086; Tipke, Steuerrechtsordnung Bd. II, 639, Zimmermann, in Zimmermann, Einkommensteuer, 88.
284 Beispielsweise Bauer, Der Dualismus Betriebsausgaben, Werbungskosten, 3, 18; Bornhaupt, Kirchhof/Söhn/Mellinghoff, Juli 2003, § 4 Rz. B 17; Heinicke, in Schmidt, EStG, § 4 Rz. 472; Jakob, Einkommensteuer, Rz. 756; Offerhaus, BB 1979, 617 (618); Weber-Grellet, in Kirchhof/Söhn/Mellinghoff, Januar 1988, § 4 Rz. D 130 und BFH, BStBl. II 1985, 458 (459); BFH; BStBl. II 1987, 108 (109).
285 Dazu Keller, Korn, ESt, März 2003, § 4 Rz. 493; Stapperfend, Hermann/Heuer/Raupach, Oktober 1999, § 4 Rz. 711.

Satz 1 EStG – auf den Zeitpunkt an, in welchem der Steuerpflichtige die wirtschaftliche Verfügungsmacht über das Substrat verliert[286].
Weiterhin stellt sich – wie auf der Betriebseinnahmenseite – hier die Frage nach dem Erfordernis eines Erfolgswirksamkeitskriteriums, da nach herrschender Meinung in Rechtsprechung[287], Finanzverwaltung[288] und Literatur[289] die Rückzahlung eines Darlehensbetrages keine Betriebsausgabe darstellt[290]. Insofern wird aber auch hier entsprechend auf die Ausführungen bei der Begriffsbestimmung der Betriebseinnahmen verwiesen, um eine Wiederholung selbiger Argumente zu vermeiden. Ergänzend ist jedoch für die Betriebsausgabenseite zu bemerken, dass umstritten und von der Rechtsprechung bislang nicht eindeutig entschieden ist, ob sich Aufwendungen im engen Sinn auf die tatsächlich geleisteten Ausgaben beschränken oder aber nach einem weiteren Verständnis auch der betriebliche Aufwand und damit alle erfolgwirksamen, nicht zwingend zahlungswirksamen Wertabgänge umfasst[291]. Das Letztere entspricht einem bilanzrechtlichen Verständnis. Die Praxis entscheidet einzelfallorientiert nach dem Grundsatz, dass bei der Einnahmen-/Überschussrechnung gemäß § 4 III EStG wie beim Betriebsvermögensvergleich alle betrieblich veranlassten Geschäfts-

---

286 Crezelius, Kirchhof,EStG, § 4 Rz. 156; Heinicke, in Schmidt, EStG, § 11 Rz. 12; Fitsch, in Lademann, EStG, April 1993, § 11 Rz. 21; Frotscher, in Frotscher, Oktober 1998, § 4 Rz. 291; Glenk, in Blümich, EStG, März 2005, § 11 Rz. 9, 11.

287 Exemplarisch BFH, BStBl. II 1970, 44; BFH, BStBl. II 1973, 293; BFH, BStBl. II 1992, 468; BFH, BStBl. II 1999, 524

288 H 4.5 (2) EStR.

289 Exemplarisch Crezelius, in Kirchhof, EStG, § 4 Rz. 119; Groh, FR 1986, 393; Eisgruber, Die Zahlungsmittelrechnung nach § 4 Abs. 3 EStG, 106 ff.; Fein, Die Systematik der Einnahme-Überschussrechnung gemäß § 4 Abs. 3 EStG, 204 f.; Henicke, in Schmidt, EStG, § 4 Rz. 520; Kantwill, StuSt 2006, 65 (72); Lang, Die Bemessungsgrundlage, 452 ff.; Meurer, in Lademann, EStG, Januar 2001, § 4 Rz. 448; Offerhaus, BB 1977, 1493(1498); Schoor, FR 1982, 505 (508); Segebrecht, Die Einnahmen-Überschussrechnung nach § 4 Abs. 3, Rz. 366 f.; Söffing, DStZ 1970, 17 (18); Weber-Grellet, in Kirchhof/Söhn/Mellinghoff, EStG, Januar 1988, § 4 Rz. D 63; Wied, in Blümich, EStG, August 2006, § 4 Rz. 185.

290 Insofern wird hier entsprechend auf die Ausführungen bei der Begriffsbestimmung der Betriebseinnahmen verwiesen, um Wiederholungen selbiger Argumente zu vermeiden.

291 Für ein enges Begriffsverständnis siehe Drenseck, in Schmidt, EStG, § 9 Rz. 2; Herzig, IAS/IFRS und steuerliche Gewinnermittlung, 343 f.; Jakob/Wittmann, FR 1988, 540; Offerhaus, BB 1979, 617, Ritzrow, StWa 1995, 126; Tipke, StuW, 1979, 193; Tipke, StuW 1980, 1; Bornhaupt, DStJG 1980, 154; Wanner, StuW 1987, 302 sowie BFH, BStBl. II 1985, 458; BFH, BStBl. II 1987, 109; BFH, BStBl. II 1990, 830. Für einen weiten Aufwendungsbegriff sind Bartone, in Korn, EStG, Juni 2006, § 4 Rz. 685 ff.; Kröner, StuW 1985, 115, Söhn, in Kirchhof/Söhn/Mellinghoff, EStG, August 1993, § 4 Rz. E 26 ff. und BFH, BStBl. II 1986, 904.

vorfälle gewinnmindernd und alle außerbetrieblich veranlassten Geschäftsvorfälle gewinnneutral zu erfassen sind[292]. In Anlehnung an die Ausführungen zum Betriebseinnahmenbegriff ist aber festzuhalten, dass sich aus der Geltung des Abflussprinzips gemäß § 11 II EStG ein im Grundsatz zahlungsorientierter Betriebsausgabenbegriff für § 4 III Satz 1 EStG im Sinne von tatsächlich geleisteten Ausgaben ableiten lässt[293]. Eine darüber hinausgehende Betriebsausgabe durch einen nach der Anschaffung oder Herstellung erfolgenden Vermögensabfluss, verursacht durch Wertverzehr oder Untergang eines Wirtschaftsguts, ist dem Abflussprinzip nicht zu entnehmen[294].

Die eigentliche Bedeutung des § 4 IV EStG liegt in der Abgrenzung von Aufwendungen mit betrieblicher Veranlassung und solcher der (privater) Lebensführung. Derartige Aufwendungen, die nur den Steuerpflichtigen oder andere Personen betreffen, sind gemäß § 4 V EStG nur eingeschränkt zum Abzug zugelassen oder gar vollständig vom Abzug ausgeschlossen[295]. Die Abgrenzung erfolgt nach dem § 4 IV EStG entnommenen Veranlassungsprinzip. Danach liegt eine betriebliche Veranlassung und damit Betriebsausgaben nur dann vor, wenn objektiv ein Zusammenhang mit dem Betrieb (oder Beruf) besteht und diese subjektiv dem Betrieb (oder Beruf) zu dienen bestimmt sind[296]. § 15 II Satz 1 EStG ist allgemein zu entnehmen, dass ein Betrieb eine selbstständige, nachhaltige Betätigung mit Gewinnerzielungsabsicht und Teilnahme am allgemeinen wirtschaftli-

---

292 In diesem Sinne Heinicke, in Schmidt, § 4 Rz. 474; Segebrecht, Die Einnahmen-Überschussrechnung gemäß § 4 Abs. 3, Rz. 532.
293 Heinicke, in Schmidt, § 4 Rz. 471 ff.; Herzig, IAS/IFRS und steuerliche Gewinnermittlung, 344; Weber-Grellet, in Kirchhof/Söhn/Mellinghoff, Januar 1988; § 4 Rz. D 130.
294 So bereits Lang, Bemessungsgrundlage, 320 f.
295 Siehe in diesem Zusammenhang R 4.10 bis 4.14 EStR sowie Bartone, in Korn, EStG, Juni2006, § 4 Rz. 708 ff.; Freudler, FR 1988, 219; Kirchhof, in Kirchhof, EStG, § 4 Rz. 171; Mittmann, FR 1985, 152, Nacke in Frotscher, EStG, Februar 2007, Rz. 1661 ff.; Wacker, in Blümich EStG, Februar 2000, § 4 Rz. 251, 258 ff., Segebrecht, Die Einnahmen-Überschussrechnung nach § 4 Abs. 3 EStG, Rz. 532.
296 Exemplarisch Crezelius, in Kirchhof, EStG, § 4 Rz. 135; Heinicke, in Schmidt, EStG, § 4 Rz. 480 f.; Hofstetter, DStZ 1991, 658; Kröger, StuW 1978, 289; Lempenau, DB 1987, 113; Nacke, in Frotscher, EStG, Februar 2007, § 4 Rz. 1625; Wied, in Blümich, EStG, August 2006, § 4 Rz. 555, Segebrecht, Die Einnahmen-Überschussrechnung nach § 4 Abs. 3, Rz. 531; Stapperfeind, in Hermann/Heuer/Raupach, EStG, Oktober 1999, § 4 Rz. 790 ff.; Tipke, Steuerrechtsordnung Bd. II, 767; Wassermeyer, StuW 1982, 352 sowie BFH, BStBl. II 1978, 105; BFH, BStBl. II 1979, 512; BFH, BStBl. II 1980, 75; BFH, BStBl. II 1981, 368 (369); BFH, BStBl. II 1990, 817.

chen Verkehr ist[297]. Voraussetzung ist also eine Veranlassung der Ausgaben durch Erwerbstätigkeit mit Einkünfteerzielungsabsicht[298]. Im Vergleich zu den Betriebseinnahmen ist dabei der subjektive Entscheidungsspielraum des Steuerpflichtigen bei den Betriebsausgaben größer, da es ihm obliegt, Betriebsumfang und damit Umfang der betrieblichen Veranlassung von Aufwendungen zu bestimmen[299]. Dabei führen nur eigene Aufwendungen zu Betriebsausgaben, Drittaufwand hingegen nicht[300]. Gemischte Aufwendungen, d.h. Aufwendungen, die sowohl betrieblich veranlasst wie die, die der Lebensführung dienen, fallen grundsätzlich nicht unter abzugsfähige Aufwendungen. Der Bundesfinanzhof begründet dieses Abzugsverbot mit dem § 12 Nr. 1 Satz 2 EStG entnommenen Aufteilungsverbot[301]. Eine Ausnahme bilden solche Aufwendungen, bei denen eine Aufteilung nach objektiven Maßstäben und in leicht nachprüfbarer Weise möglich ist oder der Anteil der Lebensführung unbedeutend ist und nicht ins Gewicht fällt (höchstens 10 % privater Anteil, in diesem Fall Abzug des gesamten Aufwands)[302].

---

297 Beispielsweise Hoffmann, in Littmann/Bitz/Pust, EStG, September 2003, § 4 Rz. 55; Söhn, in Kirchhof/Söhn/Mellinghoff, August 1993, § 4 Rz. E 56; Stapperfend, in Hermann/Heuer/Raupach, EStG, Oktober 1999, § 4 Rz. 785.

298 In diesem Sinne Heinicke, in Schmidt, EStG, § 4 Rz. 480; Lang, in Tipke/Lang,, Steuerrecht,, § 9 Rz. 229, Stapperfend, in Hermann/Heuer/Raupach, EStG, Oktober 1999, § 4 Rz. 823.

299 Zutreffend Bartone, in Korn, EStG, Juni 2006, Rz. 702 ff.; Heinicke, in Schmidt, EStG, § 4 Rz. 480; Meurer, in Lademann, EStG, Juli 2002, Rz. 537; Nacke, in Littmann/ Bitz/Pust, EStG, Februar 2007, § 4 Rz. 1625.

300 Bartone, in Korn, EStG, Juni 2006, § 4 Rz. 721 f.; Nacke, in Littmann/Bitz/Pust, EStG, Februar 2007, § 4 Rz. 1640 ff.; .Segebrecht, Die Einnahmen-Überschussrechnung nach § 4 Abs. 3, Rz. 550, Söhn, in Kirchhof/Söhn/Mellinghoff, EStG, August 1993, § 4 Rz. E 190 ff. sowie BFH GrS, BStBl. 1995, 281; BFH, BStBl. 1999, 774; BFH, 1999, 778; BFH 1999, 782; BFH 1999, 787 und H 4.7 EStR. Abgrenzungsmaßstab ist das sog. Kostentragungsprinzip – dazu Lang, in Tipke/Lang, Steuerrecht,, § 9 Rz. 223 ff.

301 Beispielsweise BFH, BStBl. II 1971, 17; BFH, BStBl. II 1983, 715, BStBl. II 1994, 843. Diese Auffassung wird von der herrschenden Literatur mit dem Argument kritisiert, dass die Versagung des Betriebsausgabenabzugs trotz betrieblicher Mitveranlassung gegen das objektive Nettoprinzip verstoße. Für Themenstellung dieser Arbeit kommt der Diskussion jedoch keine Bedeutung, sodass auf Lang, in Tipke/Lang, Steuerrecht,, § 9 Rz. 245 mit weiteren Nachweisen verwiesen wird.

302 Birk, Steuerrecht, 883 mit Bezugnahme auf BFH, BStBl. II 1987, 262 und weiteren Beispielen.

2.2.2 Gesetzliche Konkretisierungen der Abzugsfähigkeit gemäß § 4 IV a bis VII EStG

§ 4 IV a bis VII EStG konkretisieren die Frage nach der Abzugsfähigkeit von Betriebsausgaben[303].

2.2.3 Keine Einschränkung des § 4 IV EStG durch § 4 I Satz 6 oder § 5 VI EStG

§ 4 I Satz 6 und § 5 VI EStG normieren die Anwendung des § 4 IV EStG bei der Gewinnermittlung durch Betriebsvermögensvergleich. Dies hat nach herrschender Ansicht keine Einschränkung des § 4 IV EStG selbst zufolge, da die Vorschrift auch dort der Abgrenzung zwischen Betriebsausgaben und betrieblich veranlassten Aufwendungen inhaltsgleich und der Anwendung der § 4 V bis VIII EStG dient[304]. Daher kommt den Verweisen keine eigenständige Bedeutung zu, insbesondere haben sie keine Auswirkung auf die Begriffsbestimmung der Betriebsausgabe gemäß § 4 III Satz 1 EStG.

2.3 Zu- und Abflussprinzip

Das Zu- und Abflussprinzip ist in § 11 EStG kodifiziert.

2.3.1 Grundsätzliche Regelung gemäß § 11 I Satz 1 und § 11 II Satz 1 EStG

Das Zu- und Abflussprinzip gemäß § 11 EStG regelt die zeitliche Zurechnung der Einkunftsermittlung im Wege der Überschussermittlung und der Einnahmen-/Überschussrechnung gemäß § 4 III EStG[305]. § 11 EStG bestimmt also den Ver-

---

303 Im Einzelnen dazu Adamik, in Hermann/Heuer/Raupach, EStG, Oktober 1998, § 4 Rz. 1250 ff.; Bahlau, in Hermann/Heuer/Raupach, EStG, Oktober 1998, § 4 Rz. 1150 ff., August 2002, § 4 Rz. 1846 ff.; November, 2002, § 4 Rz. 1879 ff.; Januar 2004, § 4 EStG Rz. 2036 ff.; Bauer, in Hermann/Heuer/Raupach, EStG, Juli 1997, § 4 Rz. 1 ff.; Bergkemper, in Hermann/Heuer/Raupach, EStG, Oktober 1998, § 4 Rz. 1350 ff.; 1450 ff., Broudre, in Hermann/Heuer/Raupach, EStG, August 2000, § 4 Rz. 1490 ff.; Crezelius, in Kirchhof, EStG, § 4 Rz. 159 ff.; Hildesheim, in Hermann/Heuer/Raupach, EStG, Februar 1999, § 4 Rz. 1706 ff.; Korn, in Korn, EStG, März 2003, § 4 Rz. 830 ff., Nolte, in Hermann/Heuer/Raupach, EStG, § 4 Rz. 1402 ff.; Rätke, in Hermann/Heuer/Raupach, EStG, März 2000, § 4 Rz. 1801 ff.; Schallmoser, in Hermann/Heuer/Raupach, EStG, Januar 2007, § 4 Rz. 1030 ff.; Siebenhüter, in Hermann/Heuer/Raupach, EStG, Juli 2001, § 4 Rz. 2101 ff.; Stapperfend, in Hermann/Heuer/Raupach, EStG, Oktober 1998, § 4 Rz. 1100 ff., Oktober 1999, § 4 Rz. 1600 ff.

304 Zutreffend Heinicke, in Schmidt, EStG, § 4 Rz. 470; Stapperfend, Hermann/Heuer/Raupach, EStG, Oktober 1999, § 4 Rz. 712.

305 Herrschende Auffassung: R 4.5 (2) EStR; BFH, BStBl. II 1995, 635; Segebrecht, Die Einnahmen-Überschussrechnung nach § 4 Abs. 3 EStG, Rz. 258, Glenk, in

anlagungszeitraum, in welchem eine Einnahme bzw. Ausgabe anzusetzen ist. Im Gesetz findet sich für die Ausgabenseite der Begriff „leisten", nicht „abfließen", dennoch wird parallel zum Zuflussprinzip allgemein der Begriff Abfluss bzw. Abflussprinzip herangezogen[306]. Im Grundsatz gilt das Prinzip der Vereinnahmung und Verausgabung, wonach es auf das Zufließen im Sinne des Erlangens der wirtschaftlichen Verfügungsmacht und auf das Abfließen von Wirtschaftsgütern, verstanden als Verlust der wirtschaftlichen Verfügungsmacht über die Wirtschaftgüter, ankommt[307]. Einnahmen in Geldwert sind gleich den Geldzugängen in dem Zeitpunkt der Betriebseinnahme zu erfassen, in dem der Sachwert zufließt[308]. Unerheblich für den Zuflusszeitpunkt ist die wirtschaftliche Zugehörigkeit oder die Fälligkeit der Leistung. Daher ist es beispielsweise unerheblich, ob es sich um Nach- oder Vorauszahlungen[309], um eine Teil- oder Abschlagszahlung handelt[310]. Dieses Prinzip gibt die technische Einfachheit der Erfassung vor, die die einseitige Betrachtung des Zu- bzw. des Abflusses ohne Betrachtung einer eventuellen Gegenleistung oder des Zeitpunktes für den geleistet wird, ermöglicht.

Dessen Konsequenz ist, dass Zu- und Abfluss zeitlich auseinanderfallen können. Durch die unmittelbare Erfassung in dem Veranlagungszeitraum, in welchem der Zu-/Abfluss stattgefunden hat, ist die Erfassung zudem schwankungsanfällig. Die Zusammenballung von Einnahmen und Ausgaben in einem Veranlagungszeitraum als Folge der Steuerprogression oder mangels tatsächlicher Ausgleichmöglichkeit negativer Einkünfte in einem späteren Veranlagungszeitraum kann zu steuerlichen Zufallsergebnissen führen. Ausnahmsweise kommt in extremen Härtefällen eine Korrektur im Billigkeitswege gemäß § 163 AO in Betracht[311].

Blümich, EStG, März 2005, § 11 Rz. 4. Andere Ansicht Wolf-Diepenbrock, in Littmann/Bitz/Pust, EStG, § 11 Rz. 4, der § 11 I Satz 1 EStG und § 11 II Satz 1 EStG als „lediglich klarstellend" auffasst.

306 Eisgruber, Die Zahlungsmittelrechnung nach § 4 Abs. 3 EStG, 55; Lang, in Tipke/ Lang, Steuerrecht, § 9 Rz. 192; Segebrecht, Die Einnahmen-Überschussrechnung nach § 4 Abs. 3 EStG, Rz. 259; Seiler, in Kirchhof, EStG, § 11 Rz. 2 mit Verweis auf die amtliche Begründung zu § 11 EStG 1934, RStBl. 1935, 40.

307 Übereinstimmend Birk/Kirster, in Hermann/Heuer/Raupach, EStG, März 2005, § 11 Rz. 33; Fitsch, in Lademann, EStG, April 1993, § 11 Rz. 10 ff., 21 ff.; Glenk, in Blümich, EStG, März 2005, § 11 Rz. 9 ff., Lang, in Tipke/Lang, Steuerrecht,, § 9 Rz. 58.

308 Beispielsweise H 4.5 (2) EStR; BFH, BStBl. II 1986, 607; BFH, BStBl. II 1993, 36. sowie Glenk, in Blümich, EStG, März 2003, § 11 Rz. 65 f.; Lang, in Tipke/Lang, Steuerrecht, § 9 Rz. 192, Segebrecht, Die Einnahmen-Überschussrechnung nach § 4 Abs. 3 EStG, Rz. 261.

309 BFH, BStBl. II 1990, 287.

310 H 4.5 (2) EStR und Ramb/Schneider, Die Einnahme-Überschussrechnung von A-Z, 46; Seiler, in Kirchhof, § 11 Rz. 12; Segebrecht, Die Einnahmen-Überschussrechnung nach § 4 Abs. 3 EStG, Rz. 261.

311 FG München, EFG 1984, 555.

Mangels Bezugnahme auf die Fälligkeit eröffnet sich aber auch für den Steuerpflichtigen ein gewisser Spielraum für Sachverhaltsgestaltungen durch Vor- oder Nachverlagerung von Betriebseinnahmen oder –ausgaben zum Ende des Veranlagungszeitraumes. Dies ist nach der Rechtsprechung auf Grund der gesetzlichen Wertung des § 11 EStG grundsätzlich nicht gemäß § 42 AO zu beanstanden[312].

Entscheidendes Merkmal für den Zu-/Abfluss ist also die tatsächliche Erlangung bzw. der Verlust der wirtschaftlichen Verfügungsmacht. Das ist grundsätzlich der Zeitpunkt des Leistungserfolges oder der Eintritt der Möglichkeit, den Leistungserfolg durch eigenes zusätzliches Handeln herbeizuführen[313]. Beispielsweise wird der Zuflusszeitpunkt bei einer Zahlung mit Scheck in der Scheckübergabe gesehen, sofern ein sofortiges Einlösen möglich ist[314] oder bei Banküberweisung, der Zeitpunkt der Kontogutschrift[315]. Der Erfassungszeitpunkt wird von dem starren Kriterium des Eintritts des Leistungserfolgs hin zu dem weicheren Möglichkeitskriterium der wirtschaftlichen Verfügungsmacht nach dem Gesamtbild der Verhältnisse gelockert[316]. Unstreitig bietet dieses Kriterium größeren Auslegungsspielraum, den die Rechtsprechung – auch aus Gründen der Gleichbehandlung zur Gewinnermittlung durch Betriebsvermögensvergleich – nutzt, um den eröffneten Gestaltungsspielraum des Steuerpflichtigen zu reduzieren[317]. Damit kann die wirtschaftliche Verfügungsmacht nicht nur durch tatsächliche Vorgänge erlangt oder verloren gehen, sondern kann sich auch in der Abgabe bloßer Willenserklärungen erschöpfen[318]. Die Rechtsprechung nimmt bereits bei der Abtretung einer fälligen, unbestrittenen und einziehbaren Forderung erfüllungshalber einen Zufluss an, ohne dass es auf den tatsächlichen Realisationsakt ankommt[319].

---

312 BFH, BStBl. II 2000, 396; BFH, BStBl. II 1991, 13; BFH, BStBl. II 1986, 284. Der Tatbestand des § 42 AO wird jedoch dann angenommen, wenn der Art nach abzugsfähige Ausgaben ohne wirtschaftlich vernünftigen Grund bezahlt oder vorausgezahlt werden, so BFH, BStBl. III 1951, 79; BFH, BStBl. II 1987, 219; BFH, BStBl. II 1984, 426; BFH, BStBl. II 1990, 299 sowie BMF-Schreiben vom 31.8.1990, BStBl. I 1990, 366.
313 BFH, BStBl. II 1981, 305; BFH, BStBl. 1982, 469; BFH, BStBl. II 1990, 310, BFH, BStBl. II 1992, 174. Dazu Segebrecht, Die Einnahmen-Überschussrechnung nach § 4 Abs. 3 EStG, Rz. 265.
314 So BFH, BStBl. 1981, 305
315 BFH, BStBl. 1984, 480.
316 In diesem Sinne Glenk, in Blümich, EStG, März 2003, § 4 Rz. 13; Seiler, Kirchhof Kompakt, EStG, § 11 Rz. 11.
317 BFH, BStBl. II 2001, 482; dazu Seiler, Kirchhof Kompakt, EStG, § 11 Rz. 11.
318 Zutreffend Birk/Kister, Hermann/Heuer/Raupach, März 2005, § 11 Rz. 33 mit Aufrechnungsbeispiel (§§ 387 ff. BGB) bei Rz. 55.
319 So beispielsweise BFH, BStBl. II 1981, 305 (306). Insgesamt zur Behandlung des Zuflusses bei den verschiedenen Abtretungsvarianten siehe prägnant zusammenfassend Heinicke, in Schmidt, § 11 Rz. 30.

Die Form des Übergangs der wirtschaftlichen Verfügungsmacht ist ebenso unerheblich wie die Dauer der Verfügungsmacht[320]. Die Verfügungsmacht setzt keine Endgültigkeit voraus, so daß bereits ein kurzfristiges Erlangen oder ein Verlust ausreichend ist[321]. Eine Rückzahlungsverpflichtung steht der Annahme eines Zuflusses nicht entgegen[322].

2.3.2 Modifikationen gemäß § 11 I Satz 2 und § 11 II Satz 2 EStG

Die Grundsätze des Zu-/Abflussprinzips gelten jedoch nicht uneingeschränkt. § 11 I Satz 2 und § 11 II Satz 2 EStG normieren die Modifikation, dass regelmäßig wiederkehrende Einnahmen und Ausgaben dem Wirtschaftsjahr zuzurechnen sind, zu dem sie wirtschaftlich gehören, wenn sie kurze Zeit vor oder nach Wechsel des Veranlagungszeitraumes zugeflossen sind[323]. Zweimalig ist dabei bereits wiederkehrend[324]. Sinn dieser Ausnahme ist die Vermeidung von Zufallsergebnissen bei Leistungen um die Jahreswende, insbesondere bei längerfristig angelegten Leistungsverhältnissen[325]. Hierbei handelt es sich der Sache nach um die – zumindest gedankliche – Bildung von sowohl transitorischer wie auch antizipativer Rechnungsabgrenzungsposten. Diese sind deutliche Merkmale periodengerechter Erfolgsabgrenzung und finden grundsätzlich in der Einnahmen-/Überschussrechnung keine Berücksichtigung[326].

320 Übereinstimmend BFH, BStBl. 2000, 197 (198); BFH, BFH/NV 1998, 308; BFH, BStBl. II 1994, 179 (182); BFH, BStBl. II 1990, 287(289) sowie BMF, BStBl. I 1984, 561. Ebenso Glenk, in Blümich, EStG, Mail 2003, § 11 Rz. 18; Segebrecht, Die Einnahmen-Überschussrechnung nach § 4 Abs. 3 EStG, Rz. 265.
321 In diesem Sinne BFH, BStBl. II 1995, 121 und H 11 EStR. Ebenso Heinicke, in Schmidtt, EStG, § 11 Rz. 14; Seiler, in Kirchhof, EStG, § 11 Rz. 16.
322 Exemplarisch BFH, BStBl. II 1982, 593; BFH, BStBl. 1989, 419; sowie Birk/Kister, in Hermann/Heuer/Raupach, März 2005, § 11 Rz. 29, Heinicke, in Schmidtt, EStG, § 11 Rz. 14; Fitsch, in Lademann, EStG, § 11 Rz. 17.
323 Als „kurze Zeit" wird der Zeitraum bis zu zehn Tagen angesehen, so BFH, BStBl. II 1987, 16; BFH/NV 2003, 169 sowie H 11 EStR.
324 Fitsch, in Lademann, EStG, April 1993, § 11 Rz. 30; Segebrecht, Die Einnahmen-Überschussrechnung nach § 4 Abs. 3, Rz. 271; Seiler, in Kirchhof, EStG, § 11 Rz. 52; andere Auffassung – mindestens dreimalig – Birk/Kister, in Hermann/ Heuer/Raupach, EStG, März 2005, § 11 Rz. 79.
325 So bereits BFH, BStBl. II 1987, 16 wie auch Seiler, Kirchhof Kompakt, § 11 Rz. 51.
326 In diesem Sinne auch Herzig/Hausen, DB 2004, 1 (9); Segebrecht, Die Einnahmen-Überschussrechnung nach § 4 Abs. 3, Rz. 22; 57.

2.3.3 Modifikationen gemäß § 11 I Satz 3 und § 11 II Satz 3 EStG

Eine weitere Ausnahme vom Zu-/ Abflussprinzip beinhaltet § 11 I Satz 3 und § 11 II Satz 3 EStG für Vorauszahlungen bei längerfristigen (d.h. von mehr als fünf Jahren) Nutzungsüberlassungen. Entsprechende Einnahmen können gemäß § 11 I Satz 3 EStG periodisch verteilt werden, können aber auch unmittelbar beim Zufluss versteuert werden. Hingegen sind gemäß § 11 II Satz 3 EStG entsprechende Ausgaben zu verteilen[327].

2.4. Resümee

Die Grundtechnik der Einnahmen-/Überschussrechnung findet ihre Umsetzung in § 4 III Satz 1 EStG, wobei die Begriffe der Betriebseinnahme und der Betriebsausgabe mit der herrschenden Meinung über Zuflüsse in Geld auch solche in Geldwert erfassen. Bei der jeweiligen Begriffsfassung ist das Kriterium eines erfolgswirksamen Zu- bzw. Abgangs hervorzuheben, hier verstanden als wirtschaftlich endgültiger Zu- oder Abfluss. So stellen Darlehensaufnahmen und -rückzahlungen mangels Endgültigkeit des Vermögensflusses keine Betriebseinnahmen/ausgaben dar.

Den Erfassungszeitpunkt gibt § 11 I Satz 1 bzw. § 11 II Satz 2 EStG vor, wonach das die gesamte Gewinnermittlung beherrschende Realisationsprinzip gilt, nicht hingegen das Imparitätsprinzip[328]. Der Erfassungszeitpunkt bestimmt sich anhand des Erlangens bzw. des Verlustes der wirtschaftlichen Verfügungsmacht, wobei die Vermögensströme einfach betrachtet werden. In der Regel ist der Eintritt des tatsächlichen Leistungserfolges maßgeblich, also des faktischen Zu- bzw. Abflusses. Ausnahmen ergeben sich jedoch, wenn bereits auf die Möglichkeit abgestellt wird und diese durch eine Wertung des Gesamtbildes der Verhältnisse ermittelt wird. Im Weiteren ergeben sich kodifizierte Durchbrechungen des Zu-/Abflussprinzips.

---

327 Zu weiteren Ausnahmen vom Zu- und Abflussprinzip siehe Segebrecht, Die Einnahmen-Überschussrechnung nach § 4 Abs. 3, Rz. 258. Ohne Relevanz für diese Arbeit ist § 11 I Satz 4 EStG, da diese Norm eine Spezialregelung für den Zufluss von Einnahmen aus nichtselbstständiger Arbeit enthält (§ 11 I Satz 4 EStG i.V.m. § 38a I Satz 2 und Satz 3, § 40 III Satz 2 EStG), die sich auf die Ermittlung von Überschusseinkünften bezieht.
328 Statt vieler Hey, in Tipke/Lang, § 17 Rz. 263.

3. Durchlaufende Posten gemäß § 4 III Satz 2 EStG

Nach dem Wortlaut des § 4 III Satz 2 EStG „scheiden Betriebseinnahmen und Betriebsausgaben aus, die im Namen und für Rechnung eines anderen vereinnahmt und verausgabt werden (durchlaufende Posten)". Hintergrund der Vorschrift[329] ist die Entscheidung des BFH vom 29.3.1961[330], in der dieser unter – unzutreffender – Bezugnahme auf das BFH-Urteil vom 2.9.1954[331] entschied, dass Gerichtskosten des Mandanten an den Rechtsanwalt bei diesem als Betriebseinnahmen zu qualifizieren seien[332]. Der Gesetzgeber hingegen war anderer Ansicht. Beträge dieser Art dürften sich nicht auf das Betriebsvermögen auswirken, da sie nicht demjenigen zuzurechnen seien, der die Zahlung nur vermittle[333].

Umsatzsteuerbeträge sind daher keine durchlaufenden Posten, da der Unternehmer als Steuerschuldner gemäß § 13 II UStG, die Umsatzsteuer im eigenen Namen und für eigene Rechnung vereinnahmt[334]. Dies gilt dann ebenfalls für andere durchlaufende Posten wie Porto-, Telefon- oder Reisekostenersatz durch einen Auftraggeber, da auch diese Beträge im eigenen Namen und für eigene Rechnung vereinnahmt werden. Anders ist dies beim Bestandsvergleich gemäß § 4 I EStG auf Grund der Passivierung jeweiliger Posten.

Umstritten ist, ob die Vorschrift rein deklaratorisch ist oder ihr konstitutive Wirkung zukommt. Argumente für eine deklaratorische Funktion des § 4 III Satz 2 EStG sind, dass dem Steuerpflichtigen nur die Einnahmen und Ausgaben zugerechnet werden können, die seinen Betrieb betreffen und sich auf das Betriebsergebnis auswirken[335]. Auch wird argumentiert, dass sich der rein klarstellende Charakter daraus ergebe, dass die als durchlaufende Posten vereinnahmten Beträge wirtschaftlich nicht in das Betriebsvermögen gelangten und das Betriebsergebnis

---

329 Eingeführt im Wege des StÄndG 1965 vom 16.5.1965, BGBl. III 1965, 377.
330 BFH, BStBl. III 1961, 500.
331 BFH, BStBl. III 1954, 314.
332 Weber-Grellet, in Kirchhof/Söhn/Mellinghoff, EStG, Januar 1988, § 4 Rz. D 140.
333 Amtliche Begründung zu § 4 III Satz 2 EStG, BT-Drucks. IV/319,5.
334 So BFH, BStBl. II 1982, 755 und H 4.5 EStR sowie Bergkemper, Hermann/Heuer/Raupach, EStG, Juli 1998, § 4 Rz. 611; Heinicke, in Schmidt, § 11 Rz. 30; Korn, in Korn, EStG, Juli 2006, § 4 Rz. 520; Weber-Grellet, in Kirchhof/Söhn/Mellinghoff, EStG, Januar 1988, § 4 Rz. D143; Jakob, Einkommensteuer, Rz. 852. Andere Ansicht Trzaskalik, Kirchhof/Söhn/Mellinghoff, April 1998, § 11 Rz. A 29, der sich entgegen dem expliziten Willen des Gesetzgebers für eine analoge Anwendung der Vorschrift ausspricht.
335 Dazu Heinicke, in Schmidt, EStG, § 4 Rz. 388; Weber-Grellet, in Kirchhof/Söhn/Mellinghoff, EStG, Januar 1988, § 4 Rz. D 140.

nicht beeinflussten[336]. Dem wird entgegengehalten, dass es sich bei den durchlaufenden Posten um einen betrieblich veranlassten tatsächlichen Zu-/Abfluss von Geld handele und damit eben um Betriebeinnahmen /-ausgaben[337]. Keine Ergebniswirkung liege nur vor bei einer Weiterleitung oder Entgegennahme gleich hoher Beträge als Tatbestandsvoraussetzung für das ausnahmsweise Ausscheiden von Betriebseinnahmen/-ausgaben[338]. § 4 III Satz 2 EStG sei daher konstitutiv.

Unabhängig von den verschiedenen Argumentationsansätzen ist Ausgangspunkt zur Klärung der Rechtsnatur des § 4 III Satz 2 EStG eine Subsumtion unter den Begriff der Betriebseinnahme/-ausgabe. Geht man – wie hier – mit der Rechtsprechung und der herrschenden Literaturmeinung von der Voraussetzung eines erfolgwirksamen Zu- bzw. Abgangs aus, verstanden als wirtschaftlich endgültiger Zu- oder Abfluss, so trifft dies auf tatsächlich durchlaufende Posten nicht zu. Gleich der Behandlung der Darlehensaufnahme /-rückzahlung[339] ist im Zu-/Abflusszeitpunkt gemäß § 11 EStG der Durchfluss des Geldbetrages und damit dessen Ergebnisneutralität auf Grund der einfachen Erfassung wirtschaftlich angezeigt. Lediglich bei Änderung der wirtschaftlichen Situation, bis hin zu einem endgültigen Zu- oder Abfluss, rechtfertigt sich eine Annahme von Betriebseinnahmen/-ausnahmen, da es dann am wirtschaftlichen Durchfluss fehlt. Abzustellen ist auf den Moment des Zu-/Abflusses im Sinne des § 11 EStG. In diesem Zeitpunkt qualifiziert sich der Zu-/Abfluss als Betriebseinnahme/-ausgabe[340]. Aus dem Verständnis des Betriebseinnahmen/-ausgabenbegriffs ergibt sich deshalb die Notwendigkeit einer wirtschaftlichen Prognose im Zufluss-/Abflusszeitpunkt gemäß § 11 EStG, nicht hingegen erst im Zeitpunkt der wirtschaftlich veränderten Situation. Damit sind durchlaufende Posten im Zu-/Abflusszeitpunkt mangels prognostizierter wirtschaftlicher Endgültigkeit keine Betriebseinnahmen/-ausgaben. § 4 III Satz 2 EStG ist mithin deklaratorisch.

Entgegen der verbreiteten Ansicht[341] ist § 4 III Satz 2 EStG auch keine Ausnahme vom Zu-/ Abflussprinzip gemäß § 11 EStG, da hier mangels Qualifikation als Betriebseinnahme/-ausgabe durchlaufende Posten gar nicht erst zu- /abfließen.

---

336 In diesem Sinne Bergkemper, Hermann/Heuer/Raupach, EStG, Juli 1998, § 4 Rz. 610; Nacke, in Littmann/Bitz/Pust, EStG, Februar 2004, § 4, 5 Rz. 1556.
337 Fein, Die Systematik der Einnahmen-/Überschussrechnung gemäß § 4 Abs. 3 EStG, 118.
338 Eisgruber, Die Zahlungsmittelrechnung nach § 4 Abs. 3 EStG, 59.
339 So bereits Lang, Bemessungsgrundlage, 454 („vorläufige Geldbewegungen").
340 Vergleiche auch R 4.5 (2) EStR.
341 Statt vieler Eisgruber, Die Zahlungsmittelrechnung nach § 4 Abs. 3 EStG, 55 f.

4. Wirtschaftsgüter des Anlagevermögens gemäß § 4 III Satz 3 und 4 EStG und spezielle Wirtschaftgüter des Umlaufvermögens gemäß § 4 III Satz 4 EStG

§ 4 III Sätze 3 und 4 enthält Modifikationen des Zu-/Abflussprinzips gemäß § 11 EStG, die einer übermäßigen Verzerrung der Periodenergebnisse entgegenwirken sollen[342]. Beide Sätze regeln die Behandlung des Anlagevermögens in der Einnahmen-/Überschussrechnung sowie spezieller Wirtschaftgüter des Umlaufvermögens, beziehen sich zumindest unmittelbar jedoch nur auf Betriebsausgaben[343]. Die in § 4 III Satz 4 EStG abschließend aufgeführten Wirtschaftgüter des Umlaufvermögens wurden im Wege der Neufassung des § 4 III Satz 4 durch das sog. Gesetz zur Eindämmung missbräuchlicher Steuergestaltungen (MissbrauchEindämmG) vom 28.4.2006[344] eingefügt[345]. Ursprünglich bezog sich § 4 III Satz 4 EStG ausschließlich auf Wirtschaftsgüter des Anlagevermögens. Das gesetzgeberische Motiv der Erweiterung liegt darin, Steuersparmodelle zu unterbinden, die darauf basierten, Anschaffungs-/Herstellungskosten für Wirtschaftsgüter des Umlaufvermögens im Rahmen der Gewinnermittlung gemäß § 4 III EStG bei Erwerb unmittelbar abziehen zu können. § 4 III Satz 4 EStG neuer Fassung gilt gemäß § 52 X Satz 2 und 3 EStG in der Fassung des MissbrauchEindämmG für alle nach dem 28. April 2006 angeschafften oder hergestellten Wirtschaftsgüter und für zu diesem Zeitpunkt bereits im Betriebsvermögen vorhandene nicht abnutzbare Wirtschaftsgüter des Anlagevermögens[346].

Während § 4 III Satz 3 EStG bestimmt, dass die Vorschriften über die Absetzung für Abnutzung oder Substanzverringerung zu befolgen sind, bestimmt Satz 4, dass die Anschaffungs- oder Herstellungskosten für nicht abnutzbare Wirtschaftsgüter des Anlagevermögens, für Anteile an Kapitalgesellschaften, für Wertpapiere und vergleichbare nicht verbriefte Forderungen und Rechte, für Grund und Boden sowie Gebäude des Umlaufvermögens erst im Zeitpunkt der Veräußerung oder Entnahme dieser Wirtschaftsgüter als Betriebsausgaben zu berücksichtigen sind. Gesetzestechnisch unterscheiden sich die Sätze insofern, dass Satz 3 auf einen abstrakten Regelungskomplex verweist, Satz 4 einen eigenständigen Tatbestand mit einer eigenen

---

342 In diesem Sinne Bergkemper, in Hermann/Heuer/Raupach, EStG, Juli 1998, § 4 Rz. 619; Crezelius, in Kirchhof, EStG, § 4 Rz. 120; Hey, in Tipke/Lang, Steuerrecht, § 17 Rz. 266, Meuer, in Lademann, EStG, Januar 2001, § 4 Rz. 454.

343 BFH, BStBl. II 1995, 635.

344 BGBl. I 2006, 1095.

345 Siehe dazu Korn, in Korn, EStG, Juli 2006, § 4 Rz. 547; Meurer, in Lademann, EStG, § 4 Rz. 459 f.; Nacke, in Littmann/Bitz/Pust, EStG, Mai 2006, § 4,5, Rz. 1529 a; Wied, in Blümich, EStG, August 2006, § 4 Rz. 178.

346 Wied, in Blümich, EStG, August 2006, § 4 Rz. 2; Meurer, in Lademann, EStG, § 4 Rz. 459 f.

Rechtsfolge enthält. Damit ist Auslegung der Satzes 3 hinsichtlich seiner Rechtsfolgen grundsätzlich offener als bei Satz 4 und hat sich infolgedessen zur Vermeidung von Widersprüchen an der detaillierten Regelung des Satzes 4 zu orientieren[347].

4.1 Abnutzbares Anlage- und spezielles Umlaufvermögen gemäß § 4 III Satz 3 EStG

§ 4 III Satz 3 EStG modifiziert das Abflussprinzip des § 11 II EStG derart, dass die Anschaffungs- oder Herstellungskosten für abnutzbare Wirtschaftsgüter des Anlagevermögens im Jahr der Anschaffung nicht sofort abziehbar sind, sondern im Wege der Absetzung für Abnutzung (AfA) auf die Jahre der Nutzungsdauer zu verteilen sind. Mithin ist jährlich nur die nach § 7 EStG zu ermittelnde AfA-Rate abzuziehen[348]. Danach sind neben den planmäßigen Abschreibungsarten wie der linearen und degressiven auch außerplanmäßige Abschreibungen wie die Absetzung für außergewöhnliche technische oder wirtschaftliche Abnutzung sowie erhöhte Absetzungen und Sonderabschreibungen gemäß §§ 7 a ff. EStG zulässig[349]. Die Nutzungsdauer des Wirtschaftsgutes muss sich dabei gemäß § 7 I Satz 1 EStG auf einen Zeitraum von mehr als einem Jahr erstrecken[350]. § 6 II EStG wird nach ganz herrschender Meinung von dem Verweis gemäß § 4 III Satz 3 EStG auch erfasst, zumindest in entsprechender Anwendung[351]. Hierbei handelt es sich entgegen der systematischen Stellung der Norm nicht um eine Bewertungs-, sondern um eine nach § 4 II Satz 3 EStG zu befolgende Abschreibungsvorschrift[352]. Damit gilt für geringwertige Wirtschaftsgüter in der Einnahmen-/Überschussrechnung wahlweise der Abzug im Jahr der Anschaffung oder eine gleichmäßige AfA nach § 7 EStG. Nach herrschender Auffassung bezieht § 4 III Satz 3 EStG sich auf alle Formen der Absetzung, nicht hingegen auf die

---

347 Zutreffend Eisgruber, Die Zahlungsmittelrechnung nach § 4 Abs. 3 EStG, 60 f.
348 So bereits Bergkemper, Hermann/Heuer/Raupach, EStG, Juli 1998, § 4 Rz. 623 ff.; Birk, Steuerrecht, Rz. 886, Crezelius, in Kirchhof, EStG, § 4 Rz. 120; Korn, in Korn, EStG, Juli 2006, § 4 Rz. 541; Heinicke, in Schmidt, EStG, § 4 Rz. 370.
349 Bergkemper, Hermann/Heuer/Raupach, EStG, Juli 1998, § 4 Rz. 622; Herzig, IAS/IFRS und steuerliche Gewinnermittlung, 347; Korn, in Korn, EStG, Juli 2006, § 4 Rz. 541; Segebrecht, Die Einnahmen-Überschussrechnung nach § 4 Abs. 3, Rz. 555 ff., insbesondere 560.
350 Siehe auch BFH, BStBl. II 1994, 232.
351 Heinicke, in Schmidt, § 4 Rz. 393; Jakob, Einkommensteuer, Rz. 853; Weber-Grellet, in Kirchhof/Söhn/Mellinghoff, EStG, Januar 1988, § 4 Rz. D153, Wied, in Blümich, EStG, August 2006, § 4 Rz. 160 gehen von einer direkten Anwendbarkeit aus; R 4.5 (3) Satz 2 EStR; Hey, in Tipke/Lang, § 17 Rz. 266 von einer entsprechenden.
352 So bereits Wied, in Blümich, EStG, August 2006, § 4 Rz. 160.

Bewertungsvorschriften[353]. Teilwertabschreibungen gemäß § 6 I Nr. 1 Satz 2, Nr. 2 Satz 2 EStG seien deshalb nach wohl herrschender Auffassung in der Einnahmen-/Überschussrechnung nicht möglich[354]. Dem Argument der Gegenauffassung[355], die Teilwertabschreibungen aus dem Grund der Totalgewinnidentität zulässt, wird entgegengehalten, dass mangels tatsächlicher Auswirkung auf den „endgültigen" Totalgewinn nur der Aufwand vorgezogen würde[356]. Zudem steht der explizite Wortlaut des § 6 I Satz 1 EStG dagegen.

Die Veräußerung vor Ablauf der betriebsgewöhnlichen Nutzungsdauer ist vom Wortlaut des § 4 III Satz 3 EStG nicht erfasst. Insofern wird vertreten, dass dann wieder der Grundsatz, mithin das Abflussprinzip gemäß § 11 II EStG, gelte. Dies hätte den Ansatz der Betriebsausgabe im tatsächlichen Abflusszeitpunkt zur Folge, eventuell über eine rückwirkende Änderung des Steuerbescheids gemäß § 175 I Nr.2 AO[357]. Die Rechtsprechung, Finanzverwaltung und herrschende Literaturansicht dagegen behandeln den „Restbuchwert"[358] im Veräußerungszeitpunkt als Betriebsausgabe[359]. Gerechtfertigt wird dies mit dem Hinweis auf die Totalgewinnidentität oder mit einer entsprechenden Anwendung des § 4 IV Satz 4 EStG[360]. Der Hinweis auf den Grundsatz der Totalgewinnidentität trägt aber nicht, da für den Gesamtgewinn das „wann" des Abflusses unerheblich ist, solange das „ob" – wie vorliegend – feststeht. Die entsprechende Heranziehung des § 4 IV Satz 2 EStG ist auch nicht unproblematisch, da sie eine Abweichung vom

---

353 Exemplarisch Birk, Einkommensteuer, Rz. 886; Heinicke, in Schmidt, EStG, § 4 Rz. 292; Hey, in Tipke/Lang, Steuerrecht, § 17 Rz. 266; Jakob, Einkommensteuer, Rz. 855; Lang, Bemessungsgrundlage, 460; Weber-Grellet, in Kirchhof/Söhn/Mellinghoff, EStG, Januar 1988, § 4 Rz. D 151.

354 Beispielsweise BFH, BStBl. III 1956, 38; BFH, BStBl. III 1960, 188; BFH, BStBl. II 1988, 440 sowie Bergkemper, Hermann/Heuer/Raupach, EStG, Februar 1998, § 4 Rz. 536; Eisgruber, Die Zahlungsmittelrechnung nach § 4 Abs. 3 EStG, 63; Heinicke, in Schmidt, § 4 Rz. 371; Hey, in Tipke/Lang, Steuerrecht, § 17 Rz. 266; Segebrecht, Die Einnahmen-Überschussrechnung nach § 4 Abs. 3 EStG, Rz. 21, Heinicke, in Schmidt, EStG, § 4 Rz. 371; Herzig, IAS/IFRS und steuerliche Gewinnermittlung, 348, Meurer, in Lademann, EStG, Mail 2006, § 4 Rz. 463; Segebrecht, Die Einnahmen-Überschussrechnung nach § 4 Abs. 3, Rz. 21; Weber-Grellet, in Kirchhof/Söhn/Mellinghoff, EStG, Januar 1988, Rz. D 132.

355 FG Köln, EFG 1994, 1083 sowie Groh, FR 1986, 393 (396).

356 Zureffend Eisgruber, Die Zahlungsmittelrechnung nach § 4 Abs. 3 EStG, 63.

357 So bereits Eisgruber, Die Zahlungsmittelrechnung, 64.

358 So die Wortwahl von Hey, in Tipke/Lang, Steuerrecht, § 17 Rz. 266.

359 Exemplarisch. BFH, BStBl. II 1995, 635; sowie Crezelius, Kirchhof, EStG, § 4 Rz. 121; Heinicke, in Schmidt, EStG, § 4 Rz. 392; Hey, in Tipke/Lang, Steuerrecht, § 17 Rz. 266; Jakob, Einkommensteuer, Rz. 856; Nacke, in Littmann/Bitz/Pust, EStG, November 2003, §§ 4, 5, Rz. 1526.

360 Jakob, Einkommensteuer, Rz. 856.

grundsätzlichen Abflussprinzip darstellt und daher nur bedingt analogiefähig ist. Dennoch ist der Rechtsgedanke des § 4 IV Satz 4 EStG bei der Auslegung des § 4 III Satz 3 EStG zu beachten, da eine sonst drohende Ungleichbehandlung willkürlich erscheint. Beispielsweise wären bei der Veräußerung eines bebauten Betriebsgrundstücks die Anschaffungskosten für den Grund und Boden im Jahr der Veräußerung, die noch nicht abgeschriebenen „Restbuchwerte" für das Gebäude aber im Jahr des Zahlungsflusses anzusetzen[361]. Eine Rechtfertigung dieses Widerspruchs innerhalb der Betriebsausgabenseite ist nicht ersichtlich. Neben praktischen Gesichtspunkten sprechen zudem auch der die grundsätzliche Konzeption der Einnahmen-/Überschussrechnung prägende Vereinfachungsgedanke für eine Bezugnahme auf den Veräußerungszeitpunkt, so daß man dann an dieser Stelle von einem „vereinfachten Anlagevermögensbereich"[362] sprechen könnte.

4.2 Nichtabnutzbares Anlage- und Umlaufvermögen gemäß § 4 III Satz 4 EStG

4.3 Modifikationen des Zu- und Abflussprinzips gemäß § 4 III Satz 4 EStG

Für die nicht abnutzbaren Wirtschaftsgüter des Anlagevermögens und die angeführten Wirtschaftsgüter des Umlaufvermögens modifiziert § 4 III Satz 4 EStG das Abflussprinzip des § 11 II EStG derart, dass die Ausgaben erst im Zeitpunkt des Zuflusses des Veräußerungserlöses bzw. im Zeitpunkt einer Entnahme der Wirtschaftsgüter als Betriebsausgaben erfasst werden. Insoweit stellt der Gesetzgeber gegenüber der ursprünglichen Fassung des § 4 III EStG klar, dass nicht auf einen ggf. abweichenden Veräußerungszeitpunkt abzustellen ist[363]. Hintergrund

---

361   Beispiel entnommen Eisgruber, Die Zahlungsmittelrechnung nach § 4 Abs. 3 EStG, 65.

362   Lang, Bemessungsgrundlage, 459.

363   Zur Problematik der Rechtslage bis zum einschließlich 27.4.2006: Im Schrifttum wurde hinsichtlich der Frage, wann der Zugang der Betriebseinnahmen bei Veräußerung eines nichtabnutzbaren Wirtschaftsgutes des Anlagevermögens erfolgt, eine teleologische Extension des § 4 III Satz 4 EStG auf die Betriebseinnahmenseite vertreten (Hey, in Tipke/Lang, Steuerrecht, § 17 Rz. 267). Erfassungszeitpunkt der Betriebseinnahmen wäre dann nicht der des tatsächlichen Zuflusses, sondern bereits der Veräußerungszeitpunkt. Die Rechtsprechung, die Finanzverwaltung und einige Literaten waren hingegen der Auffassung, dass mangels begrifflicher Regelung dieses Sachverhalts im § 4 III Satz 4 EStG, es bei dem allgemeinen Grundsatz bleibt, mithin der Veräußerungserlös im Zeitpunkt des tatsächlichen Zuflusses als Betriebseinnahme zu erfassen ist (BFH, BStBl. II 1995, 635). Entgegen dieser herrschenden Meinung sprach für die teleologische Extension die Gefahr einer willkürlichen Trennung wirtschaftlich zusammenhängender Ausgaben und Einnahmen. Dieses Argument trug jedoch nur, wenn man § 4 III Satz 3 und 4 EStG als grundsätzliche

ist das gesetzgeberische Bestreben, die Erzielung von Steuerstundungseffekten durch die Trennung von Veräußerung und Zufluss des Erlöses zu unterbinden[364].
Der Vereinfachungsgedanke der Einnahmen-/Überschussrechung gegenüber dem

Ausnahmeregel, die über den Wortlaut hinaus den Bereich der Anlagevermögens vom Zu-/ Abflussprinzip gemäß § 11 EStG ausnahm, verstand. Verstand man hingegen § 4 III Satz 3 und 4 EStG als eng auszulegende Ausnahmevorschriften, die nur den tatsächlich begrifflich geregelten Sachverhalt erfassten, galt bei darüber hinausgehenden Sachverhalten wieder das Zu-/ Abflussprinzip des § 11 EStG mit seiner einfachen Erfassung von Betriebseinnahmen/-ausgaben. Bei dieser Sichtweise war die Gefahr des Auseinanderfallens von wirtschaftlich zusammenhängenden Ein- und Ausgaben systemimmanent.
Entscheidend war somit, ob sich den Regelungen des § 4 III Satz 3 und Satz 4 EStG der Rechtsgedanke einer allgemeinen Durchbrechung des Zuflussprinzips für den Bereich des Anlagevermögens entnehmen ließ (Weber-Grellet, in Kirchhof/Söhn/ Mellinghoff, Januar 1988, § 4 Rz. D 184). Eine Interpretation, die rechtlichen Lösungen für die Gewinn- und Verlustverwirklichung im gesamten Anlagevermögen der Einnahmen-/Überschussrechung dem Gewinnbegriff des § 4 I EStG anzugleichen, vermied ein weitgehendes Auseinanderklaffen von Periodenergebnissen der Gewinnermittlung gemäß § 4 I und § 4 III EStG (BFH, BStBl. II 1973, 293; Lang, Bemessungsgrundlage, 462 f.). Dagegen sprach jedoch, dass es sich bei der Einnahmen-/Überschussrechnung um eine eigenständige Gewinnermittlungsart handelt und es nicht auf identische Periodenergebnisse, sondern auf den Totalgewinn ankommt. Die Behandlung des Anlagevermögens bei der Einnahmen-/Überschussrechnung war dem Betriebsvermögensvergleich zwar angenähert, aber nicht identisch wie sich beispielsweise den Vorschriften § 4 III Satz 5 ergab bzw. aus § 6 I Satz 1 EStG entnehmen lässt. Insofern war eine Bezugnahme auf die Gewinnermittlung durch Betriebsvermögensvergleich nicht der richtige Maßstab. Vielmehr stellten § 4 III Satz 3 und Satz 4 EStG selbst den Maßstab dar. Daher stellte sich die Frage, ob eine Ungleichbehandlung der zeitlichen Erfassung von Betriebseinnahmen/-ausgaben bei den nichtabnutzbaren Anlagegütern bei der Einnahmen-/Überschussrechnung gerechtfertigt war. Hierbei war festzustellen, dass § 4 III Satz 3 und 4 EStG sich unmittelbar nur auf die Betriebsausgaben beziehen, nicht jedoch auf die Betriebeinnahmenseite. Daraus konnte aber nicht das Bedürfnis einer gleichartig gestalteten Ausnahme für die Betriebseinnahmenseite hergeleitet werden. Das Grundprinzip der Einnahmen-/Überschussrechnung beinhaltet gerade die unterschiedliche Betrachtung des Zu-/Abflusszeitpunktes und zeichnet sich gerade in der getrennten einfachen Betrachtung der jeweiligen Vermögensflüsse aus. Daher ließ sich der gesetzlichen Modifikation der einen (Ausgaben-)Seite kein Bedürfnis einer Gleichbehandlung der anderen (Einnahmen-)Seite herleiten. § 4 III Satz 3 und Satz 4 EStG enthalten den Rechtsgedanken einer einseitigen, d.h. auf die Betriebsausgaben, beschränkten Durchbrechung der Grundtechnik. Eine teleologische Extension des § 4 III Satz 4 EStG auf die Betriebseinnahmenseite ist infolgedessen abzulehnen und der herrschenden Auffassung zuzufolgen. Diese Auffassung wurde durch die Neufassung des § 4 III Satz 4 EStG bestätigt, als dass diese explizit auf den Zeitpunkt des Zuflusses des Veräußerungserlöses abstellt (Wied, in Blümich, EStG, August 2006, § 4 Rz. 164).

364 Siehe BT-Drs. 16/634, 13 f.

Betriebsvermögensvergleich ergibt sich hier aus dem Wegfall jährlicher Bestandsaufnahmen und Bewertungen, insbesondere der Teilwertabschreibungen gemäß § 6 I EStG. Die Anschaffungs- oder Herstellungskosten bzw. der Einlagewert des nichtabnutzbaren Anlageguts sowie der speziellen Wirtschaftsgüter des Umlaufvermögens gemäß § 4 III Satz 5 EStG sind in ein Verzeichnis aufzunehmen und dieser festgehaltene Wert bleibt dann bis zum Ausscheiden des Anlagegutes aus dem Betriebsvermögen unverändert bestehen[365]. Festzustellen ist aber, dass die Neufassung des § 4 III Satz 4 EStG die Technik der Einnahmen-/Überschussrechnung weiter zurückdrängt und – trotz des verbleibenden Vereinfachungseffekts gegenüber der Ermittlungsart des Betriebsvermögensvergleichs – damit auch dem Grundgedanken der vereinfachten Gewinnermittlung widerspricht. Während bei der Altfassung eine uneingeschränkten Anwendbarkeit des Zu-/Abflussprinzips für den Bereich des Umlaufvermögens galt, ist dies auf der Abflussseite für bestimmte, steuerpolitisch ausgewählte Wirtschaftsgüter nicht mehr der Fall. Die Neufassung des § 4 III Satz 4 EStG trägt zu einer weiteren Annäherung der Gewinnermittlungsarten bei[366]. Diese erfolgt jedoch unter Ausdehnung der Periodisierungselemente der Technik des Betriebsvermögensvergleichs, mithin zu Lasten der Einnahmen-/Überschussrechnungstechnik. Insoweit ist die Neufassung des § 4 III Satz 4 durch das MissbrauchEindämmG aus systematischer Sicht zu kritisieren.

4.4 Analoge Anwendung des Aktivierungsverbots gemäß § 5 II EStG

Nach dem Wortlaut des § 4 III Satz 4 EStG wären auch die Anschaffungs- oder Herstellungskosten für nicht entgeltlich erworbene immaterielle Wirtschaftsgüter des nichtabnutzbaren Anlagevermögens erst im Zeitpunkt der Veräußerung oder Entnahme zu berücksichtigen. Insoweit kommt aber das Aktivierungsverbot des § 5 II EStG entsprechend zur Anwendung[367], da eine Durchbrechung des Abflussprinzips bei der Einnahmen-/Überschussrechnung, hingegen nicht beim Betriebsvermögensvergleich, widersprüchlich erschiene[368]. Insoweit ist § 4 III Satz 4 EStG teleologisch zu reduzieren.

---

365 So bereits Bergkemper, in Hermann/Heuer/Raupach, EStG, Juli 1998, Rz. 639; Lang, Bemessungsgrundlage, 462, Segebrecht, Die Einnahmen-Überschussrechnung, Rz. 132.

366 In diesem Sinne auch Wied, in Blümich, EStG, August 2006, § 4 Rz. 177.

367 So H 5.5 EStR: „Gewinnermittlung nach § 4 Abs.1 oder Abs.3 EStG"; Eisgruber, Die Zahlungsmittelrechnung nach § 4 Abs. 3 EStG, 66 f.; Segebrecht, Die Einnahmen-Überschussrechnung nach § 4 Abs. 3 EStG, 291 ff., 293; anderer Auffassung Hey, in Tipke/Lang, Steuerrecht, § 17 Rz. 266.

368 Eisgruber, Die Zahlungsmittelrechnung nach § 4 Abs. 3 EStG, 66 f. verweist auf die rein theoretische Natur der Frage.

4.5 Bundesfinanzhof: Darlehenssumme als nicht abnutzbare Forderung des Anlagevermögens

An dieser Stelle ist nochmals auf die Behandlung der Darlehensvergabe bei der Gewinnermittlung nach § 4 III EStG einzugehen. Nach einer weiteren Auffassung des Bundesfinanzhofs erhält der Darlehensgeber bei Auszahlung der Darlehensumme eine nicht abnutzbare Forderung des Anlagevermögens, so daß sich der Abfluss gemäß § 4 III Satz 4 EStG als Anschaffungskosten der Darlehensforderung darstelle[369]. Ergebniswirkung käme den Anschaffungskosten gemäß § 4 III Satz 4 EStG somit erst im Zeitpunkt einer Veräußerung oder Entnahme zu. Allerdings gilt auch hier die Definition des Anlagevermögens als dauernd dem Geschäftsbetrieb zu dienen bestimmte Gegenstände (vgl. § 247 II HGB), auch bei Ausleihungen, konkret Darlehensvergaben[370]. So werden bei Finanzanlagen wie Ausleihungen bei einer Laufzeit von bis zu einem Jahr Umlaufvermögen, ab vier Jahren Anlagevermögen angenommen[371]. Für Laufzeiten dazwischen gelten subjektive Verwendungen des Darlehensgebers, die Ausleihung als Anlage- oder Umlaufvermögen zu halten[372]. Daraus ergibt sich aber für die Auffassung des Bundesfinanzhofs und der ihm folgenden Literaturmeinung, dass jedenfalls die Darlehensvergabe mit einer Laufzeit von unter einem Jahr dem Umlaufvermögen zuzuordnen wäre. Diese Verweigerung der Qualifikation des Darlehensabflusses als Betriebsausgabe lässt sich daher nicht allgemein mit dem Erwerb einer Forderung des Anlagevermögens begründen[373].

5. Nicht unter § 4 III Satz 4 EStG fallende Wirtschaftsgüter des Umlaufvermögens in der Einnahmen-/Überschussrechnung gemäß § 4 III EStG

Für nicht unter § 4 III Satz 4 EStG fallende Wirtschaftsgüter des Umlaufvermögens gelten keine Ausnahmeregelungen, so daß ein Zufluss von Betriebseinnahmen

---

369 BFH, BStBl. II 1973, 293. Zustimmend Crezelius, Kirchhof, EStG, § 4 Rz. 199; Heinicke, in Schmidt, EStG, § 4, Rz. 383; Segebrecht, Die Einnahmen-Überschussrechnung nach § 4 Abs. 3 EStG, 367.
370 Statt vieler Ballwieser, in MüKo HGB, § 247 Rz. 35.
371 Statt vieler Ballwieser, MüKo HGB, § 247 Rz. 16.
372 Hoyos/Huber, in Beck'scher Bilanzkommentar, § 247 Rz. 357; Ballwieser, in MüKo HGB, § 247 Rz. 35.
373 In diesem Sinne auch Eisgruber, Die Zahlungsmittelrechnung gemäß § 4 Abs. 3 EStG, 105 f.

gemäß § 11 I EStG bzw. ein Abfluss von Betriebsausgaben gemäß § 11 II EStG unmittelbar erfasst wird[374].

6. *Rücklagen und Ansparabschreibungen in der Einnahmen-/ Überschussrechnung gemäß § 4 III EStG*

Rücklagen sind grundsätzlich in der Einnahmen-/Überschussrechnung gemäß § 4 III EStG nicht zulässig, da hier regelmäßig nur die tatsächlichen Zahlungen entsprechend dem Zu-/ Abflussprinzip abzugsfähig sind. Jedoch lassen der Gesetzgeber und die Finanzverwaltung bestimmte Ausnahmen zu.

Bei der Veräußerung bestimmter Anlagegüter ist § 6 b EStG mit Ausnahme des § 6 b IV Nr.1 EStG gemäß § 6 c I Satz 1 EStG anzuwenden, wenn die Voraussetzungen gemäß § 6 c II EStG vorliegen[375]. Dies eröffnet dem Steuerpflichtigen die Möglichkeit, die bei der Veräußerung eines Wirtschaftsgutes im Sinne des § 6 b I Satz 1 EStG aufgedeckten stillen Reserven auf ein reinvestiertes Wirtschaftsgut im Sinne des § 6 b I Satz 2 EStG zu übertragen, oder falls keine Reinvestition im Wirtschaftsjahr der Veräußerung vorgenommen wird, eine den steuerlichen Gewinn mindernde Rücklage zu bilden[376]. § 7g VI gewährt dem Einnahmen-/Überschussrechner gemäß § 4 III EStG die Möglichkeit der sog. Ansparabschreibungen gemäß § 7g III ff. EStG[377]. Es handelt sich dabei um eine Investitionsrücklage, die der Liquiditäts- und Eigenkapitalausstattung kleiner und mittlerer Wirtschaftseinheiten dient. Nicht gesetzlich geregelt, aber von der Finanzverwaltung gemäß R 6.6 (2) EStR unter den dort genannten Voraussetzungen gestattet, besteht die Möglichkeit, eine Rücklage für Ersatzbeschaffung zu bilden. Dadurch wird dem Steuerpflichtigen in bestimmten, von ihm unverschuldeten Fällen, die Ersatzbeschaffung eines aus dem Anlage- oder Umlaufvermögen ausgeschiedenen Wirtschaftsgutes erleichtert[378].

---

374 Insoweit sind nur die Ausnahmen gemäß § 11 I Satz 2,3; § 11 II Satz 2,3 EStG zu beachten.

375 R 6 c EStR und H 6 c EStR mit ausführlichem Berechnungsbeispiel.

376 Auf eine detaillierte Darstellung des § 6c wird hier verzichtet und insoweit auf die Kommentierung von Glanegger, in Schmidt, EStG, § 6 c Rz. 1 ff. verwiesen.

377 Dazu BMF-Schreiben, BStBl. I 2004, 337; BFH, BFH/NV 2004, 1400; BFH, BStBl. II 2004, 181. Im Weiteren wird auf die Darstellung bei Segebrecht, Die Einnahmen-/Überschussrechnung gemäß § 4 Abs. 3 EStG, Rz. 564 Bezug genommen.

378 Zur Rücklage für Ersatzbeschaffung gemäß R 6.6 (5) EStR ausführlich Ramb/Schneider, Die Einnahme-Überschussrechnung von A – Z, 498 ff. mit weiteren Rechtsprechungsnachweisen.

Den genannten Fällen ist gemeinsam, dass sie aus fiskalpolitischen Motiven zu weiteren Ausnahmen vom Zu-/ Abflussprinzip in der Einnahmen-/Überschussrechnung führen. Technisch erfolgt die Rücklagenbildung durch einen entsprechenden Ansatz einer Betriebsausgabe bzw. bei Auflösung der Rücklage durch den entsprechenden Ansatz einer Betriebseinnahme[379].

7. *Wechsel von Wirtschaftsgütern des Anlage- ins Umlaufvermögen und umgekehrt*

Der Wechsel von Wirtschaftsgütern des Anlage- in das Umlaufvermögen ist nicht ausdrücklich geregelt. Dies führt zur Problematik, dass bei einem Wechsel vom Anlage- in das Umlaufvermögen der Zahlungsabfluss bereits erfolgt ist, der aber zum damaligen Zeitpunkt nicht als Betriebsausgabe berücksichtigt wurde. Im Zeitpunkt des Wechsels in das Umlaufvermögen fehlt es mangels Veräußerung oder Entnahme an einem Zahlungsabfluss. Bei einem Wechsel von Wirtschaftsgütern des Umlaufvermögens kommt es zum gegenteiligen Ergebnis. Die Betriebsausgaben wurden bereits im Zeitpunkt des Abflusses erfasst, würden gemäß § 4 III Satz 3 oder 4 EStG bei einer späteren Veräußerung oder Entnahme aber erneut berücksichtigt. Diese „Nicht- oder Doppelberücksichtigung"[380] widerspricht dem Grundsatz der Totalgewinnidentität, da es beim Betriebsvermögensvergleich mangels Zahlungsanknüpfung nur zu einer einmaligen Erfassung kommt. Diese Problematik hat aber weder im Schrifttum noch in der Rechtsprechung oder seitens der Finanzverwaltung bisher eine genauere Betrachtung erfahren, so daß sich bei der gegenwärtigen Regelung des § 4 III EStG die Frage der technischen Erfassung des Wechsels von Wirtschaftsgütern zwischen Anlage- und Umlaufvermögen stellt[381].

379 So bereits Drenseck, in Schmidt, EStG, § 7g Rz. 26.
380 Eisgruber, Die Zahlungsmittelrechnung nach § 4 Abs. 3 EStG, 71.
381 Der BFH setzt sich zwar den Urteilen vom 5.2.1987, BStBl. II 1987, 448 und vom 25.10.2002, BStBl. II 2001, 289 mit dem Wechsel Umlauf-/Anlagevermögen auseinander, dort aber ausschließlich mit Fragen zum Zeitpunkt des Wechsels. In der Literatur wird die Problematik allein von Eisgruber, Die Zahlungsmittelrechnung nach § 4 Abs. 3 EStG, 70 ff., 130 und von Bordewin, Bordewin/Brandt, EStG, §§ 4 – 5 Rz. 757 ff. erkannt.

8. Betriebsvermögen innerhalb des § 4 III EStG

Grundlage einer jeden Gewinnermittlung nach der Reinvermögenszugangstheorie ist das Betriebsvermögen[382]. Für die steuerrechtliche Gewinnermittlung wird es zur Abgrenzung des grundsätzlich nicht steuerbaren Privatbereichs herangezogen[383]. Die Konzentration der Gewinnermittlungsvorschriften auf die steuerbare Betriebssphäre zeigt sich bei der Einnahmen-/Überschussrechnung gemäß § 4 III EStG bereits in den Begriffsfassungen der Betriebseinnahmen und der Betriebsausgaben[384].

8.1 Definition des Betriebsvermögens

Das EStG verwendet den Begriff „Betriebsvermögen", ohne ihn zu definieren (vgl. beispielsweise §§ 4 I Satz 1, 5 I Satz 1, 6 I Satz 1 EStG). Nach herrschender Auffassung umfasst das Betriebsvermögen alle Wirtschaftgüter, die betrieblich veranlasst, angeschafft oder hergestellt oder in das Betriebsvermögen eingelegt werden[385]. Hinsichtlich der betrieblichen Veranlassung kommt es nach dem Bundesfinanzhof auf den sachlichen, also objektiven Zusammenhang der Einnahmen mit der betrieblichen Tätigkeit an[386]. Ein zugrunde liegendes subjektives Handlungsmotiv des Steuerpflichtigen wird nach neuerer Rechtsprechung vorausgesetzt, verbunden jedoch mit der Voraussetzung der objektiven Nachweisbar-

---

382 Siehe Ausführungen unter Kapitel B I 1.1.
383 So bereits Groh, FR 1986, 393 (394); Plückebaum, in Kirchhof/Söhn/Mellinghoff, EStG, Januar 1987, § 4 Rz. B 26; Ramb/Schneider, Die Einnahme-Überschussrechnung von A-Z, 232 f.; Hey, in Tipke/Lang, § 17 Rz. , weist darauf hin, dass es nicht um die Abgrenzung von Betriebsvermögen zu Privatvermögen, sondern um die Unterscheidung des Betriebsvermögens vom Nicht-Betriebsvermögen ginge.
384 Beispielsweise orientiert sich beispielsweise die Begriffsfindung der Betriebseinnahmen an dem Einnahmenbegriff des § 8 I EStG, spezifiziert diese aber, insofern als nur die betrieblich veranlassten Vermögensmehrungen erfasst werden. So Bergkemper, in Hermann/Heuer/Raupach, EStG, Juli 2001, § 4 Rz. 563.
385 Exemplarisch BFH, BStBl. II 1988, 424; BFH, BStBl. II 1991, 27 sowie R 4.2 EStR. Ebenso Heinicke, in Schmidt, EStG, § 4 Rz. 101 ff.; Hoffmann, in Littmann/Bitz/Pust, § 4 Rz. 51 ff.; Kanzler, in Hermann/Heuer/Raupach, EStG, Oktober 1999, Vor §§ 4-7 Rz. 86 f.; Meurer, in Lademann, EStG, § 4 Rz. 121 ff.; Stöcker, in Korn, EStG, § 4 Rz. 191; Wassermeyer, DStJG 1980, 315. Im Einzelnen ist die Zurechnung und deren rechtsdogmatische Begründung aber umstritten. Aufgrund des Zuschnitts der vorliegenden Arbeit wird an dieser Stelle auf die Übersicht bei Heinicke, in Schmidt, EStG, § 4 Rz. 100 ff. m.w.N. verwiesen.
386 Beispielsweise. BFH, BStBl. III 1964, 183; BFH, BStBl. II 1982, 587; BFH, BStBl. II 1985, 427; BFH, BStBl. II 1994, 180.

keit[387]. Unverkennbar ist die Anlehnung an das Veranlassungsprinzip des § 4 IV EStG[388].

Der Bundesfinanzhof konkretisiert das Zurechnungskriterium der betrieblichen Veranlassung in diesem Kontext weiter, indem er innerhalb des Betriebsvermögens zwischen notwendigem und gewillkürtem differenziert und dieser Unterteilung das notwendige Privatvermögen gegenüberstellt[389].

8.2 Notwendiges Betriebsvermögen

Notwendiges Betriebsvermögen sind Wirtschaftsgüter, die ausschließlich und unmittelbar für eigenbetriebliche Zwecke des Steuerpflichtigen genutzt werden oder dazu bestimmt sind[390]. Sie müssen dem Betrieb dabei derart dienen, dass sie objektiv erkennbar zum unmittelbaren Einsatz im Betrieb bestimmt sind[391]. Hierbei ist auf die tatsächliche konkrete Funktion im Betrieb abzustellen, die der Unternehmer dem Wirtschaftgut zugewiesen hat, ohne dass es auf die tatsächliche Nutzung selbst ankommt[392]. Keine Voraussetzung ist, dass das Wirtschaftsgut für den Betrieb erforderlich oder unerlässlich ist[393], so daß beispielsweise eine wegen Überalterung kaum noch benutzte und daher für den Betrieb unnötige Maschine weiterhin dem Betriebsvermögen zuzuordnen ist[394].

---

387 Vergleiche BFH, BFH/NV 2002, 860; BFH, BStBl. 1998, 461; BFH; BStBl. II 2002, 690 sowie Herzig, IAS/IFRS und steuerliche Gewinnermittlung, 338; Heinicke, EStG Schmidt, § 4 Rz. 30; Tipke, StuW 1979, 206.

388 Zutreffend Crezelius, Kirchhof Kompakt, EStG, § 4 Rz. 38.

389 Beispielsweise BFH, BStBl. II 2004, 985; BFH, BStBl. II 2005, 334. Diese Einteilung wird in der Literatur in Frage gestellt. Insoweit wird aufgrund des Zuschnitts der vorliegenden Arbeit auf die Ausführungen von Hey, in Tipke/Lang, Steuerrecht, § 17 Rz. 125 sowie Hoffmann, in Littmann/Bitz/Pust, § 4 Rz. 145 ff. verwiesen.

390 Exemplarisch R 4.2 Satz 1 EStR; BFH, BStBl. II 1991, 829 sowie Crezelius, in Kichhof, EStG, § 4 Rz. 35; Hey, in Tipke/Lang, Steuerrecht, § 17 Rz. 122, Hoffmann, in Lademann/Bitz/Pust, EStG, November 2005, § 4 Rz. 160; Plückebaum, in Kirchhof/ Söhn/Mellinghoff, EStG, Januar 1987, § 4 Rz. B 8; Segebrecht, Die Einnahmen-Überschussrechnung nach § 4 Abs. 3, Rz. 29; Stöcker, in Korn, EStG, Dezember 2005, § 4 Rz. 196.

391 So derBFH in ständiger Rechtsprechung, beispielsweise BFH, BStBl. II 1997, 399 (402); BFH, BStBl. II 1999, 56.

392 In diesem Sinne BFH, BStBl. 1991, 829 (830) und Crezelius, in Kirchhof, EStG, § 4 Rz. 35; Hey, in Tipke/Lang, Steuerrecht, § 17 Rz. 122; Segebrecht, Die Einnahmen-Überschussrechnung nach § 4 Abs. 3, Rz. 30; Stöcker, in Korn, EStG, Dezember 2005, § 4 Rz. 196.

393 BFH,BStBl. II 1998, 301; anders BFH, BStBl. II 1974, 767.

394 So bereits Woerner, StbJb 78/79, 201 (206).

8.3 Gewillkürtes Betriebsvermögen

Gewillkürtes Betriebsvermögen sind weder zum notwendigen Betriebs- noch zum notwendigen Privatvermögen zugehörige Wirtschaftsgüter. Das sind solche, die in einem gewissen objektiven Zusammenhang mit dem Betrieb stehen und ihn zu fördern bestimmt und geeignet sind[395]. Vorausgesetzt wird eine entsprechende Zweckbestimmung des Unternehmers[396]. Dieser Widmungsakt kann durch Ausweis in der Buchführung und Bilanz sowie durch jedes schlüssige Verhalten des Unternehmers erfolgen, mit dem dieser seinen Willen manifestiert, dass das Wirtschaftsgut mittelbare betriebliche Funktion haben soll[397]. Dies ist nicht als freies Wahlrecht zu verstehen, vielmehr muss die Bildung gewillkürten Betriebsvermögens betrieblich veranlasst sein. Die Wirtschaftsgüter müssen objektiv „betriebsdienlich" sein und die Zweckbestimmung ihr auslösendes Moment im Betrieb haben[398]. Insofern ist der Steuerpflichtige darlegungspflichtig[399].

Nicht unproblematisch ist hierbei die Zurechnung bei gemischt genutzten Wirtschaftsgütern. Während Grundstücke steuerrechtlich entsprechend ihren unterschiedlichen Nutzungs- oder Funktionszusammenhängen in mehrere Wirtschaftsgüter aufgeteilt werden[400], lehnt der Bundesfinanzhof und die herrschende Literaturansicht eine entsprechende Aufteilung bei beweglichen Wirtschaftsgütern ab[401]. Wirtschaftsgüter, die nicht Grundstücke oder Grundstücksteile sind

395 Exemplarisch BFH, BStBl. II 1985, 342; BFH, BStBl. II 1997, 402 sowie Crezelius, in Kichhof, EStG, § 4 Rz. 35; Hey, in Tipke/Lang, Steuerrecht, § 17 Rz. 123; Hoffmann, in Littmann/Bitz/Prust, EStG, November 2005, §§ 4, 5 Rz. 175 ff.; Meurer, in Lademann, EStG, Mai 2006, § 4 Rz. 214; Stöcker, in Korn, EStG, Dezember 2005, § 4 Rz. 207, Wied, in Blümich, EStG, August 2006, § 4 Rz. 365.

396 BFH, BStBl. II 1991, 829 sowie Birk, Steuerrecht, Rz. 777; Frotscher, in Frotscher, EStG, November 2006, § 4 Rz. 43 f.; Hey, in Tipke/Lang, Steuerrecht, § 17 Rz. 123; Wied, in Blümich, EStG, August 2006, § 4 Rz. 365.

397 BFH; BStBl. II 1972, 277; BFH, BStBl. II 1994, 172 sowie Hoffmann, in Littmann/Bitz/Pust, EStG, November 2006, §§ 4, 5 Rz. 176; Meurer, in Lademann, EStG, Mai 2006, § 4 Rz. 215; Stöcker, in Korn, EStG, Dezember 2005, § 4 Rz. 208.

398 BFH, BStBl. 1997, 351; BFH, BFH/NV 2003, 1424; Ramb/Schneider, Die Einnahme-Überschussrechnung von A-Z, 236; Wied, in Blümich, EStG, Augsut 2006, § 4 Rz. 366.

399 BFH, BStBl. II 2000, 297; BMF-Schreiben, BStBl. I 2004, 1064; Heinicke, in Schmidt, EStG, § 4 Rz. 150; Frotscher, in Frotscher, EStG, November 2006, § 4 Rz. 44.

400 BFH GrS, BStBl. II 1974, 132; BFH, BStBl. II 1995, 281; BFH. BStBl. 1998, 625; BFH, BStBl. 1999, 676 (677) und Buchholz, StuB 2004, 289; Schoor, DStZ 2003, 22, Wied, in Blümich, EStG, August 2006, § 4 Rz. 374 f.

401 Beispielsweise BFH, BStBl. II 1999, 14; Crezelius, in Kirchhof, EStG, § 4 Rz. 65 ff.; Hey, in Tipke/Lang, Steuerrecht, § 17 Rz. 125; Meuer, in Lademann, EStG, Mai 2006, § 4 Rz. 217; Weber-Grellet, in Schmidt, § 5 Rz. 131 ff.

und von mindestens 10 % bis 50 % betrieblich genutzt werden, können dann in vollem Umfang als gewillkürtes Betriebsvermögen ausgewiesen werden[402]. Nach bisheriger Auffassung der Finanzverwaltung und der bisherigen Rechtsprechung sei eine solche Ausweisung gewillkürten Betriebsvermögens auf den Betriebsvermögensvergleich beschränkt und bei der Einnahmen-/Überschussrechnung nicht möglich[403].

8.3.1 Rechtsprechungsänderung

Die bisherige Rechtsprechung begründete dies mit der Erforderlichkeit einer Buchführung, die allein eine nachhaltige Kontrolle der unternehmerischen Willkürung und der Vermögensentwicklung ermögliche[404]. Im Ergebnis sollte damit eine Überführung von Wirtschaftsgütern ins Privatvermögen ohne Besteuerung der im „Buchwert" implizierten stillen Reserven verhindert werden. Mit Urteil vom 22.9.1993[405] hat der Bundesfinanzhof in einem Obiter Dictum erstmals Bedenken hinsichtlich dieser Auffassung geäußert. Er nahm dabei auf den Grundsatz der Totalgewinnidentität Bezug, der bei unterschiedlicher Beurteilung der Bildung von gewillkürtem Betriebsvermögen nicht erreicht werden könne[406]. Mit Urteil vom 2.10.2003 hat der Bundesfinanzhof zur Behandlung von gewillkürtem Betriebsvermögen bei der Einnahmen-/Überschussrechnung gemäß § 4 III EStG entschieden, dass ein Kfz mit mindestens 10 %-tiger betrieblicher Nutzung zum gewillkürten Betriebsvermögen gehöre[407]. Nach Auffassung des Bundesfinanzhofs rechtfertigt sich die bisherige divergierende Behandlung von notwendigem und gewillkürtem Betriebsvermögen bei Betriebsvermögensvergleich und Einnahmen-/Überschussrechnung nicht durch das Gesetz, da § 4 III EStG keinen anderen Betriebsvermögensbegriff voraussetze als den des § 4 I EStG.

---

402 BFH, BStBl. III 1964, 455 sowie R 4.2 Satz 6 EStR. Ebenso Crezelius, in Kirchhof, EStG, § 4 Rz. 41; Meurer, in Lademann, EStG, Mai 2006, § 4 Rz. 217; Stöcker, in Korn, EStG, Dezember 2005, § 4 Rz. 212.1 f.

403 Alte Fassung: R 13 I Satz 6 EStR „durch Betriebsverögensvergleich"; BFH; BStBl. II 1978, 618; BFH, BStBl. III 1964, 455; BFH, BStBl. II 1976, 663. Bereits früher anderer Ansicht Bergkemper, Hermann/Heuer/Raupach, EStG, Juli 1998, § 4 Rz. 536 f.; Söffing, StBJb 1980/81, 451 (516 ff.); Woerner, StBJb 1989/90, 207 (228 ff.); Bergkemper, Hermann/Heuer/Raupach, EStG, Juli 1998, § 4 Rz. 536 f.; Wacker, Blümich, EStG, Februar 2000, § 4 Rz. 162.

404 Beispielsweise BFH, BStBl. III 1960, 484.

405 BFH, BStBl. II 1994, 172.

406 In diesem Sinne auch Bergkemper, Hermann/Heuer/Raupach, EStG, Juli 1998, § 4 Rz. 537.

407 BFH, BStBl. II 2004, 985.

8.3.2 Stellungnahme

Dem ist zuzustimmen. Geht man von der Funktion des Betriebsvermögens aus, den steuerbaren vom nichtsteuerbaren Bereich zu unterscheiden, muss der Begriff des Betriebsvermögens unter dem Aspekt des Grundsatzes der Totalgewinnidentität bei unterschiedlichen Gewinnermittlungsarten derselbe sein. Andernfalls droht ein Verstoß gegen den aus Art. 3 I GG abgeleiteten Grundsatz der Totalgewinnidentität. Eine unterschiedliche Behandlung lässt sich nicht unter Hinweis auf das Wahlrecht, den Betriebsvermögensvergleich durchzuführen, sachlich rechtfertigen[408]. Durch die Neufassung des § 4 III Satz 5 EStG ist die frühere Befürchtung der Rechtsprechung, dass die Gleichmäßigkeit der Besteuerung nicht gewährleistet sei, ausgeräumt. Denn mit der nunmehr gesetzlich vorgeschriebenen Dokumentatiospflicht lässt sich die betriebliche Zuordnungsentscheidung auch gegenüber Dritten eindeutig nachweisen[409].

Die Finanzverwaltung hat auf das Urteil des Bundesfinanzhofs vom 2.10.2003 mit dem BMF-Schreiben vom 17.11.2004[410] reagiert. In diesem wird die Bildung gewillkürten Betriebsvermögens unter der Voraussetzung eines in unmissverständlicher Weise durch zeitnah erstellte Aufzeichnungen erstellten Nachweises der Zuordnung zum gewillkürten Betriebsvermögen akzeptiert.

8.4 Notwendiges Privatvermögen

Den Begriff des Privatvermögens kennt das EStG nicht. Es ergibt sich als Gegenstück zum Betriebsvermögen. Erfasst werden alle Wirtschaftsgüter, die objektiv weder notwendiges noch gewillkürtes Betriebsvermögen darstellen[411].

9. Verlust von Wirtschaftsgütern

Allein der Verlust (Diebstahl, Unterschlagung, Zerstörung etc.) von betrieblichen Wirtschaftsgütern hat unter Umständen Auswirkung auf die Gewinnermittlung. Dabei ist zwischen der betrieblichen oder privaten Veranlassung des Verlusts und der Art des verlustig gegangenen Wirtschaftsguts zu unterscheiden.

---

408 So bereits BFH, BStBl. II 2004, 985 sowie Ramb/Schneider, Die Einnahme-Überschussrechnung von A-Z, 237; Stöcker, in Korn, EStG, Juli 2006, § 4 Rz. 207.4.
409 Zutreffend Meurer, in Lademann, EStG, Mai 2006, § 4 Rz. 215.
410 BMF-Schreiben, BStBl. I 2004, 1064.
411 In diesem Sinne Crezelius, in Kirchhof, EStG, § 4 Rz. 35; Heinicke, in Schmidt, EStG, § 4 Rz. 106.

9.1 Betriebliche Veranlassung

Eine betriebliche Veranlassung ist dann anzunehmen, wenn die Schadensursache, d.h. das den Verlust „auslösende Moment" im Sinne des Veranlassungsprinzips des § 4 IV, dem betrieblichen Bereich zuzurechnen ist[412]. In diesem Fall ist bei der Einnamen-/Überschussrechnung gemäß § 4 III EStG zwischen Wirtschaftsgütern des Anlage- und des Umlaufvermögens zu differenzieren. Der Verlust von Wirtschaftsgütern des Umlaufvermögens führt nämlich bei betrieblicher Veranlassung zu keiner Betriebsausgabe, da sich die Anschaffungs- oder Herstellungskosten desselben bereits gewinnmindernd ausgewirkt haben und damit zu keinem wiederholten Betriebsausgabenabzug führen können[413]. Bei Wirtschaftsgütern des abnutzbaren Anlagevermögens hingegen ist ein Betriebsausgabenabzug in Höhe des „Restbuchwerts", also der noch nicht abgesetzten AfA, vorzunehmen. Dies rechtfertigt sich aus der Anwendung des § 4 III Satz 3 i.V.m. § 7 I Satz 7 EStG[414].

9.2 Unterscheidung anhand der Art des verlustig gegangenen Wirtschaftsgutes

Für Wirtschaftsgüter des nicht abnutzbaren Anlagevermögens sieht § 4 III Satz 4 EStG seinem Wortlaut nach einen Betriebsausgabenabzug nur für die Veräußerung bzw. Entnahme vor. Diese Behandlung wird aber auch für den Fall des „Verlustes"[415] des Wirtschaftsguts anerkannt, da die gesetzliche Regelung nicht den Betriebsausgabenabzug für andere Fälle ausschließt, sondern lediglich auf einen zeitlich späteren Zeitpunkt fixieren soll[416]. Zudem rechtfertigt sich auch hier keine Ungleichbehandlung zwischen abnutzbarem und nicht abnutzbarem Anlagevermögen hinsichtlich der grundsätzlichen Abzugsfähigkeit im Fall des „Verlustes". Bei dem betrieblich veranlassten Verlust geringwertiger Wirtschafts-

---

412 Exemplarisch BFH, BStBl. II 1976, 560; Becker, in Hermann/Heuer/Raupach, EStG, Juli 2001, § 4 Rz. 870 ff.; Heinicke, in Schmidt, EStG, § 4 Rz. 382, 481, 520; Ramb/Schneider, Die Einnahme-Überschussrechnung nach § 4 Abs. 3, 587 f.

413 Ebenso Becker, in Hermann/Heuer/Raupach, EStG, Juli 2001, § 4 Rz. 876 ff.; Heinicke, in Schmidt, EStG, § 4 Rz. 390, Segebrecht, Die Einnahmen-Überschussrechnung nach § 4 Abs. 3 EStG, Rz. 699.

414 So bereits BFH, BStBl. III 1961, 499; Hey, in Tipke/Lang, Steuerrecht, § 17 Rz. 266; Heinicke, in Schmidt, EStG, § 4 Rz. 392; Ramb/Schneider, Die Einnahmen-/Überschussrechnung von A-Z, 587 f.; Segebrecht, Die Einnahmen-Überschussrechnung nach § 4 Abs. 3 EStG, Rz. 700.

415 Im Sinne eines Untergangs des Wirtschaftsguts.

416 BFH, BStBl. II 1979, 109, der von einer Regelungslücke des § 4 III Satz 4 EStG ausgeht. Siehe auch Segebrecht, Die Einnahmen-Überschussrechnung nach § 4 Abs. 3 EStG, Rz. 701, Wacker, Blümich, EStG, Februar 2000, § 4 Rz. 37.

güter sind keine Aufzeichnungen vorzunehmen, soweit die Anschaffungskosten schon Betriebsausgaben waren[417]. Wird der Verlust als Betriebsausgabe berücksichtigt, so ist diese in dem Wirtschaftsjahr als Betriebsausgabe anzusetzen, in welchem der Verlust eingetreten ist[418].

Kein Verlust ist die Beschädigung von Wirtschaftsgütern des Betriebsvermögens, da eine bloße Wertminderung des Betriebsvermögens auf Grund der Systematik der Einnahmen-/Überschussrechnung nach herrschender Auffassung außer Betracht gelassen wird. Teilwertabschreibungen sind daher nach herrschender Auffassung nicht zulässig[419].

Liegt die Ursache des Verlustes im privaten Bereich, ist der Verlust als Entnahme zu berücksichtigen, soweit die Anschaffungs- oder Herstellungskosten bereits gewinnmindernd berücksichtigt worden sind[420].

9.3   Rechtsprechung zu betrieblichen Darlehensverlusten

In diesem Kontext ist auf die Rechtsprechung zur Behandlung von betrieblichen Darlehensverlusten bei der Einnahmen-/Überschussrechnung hinzuweisen. Der Bundesfinanzhof nimmt entgegen seiner grundsätzlichen Auffassung, dass Wertverschiebungen im Vermögensbereich des Einnahmen-/Überschussrechners keine Auswirkung auf den Gewinn haben[421], beim Ausfall einer solchen Darlehensforderung eine Gewinnminderung an[422]. Dies rechtfertige sich aus dem Grundsatz der Totalgewinnidentität, da der Ausfall einer Darlehensforderung bei Betriebsvermögensvergleich zu Aufwand bei der Ausbuchung führt. Insofern sei auch ein entsprechender Verlust als Betriebsausgabe in dem Zeitpunkt zu berücksichtigen, in dem die Uneinbringlichkeit endgültig feststehe[423]. Umgekehrt dürfte der endgültige Wegfall einer betrieblichen Darlehensverbindlichkeit aus betrieblichen Gründen zu einer Gewinnerhöhung führen[424].

---

417   So bereits Bartone, in Korn, EStG, Juni 2006, § 4 Rz. 729; Heinicke, in Schmidt, EStG, § 4 Rz. 397; Ramb / Schneider, Die Einnahme-Überschussrechnung von A-Z, 593 f.
418   Zureffend Kantwill, StuSt 2006, 65 (73); Ramb/Schneider, Die Einnahmen-/Überschussrechnung von A-Z, 587 f.
419   Siehe Kapitel C II 7.
420   BFH, BStBl. III 1964, 453; BFH, BStBl. II 1980, 309 sowie Bergkemper, Hermann/ Heuer/Raupach, Juli 1998, § 4 Rz. 576.
421   So etwa BFH, HFR 1965, 23.
422   Exemplarisch BFH, BStBl. II 1972, 334; BFH, BStBl. II 1976, 380; BFH, BStBl. II 1979, 109; BFH, BStBl. II 1980, 571; BFH, BStBl. II 1982, 345. Siehe H 4.5 (2) EStR.
423   Beispielsweise BFH, BStBl. II 1976, 380; BFH, BStBl. II 1982, 345.
424   Dies gelte auch für den endgültigen Verlust von Beteiligungen an Kapitalgesellschaften. Siehe dazu Segebrecht, Die Einnahmen-Überschussrechnung nach § 4 Abs. 3, Rz. 696.

Systematisch ist dieses Ergebnis nicht fassbar. Zwar hat ein Zahlungsmittelfluss stattgefunden, dieser wird jedoch mangels Betriebseinnahmen-/Betriebsausgaben-qualität nicht gewinnwirksam erfasst. Im Zeitpunkt des Totalausfalles hingegen liegt kein Zahlungsmittelfluss vor, es soll aber eine Gewinnwirksamkeit vorliegen. Dies widerspricht der der Einnahmen-/Überschussrechnung zugrunde liegenden Technik.

Beachtenswert ist dabei, dass durch die Berücksichtigung von entsprechenden Verlusten sich der Betriebsausgabenabzug einer Teilwertabschreibung im Sinne des § 6 I EStG annähert[425]. Dies gilt allerdings nur im Falle des Totalausfalles. Während beim Betriebsvermögensvergleich Teilentwertungen durch entsprechende Teilabschreibungen Rechnung getragen wird, ist dies gegenwärtig nach herr-schender Auffassung bei der Einnahmen-/Überschussrechnung unzulässig[426].

10. Entnahmen und Einlagen in der Einnahmen-/Überschussrechnung gemäß § 4 III EStG

Die Grundtechnik der Einnahmen-/Überschussrechnung als Gegenüberstellung von Betriebseinnahmen und Betriebsausgaben macht deutlich, dass außerbetriebli-che Wertabgänge oder -zuführungen sich nicht auf den Gewinn auswirken dür-fen[427]. Dieser Aspekt und der Grundsatz der Totalgewinnidentität erfordern für die Einnahmen-/Überschussrechnung, die lediglich im Zusammenhang mit dem Bestandsvergleich definierten Entnahmen und Einlagen einzubeziehen[428]. Die Begriffsfassung erfolgt daher auch in Anlehnung an die Legaldefinitionen der Entnahmen gemäß § 4 I Satz 2 EStG als alle Wirtschaftsgüter (Barentnahmen, Waren, Erzeugnisse, Nutzungen und Leistungen), die der Steuerpflichtige dem Betrieb für sich, für seinen Haushalt oder andere betriebsfremde Zwecke ent-nommen hat. Korrelierend sind Einlagen in Anlehnung an § 4 I Satz 5 EStG alle

---

425 Zutreffend Segebrecht, Die Einnahmen-Überschussrechnung nach § 4 Abs. 3, Rz. 696.

426 Kapitel C II. 7.

427 Exemplarisch BFH, BStBl. II 1975, 526; BFH, BStBl. II 1979, 401; BFH, BStBl. II 1990, 743 sowie Groh, FR 1986, 393; Kanzler, FR 1998, 243; Schoor, FR 1982, 508; Segebrecht, Die Einnahme-Überschussrechnung nach § 4 Abs. 3, Rz. 587, Söf-fing, DStZ 1970, 17.

428 So bereits Bergkemper, in Hermann/Heuer/Raupach, EStG, Juli 1998, § 4 Rz. 584; Birk, Steuerrecht, Rz. 868, Crezelius, in Kirchhof, EStG, § 4 Rz. 118, Frotscher, in Frotscher, EStG, November 2006; § 4 Rz. 234; Heinicke, in Schmidt, EStG, § 4 Rz. 340; Herzig, IAS/IFRS und steuerliche Gewinnermittlung, 351 f.; Jakob, Ein-kommensteuer, Rz. 382, Meurer, in Lademann, EStG, Mai 2006, § 4 Rz. 465.

Wirtschaftsgüter (Bareinzahlungen und sonstige Wirtschaftsgüter), die der Steuerpflichtige dem Betrieb im Laufe des Wirtschaftsjahres zugeführt hat.

Technisch werden Entnahmen wie Betriebseinnahmen und Einlagen wie Betriebsausgaben behandelt, so daß sich der Gewinn entsprechend erhöht oder reduziert. Dies gilt aber nicht für Geldeinlagen bzw. Geldentnahmen, da hier der „Buchwert" und „Teilwert" identisch und dementsprechend gewinnneutral sind[429]. Andernfalls droht eine doppelte Berücksichtigung[430]. Im Ergebnis entsprechend erfolgt die Behandlung von Geldentnahmen /-einlagen beim Betriebsvermögensvergleich, wie die erfolgsneutrale Buchung über das Eigenkapital anstelle einer Erfassung in der abgeleiteten Gewinn- und Verlustrechnung zeigt[431].

Sachentnahmen/-einlagen hingegen wirken sich auf den Gewinn aus. Die „Notwendigkeit des Ansatzes"[432] ergibt sich aus dem Umstand, dass anderenfalls betriebliche und außerbetriebliche Sphäre unzulässig vermischt würden[433] und dem Grundsatz der Totalgewinnidentität widersprächen[434]. Der Rückgriff auf den allgemeinen Gewinnbegriff begründet hier die Anwendbarkeit der § 4 I Sätze 2 und 5 EStG mit der Konsequenz, dass sämtliche Wirtschaftsgüter und Wirtschaftslasten auch bei der Einnahmen-/Überschussrechnung gemäß § 4 III EStG entnahme- und einlagefähig sind, so auch Forderungen und Verbindlichkeiten[435]. Sacheinlagen und -entnahmen werden in entsprechender Anwendung des § 6 I Satz 1 Nr. 4 und 5 EStG bewertet[436]. Dies ist trotz der ausdrücklichen Bezugnahme des § 6 I Satz 1

429 Weber-Grellet, in Kirchhof/Söhn/Mellinghoff, EStG, Januar 1988, § 4 Rz. 199. Im Ergebnis übereinstimmend, in der Begründung divergierend BFH, BStBl. II 1975, 526 sowie Birk, Steuerrecht, Rz. 868 ff.; Eisgruber, Die Zahlungsmittelrechnung nach § 4 Abs. 3 EStG, 121 ff.; Heinicke, in Schmidt, § 4 Rz. 340; Hey, in Tipke/Lang, Steuerrecht, § 17 Rz. 270; Lang, Bemessungsgrundlage der ESt, 456; Nacke, Litzmann/Bitz/Pust, Mai 2006, §§ 4, 5 Rz. 1542; Wacker, Blümich, EStG, Februar 2000, § 4 Rz. 36; Segebrecht, Die Einnahme-/Überschussrechnung nach § 4 Abs. 3 EStG, Rz. 599.
430 So bereits Lang, Bemessungsgrundlage, 456, 465.
431 Zureffend Herzig, IAS/IFRS und steuerliche Gewinnermittlung, 352.
432 Ebenso Lang, Bemessungsgrundlage, 457.
433 Siehe dazu Hey, in Tipke/Lang, Steuerrecht, § 17 Rz. 270.
434 BFH, BStBl. II 1975, 526; Heinicke, in Schmidt, EStG, § 4 Rz. 340.
435 BFH, BStBl. II 1975, 526; Lang, Bemessungsgrundlage, 458.
436 Auf eine detaillierte Darstellung der entsprechenden Anwendung des § 6 I Satz 1 Nr.4 und 5 EStG auf die Einnahmen-/Überschussrechnung gemäß § 4 III EStG wird hier verzichtet und insoweit auf die Ausführungen von Wacker, Blümich, EStG, Februar 2000, § 4 Rz. 36 und bei Ramb/Schneider, Die Einnahme-Überschussrechnung von A-Z, 276 (277 ff.) verwiesen.

auf § 4 Abs. 1 EStG und § 5 EStG ganz herrschende Meinung[437]. Begründet wird diese Ansicht mit dem Grundsatz der Totalgewinnidentität.

11. Gewinnermittlungszeitraum

§ 2 VII Satz 1 EStG zur Folge ist die Einkommensteuer eine periodische Steuer in Form der Jahressteuer. Erfasst wird nicht erst das Totaleinkommen oder der einzelne Geschäftsvorfall in seinem Einkommenserfolg, sondern periodisch und sukzessiv das Gesamtergebnis pro Jahr[438]. Ermittlungszeitraum ist gemäß § 2 VII Satz 2 EStG das Kalenderjahr. In den Fällen des § 4a EStG (evt. i.V.m. § 8c EStDV) liegt die Besonderheit lediglich darin, dass der Jahresgewinn zunächst nach den Verhältnissen eines vom Kalenderjahr abweichenden Wirtschaftsjahres ermittelt und erst dann auf einen Jahresgewinn umgerechnet wird (§ 4a II EStG)[439]. Die Gewinnermittlung durch Einnahmen-/Überschussrechnung nach § 4 III Satz 1 EStG erfolgt also dem Kalenderjahr entsprechend jährlich.

12. Aufzeichnungspflichten und Standardisierungen der Einnahmen-/ Überschussrechnung

§ 4 III EStG ist in erster Linie eine rein materiell rechtliche Gewinnermittlungsvorschrift[440]. Eine Regelung einer allgemeinen Aufzeichnungspflicht für die Einnahmen-/Überschussrechnung enthält § 4 III EStG selbst nicht[441]. Sie ergibt sich weder

---

437 Beispielsweise BFH, BStBl. II 1979, 401; BFH, BStBl. II 1980, 244 sowie Birk, Steuerrecht, Rz. 870; Crezelius, in Kirchhof, EStG, § 4 Rz. 118; Heinicke, in Schmidt, EStG, § 4 Rz. 341; Herzig, IAS/IFRS und steuerliche Gewinnermittlung, 353 f.; Hey, in Tipke/Lang, Steuerrecht, § 17 Rz. 270; Lang, Bemessungsgrundlage, 458 f.; Offerhaus, BB 1977, 1493 (1499); Nacke, in Littmann/Bitz/Pust, EStG, Mai 2006, §§ 4, 5 Rz. 1600; Segebrecht, Die Einnahme-Überschussrechnung nach § 4 Abs. 3 EStG, 588 ff. (Einlagen) und 388 ff. (Entnahmen); Theis, DB 1959, 441 (442); Wied, in Blümich, EStG, August 2006, § 4 Rz. 443 Anderer Ansicht ist Hauer, FR 1959, 117.
438 So bereits Kirchhof, in Kirchhof, ESG, § 2 Rz. 153; Lang, in Tipke/Lang, Steuerrecht,, § 9 Rz. 44.
439 Statt vieler Trzaskalik, in Kirchhof/Söhn/Mellinghoff, April 1998, § 11 Rz. A 9.
440 Zutreffend Bergkemper, Hermann/Heuer/Raupach, EStG, August 2000, § 4 Rz. 522.
441 In diesem Sinne BFH, BStBl. II 1984, 504; Heinicke, in Schmidt, EStG, § 4 Rz. 374; Hilbich, StBp 1976, 87; Meurer, in Lademann, EStG, Mai 2006, § 4 Rz. 427; Nacke, in Littmann/Bitz/Pust, EStG, Mai 2006, Rz. 1512; Weilbach, DB 2005, 578 (578).

unmittelbar aus dem EStG oder aus der AO. Zwar regeln §§ 145, 146 AO entsprechende Aufzeichnungspflichten (bzw. Buchführungspflichten[442]), erschöpfen sich aber in ihrem Ordnungscharakter. Aufzeichnungspflichten werden gemäß §§ 145, 146 AO nicht begründet, sondern auf Grund einer ausdrücklichen gesetzlichen Aufzeichnungspflicht vorausgesetzt[443]. Nach bisheriger Auffassung des Bundesfinanzhofs genügt für die Gewinnermittlung gemäß § 4 III EStG eine vollständige und geordnete Zusammenstellung der Betriebseinnahmen und -ausgaben nach Belegen, um der Mitwirkungspflicht im Sinne des § 90 I AO zu entsprechen[444].

12.1 Amtlich vorgeschriebener Vordruck gemäß § 60 IV EStDV

Im Wege des Kleinunternehmerförderungsgesetzes vom 31.7.2003[445] führte der Gesetzgeber den die Einnahmen-/Überschussrechnung gemäß § 4 III EStG betreffenden § 60 IV EStDV ein. Danach ist der Steuererklärung eine Gewinnermittlung nach amtlich vorgeschriebenem Vordruck beizufügen. Die Regelung gilt gemäß § 84 III c EStDV in der Fassung des BGBl. I 2004, 3884 erstmals für das Wirtschaftsjahr 2005. Ein Muster des amtlich vorgeschriebenen Vordrucks sowie eine entsprechende „Anleitung" ist mit BMF-Schreiben vom 10.2.2005[446] bekannt gemacht worden[447]. Diesen Erläuterungen ist eine Billigkeitsregelung zu entnehmen, wonach die Finanzverwaltung auf die Abgabe des Vordrucks verzichtet, wenn die Betriebseinnahmen unter € 17.500 liegen[448]. Darüber hinaus ist

---

442 Die Buchführungspflicht bezieht sich ausschließlich auf den Betriebsvermögensvergleich. So bereits Wacker, Blümich, EStG, Februar 2000, § 4 Rz. 51.

443 So die herrschende Meinung, siehe exemplarisch Wacker, Blümich, EStG, Februar 2000, § 4 Rz. 70; Frotscher, Frotscher, EStG, November 2002, § 4 Rz. 243; Nacke, Littmann/Bitz/Pust, November 2003; §§ 4,5, Rz. 1512; Bergkemper, Hermann/ Heuer/Raupach, EStG, August 2000, § 4 Rz. 522; Segebrecht, Die Einnahmen-Überschussrechnung nach § 4 Abs. 3 EStG, Rz. 81. Anderer Auffasung ist Offerhaus, BB 1977, 1493.

444 BFH, BStBl. 1984, 504 (507).

445 BGBl. I 2003, 1550.

446 BStBl. I 2005, 320. Das usprünllichge Muster des amtlichen Vordrucks (BMF, BStBl. 2003, 502) wurde als zu kompliziert zurückgenommen; dazu Heinicke, in Schmidt, EStG, § 4 Rz. 374.

447 Der mit BMF-Schreiben vom 17.10.2003, BStBl. I 2003, 502 bekannt gegebene Vordruck „Anlage EÜR" sowie die entsprechende „Anleitung" für das Jahr 2004 wurden nach heftigem Protest seitens der Wirtschaft und der Angehörigen der steuerberatenden Berufe um ein Jahr zurückgezogen und überarbeitet. Zu den einzelnen Problemfeldern siehe Handzik, Die Einnahmen-Überschussrechnung, 29 ff.

448 Siehe dazu die Verfügung der Oberfinanzdirektion Rheinland, S-2500 – 1000 – St 1 0579883 vom 21.02.2006 und die Verfügung der Oberfinanzdirektion Münster, S-2500 0579964 vom 07.04.2006 sowie Korn, KÖSDI, 2/2006, 14968 (14968).

die Gewinnermittlung durch Einnahmen-/Überschussrechnung obligatorisch mittels des amtlichen Vordrucks vorzunehmen[449].

Die Norm des § 60 IV EStDV, laut gesetzgeberischer Begründung ein „Beitrag zur Steuervereinfachung"[450], wird in der Literatur und von Fachverbänden kritisiert[451]. Zum einen wird hervorgehoben, dass § 60 IV EStDV dem Vereinfachungszweck zuwiderliefe, da die bisherige Gestaltungsfreiheit der Einnahmen-/Überschussrechnung zulasten einer faktischen Abschlusserstellung aufgegeben werde[452]. Zum anderen werden verfassungsrechtliche Bedenken angeführt, da es an einer entsprechenden Rechtsgrundlage mangele[453]. Dem ist zu entgegnen, dass § 51 I Nr.1 b) EStG i.V.m. § 60 IV EStDV als Rechtsgrundlage des amtlich vorgeschriebenen Vordrucks herangezogen werden kann. Es ist doch der Sinn und Zweck einer Rechtsverordnung wie der EStDV, den parlamentarischen Gesetzgeber von technischen Details und ephemeren Regelungen sowie rein fachorientierten sachbedingten Anordnungen ohne oder nur mit geringem politischen Entscheidungsgehalt zu entlasten[454]. Eine entsprechende Vereinfachung des Besteuerungsverfahrens im Sinne des § 51 I Nr.1 b) EStG i.V.m. § 60 IV EStDV i.V.m. dem Muster des BMF-Schreibens vom 10.2.2005 wird durch eine Effizienzsteigerung der Finanzverwaltung, die zumindest aus gleichheitsrechtlichen Gesichtspunkten auch im Interesse des Bürgers ist, erreicht[455]. Zudem wird eine Erleichterung in der obligatorischen Verwendung des amtlichen Vordrucks gesehen, indem die notwendigen Angaben abgefragt werden und der Steuerpflichtige

---

449 So bereits Meurer, Lademann, EStG, § 4 Rz. 426 a. Dieser verweist darauf, dass bei der Gewinnermittlung durch Bestandsvergleich, in § 266 II HGB für die Erstellung der (Handels-)Bilanz lediglich ein – optional anzuwendender – Ordnungsrahmen vorgegeben wird.

450 BT. Drucks. 15/537, 9 (10).

451 Handzik, Die Einnahmen-Überschussrechnung, 29 ff.; Meurer, Lademann, EStG, § 4 Rz. 426 a; Nacke, in Lademann/Bitz/Pust, EStG, Mai 2006, §§ 4, 5 Rz. 1518; Neufang/Schmidt, Stbg 2004, 161; Knief, DStR 2005, 1021, Weilbach, DB 2005, 578.

452 In diesem Sinne Weilbach, DB 2005, 578 (580) Neufang/Schmidt, Stbg 2004, 161; Heinicke, in Schmidt, EStG, § 4 Rz. 374; Korn, KÖSDI, 2/2006, 14968 (14969); Brief vom 15.12.2004 der Bundessteuerberaterkammer (StBK) an das Bundesfinanzministerium; Pressemitteilung der Bundessteuerberaterkammer vom 16.12.2004, http://praesenzen.datevstadt.de/106/display/showpage.jsp?PageID=241459&customer; Brief der Bundessteuerberaterkammer (StBK) an das Bundesfinanzministerium vom 15.12.2004.

453 Korn, KÖSDI, 2/2006, 14968 (14968); Neufang/Schmidt, Stbg 2004, 161; Weilbach, DB 2005, 578 (580).

454 So bereits Ipsen, Staatsrecht I, Rz. 683 ff.; Ossenbühl, in, Handbuch des Staatsrechts, Bd. III, § 64 Rz. 3.

455 So bereits Eisgruber, Stbg, 2005, 573 (574 f.).

von der Entscheidung entlastet wird, in welcher Form er die Gewinnermittlung durch Einnahmen-/Überschussrechnung erstellt[456]. Mithin ergibt sich auch eine Bindung der Finanzverwaltung bei der Ausgestaltung des Vordrucks im Sinne des § 60 IV EStDV aus dem Gesetzeszweck, der in der Vereinfachung und Kontrolle hinsichtlich der Ertragsteuern besteht[457]. Der Einwand verfassungsrechtlicher Bedenken ist somit widerlegt. Ob der Vereinfachungsgehalt der Standardisierung der Einnahmen-/Überschussrechnung durch § 60 IV EStDV i.V.m. dem Muster des BMF-Schreibens vom 10.2.2005 tatsächlich zu begrüßen oder mit den Meinungen im Schrifttum und der Fachverbände abzulehnen ist, ist im Kontext der Reformnotwendigkeiten des § 4 III EStG zu diskutieren und wird an einschlägiger Stelle dieser Arbeit erörtert

12.2 Einzelaufzeichnungspflichten

Aus dem EStG, der AO und dem UStG ergeben sich zahlreiche gesetzliche Einzelaufzeichnungspflichten[458].

13. Wahl der Gewinnermittlungsart

Bei Vorliegen der gesetzlichen Voraussetzungen hat der Steuerpflichtige ein Wahlrecht hinsichtlich der Gewinnermittlungsmethode[459]. Die vom subjektiven

---

456 Zutreffend Meuerer, Lademann, EStG, Mai 2006, § 4 Rz. 426a.
457 Vgl. Korn, KÖSDI, 2/2006, 14968 (14968), BT. Drucks. 15/537, 9 (9).
458 Im Einzelnen handelt es sich dabei um ein besonders laufend zu führendes Verzeichnis des nicht abnutzbaren Anlagevermögens und der Wirtschaftsgüter des Umlaufvermögens im Sinne des § 4 III Satz 4 EStG gemäß § 4 III Satz 5 EStG, um eine gesonderte Aufzeichnung der nichtabzugsfähigen Betriebsausgaben gemäß § 4 VII EStG, um ein Verzeichnis der geringwertigen Wirtschaftsgüter gemäß § 6 II Satz 4 EStG, um ein Verzeichnis bei der Übertragung bestimmter stiller Reserven gemäß § 6 II EStG, um ein Verzeichnis der Wirtschaftsgüter, für die degressive AfA in Anspruch genommen wird, um ein Verzeichnis der Wirtschaftsgüter, für die erhöhte Absetzungen oder Sonderabschreibungen in Anspruch genommen werden gemäß § 7 a VIII EStG, um Aufzeichnungspflichten beim Lohnsteuerabzug gemäß § 41 I EStG, um Aufzeichnungspflichten zur Feststellung der Umsatzsteuer und der Grundlage deren Berechnung gemäß § 22 UStG i.V.m. § 63 bis § 68 UStDV, um Aufzeichnungen bei Sachverhalten mit Auslandsbezug gemäß § 90 III AO, um Aufzeichnungen des Wareneingangs bei Kleingewerbetreibenden gemäß § 143 AO, um Aufzeichnungen des Warenausgangs bei Kleingewerbetreibenden gemäß § 144 AO. Siehe Hey, in Tipke/Lang, Steuerrecht, § 17 Rz. 271.
459 Siehe dazu die grundlegende Stellungnahme des Bundesfinanzhofs zur Wahl der Gewinnermittlungsmethode im Urteil vom 12.10.1994, BFH/NV 1995, 587.

Anwendungsbereich des § 4 III EStG Erfassten sind also nicht verpflichtet, ihren Gewinn nach § 4 III EStG zu ermitteln, sondern können nach § 4 III EStG verfahren[460]. Voraussetzung ist eine positive (ausdrückliche oder konkludente) Entscheidung für die Einnahmen-/Überschussrechnung[461]. Wie sich § 4 III Satz 1 EStG entnehmen lässt, wird durch Aufstellen einer Eröffnungsbilanz und Einrichtung einer ordnungsmäßigen kaufmännischen Buchführung die Wahl zugunsten des Betriebsvermögensvergleichs getroffen[462], zugunsten der Einnahmen-/ Überschussrechnung durch Aufzeichnungen der Betriebseinnahmen und -ausgaben oder geordnetes Sammeln der Einnahmen- und Ausgabenbelege[463]. Diese Wahl gilt dann für die gesamten vom Steuerpflichtigen erzielten Gewinneinkünfte[464].

Entscheidend ist die tatsächlich durchgeführte Gewinnermittlung, die einem eventuell gegenteilig ausdrücklich erklärten Willen vorgeht[465]. Lässt sich keine vom Steuerpflichtigen getroffene Wahl für die Gewinnermittlung gemäß § 4 III Satz 1 EStG feststellen, muss der Gewinn nach § 4 I EStG ermittelt werden[466]. Eine Frist zur Ausübung des Wahlrechts beinhaltet das Gesetz nicht explizit, ergibt sich aber faktisch aus dem Erfordernis im Falle der Buchführung eine Eröffnungsbilanz zu erstellen und eine zeitnahe Buchführung von Beginn des Wirtschaftsjahres an durchzuführen[467]. Maßgeblicher Zeitpunkt ist somit grundsätzlich der Beginn des Wirtschaftsjahres[468]. Solange ein nichtbuchführungs-

460 Exemplarisch BFH; BStBl. III 1959, 270 sowie Bergkemper, in Hermann/Heuer/ Raupach, EStG, Juli 1998, § 4 Rz. 549; Drüen, DStR 1999, 1589; Korn, in Korn, EStG, März 2006, § 4 Rz. 480; Segebrecht, Die Einnahmen-Überschussrechnung nach § 4 Abs. 3 EStG, Rz. 247; Wied, in Blümich, EStG, August 2006, § 4 Rz. 134.
461 Bergkemper, in Hermann/Heuer/Raupach, EStG, Juli 1998, § 4 Rz. 549; Korn, in Korn, EStG, Juli 2006, § 4 Rz. 493 f.; Ramb/Scheider, Die Einnahme-Überschussrechnung von A-Z, 661 ff., Weber-Grellet, in Kirchhof/Söhn/Mellinghoff, EStG, Januar 1988, § 4 Rz. D 32.
462 BFH, BStBl. II 1990, 287; BFH, BFH/NV 96, 119.
463 BFH, BStBl. II 78, 431; BFH, BStBl. II 1990, 287; BFH, BFH/NV 95, 587. Siehe auch H 4.5 (1) EStR.
464 BFH, BStBl. II 78, 431; BFH, BStBl. II 1990, 287; BFH, BFH/NV 95, 587. Zustimmend Segebrecht, Die Einnahmen-Überschussrechnung nach § 4 Abs. 3 EStG, Rz. 247.
465 So bereits Weber-Grellet, in Kirchhof/Söhn/Mellinghoff, EStG, Januar 1988, § 4 Rz. D31. Dieser weits auf den Wortlaut des § 4 III Satz 1 „… ansetzen" (Fußnote 44) hin. Übereinstimmend BFH, BStBl. III 1967, 288.
466 In diesem Fall erfolgt eine Gewinnschätzung gemäß § 4 I EStG, § 162 AO. Siehe auch BFH, BStBl. II 1981, 301; BFH, BStBl. II 1984, 504; BFH, BFH/NV 1988, 296.
467 Ramb/Scheider, Die Einnahme-Überschussrechnung von A-Z, 663: Wacker, Blümich, EStG, Februar 2000, § 4 Rz. 29.
468 In diesem Sinne BFH, BFH/NV 97, 403 sowie Ramb/Scheider, Die Einnahme-Überschussrechnung von A-Z, 663 Wacker, Blümich, EStG, Februar 2000, Rz. 29. Anderer Aufassung Kanzler, FR 1998, 233 (245).

pflichtiger Steuerpflichtiger allerdings auf den Beginn des Kalenderjahres noch keine Bilanz aufgestellt hat, kann er auch rückwirkend zur Einnahmen-/Überschussrechnung wechseln[469].

Sofern die Voraussetzungen der jeweiligen Ermittlungsmethode vorliegen, kann der Steuerpflichtige für jedes Wirtschaftsjahr eine erneute Wahl für die Gewinnermittlung treffen. Ein ohne wirtschaftliche Begründung sich wiederholender Wechsel wurde jedoch von der Rechtsprechung abgelehnt, da eine zutreffende Gewinnermittlung erschwert werde[470]. Zudem widerspricht ein willkürlicher Wechsel der gebotenen Rücksicht auf die Belange der Finanzverwaltung[471]. Ein willkürlicher Wechsel liegt nicht vor, wenn die Gewinnermittlungsart zuvor über eine dreijährige Periode ununterbrochen beibehalten wurde[472].

14. Wechsel der Gewinnermittlungsart

Auf die Gesamtdauer der betrieblichen Tätigkeit ergibt sich derselbe Totalgewinn unabhängig der Gewinnermittlungsart, da sich insbesondere die aus divergierenden Erfassungszeitpunkten resultierenden Periodenergebnisse über die Wirtschaftsjahre hinweg wieder ausgleichen. Ein solcher Ausgleich würde aber beim dem grundsätzlich möglichen Wechsel zwischen den Gewinnermittlungsmethoden verhindert[473]. Insofern sind bei einem Wechsel der Gewinnermittlungsart Hinzurechnungen bzw. Abrechnungen notwendig, um einerseits den gesamten Gewinn zu erfassen und zum anderen Doppelerfassungen zu vermeiden.[474]. Jeder einzelne

469   BFH, BFH/NV 2004, 633.
470   Exemplarisch BFH, BStBl. III 1960, 188; BFH, BStBl. II 1978, 431; BFH, BStBl. II 2001, 102 sowie Frotscher, in Frotscher, EStG, November 2006, § 4 Rz. 244 a, Korn, in Korn, EStG, Juli 2006, § 4 Rz. 496, Ramb/Schneider, Die Einnahme-Überschussrechnung von A-Z, 662; Segebrecht, Die Einnahmen-Überschussrechnung nach § 4 Abs. 3, Rz. 249.
471   BFH, BStBl. III 1960, 188; BFH, BStBl. II 1978, 431; BFH, BStBl. II 2001, 102. In diesem Sinne auch Offerhaus, BB 1977, 1493, Segebrecht, Die Einnahmen-Überschussrechnung nach § 4 Abs. 3, Rz. 249.
472   BFH, BFH/NV 1986; BFH, BStBl. 2001, 102 sowie Hey, in Tipke/Lang, Steuerrecht, § 17 Rz. 273; 158; Korn, in Korn, EStG, Juni 2006, § 4 Rz. 496; Richter, StBp 1967, 229; Segebrecht, Die Einnahmen-Überschussrechnung nach § 4 Abs. 3 EStG, Rz. 249.
473   In diesem Sinne BFH, BStBl. II 1968, 650; BFH, BStBl. II 1968, 736; BFH, BStBl. II 1977, 866; BFH, BStBl. II 1985, 255; Frotscher, in Frotscher, EStG, November 2006, § 4 Rz. 244 b f.; Ramb/Schneider, Die Einnahme-Überschussrechnung von A-Z, 670 f.
474   BFH; BStBl. II 1968, 650; BFH, BStBl. II 1972, 338; BFH, BStBl. II 1994, 852 sowie Bergkemper, Hermann/Heuer/Raupach, EStG, Juli 1998, EStG, § 4 Rz. 591;

Vermögensposten bzw. Geschäftsvorfall bedarf daher der Betrachtung, ob und in welcher Weise er sich in der bisherigen und in der neu gewählten Gewinnermittlungsart auswirkt. Nach dieser Betrachtung dem Grunde nach ist in einem zweiten Schritt der Höhe nach über die vorzunehmenden Gewinnkorrekturen zu entscheiden und entsprechend zu verfahren[475]. Stille Reserven werden nicht aufgedeckt[476]. Durch die Gewinnkorrekturen wird der Steuerpflichtige derart gestellt, als wenn er den Gewinn immerzu nach derselben Methode ermittelt hätte[477]. Eine eventuelle Differenz wird als Übergangsgewinn bezeichnet und kann grundsätzlich über den Zeitraum von drei Wirtschaftsjahren verteilt werden[478].

Mangels entsprechender Gesetzesregelung richten sich die Gewinnkorrekturen nach den von der Finanzverwaltung erlassenen R 4.6 EStR, den dazugehörigen Hinweisen sowie der Anlage 1 zu den EStR Grundsätzen[479]. Der Bundesfinanzhof hat die Regelungen mit Urteil vom 1.7.1981 bestätigt[480].

15. Betriebsveräußerung und -aufgabe

Aus dem Grundsatz der Totalgewinnidentität folgt, dass die notwendigen Korrekturen spätestens bei Betriebsveräußerung bzw. Betriebsaufgabe vorzunehmen sind. Nach §§ 16 II Satz 2, III EStG[481] ist daher im Falle einer Betriebsveräußerung bzw. -aufgabe der Wert des Betriebsvermögens zum Zeitpunkt der Veräußerung gemäß § 4 I oder § 5 EStG zu ermitteln[482]. Der Steuerpflichtige, der den Gewinn bisher im Wege der Einnahmen-/Überschussrechnung gemäß § 4 III EStG ermittelt hat, wird dann so gestellt, als wäre er im Zeitpunkt der Veräußerung bzw. Aufgabe zur Gewinnermittlung durch Betriebsvermögensvergleich übergegangen[483]. Diese

Hey, in Tipke/Lang, Steuerrecht, Kanzler, FR 1999, 225; § 17 Rz. 273; Pickert, DB 1994, 1581, Ritzrow, StuSt 1995, 485.

475   Detaillierte Ausführungen zu den Wechseltechniken finden sich bei Ramb/Schneider, Die Einnahme-Überschussrechnung von A-Z, 672 ff.

476   So bereits Kanzler, Hermann/Heuer/Raupach, EStG, Februar 1999, Vor §§ 4-7 Rz. 40; Segebrecht, Die Einnahmen-Überschussrechnung nach § 4 Abs. 3 EStG, Rz. 754.

477   Statt vieler Bergkemper, Hermann/Heuer/Raupach, EStG, Juli 1998, § 4 Rz. 591.

478   H 4.6 EStR mit Bezugnahme auf BFH, BStBl. II 2001, 102.

479   Zutreffend Lang, Bemessungsgrundlage, 464 ff.

480   BFH, BStBl. II 1981, 780.

481   Vgl. auch §§ 14 , 18 III EStG.

482   Zu den Begriffen der „Betriebsveräußerung" und „Betriebsaufgabe" siehe Wacker, in Schmidt, EStG, § 16 Rz. 20 ff.; 170 ff.

483   R 4.5 (6) Satz 1 EStR. In diesem Sinne auch BFH, BStBl. II 1973, 786; BFH, BStBl. II 1980, 239; BFH, BStBl. II 1989, 557; BFH, BStBl. II 1990, 287; BFH,

Fiktion gilt auch bei der Veräußerung bzw. Aufgabe eines Teilbetriebs oder Mitunternehmeranteils sowie in den Fällen der Einbringung[484]. So lassen sich laufender Gewinn vom Veräußerungs- bzw. Aufgabegewinn trennen und die erforderlichen Gewinnkorrekturen vornehmen[485]. Diese werden beim laufenden Gewinn des Wirtschaftsjahres vorgenommen, in der die Veräußerung bzw. Aufgabe erfolgt[486]. Eine Verteilung der Gewinnkorrektur auf mehrere Jahre ist nicht möglich[487]. Hinsichtlich des Veräußerungs- bzw. Aufgabegewinns kommt der Steuerpflichtige in den Vorteil eines ermäßigten Tarifs für außerordentliche Einkünfte gemäß § 34 EStG und unter besonderen Voraussetzungen auch in den Genuss eines Freibetrages gemäß § 16 IV EStG.

Die unentgeltliche Betriebsübertragung bewirkt keinen Wechsel der Gewinnermittlungsart, vielmehr tritt der Übernehmer in die Position des Übertragenden ein (vgl. § 6 III EStG)[488]. Ebenso bewirkt die schrittweise Betriebseinstellung mangels Veräußerung oder Aufgabe im Sinne des § 16 II, III EStG keinen Wechsel der Gewinnermittlungsart[489].

BFH/NV 1992, 512; BFH, BFH/NV 2005, 845. Übereinstimmend Bergkemper, in Hermann/Heuer/Raupach, EStG, Juli 1998, Rz. 591; Heinicke, in Schmidt, EStG, § 4 Rz. 409; Nacke, in Lademann, EStG, Mai 2006, §§ 4, 5 Rz. 1550, Segebrecht, Die Einnahmen-Überschussrechnung nach § 4 Abs. 3, Rz. 322; Wacker, Blümich, EStG, Februar 2000, § 4 Rz. 49.

484   R 4.5 (6) Satz 2 EStR. Zustimmend Bergkemper, Hermann/Heuer/Raupach, Juli 1998, § 4 Rz. 592; Crezelius, in Kirchhof, EStG, § 4 Rz. 229; Heinicke, in Schmidt, EStG, § 4 Rz. 409; Kober, Hermann/Heuer/Raupach, EStG, Juli 2003, § 16 Rz. 339.

485   Beispielsweise Bergkemper, Hermann/Heuer/Raupach, Juli 1998, § 4 Rz. 591.

486   BFH, BStBl. III 1962, 199; BFH, BStBl. II 1980, 239; BFH, BStBl. II 1990, 287. In diesem Sinne auch Crezelius, in Kirchhof, § 4 Rz. 229; Lang, Bemessungsgrundlage, 466 f.; Segebrecht, Die Einnahmen-Überschussrechnung nach § 4 Abs. 3 EStG, Rz. 823.

487   In diesem Sinne BFH, BStBl. II 1967, 755 und Crezelius, in Kirchhof, § 4 Rz. 229; Segebrecht, Die Einnahmen-Überschussrechnung nach § 4 Abs. 3 EStG, Rz. 824.

488   Crezelius, in Kirchhof, EStG, § 4 Rz. 230; Heinicke, in Schmidt, EStG, § 4 Rz. 409; Nacke, in Littmann/Bitz/Pust, EStG, Mai 2006, §§ 4, 5 Rz. 1551; Ramb/Scheider, Die Einnahme-Überschussrechnung von A-Z, 217 f.; Reiß, Kirchhof, EStG, § 16 Rz. 96 ff.; Segebrecht, Die Einnahmen-Überschussrechnung nach § 4 Abs. 3, Rz. 332; Wacker, Blümich, EStG, Februar 2000, § 4 Rz. 49.

489   So bereits Fein, Die Systematik der Einnahmen-Überschussrechnung gemäß § 4 Absatz 3 EStG, 63. Besonderheiten gelten bei der Betriebsveräußerung gegen wiederkehrende Bezüge. Dazu Bergkemper, Hermann /Heuer/Raupach, EStG, Juli 1998, § 4 Rz. 596 ff.

II. Reformnotwendigkeiten der Einnahmen-/Überschussrechnung gemäß § 4 III EStG

1. Anwendungsbereich

Ausgangspunkt der vorliegenden Untersuchung ist der Gedanke die steuerliche Gewinnermittlung der Einnahmen-/Überschussrechnung zu reformieren. Dabei wurde bereits festgestellt, dass der Anwendungsbereich der Einnahmen-/Überschussrechnung in Form der aktuellen gesetzlichen Fassung des § 4 III EStG in persönlicher und sachlicher Hinsicht deutlich eingeschränkt ist. Diese Einschränkungen führen dazu, dass die Einnahme-/Überschussrechnung sachlich nur einen begrenzten Teil des Steuerobjekts der Einkommensteuer erfasst, nämlich den Gewinn. Außer Acht gelassen wird aktuell der Überschuss im Sinne des § 2 II Nr.2 EStG. Im Bereich der Steuersubjekte reduziert sich der Anwendungsbereich auf Selbstständige, Kleinstgewerbetreibende sowie kleinere land- und forstwirtschaftliche Betriebe. Soll die Einnahmen-/Überschussrechnung aber als Ausgangspunkt der Reform der steuerlichen Gewinnermittlung dienen, bedarf es einer Ausweitung ihres Anwendungsbereichs jedenfalls in persönlicher, eventuell auch in sachlicher Hinsicht. Falls Abgrenzungskriterien dazu notwendig sind, bedarf deren Fixierung.

Gleichzeitig ist der mit einer Kriterienfestlegung verbundenen Problematik der willkürlichen Fixierung und damit einhergehenden verfassungsrechtlichen Bedenken wegen eines von vorn herein nicht auszuschließenden Verstoßes gegen das Gleichheitsgebot gemäß Art. 3 I GG zu begegnen[490].

2. Grundprinzip der Einnahmen-/Überschussrechnung

Wiederanknüpfend an die eingangs gestellte Frage *Grohs* nach einem rationalen Gesamtprinzip der Einnahmen-/Überschussrechnung gemäß § 4 III EStG ist es notwendig, ein solches auf Grundlage der Grundtechnik herauszuarbeiten. Die gegenwärtige Fassung des § 4 III EStG ist von dem herrschenden Verständnis in Literatur und Rechtsprechung geprägt, dass dem Betriebsvermögensvergleich Vorrangstellung zukommt und derart die Gewinnkoordinaten festgelegt werden. Deutlich wird dies besonders bei der ergebnisneutralen Qualifikation von Darlehensaufnahmen und -vergaben in der Einnahmen-/Überschussrechnung. Die Nichterfassung lässt sich selbst bei der zielgerichteten Auslegung des § 4 III EStG

---

490 Zu den Kriterien siehe Herzig, in IAS/IFRS und steuerliche Gewinnermittlung, S. 440 ff.

nur mittels des tatbestandlichen Hilfskriteriums „wirtschaftliche Endgültigkeit" erreichen, das sich ausschließlich aus dem Identitätsstreben nach dem vom Betriebsvermögensvergleich vorgegebenen Periodengewinn erklärt. Nicht fassbar ist hingegen die Behandlung des Totalverlustes einer Darlehensforderung/-verbindlichkeit.

Darüber hinaus wird durch die Aufnahme periodisierender Elemente in die Einnahmen-/Überschussrechnung versucht, die jeweiligen Periodenergebnisse zwischen den verschiedenen Gewinnermittlungsarten anzunähern. Daraus folgt, dass das Anlagevermögen weitgehend der Grundtechnik der Einnahmen-/Überschussrechnung entzogen ist (vgl. § 4 III Sätze 3 und 4 EStG) und Elemente der Gewinnermittlungsart des Betriebsvermögensvergleichs in die Einnahmen-/Überschussrechnung einbezogen werden. Die Ausnahme von der Grundtechnik der Einnahmen-/Überschussrechnung innerhalb des § 4 III EStG wird durch das MissbrauchEindämmG vom 28.4.2006 auf Wirtschaftsgüter des Umlaufvermögens im Sinne des § 4 III Satz 4 EStG noch erweitert. Während bei der vorherigen Fassung davon gesprochen werden konnte, dass die Grundtechnik der Einnahmen-/Überschussrechnung auf Bereich des Umlaufvermögens reduziert wurde und zumindest in diesem Bereich eine Teilsystematik erkennbar war, reduziert der neu gefasste § 4 III EStG die Grundtechnik auf nicht in § 4 III Satz 4 EStG genannte Wirtschaftsgüter des Umlaufvermögens, so daß auch die letzte Teilsystematik innerhalb des § 4 III EStG verloren gegangen ist.

Es ist festzustellen, dass der Gesetzgeber die Gewinnermittlungsarten des Betriebsvermögensvergleichs und der Einnahmen-/Überschussrechnung immer mehr angenähert hat, die Annäherung aber unter Aufgabe der Einnahmen-/Überschussrechnungstechnik zugunsten des Periodisierungstechnik des Betriebsvermögensvergleichs erfolgt.

Daraus folgt der Gedanke, die Regelung des § 4 III EStG wieder der Grundtechnik in dem Sinne anzunähern, dass die Geltung des Zu-/Abflussprinzips als das wesentliche Merkmal der Gewinnermittlungsart der Einnahmen-/Überschussrechnung ausgeweitet wird. Gleichzeitig steht eine Ausformung der Grundtechnik der Einnahmen-/Überschussrechnung unter dem Anspruch, den gewogenen Ausgleich zwischen der der Grundtechnik immanenten Einfachheit und dem potentiellen Ausnahmebedarf zu schaffen. Darüber hinaus wirft zwar der Ansatz von nicht in Geld bestehender Zu- und Abflüsse sowie Entnahmen und Einlagen in der betrieblichen Einnahmen-/Überschussrechnung keine Fragen der Periodisierung auf, führt allerdings mangels direkter Zahlungsmittelanknüpfung zu Bewertungsfragen[491]. Insoweit besteht das Bedürfnis, die strikte Zahlungsmittelanknüp-

---

491 Zutreffend Herzig, IAS/IFRS und die steuerliche Gewinnermittlung, 356 f.

fung ihrer Grundtechnik auf Grund des Gewinnverständnisses nach der Reinvermögenszugangstheorie auszuweiten.

Der Einbezug periodisierender Elemente und Bewertungserfordernisse reduzieren den die Grundtechnik der Einnahmen-/Überschussrechnung prägenden Vereinfachungscharakter. Schwerwiegend ist dabei, dass der Einbezug periodisierender Elemente sowie die Nichterfassung der Darlehensvaluta in der Einnahmen-/Überschussrechnung gemäß § 4 III EStG der Herausarbeitung eines Grundprinzips entgegenstehen. Soll die Grundtechnik der Einnahmen-/Überschussrechnung die Grundlage einer reformierten Gewinnermittlung darstellen, so bedarf es diesbezüglich eines eigenständigen Grundprinzips, aus dem sich heraus Zweifelsfragen wie die Qualifikation des Darlehens unabhängig von einer anderen Gewinnermittlungsart systemimmanent lösen lassen.

3. Begrifflichkeiten der Einnahmen-/Überschussrechnung

Reformnotwendigkeit besteht hinsichtlich der Begrifflichkeiten der Einnahmen-/Überschussrechnung. Diese sind normativ derart zu präzisieren, dass sich aus den Begriffen selbst die Lösung von Zweifelsfragen ableiten lässt. Maßgebend ist hierbei einerseits das Grundprinzip, andererseits auch die Notwendigkeit, dem zugrunde liegenden Einkommensverständnis zu entsprechen. Die gegenwärtige Auslegung der Begriffe ist nicht aus einer dem § 4 III EStG eigenen Grundsystematik abgeleitet, sondern darauf bedacht, einen Totalgewinn mit dem Betriebsvermögensvergleich bzw. eine Annäherung der Periodenergebnisse herzustellen. Insofern ist es Aufgabe einer Reform, die Begriffe der Einnahmen-/Überschussrechnung einer einheitlichen Struktur zuzuführen, die ein -herauszuarbeitendes – Grundprinzip widerspiegelt und so die innere Komplexität der Einnahmen-/Überschussrechnung gemäß § 4 III EStG, resultierend aus den Ausnahmen, vereinfacht. Anspruch ist dabei einerseits, dem gegenwärtigen § 4 III EStG die Unübersichtlichkeit durch präzise Begriffsfassung zu nehmen, andererseits weiterhin komplexe Sachverhalte zu erfassen, ohne sich dabei in Ausnahmen zu Lasten des Grundprinzips zu verlieren.

Bei einer Reform der Begriffe ist wesentlich zu beachten, dass sich in diesen das zugrunde liegende Einkommensverständnis ausdrückt und diesem entsprechen muss. Dies gilt insbesondere bei der Betrachtung aktueller Reformmodelle, da diese teilweise das gegenwärtige Einkommensverständnis modifizieren. Insoweit sind die Begrifflichkeiten vor dem Hintergrund des jeweiligen Einkommenverständnisses zu betrachten.

4. Überprüfungsmaßstäbe eines Grundprinzips bzw. präzisierter Begrifflichkeiten

Das Grundprinzip sowie die präzisierten Begrifflichkeiten sind an Sachverhalten zu messen, deren Erfassung der gegenwärtigen Einnahmen-/Überschussrechnung gemäß § 4 III EStG Schwierigkeiten bereiten. So soll sich ihre Tauglichkeit erweisen.

4.1 Darlehen als Maßstab

Die Behandlung der Darlehensaufnahme und -rückzahlung in der Einnahmen-/Überschussrechnung wurde bereits in dieser Arbeit thematisiert. Dabei wurde festgestellt, dass die fehlende Ergebniswirkung keine zwangsläufige Rechtsfolge der Grundtechnik ist, sondern vielmehr vom gewünschten Ergebnis der Nichtberücksichtigung her begründet wird. Dies erfolgt gegenwärtig auf der Tatbestandebene mittels des Hilfskriteriums „wirtschaftlicher Erfolg des Zahlungsflusses". Aber auch dieses vermag mangels stringenter Umsetzung nicht zu überzeugen[492].

Eine reformierte Einnahmen-/Überschussrechnung muß sich auch an der Behandlung des Totalverlustes einer Darlehensforderung/ -verbindlichkeit messen lassen, da es gegenwärtig an einer systematischen Lösung fehlt.

4.2 Tausch als Maßstab

Sachverhalte, bei denen es trotz fehlender Vereinnahmung und Verausgabung von Zahlungsmitteln zu einer Gewinnrelevanz kommen kann[493], eignen sich besonders zur Überprüfung einer in der Grundtechnik auf Zahlungsmitteln basierenden Gewinnermittlungsart. Hier bietet sich der bislang in dieser Arbeit noch nicht behandelte Tausch[494] als weiterer Maßstab einer reformierten Einnahmen-/Überschussrechnung an[495].

---

492 So wird beispielsweise die Darlehensaufnahme mangels endgültigen Zahlungsflusses als nicht gewinnwirksam qualifiziert, die infolge anfänglicher Nichtigkeit rechtsgrundlose Zahlung hingegen schon (z.B. wegen Sittenwidrigkeit § 138 I BGB). Beide Zahlungen sehen sich einer Rückforderungsmöglichkeit ausgesetzt (vgl. § 488 BGB, § 812 I Satz 1 1. Alternative BGB), sodass sich beide Fälle in der Betrachtung ihres wirtschaftlichen Erfolges nicht unterscheiden.

493 Vergleiche BFH, BStBl. II 1990, 497.

494 Tauschähnliche Geschäfte, d.h. Einbringung von Wirtschaftsgütern in eine Gesellschaft gegen Gewährung von Gesellschaftsrechten (vgl. §§ 20, 24 UmwStG), werden von der wohl herrschenden Auffassung im Ergebnis dem Tausch gleichgestellt (vgl. BFH, BFH/NV 2003, 88; zustimmend Fischer, in Kirchhof, EStG, § 6 Rz. 190; Ortmann-Babel, in Lademann, EStG, Januar 2001, § 6 Rz. 1046; Gail/Düll/Fuhrmann/

Das steuerliche Charakteristikum des Tausches besteht darin, dass die Aufwendungen für die Anschaffung eines Wirtschaftgutes nicht in einem Kaufpreis, sondern in der Hingabe eines anderen Wirtschaftsgutes erfolgen[496]. Mit dem Verzicht auf den Kaufpreis greift die Anknüpfung an die Koordinate Zahlungsmittel ins Leere. Deshalb bedarf es für die Erfassung in der Einnahmen-/Überschussrechnung gemäß § 4 III EStG gegenwärtig einer Konstruktion von Zahlungsmittelflüssen, da nur solchen hier Gewinnwirkung zukommt. Der Tausch wird daher so behandelt, als ob der Steuerpflichtige sein Wirtschaftsgut entgeltlich veräußert habe und das erworbene Wirtschaftsgut mit diesem Entgeltbetrag gekauft habe. Insofern werden Zahlungsmittelströme unabhängig der Natur der getauschten Wirtschaftsgüter fingiert[497]. Der Zuflusszeitpunkt bestimmt sich über die „verdeckte Verrechnung"[498] der beiden fingierten Zahlungsansprüche[499]. Dabei ist unabhängig von der Zuordnung der Wirtschaftsgüter zum Anlage- oder Umlaufvermögen die Gegenleistung für das hingegebene Wirtschaftsgut eine Betriebseinnahme, wenn das durch den Tausch inzident veräußerte Wirtschaftsgut dem Betriebsvermögen zuzurechnen war[500]. Eine Betriebsausgabe liegt dann vor, wenn das erlangte Wirtschaftsgut in die betriebliche Sphäre gelangt, nicht hingegen bei einer Zuordnung zum Privatvermögen[501].

Gelangt die Gegenleistung in das Betriebsvermögen werden gemäß § 6 VI Satz 1 EStG die Anschaffungskosten des erhaltenen Wirtschaftsgutes nach dem gemeinen Wert[502] des hingegeben Wirtschaftsgutes bemessen[503]. Dies führt im

---

Grupp, DB-Beilage Nr.14/1999, 19; van Listhaut, DB 2000, 1784 (1785)). Daher ist im Folgenden ausschließlich der Tausch im engeren Sinne Gegenstand weiterer Betrachtungen. Umsatzsteuerrechtliche Differenzierungen (vgl. § 3 XII Satz 1 und Satz 2 UStG) und die Behandlung der USt als solcher beim Tausch bleiben ebenso außerhalb der vorliegenden Betrachtung. Dazu Ramb/Schneider, Die Einnahme-Überschussrechnung von A – Z, 533 ff.

495 Auf eine ausführliche Darstellung der Behandlung des Tausches und tauschähnlicher Geschäfte wird in dieser Arbeit verzichtet und insoweit auf die Ausführungen von Eisgruber, Die Zahlungsmittelrechnung nach § 4 Abs. 3 EStG, 131 ff. Bezug genommen.

496 Zum Tauschbegriff im Steuerrecht siehe Adam, Einlage, Tausch und tauschähnlicher Vorgang im Zivilrecht und Steuerrecht, 90 ff. (91).

497 In diesem Sinne Bergkemper, in Herrmann/Heuer/Raupach, EStG, Juli 1998, § 4 Rz. 560; Ehmcke, in Blümich, EStG, März 2004, § 6 Rz. 1385; Korn/Strahl, in Korn, EStG, März 2001, § 6 Rz. 515;

498 Eisgruber, Die Zahlungsmittelrechnung nach § 4 Abs. 3 EStG, 136.

499 BFH, BStBl. II 1986, 607.

500 Eisgruber, Die Zahlungsmittelrechnung nach § 4 Abs. 3 EStG, 135.

501 BFH, BStBl. II 1986, 607 sowie Ramb/Schneider, Die Einnahme-Überschussrechnung von A – Z, 533.

502 Zum Begriff siehe Seer, in Tipke/Lang, Steuerrecht, § 13 Rz. 12 ff. mit weiteren Nachweisen.

Grundsatz[504] zu einer Aufdeckung der stillen Reserven des hingegebenen Wirtschaftsgutes[505]. Insofern liegt eine Gewinnauswirkung in der Differenz zwischen dem „Buchwert" und dem gemeinen Wert des hingegeben Wirtschaftsgutes[506]. Sind die ausgetauschten Tauschgüter nicht wertgleich und wird ein Wertunterschied mit einer sog. Baraufgabe ausgeglichen, so sind die Anschaffungskosten bei dem die Baraufgabe leistenden Steuerpflichtigen um diese Zuzahlung zu erhöhen und entsprechend beim anderen Steuerpflichtigen die Baraufgabe zur Ermittlung der Anschaffungskosten abzuziehen.

Besonderheiten ergeben sich infolge der Sätze 3 und 4 des § 4 III EStG. Diese sind einerseits hinsichtlich noch nicht abgesetzter Anschaffungs- oder Herstellungskosten des hingegeben Wirtschaftsgutes zu beachten. Anderseits gelten sie für die Abzugsfähigkeit der Betriebsausgaben für den erlangten Gegenstand, beispielsweise auch gegen nicht von § 4 III Satz 4 EStG erfasste Wirtschaftsgüter des Umlaufvermögens[507].

Mittels fingierter Zahlungsflüsse ist also die Einnahmen-/Überschussrechnung gemäß § 4 III EStG gegenwärtiger Fassung in der Lage, den ihrer Grundtechnik fremden Sachverhalt des Tausches zu erfassen. Daher hat sich auch eine reformierte Einnahmen-/Überschussrechnung und insbesondere die zu präzisierende Begrifflichkeiten an der systematischen Erfassung des Tausches zu messen.

5. *Fehlende Regelung bei Wechsel von Wirtschaftsgütern des*
    Anlagevermögens in das Umlaufvermögen und umgekehrt

Der Wechsel von Wirtschaftsgütern des Anlage- in das Umlaufvermögen oder umgekehrt erfährt gegenwärtig in § 4 III EStG weder eine ausdrückliche Regelung noch existiert eine gesicherte Anlehnungsmöglichkeit an Rechtsprechung, Finanzverwaltung oder Literatur, obwohl der Wechsel der Wirtschaftsgüter nicht

---

503 Kantwill, StuSt 2006, 65 (70); Korn/Strahl, in Korn, EStG, März 2001, § 4 Rz. 522; Seer, in Tipke/Lang, Steuerrecht, § 13 Rz. 9. Dies war bereits vor der Einführung des § 6 VI Satz 1 EStG im Wege des Steuerentlastungsgesetz 1999/2000/2002 allgemeine Auffassung, siehe BFH, BStBl. II 1983, 303; BFH, BStBl. II 1984, 422 und Groh, in FS für Döllerer, 157 (163); Lang, Bemessungsgrundlage, 455; Lang, in Tipke/Lang, Steuerrecht,, 16.Auflage 1998, § 9 Rz. 375; Schoor, FR 1982, 505 (509).

504 Zu Ausnahmen siehe § 6 VI Satz 4 i.V.m. § 6 V EStG; § 6c EStG.

505 Segebrecht, Die Einnahmen-/Überschussrechung nach § 4 Abs. 3 EStG, 659. Anderer Auffassung bis zur Einführung des § 6 VI EStG die Finanzverwaltung, vergleiche. BMF, BStBl. I 1998, 163.

506 Anderer Ansicht Söffing, DStZ 1970, 17 (23); Speich, DStR 1972, 743 (748).

507 So bereits Segebrecht, Die Einnahmen-Überschussrechnung nach § 4 Abs. 3 Rz. 659.

unproblematisch ist[508]. Insofern besteht auch in diesem Punkt eine Reformnotwendigkeit.

6. Volatilität der Bemessungsgrundlage

Die gegenwärtige Fassung der Einnahmen-/Überschussrechnung greift die ihr systemimmanente Problematik der volatilen Bemessungsgrundlage mit den Regelungen des § 4 III Satz 3 und 4 sowie § 11 I Satz 2, II Satz 2 EStG auf. Außerhalb dieser Regelungen bleiben aber teilweise erhebliche kurzfristige Verbindlichkeiten zum Jahreswechsel ebenso unberücksichtigt wie ein durch umfangreiche zahlungswirksame Wareneinkäufe verursachter Vorratsbestand. Somit werden wesentlich die wirtschaftliche Leistungsfähigkeit beeinflussende Sachverhalte nicht periodengerecht erfasst. Im Weiteren führt das Zu-/ Abflussprinzip gemäß § 11 EStG regelmäßig zu im Zeitablauf stark schwankenden Periodenergebnissen, da hier eben keine Glättung der Periodengewinne durch die Verteilung von Einnahmen und Ausgaben über mehrere Wirtschaftsjahre hinweg vorgenommen wird. So ist die Einnahmen-/Überschussrechnung gemäß § 4 III EStG, soweit das Zu-/ Abflussprinzip gilt, durch die Zufälligkeit des Zahlungsanfalles geprägt.

Aus Sicht des Steuerpflichtigen führt die Volatilität der Bemessungsgrundlage dazu, dass in Perioden mit realwirtschaftlichen Gewinnen und weit überdurchschnittlichen Gewinnen diese sofort in voller Höhe mit dem gegebenenfalls progressiveren Tarif besteuert werden, während in Verlustperioden derzeit nur eine sachlich und zeitlich eingeschränkte Verlustnutzungsmöglichkeit besteht[509]. So besteht die Gefahr, dass entstandene Verluste gar nicht in voller Höhe verrechnet werden können. Anschaulich wird diese Gefahr bei Kosten im Zusammenhang von Nachsorgepflichten für Industrieanlagen gemäß § 5 III BImSchG oder gemäß § 36 II Nr.2 KrW/AbfG sowie Rekultivierungspflichten für Deponien gemäß § 36 II Nr. 1 KrW/AbfG[510]. Infolge der zukünftigen Kostentragungspflichten sind bereits auf das Ende des betrieblichen Bestehens hin Verlustperioden absehbar, deren Berücksichtigung beim Betriebsvermögensvergleich auf Grund der Möglichkeit von Rückstellungsbildungen und der damit einhergehenden Verlustverteilungseffekt über Perioden gewährleistet ist. Unterstellt man einen auf solche Unternehmen erweiterten Anwendungsbereich, ist dies auf Grund des

---

508 Siehe Kapitel C I 7.
509 Siehe zu den Beschränkungen des Verlustausgleichs/ –abzugs, insbesondere zur Mindestbesteuerung gemäß § 10 d II EStG Lang, in Tipke/Lang, Steuerrecht, § 9 Rz. 65 ff.
510 Siehe jeweils Jarass, in Jarass, BImSchG, § 5 Rz. 105 ff. und Paetow, in Kunig/Paetow/ Versteyl, KrW-/AbfG, § 36 Rz. 17 ff.

grundsätzlichen Realisationsverständnisses gemäß § 11 EStG der Einnahmen-/Überschussrechnung und der gegenwärtigen Verlustrücktragsregelung gemäß § 10 d EStG nicht der Fall. Des Weiteren besteht die Gefahr eines Zinsnachteils auf Grund der zeitlich verzögerten steuerlichen Verlustberücksichtigung.

Für den Fiskus führt die Unsicherheit hinsichtlich der Höhe des erwarteten Steueraufkommens auf Grund der im Zeitablauf stark schwankenden Bemessungsgrundlagen zu fehlender Planungssicherheit. Problematisch ist auch die Manipulationsanfälligkeit der Bemessungsgrundlage. Für den Steuerpflichtigen besteht die Möglichkeit, über die subjektive Bestimmung des Ein- bzw. Auszahlungszeitpunktes den zeitlichen Anfall der Betriebseinnahme/-ausgabe zu steuern, und damit die Höhe des steuerlichen Periodengewinns zu beeinflussen. Dem ist entgegenzuhalten, dass durch steuermotivierte Verlagerungen von Zahlungen Opportunitätskosten auftreten können, welche den steuermindernden Gestaltungsanreiz wieder reduzieren. Außerdem führen generell durch das Hinauszögern von Betriebseinnahmen bzw. das Vorziehen von Betriebsausgaben verursachte Gewinnverlagerungen zu einem Liquiditätsnachteil in Form entgangener Zinserträge bzw. erhöhter Zinsaufwendungen. Jedoch bestehen unter der Prämisse, dass kein deutlicher Anstieg der Ertragssteuersätze erfolgt, für den Steuerpflichtigen neben einer progressiven Gewinnglättung der generelle Anreiz, die steuerlichen Ergebnisse wegen des Zinseffektes nachzuverlagern. Dies ist um so mehr vor dem Hintergrund eines erweiterten Anwendungsbereichs der Einnahmen-/Überschussrechnung und damit drohenden Gewinnverlagerungen in beträchtlichen Ausmaßen zu beachten[511].

Festzuhalten ist, dass die reine Übernahme des der Einnahmen-/Überschussrechnung zugrunde liegenden Prinzips der Zahlungsmittelanknüpfung sowohl auf Seiten des Fiskus wie auch auf Seiten der Steuerpflichtigen zu den aufgezeigten Problemen führt. Insoweit ist eine Modifikation des Realisationsverständnisses der Einnahmen-/Überschussrechung in Betracht zu ziehen. In diesem Fall stellt sich dann aber wiederum die Ausgangsfrage nach der Herausarbeitung eines Grundprinzips.

7. Teilwertabschreibungen

Nach herrschender, aber nicht unumstrittener Auffassung in Literatur und Rechtsprechung sind Teilwertabschreibungen im Sinne des § 6 I Nr. 1 und 2 EStG in der gegenwärtigen Gewinnermittlung gemäß § 4 III EStG unzulässig[512]. Dies ist

511 So ebenfalls Herzig, IAS/IFRS und die steuerliche Gewinnermittlung, 357 ff.
512 Exemplarisch BFH, BStBl. III1956, 38; BFH, BStBl. III 1960, 188 sowie Heinicke, in Schmidt, EStG, § 4 Rz. 371; Herzig, in IAS/IFRS und steuerliche Gewinnermitt-

aus Perspektive der Gewinnermittlungstechnik der Einnahmen-/Überschussrechnung konsequent. Nicht die Wertentwicklung des Betriebsvermögens (vgl. §§ 4 I, 5 I EStG), sondern der Zu-/Abfluss von Betriebseinnahmen/-ausgaben ist für die Einnahmen-/Überschussrechnung im Grundsatz entscheidend. Insofern drücken sich hier Wertentwicklungen des Betriebsvermögens erst im Zeitpunkt des Zu-/Abflusses aus. Diese Konsequenz verliert sich jedoch dort, wo von der Grundtechnik abgewichen wird und sich die Einnahmen-/Überschussrechnung dem Betriebsvermögensvergleich annähert[513]. Immerhin besteht im Bereich des abnutzbaren Anlagevermögens und der speziellen Wirtschaftsgüter des Umlaufvermögens gemäß § 4 III Satz 3 EStG die Möglichkeit der Abschreibung für außergewöhnliche technische oder wirtschaftliche Abnutzung im Sinne des § 7 I Satz 7 EStG, die einer Teilwertabschreibung sehr nahe kommt. Die nicht abnutzbaren Anlagegüter und die speziellen Wirtschaftsgüter des Umlaufvermögens sind zudem gemäß § 4 III Satz 5 EStG in ein Bestandsverzeichnis aufzunehmen, so daß darin gleich einer Bilanz Wertveränderungen zu einem Stichtag festgehalten werden könnten[514]. Weiterhin ist auf die Rechtsprechung des Bundesfinanzhofs hinzuweisen, der den Totalausfall von Darlehensforderungen/-verbindlichkeiten bei der Einnahmen-/Überschussrechnung in dem Zeitpunkt ergebniswirksam berücksichtigt, in welchem der Verlust endgültig feststeht[515].

Insofern rechtfertigt die gegenwärtige Fassung der Einnahmen-/Überschussrechnung gemäß § 4 III EStG nicht zwangsläufig die Unzulässigkeit von Teilwertabschreibungen. Ebenso rechtfertigt sich die Unzulässigkeit nicht aus dem Vereinfachungsgedanken[516], da dieser bereits mit der Angleichung an den Betriebsvermögensvergleich weitgehend aufgegeben wurde. Überdies kommen die von der Rechtsprechung aufgestellten Teilwertvermutungen dem Vereinfachungsgedan-

lung, 348; Hey, in Tipke/Lang, Steuerrecht, § 17 Rz. 266; Kantwill, StuSt 2006, 65 (70); Lang, Bemessungsgrundlage, 469; Meurer, in Lademann, EStG, Mai 2006, § 4 Rz. 463; Offerhaus, BB 1977, 1493 (1497); Segebrecht, Die Einnahmen-Überschussrechnung nach § 4 Abs. 3, Rz. 22, 57; Veigel, INF 1990 1, (5); anderer Auffassung FG Köln, EFG 1994, 1083 (rechtskräftig); Bergkemper, Hermann/ Heuer/Raupach, EStG, Juli 1998, § 4 Rz. 531; Nacke, Littmann/Bitz/Hellwig, EStG, Mai 2006, § 4 Rz. 1524.

513 So im Bereich der Anlagegüter gemäß § 4 III Satz 3 und 4 EStG bzw. darüber hinaus bei der Anschaffung von Wirtschaftsgütern des Umlaufvermögens im Sinne des § 4 III Satz 4 EStG.
514 So auch Meurer, in Lademann, EStG, Mai 2006 § 4 Rz. 463, im Ergebnis aber abweichender Auffassung.
515 Sieh dazu Kapitel C I. 2.1.3.1.
516 Siehe beispielsweise mit diesem Argument BFH, BStBl. III 1956, 38; BFH, BStBl. III 1960, 188.

ken eher entgegen[517]. Somit sind Teilwertabschreibungen nicht ausschließlich dem Betriebsvermögensvergleich vorbehalten und sind in entsprechender Anwendung des § 6 I Nr. 1 und Nr. 2 EStG in die Reformüberlegungen miteinzubeziehen.

8. Notwendigkeit eines Korrektivs zur Angleichung der Periodenergebnisse

Je nach Ausgestaltung der Einnahmen-/Überschussrechnung stellt sich dann auch die Frage, ob eine Harmonisierung unterschiedlicher Jahresergebnisse nach dem Grundsatz der Totalgewinnidentität ausreichend ist oder es eines Korrektivs zur Angleichung der einzelnen Periodenergebnisse bedarf. Insoweit lassen sich Ungleichbehandlungen resultierend aus Progression und Steuersätzen ausschließen oder zumindest reduzieren. Voraussetzung ist hierbei, dass eine reformierte Gewinnermittlung unterschiedliche Gewinnermittlungsarten weiterhin zulässt und diese weiterhin auf dem Gedanken der klassischen, periodenbezogenen Reinvermögenszugangstheorie gründen.

9. Aufzeichnungspflichten und Standardisierungen

Ursprünglich war der Gedanke, dass diejenigen, die bereits einer Buchführungspflicht unterworfen waren, diese im Wege der steuerlichen Gewinnermittlung durch den Betriebsvermögensvergleich nutzen sollten. Die zu keiner Buchführung verpflichteten Steuerpflichtigen ermitteln hingegen ihren Gewinn „vereinfacht" im Wege der Einnahmen-/Überschussrechnung. Diesen Vereinfachungsgedanken im Sinne eines fehlenden Jahresabschlusses nimmt das EStG insofern auf, als es keine allgemeinen förmlichen Aufzeichnungspflichten für die Einnahmen-/Überschussrechnung normiert[518]. Mangels förmlicher Aufzeichnungspflicht ist der Steuerpflichtige frei, in welcher Form die Aufzeichnung der Betriebseinnahmen-/-ausgaben erfolgt[519]. Lediglich für besondere Wirtschaftsgüter ist gemäß § 4 III Satz 5 EStG ein laufendes Verzeichnis zu führen. Dies gründet sich darin, dass die Betriebsausgaben für diese bestimmten Wirtschaftsgüter

---

517 So bereits Bergkemper, Hermann/Heuer/Raupach, EStG, Juli 1998, § 4 Rz. 536. Zum Begriff der Teilwertvermuungen siehe Knobbe-Keuk, Bilanz- und Unternehmenssteuerrecht, § 5 IV.

518 Beispielsweise BFH, BStBl. II 1973, 480; BFH, BStBl. II 1984, 504; Heinicke, in Schmidt, EStG, § 4 Rz. 374; Hilbich, StBp 1976, 87; Meurer, in Lademann, EStG, Mai 2006, § 4 Rz. 427; Nacke, in Littmann/Bitz/Pust, EStG, Mai 2006, Rz. 1512; Weilbach, DB 2005, 578 (578).

519 So bereits Volk, DB 2003, 1871; Weilbach, DB 2005, 578 (578).

nicht dem Abflussprinzip im Sinne des § 11 II Satz 1 EStG unterliegen, sondern gemäß § 4 III Satz 3 und 4 EStG dem Periodisierungsgedanken des Betriebsvermögensvergleichs. Soweit das Zu-/ Abflussprinzip direkte Anwendung findet, setzt sich der Vereinfachungsgedanke im EStG in einer fehlenden förmlichen Aufzeichnungspflicht fort. Diese Freiheit hat der Gesetzgeber durch die Einführung des § 60 IV EStDV deutlich eingeschränkt.

Dem Vorteil auf Seiten der Finanzverwaltung, nämlich die standardisierte Vereinheitlichung der Darstellung der Einnahmen-/Überschussrechnung gemäß § 4 III EStG und der daraus resultierenden Konsequenz effizienterer Kontrollmöglichkeiten[520], stehen als Nachteil zusätzliche Belastungen des Steuerpflichtigen gegenüber. Diese äußern sich nicht nur in einer zusätzlichen administrativen Datenerhebungs- und Bereitstellungslast ohne zwingende betriebswirtschaftliche Vorteile, sondern auch in „erheblich steigenden *compliance costs*"[521]. Zudem erscheint die Hilfe eines steuerlichen Beraters zum korrekten Ausfüllen des Vordrucks notwendig, da selbst in Fachkreisen weiterhin Zweifelsfragen hinsichtlich einzelner Angaben bestehen[522]. Damit steht dann aber auch das Ziel des Kleinunternehmerförderungsgesetzes, die Erleichterung für Kleinunternehmer durch eine Vereinfachung ihrer Erklärungspflichten in Frage. De facto werden nämlich die Erleichterungen durch die Anhebung der Buchführungsgrenzen in § 141 AO durch die mit dem Vordruck einhergehenden Belastungen wieder zurückgenommen.

Die Abwägung zwischen den Vor- und Nachteilen der Finanzverwaltung und den Steuerpflichtigen ist letztlich aber keine rechtliche Frage, sondern eine politische. Daher enthält sich die vorliegende Arbeit in diesem Bereich einer abschließenden Stellungnahme, betrachtet aber eine reformierte Einnahmen-/Überschussrechnung auf deren Notwendigkeit eines amtlichen Vordrucks im Sinne des § 60 IV EStDV.

10. Besteuerungszeitpunkt

Bei einer grundlegenden Reform der steuerlichen Gewinnermittlung ist auch auf die Frage nach dem grundsätzlichen Besteuerungszeitpunkt einzugehen. Da diese Entscheidung von verfassungswegen dem Gesetzgeber obliegt und somit einer Reform offen gegenübersteht, stehen sich die Vor- bzw. Nachteile einer Besteue-

---

520 Dazu Pressemitteilung Nr.116/2004 vom 22.9.2004 des BMF, http://www.hlbs.de/ hlbs_db/owa/wt_show.text_page?p_text_id=1001434&p_flag=(hlbs).
521 Stellungnahme der Bundessteuerkammer vom 15.12.2004; http://www.bstbk.de/ muster_stbk/oeffentlich/pdf/5/Stell34-15.12.04.pdf.
522 Insoweit wird auf den Anhang der Stellungnahme der Bundessteuerkammer vom 15.12.2004 verwiesen, der einzelne Zweifelsfragen auflistet.

rung auf Konsumebene und dem gegenwärtigen grundsätzlichen[523] Zugriffszeitpunkt auf der Einkommensseite gegenüber. Eine nicht unerhebliche Anzahl deutscher Reformmodelle vertritt entsprechende Konsumsteuerkonzepte in vielgestaltiger Ausformung. Hierbei soll sich aber der Blick nicht auf die grundsätzliche Diskussion zwischen den unterschiedlichen Besteuerungszeitpunkten richten[524], sondern sich auf die Frage der Reformmöglichkeiten des § 4 III EStG.

11. Maßgeblichkeitsprinzip

Mit der Reform der steuerlichen Gewinnermittlung auf Grundlage des § 4 III EStG geht zwangsläufig die Frage nach dem Verhältnis bzw. dem Fortbestand der Maßgeblichkeit der Handelsbilanz für die Steuerbilanz gemäß § 5 I EStG einher. Zudem stellt sich die Frage in welchem Verhältnis eine reformierte steuerliche Gewinnermittlung zu den Rechnungslegungsvorschriften IAS/IFRS steht.

III. Zwischenergebnis

In der Zusammenschau der Reformnotwendigkeiten des § 4 III EStG ist festzustellen, dass solche zahlreich bestehen, diese sich aber teilweise widersprechen[525]. Eine systematische Einheitslösung unter Einbezug aller Reformüberlegungen ist mithin nicht möglich. Insofern ist zu untersuchen, ob und wie die jeweiligen Einzelfragen beantwortet werden können. Unter Umständen sind verschiedene vertretbare Ergebnisse nebeneinander aufzulisten und abzuwägen. Letztlich ist es der gesetzgeberischen Entscheidung anheim zu stellen, welches Ergebnis vorzugswürdig ist[526].

---

523 Siehe dazu Lang, in Tipke/Lang, Steuerrecht, § 4 Rz. 113.

524 „Für die Erfassung des gesamten erworbenen Einkommens sprechen gute Gründe; für die Erfassung nur des Konsumeinkommens (des für den Konsum verwendeten Einkommens) sprechen ebenfalls gute Gründe" und „wenn nun selbst eminente Steuerwissenschaftler in aller Welt sich nicht darüber einigen können, für welche Version die besseren Gründe sprechen, oder wenn sie in ihren Auffassungen schwanken" (Tipke, Steuerrechtsordnung Bd. II, 984 f.) Daher wird diese breite Diskussion im Folgenden nicht aufgenommen, um den Zuschnitt dieser Arbeit nicht zu sprengen. Allerdings soll die Diskussion ausschnittsweise auf die Reformmöglichkeiten des § 4 III EStG bezogen werden, um sie nicht gänzlich auszublenden.

525 So ist beispielsweise einerseits die Möglichkeit der Herausarbeitung eines Grundprinzips durch die Ausweitung des Zu-/Abflussprinzips angedacht, andererseits wird aber auch die Aufnahme von Teilwertabschreibungen in die Einnahmen-/Überschussrechnung überlegt. Ebenso geht mit der Ausweitung des Zu-/Abflussprinzips zwangsläufig eine Volatilität der Bemessungsgrundlage einher.

526 So die Empfehlung Tipkes, Ein Ende dem Einkommensteuerwirrwarr, 163.

Kapitel D: Die Einnahmen-/Überschussrechnung in aktuellen Reformentwürfen

Im Folgenden werden ausgewählte Reformmodelle unter der Perspektive der Reformnotwendigkeiten der Einnahmen- Überschussrechnung betrachtet, um eventuelle Reformmöglichkeiten für § 4 III EStG zu gewinnen.

I. Die Ermittlungsmethoden in aktuellen Reformentwürfen[527]

Folgend werden die konsumorientierten Reformentwürfe auf Cashflow-Basis untersucht.

1. Konsumorientierte Reformentwürfe auf Cashflow-Basis

Den Entwürfen von *Elicker*[528] und *Mitschke*[529] ist ein Konzept konsumorientierter Besteuerung auf Cashflow-Basis gemeinsam. Das Einkommen selbst ist weiterhin Besteuerungsgegenstand, wird jedoch nachgelagert besteuert[530]. Nicht der investierte bzw. reinvestierte Teil des Einkommens wird belastet, sondern erfasst wird erst das entnommene oder ausgeschüttete und für Konsumzwecke verwendete Einkommen[531].

Beide Entwürfe konzipieren eine eigenständige steuerliche Gewinnermittlung unabhängig der handelsrechtlichen. Gemeinsamkeiten weisen die beiden Entwürfe ebenso auf, indem sie nicht nur den Einkünftedualismus des geltenden Einkommensteuerrechts[532] überwinden, sondern auch die Einkünfteermittlung auf die

---

527 Die vorliegende Arbeit richtet den Blick auf die Ermittlungsarten der Reformmodelle und deren Einbettung innerhalb des jeweiligen Gesamtkonzepts. Daher wird auf eine umfassende Darstellung der aktuellen Reformentwürfe bewußt verzichtet. Zu den Gesamtkonzepten siehe Kube, BB 2005, 743; Tipke, Ein Ende dem Einkommensteuerwirrwarr?, 104 ff.

528 Elicker, Entwurf einer proportionalen Netto-Einkommensteuer.

529 Mitschke, Erneuerung des deutschen Einkommensteuerrechts.

530 So bereits Lang, in Tipke/Lang, Steuerrecht, § 4 Rz. 116.

531 Tipke, Ein Ende dem Einkommensteuerwirrwarr?, 140 f.

532 Im Sinne der Unterteilung in Gewinn- und Überschusseinkünfte.

Grundlage einer – im Ergebnis[533] – einheitlichen Ermittlungsmethode stellen. Ausgehend von der Grundtechnik der Einnahmen-Überschussrechnung schaffen *Elicker* und *Mitschke* neue, jeweils unterschiedliche Begriffe, die sie aus ihrem Gesamtkonzept herleiten.

Beide Entwürfe gleichen sich in der konsequenten Umsetzung des Zu-/Abflussprinzips. Ausnahmen, wie sie die gegenwärtige Fassung des § 4 III Sätze 3 und 4 EStG enthält, machen beide nicht[534]. *Elicker* zufolge würde die Umsetzung des auch von anderer Seite gemachten Vorschlags, die Überschussrechnung zwar zu Lasten des Betriebsvermögensvergleichs auszubauen, aber mit Abschreibungsvorschriften zu kombinieren, zu einem neuen Systembruch führen und auch keine weitreichende Verwirklichung des ebenfalls angestrebten Vereinfachungseffektes erlauben[535]. *Mitschke* formuliert sogar in § 8 II seines Gesetzesentwurfs (EStG-ME) legal den unverzüglichen Abzug der abfließenden Zahlungen und geldwerten Vorteile aus der Anschaffung oder Herstellung von bevorratenden und langlebigen, abnutzbaren und nicht abnutzbaren Wirtschaftsgütern[536].

Insoweit rechtfertigt sich die hier gewählte gemeinsame Darstellung der Entwürfe *Elickers* und *Mitschkes*, da sich beide – zwar auf unterschiedliche Weise und mit verschiedenen Modifikationen – um die stringente Umsetzung der Grundtechnik der Einnahmen-/Überschussrechnung verdient machen.

1.1 Reformmodell Elickers

1.1.1 Ermittlungstechnik

Elicker ermittelt das Einkommen gemäß § 2 seines Netto-Einkommensteuergesetzes (Netto-EStG) aus dem Unterschiedsbetrag der Entnahmen[537] und Einlagen[538], verstanden als Zu-/Abfluss von Wirtschaftsgütern zwischen sog. Erwerbs- und sog. Privatvermögen. Dabei verzichtet er auf Schedulenelemente und unterteilt das

---

533 Der Entwurf Mitschkes enthält zwar zwei Ermittlungsmethoden, die aber nach seiner Kommentierung „zum gleichen materiellen Ergebnis führen". So Mitschke, Erneuerung des deutschen Einkommensteuerrechts, Rz. 116.

534 Von dieser Regel macht Mitschke zur Vermeidung von mißbräuchlicher Steuergestaltung eine Ausnahme bei den Anschaffungs-/Herstellungskosten für im Ausland belegene Sachgüter und im Ausland verwaltete Geldtitel. Dazu Mitschke, Erneuerung des deutschen Einkommensteuerrechts, Rz. 25, 136 f. Eine systematische Relevanz kommt dieser Ausnahme für die vorliegende Arbeit jedoch nicht zu.

535 Elicker, Entwurf einer proportionalen Netto-Einkommensteuer, Rz. 65.

536 Siehe dazu die Kommentierung, in Mitschke, Erneuerung des deutschen Einkommensteuerrechts, Rz. 134.

537 § 5 Netto-EStG.

538 § 6 Netto-EStG.

Einkommen nicht in verschiedene Einkunftsarten, sondern betont die Gleichbehandlung der Einkommen ihrer Herkunft nach[539]. Wesentlich ist hierbei das von ihm entwickelte Einkommensverständnis auf Basis der sog. ertragsteuerlichen Sphärentheorie.

1.1.2 Einkommensverständnis nach der Sphärentheorie

Dieses einheitliche Einkommensverständnis kombiniert die von ihm erachteten Vorzüge der Reinvermögenszugangstheorie, nämlich den Gedanken einer unterschiedslosen steuerlichen Erfassung von Mehrungen der Leistungsfähigkeit durch eine umfassende Einkommensdefinition in Form einer Generalklausel, unabhängig von der Stetigkeit einer Erwerbsquelle, und der Quellentheorie, nämlich das Realisationserfordernis des Zuflusses und der damit einhergehenden Nichtberücksichtigung von Wertveränderungen innerhalb der Quelle selbst. Er stimmt der Markteinkommenstheorie insoweit zu, als dass die Beschränkung auf das realisierte, durch den Markt in seinem Wert bestätigte Einkommen die Vergleichbarkeit der Indikatoren der Leistungsfähigkeit sichert[540]. Einkommen definiert *Elicker* über die Abgrenzung von Erwerbs- und Privatvermögen. Entscheidendes Besteuerungsmoment ist dabei die Entnahme, verstanden als ein Zufluss eines Gutes in Geld oder Geldwert aus der Erwerbsvermögenssphäre in die Privatvermögenssphäre bzw. der der Einlage[541]. Die Sphäre des Erwerbsvermögens umfasst gemäß § 2 II Satz 1 Netto-EStG die in der wirtschaftlichen Verfügungsmacht des Steuerpflichtigen befindlichen Güter, die erwerbsgerichtet eingesetzt sind, sowie die Zugänge und Abgänge von Gütern, die durch erwerbsgerichtete Handlungen veranlasst sind. Damit wird die Grenze des Erwerbsvermögens weiter gezogen als diejenige des gegenwärtigen Betriebsvermögens, da alle Teile des Einkommens unabhängig von ihrer Herkunft erfasst werden müssen. Erfasst wird – in Anlehnung an die Reinvermögenszugangstheorie – der gesamte Bereich des Wirtschaftens, aus dem sich heraus Zugänge im Sinne eines Vermögenszuwachses im Privatvermögensbereich realisieren können[542]. Der Sphäre des Privatvermögens sind gemäß § 2 II Satz 2 Netto-EStG die sonstigen in der wirtschaftlichen Verfügungsmacht des Steuerpflichtigen befindlichen Güter zuzuordnen und die sonstigen Zu-/Abgänge von Gütern. Somit wird der Vermögensübergang

---

539 Elicker, Entwurf einer proportionalen Netto-Einkommensteuer, Rz. 74.
540 Elicker, Entwurf einer proportionalen Netto-Einkommensteuer, Rz. 69 ff., 77.
541 Elicker, Entwurf einer proportionalen Netto-Einkommensteuer, Rz. 77. Zum Begriff der Einlage siehe § 6 Netto-EStG.
542 Elicker, Entwurf einer proportionalen Netto-Einkommensteuer, Rz. 77 mit Bezugnahme auf Elicker, StuW 2002, 217 (234).

über die Sphärengrenzen zu dem bedeutenden Faktor bei der Einkommensdefinition. Daher erklärt sich auch die Bezeichnung als „ertagsteuerliche Sphärentheorie"[543].

Elicker erachtet die einheitliche Erfassung von Einkommen auf Grund einer nicht nur definierten, sondern auch einheitlich praktizierten Realisierungsschwelle als bedeutsame Kennzeichnung seiner ertragsteuerlichen Sphärentheorie. So sei es möglich, dem Leistungsfähigkeitsprinzip entsprechend auf möglichst sichere Werte abzustellen und eine Übermaßbesteuerung auszuschließen. Das Realisierungskriterium der Sicherheit spreche daher dafür, alles in der Erwerbsvermögenssphäre Befindliche als nicht steuerlich realisiert anzusehen, denn die Erwerbstätigkeit sei risikobehaftet und könne zu schnellen und endgültigen Entwertung, bis hin zum Totalverlust des eingesetzten Kapitals führen. Zudem rechtfertige das Realisierungskriterium der Liquidität/Fungibilität aus verfassungsrechtlichen Gründen keine andere einheitlich praktizierbare Realisierungsschwelle als die von ihm gefasste. Sowohl in der Erwerbs- wie in der Privatvermögenssphäre bestehe nach der Rechtsprechung des Bundesverfassungsgerichts jeweils ein besonderer Substanzschutz, und zwar insbesondere in Form des Funktionsschutzes bei Unternehmensvermögen und in Form des Bestandsschutzes beim Privatvermögen[544]. Klarstellend sei darauf hingewiesen, dass *Elicker*s Einkommensverständnis sich dabei nicht auf einen Liquidität vermittelnden Geldfluss beschränkt, sondern bei fehlender tatsächlicher Liquidität stets Liquidierbarkeit in Form von Fungibilität der übergebenen Werte angenommen werden soll[545]. Die in diesem Fall notwendige Bewertung erfolgt gemäß § 5 I Netto-EStG für Entnahmen mit den durchschnittlichen, für den Endverbraucher geltenden Marktpreisen am Abgabeort bzw. für Einlagen gemäß § 6 I Netto-EStG mit den Anschaffungs- oder Herstellungskosten (vgl. dazu § 6 II, III Netto-EStG) abzüglich eingetretener Wertminderungen.

1.2 Reformmodell Mitschkes

1.2.1 Steuerobjekt

*Mitschke*s Entwurf hält an einer Schedulensteuer fest. § 6 EStG-ME erklärt nur die im § 13 EStG-ME benannten und in den §§ 14 ff. EStG-ME definierten Einkunftsarten für steuerpflichtig. Für die Beibehaltung des Schedulenprinzips spreche, dass

---

543 Elicker, in Entwurf einer proportionalen Netto-Einkommensteuer, Rz. 75.
544 Elicker, in Entwurf einer proportionalen Netto-Einkommensteuer, Rz. 75 mit Bezugnahmen auf Birk, in Rose, Konsumorientierte Neuordnung des Steuersystems, 351 (361), Elicker, StuW 2002, 217; Lang, Bemessungsgrundlage, 174, 276 und BVerfGE 93, 121 (137).
545 Elicker, Entwurf einer proportionalen Netto-Einkommensteuer, Rz. 76.

sonst die Eindeutigkeit, Verständlichkeit und empirische Anschaulichkeit des Gesetzes darüber verloren gehen, welche Einkünfte überhaupt der Einkommensbesteuerung unterliegen. Untauglich sei ein Reformentwurf, dessen generalklauselartige Einkommensdefinition alle Schwierigkeiten des Gesetzesvollzuges in eine kaum zu bewältigende Rechtsprechung verlege. Anderseits sei eine Detaillierung von Einkunftsarten wie im aktuellen Einkommensteuerecht aufzugeben[546].

Die Beibehaltung des Schedulenprinzips verbindet *Mitschke* allerdings nicht mit einer „übergeordneten Gruppierung von Einkunftsarten"[547], also der Beibehaltung des Einkünftedualismus´. Zwar enthält *Mitschke*s Reformentwurf in § 6 II EStG-ME zwei Einkunftsermittlungsmethoden, doch führen beide laut seiner Kommentierung „zum gleichen materiellen Ergebnis"[548]. Damit seien die bedeutsamen Unterschiede der geltenden Ermittlungsmethoden und die damit angelegten Verstöße gegen die Gleichmäßigkeit der Besteuerung beseitigt. Insbesondere wird durch die Anknüpfung an die Zahlungsströme die Ermittlungsmethodik stark vereinfacht. Nur die in Grenzen auslegungsfähige Bewertung von empfangenen oder hingegebenen geldwerten Vorteilen bei Entnahmen, Einlagen und Erwerbsbezügen/-abzügen bleibe wie im geltenden EStG bestehen. Dagegen entfällt die für Besteuerungszwecke nicht unproblematische Frage der Ansatzfähigkeit und Bewertung bilanzieller Aktiva und Passiva, ohne dass davon der handelsrechtliche Jahresabschluss betroffen ist[549].

1.2.2 Anbindung an Zahlungsströme

Die Argumentationen *Mitschke*s und *Elicker*s gleichen sich insoweit, als beide die weitgehende Anbindung an Zahlungsströme mit der Vereinfachung der steuerlichen Gewinnermittlung und insbesondere mit dem damit verbundenen Gleichheitsgebot verbinden. *Elicker* betont darüber hinaus, dass die Anbindung an Zahlungsströme der Umsetzung des Leistungsfähigkeitsprinzips diene. Er

---

546 Mitschke, Erneuerung des deutschen Einkommensteuerrechts, Rz. 157 mit Verweis auf § 19 I Nr. 1 EStG.
547 Mitschke, Erneuerung des deutschen Einkommensteuerrechts, Rz. 157.
548 Mitschke, Erneuerung des deutschen Einkommensteuerrechts, Rz. 116. § 6 II a) EStG-ME ermittelt als Einkünfte „aus Unternehmen, die auf Grund anderweitiger gesetzlicher Verpflichtung oder auch ohne eine solche Verpflichtung Bücher führen und regelmäßig Abschlüsse machen, die den Grundsätzen ordnungsgemäßer Buchführung und Bilanzierung entsprechen, die Entnahmen oder Ausschüttungen durch Zufluss von Zahlungen und geldwerten Vorteilen" (§ 9 EStG-ME), „vermindert um die Einlagen oder Kapitalzuführungen durch Zahlungen und geldwerten Vorteile (Nettoentnahmen, Nettoausschüttungen)". § 6 II b) EStG-ME ermittelt alle restlichen Einkünfte aus den Erwerbsbezügen, vermindert um die Erwerbsabzüge.
549 Mitschke, Erneuerung des deutschen Einkommensteuerrechts, Rz. 122.

beruft sich insoweit auf *Tipke*, nach dem für die Umsetzung des Leistungsfähigkeitsprinzips die Überschussrechnung eine ideale Methode ist, denn steuerliche Leistungsfähigkeit bestehe in Zahlungsfähigkeit. Der Überschuss sei eine reale, rechtssichere Größe für die Messung von Zahlungsfähigkeit, da sie auf unsichere Bewertungen fast ganz verzichten könne[550].

1.2.3 Ermittlungstechnik

Mitschke ermittelt das Einkommen durch die Gegenüberstellung von Erwerbsbezügen und Erbwerbsabzügen. Die neu eingeführten Begriffe der Erwerbsbezüge bzw. Erwerbsabzüge werden in § 7 I bzw. § 8 I EStG-ME grundsätzlich definiert als alle im Rahmen einer Einkunftsart zufließenden Zahlungen und geldwerten Vorteile bzw. vorbehaltlich des Abzugsverbots gemäß § 11 EStG-ME abfließenden Zahlungen und geldwerten Vorteile, die durch Erwerbung, Sicherung und Erhaltung der Erwerbsbezüge einer Einkunftsart veranlaßt sind. Das Ziel der Neufassung ist die präzise Fassung der Begriffsinhalte. Im gegenwärtigen Einkommensteuerrecht ist, wie das Beispiel des Begriffs „Betriebsausgabe" zeigt, nicht der Fall[551]. Die Begriffsfassung der Erwerbsbezüge in § 7 I EStG-ME stellt die Geltung des Zuflussprinzips sowie die grundsätzliche Anbindung an Zahlungsströme klar. So werden Forderungen aus Leistungen erst darin zu Erwerbsbezügen, wenn sie durch zufließende Zahlungen (oder geldwerte Vorteile) beglichen werden[552]. Darüber hinaus beinhaltet § 7 EStG-ME weitere Präzisierungen[553]. Bedeutsam ist die – im gegenwärtigen EStG fehlende – Definition des Begriff „Wirtschaftsgüter" als alle der Erzielung von Erwerbsbezügen dienenden Güter des Geld- oder Sachvermögens, Nutzungsrechte, Dienste und andere geldwerten Vorteile (vgl. § 7 III EStG-ME). Im Weiteren ist auf § 7 IV EStG-ME hinzuweisen, der aus Kreditaufnahmen und -tilgungen zufließende Zahlungen von den Erwerbsbezügen ausnimmt. Die Regelung weist *Mitschke* in seiner Kommentierung als „notwendige Klarstellung" aus[554].

---

550 Elicker, Entwurf einer proportionalen Netto-Einkommensteuer, Rz. 64 mit Zitat von Tipke, in FS für Kruse, 215 (200).

551 Mitschke führt an, dass der Begriff der „Betriebsausgabe" zusätzlich, abhängig von der vorgeschriebenen oder zugelassenen Methode der Gewinnermittlung (§ 4 I bzw. § 5 oder § 4 III EStG), verschiedenartige wirtschaftliche Vorgänge wie bare und unbare Zahlungen, Geldvermögensminderungen (z.B. Forderungsdelkredere) oder Sachvermögensminderungen (z.B. Gebäudeabschreibungen) umfasse. Siehe Mitschke, Erneuerung des deutschen Einkommensteuerrechts, Rz. 125.

552 Mitschke, Erneuerung des deutschen Einkommensteuerrechts, Rz. 126.

553 Siehe dazu Mitschke, Erneuerung des deutschen Einkommensteuerrechts, Rz. 126 ff.

554 Mitschke, Erneuerung des deutschen Einkommensteuerrechts, Rz. 131.

Bei der allgemeinen Begriffsbestimmung der Erwerbsabzüge folgt *Mitschke* im Wesentlichen der geltenden Definition der Werbungskosten nach § 9 I Satz 1 EStG, die seiner Ansicht nach konkreter als die der Betriebsausgabe gemäß § 4 IV EStG ist. Auf eine beispielhafte Aufzählung von Erwerbsabzügen, wie sie sich gegenwärtig in § 9 I Nr.1 bis 7 EStG findet, verzichtet *Mitschke*, weil dann nach seiner Ansicht auch jene große Vielfalt von Aufwendungen anzuführen wäre, welche nach geltendem Recht als Betriebsausgabe abgezogen werden[555].

1.2.4 Uneingeschränkte Geltung des Abflussprinzips

Zu akzentuieren ist in diesem Zusammenhang der bereits angesprochene § 8 II EStG-ME. In diesem weist *Mitschke* deklaratorisch auf die uneingeschränkte Geltung des Abflussprinzips hin[556]. Der unmittelbare Abzug der Anschaffungs-/ Herstellungskosten von Wirtschaftsgütern, die nicht oder nicht sofort im Erwerbsprozess verbraucht werden, ersetzt die bisherigen Abschreibungsregelungen des geltenden Rechts (§§ 7 bis 7k EStG). Darüber hinaus werden auch die Anschaffungs-/Herstellungszahlungen von Investitionsgütern, die keiner oder keiner fortlaufenden nutzungsbedingten Wertminderung unterliegen, mit der Konsequenz abgezogen, dass die entsprechenden Bezüge aus der Veräußerung, Liquidation oder Übertragung nach dem Prinzip der nachgelagerten Besteuerung in vollem Umfang zu den Erwerbsbezügen zu rechnen sind[557]. § 8 IV EStG-ME korrespondiert dann mit § 7 IV EStG-ME, impliziert also die Nichtberücksichtigung der Darlehensvaluta auf Seite der Erwerbsabzüge.

1.2.5 Geldwerte Vorteile

Schließlich sei auf § 9 EStG-ME hingewiesen, der die Begriffe „Zahlungen" in Absatz 1, in Absatz 2 Satz 1 den Begriff der „geldwerten Vorteile" definiert, die entsprechende Bewertungsregelung beinhaltet und in Absatz 3 den Aufwendungsbegriff bestimmt[558]. Insbesondere weist *Mitschke* im Kontext seiner Be-

---

555 Mitschke, Erneuerung des deutschen Einkommensteuerrechts, Rz. 132.
556 Zur Vermeidung von gezielten Steuerumgehungen durch die Verlagerung von inländischen Einkunftsquellen ins Ausland revidiert Mitschke die uneingeschräönkte Geltung des Abflussprinzips derart, dass Anschaffungs-/Herstellungskosten für im Ausland belegene Sachgüter und im Ausland verwaltete Geldtitel erst bei im Inland steuerrpflichtiger Veräußerung abgezogen werden dürfen. Dazu Mitschke, Erneuerung des deutschen Einkommensteuerrechts, Rz. 25 mit Verweis auf Rz. 136 f.
557 Mitschke, Erneuerung des deutschen Einkommensteuerrechts, Rz. 134.
558 „§ 9 Zahlungen, geldwerte Vorteile, Aufwendungen
     (1) Zahlungen sind der Empfang oder die Hingabe von gesetzlichen Zahlungsmitteln (Barzahlung) sowie Bankgutschriften oder -lastschriften (unbare Zahlung). Die

wertungsvorschrift darauf hin, dass diese die Bewertung von nicht in Zahlungen bestehenden Entnahmen (Ausschüttungen) und Einlagen (Kapitalzuführungen) zu dem an der Zurechnungslogik scheiternden Teilwert gemäß § 6 I Nr. 4 und 5, Nr.1 Satz 3 EStG erübrige[559].

1.3 Weitere Gemeinsamkeiten der Entwürfe Elickers und Mitschkes

Beide Konzepte setzen als Veranlagungszeitraum das Kalenderjahr an[560]. Beide Entwürfe erklären lediglich natürliche Personen für steuerpflichtig, so explizit § 1 EStG-ME und nur von „Person" sprechend § 18 Netto-EStG. Insofern geben beide Entwürfe die gegenwärtige eigenständige subjektive Steuerpflicht juristischer Personen nach dem KStG auf.
Ein Unterschied findet sich allerdings in der Behandlung des Verlustabzugs[561].

2. Hybride Reformentwürfe: Kombination von Betriebsvermögensvergleich und Einnahmen-/Überschussrechnung

Dem Einkommensteuergesetzbuch *Kirchhofs*, dem *Kölner-Entwurf* sowie dem Gesetz zur steuerlichen Gewinnermittlung der *Stiftung Marktwirtschaft* ist ein hybrides Ermittlungskonzept gemein. Sie kombinieren alle die Grundsystematik der Einnahmen-/Überschussrechnung mit periodisierenden Elementen. Allen drei Konzepten ist zudem gemein, dass sie – auf unterschiedliche Art und Weise – eine Ermittlungsmethodenvielfalt befürworten.
Unterschiedlich ist der Ausgangspunkt der Konzepte bzw. Untersuchungen. Zum einen wird es als vermessen angesehen, die seit dem preußischen Einkommensteuergesetz von 1891 gewonnene Summe der rechtlichen Erfahrungen und die Kontinuität der Rechtsentwicklung zu verwerfen und daher auf Grundlage der bestehenden Systematik und Terminologie den Reformentwurf zu entwickeln[562] – so der *Kölner-Entwurf*. Ähnlich verfährt die *Stiftung Marktwirtschaft*, die an be-

Barzahlung ist mit der Übergabe der Zahlungsmittel, die unbare Zahlung mit der Wertstellung der Bank bewirkt.
(2) Zufließende oder abfließende geldwerte Vorteile sind alle empfangenen oder hingegebenen Wirtschafts- und Privatgüter mit Ausnahme von Zahlungen. Sie sind mit den ortsüblichen Marktpreisen nach Steuern zu bewerten und sind mit der Übertragung des wirtschaftlichen Eigentums zu- oder abgeflossen.
(3) Aufwendungen sind alle abfließenden Zahlungen und geldwerten Vorteile."
559   Mitschke, Erneuerung des deutschen Einkommensteuerrechts, Rz. 148.
560   Elicker in § 14 I Netto-EStG; Mitschke in § 30 I Satz 1 EStG-ME.
561   Siehe dazu Kapitel D 3.8.2.
562   So der Kölner- Entwurf, Rz. 102.

währten Prinzipien der geltenden steuerlichen Gewinnermittlung festhält, deren Wertkategorien allerdings deutlich reduziert[563].

Der *Kölner-Entwurf* befürwortet zudem eine möglichst vollständige Regelung der Steuergesetze durch den parlamentarischen Gesetzgeber. Rechtsverordnungen sollen das Einkommensteuerrecht nur dort entlasten, wo es zwingend notwendig sei[564]. Ein kurzes, auf wenige Generalklauseln reduziertes Einkommensteuergesetz vermöge dem steuerlichen Legalitätsprinzip nicht zu genügen[565].

Ganz anders hingegen liegt der Ausgangspunkt des von *Kirchhof* vorgelegten Einkommensteuergesetzbuchs (EStGB). Dieser versucht mit neuer Terminologie und neuer Systematik das Ziel eines einfachen, im Sinne eines kurzen, verständlichen und auf Dauer angelegten Steuerrechts, welches dem Adressaten verständlich ist und den verfassungsrechtlichen – unter Betonung der freiheitsrechtlichen – Vorgaben entspricht, umzusetzen[566]. Das Einkommensteuergesetz wird im EStGB *Kirchhofs* auf 23 Paragraphen reduziert, die sich durch ihre generelle Fassung auszeichnen. Dies impliziert gleichzeitig den – seitens des *Kölner-Entwurfs* strikt abgelehnten – zahlreichen Einbezug von Rechtsverordnungen zur Konkretisierung des Gesetzes. Insofern stehen der generalklauselartige EStGB-Entwurf *Kirchhofs* und der detailliert gefasste *Kölner-Entwurf* in diesem Punkt gegenüber. Im Gesetz zur steuerlichen Gewinnermittlung (StGEG) bzw. dessen „Begründungen"[567] der *Stiftung Marktwirtschaft* finden sich dazu keine Angaben.

Diese Aussagen sind zunächst auf die jeweiligen Entwürfe bezogen, spiegeln sich aber auch konkret in den jeweiligen Ermittlungsvorschriften wieder. Trotz allen grundsätzlichen Unterschieden zwischen dem *Kölner-Entwurf* auf der einen Seite, *Kirchhofs* EStGB und dem StGEG auf der anderen, rechtfertigt sich eine gemeinsame Darstellung, da alle drei die Einnahmen-Überschussrechnung gleichartig modifizieren. Zudem gehen sie von zwei unterschiedlichen Ermittlungsmethoden aus.

563 Herzig, Stiftung Marktwirtschaft, StGEG, 24; http://www.stiftung-marktwirtschaft.de/module/StGEG_mit_ Begründungen_Juli_06.pdf.
564 Kölner-Entwurf, Rz. 108. Als Beispiel für eine solche Notwendigkeit werden faktische Verhältnisse wie die Feststellung eines Lebensbedarfs oder parlamentarische Rechtsbachfolgeanordnungen lediglich konkretisierend ausgeführt werden.
565 Kölner-Enturf, Rz. 107.
566 Kirchhof im Vorwort des EStGB, VI f.
567 So die Überschrift der Entwurfserläuterungen bei Herzig, in Stiftung Marktwirtschaft, StGEG, 24.

2.1 Kölner Entwurf

2.1.1 Einkommensverständnis

Dem *Kölner-Entwurf* liegt ein Einkommensverständnis zugrunde, das nur solche Einkünfte erfasst, die durch eine mit Gewinnabsicht ausgeübten Erwerbstätigkeit erwirtschaftet wurden. Damit befürwortet der Entwurf die Beibehaltung des geltenden Rechts, da die Reduktion der Reinvermögenszugangstheorie auf am Markt erwirtschaftete Einkünfte beibehalten wird[568]. Die Überwindung des Einkünftedualismus' wird als zwingend erachtet, wobei die Schwierigkeit in der Besteuerung von Veräußerungseinkünften gesehen wird[569].

Der Entwurf spricht sich zwar für die Beibehaltung des geltenden Rechts aus, bekennt sich aber – im Rahmen des gesetzlich und administrativ Möglichen – zur Reinvermögenszugangstheorie als „idealiter"[570]. Die Beibehaltung – trotz anderweitiger Überzeugung der Entwurfsverfasser – wird hauptsächlich damit begründet, dass eine Umsetzung der Reinvermögenszugangstheorie die Rechtfertigung einer beachtlichen Zahl von Steuerbefreiungen erforderlich mache und dies dem Entwurfsziel eines von Steuervergünstigungen freien Einkommensteuergesetzes zuwiderliefe[571].

Besonders hervorzuheben ist hier die Aufnahme der Liebhaberei-Rechtsprechung in den Gesetzestextvorschlag, namentlich in § 2 I Kölner-Entwurf (Kölner-E)[572]. Grundlage ist hierbei das Verständnis des Einkünftetatbestandes als Markteinkommen[573]. Dabei sollen aus dem Begriff „Markteinkommen" keine über den Text des § 2 I Kölner-E hinausgehenden Schlußfolgerungen gezogen werden. Es sei nämlich unbeachtlich, ob Einkünfte „am Markt"[574] oder außerhalb des Marktes, privatwirtschaftlich oder hoheitlich erwirtschaftet würden. Daher wird empfohlen, anstelle des Begriffs „Markteinkommen" den Begriff „Erwerbseinkommen" als Summe der erwirtschafteten Einkünfte (Erwerbseinkünfte) zu verwenden[575].

---

568 Kölner-Entwurf, Rz. 133 unter Bezugnahme auf die erstmalige Verwendung des Begriffs „Markteinekommen" durch Lang, in Gewinnrealisierung,, 55 und Rz. 144.
569 Kölner-Entwurf, Rz. 243; ebenso Rz. 5 f, 9f.
570 Kölner-Entwurf, Rz. 136.
571 Kölner-Entwurf, Rz. 143.
572 Kölner-Entwurf Rz. 8, 133, 136. § 2 I Kölner Entwurf: „Der Einkommensteuer unterliegen sämtliche Einkünfte, die der Steuerpflichtige durch eine mit Gewinnabsicht ausgeübte Erwerbstätigkeit hat, und zwar ...".
573 Kölner-Entwurf, Rz. 133 mit Verweis auf Lang, Gewinnrealisierung, 55.
574 Kölner-Entwurf Rz. 146 mit Verweis auf Kirchhof, § 2 III Satz 2 EStGB.
575 Kölner-Entwurf, Rz. 145 ff.

2.1.2 Lebenseinkommen als Indikator steuerlicher Leistungsfähigkeit und Periodenprinzip

Die so fixierte Steuerbarkeit von Markt- bzw. Erwerbseinkünften erfasst grundsätzlich nur erwirtschaftete Einkünfte und grenzt damit relativ deutlich zwischen der Erwerbssphäre, in der das Einkommen erzielt wird, und der privaten Konsumsphäre, in der das Einkommen verwendet wird, ab[576]. Allerdings hält der *Kölner-Entwurf* nur im Grundsatz an dem Konzept der traditionellen Einkommensteuer fest, denn er erkennt im Lebenseinkommen den richtigen Indikator steuerlicher Leistungsfähigkeit und bewertet so das Periodenprinzip als technisches Prinzip, das den Leistungsfähigkeitsindikator willkürlich zerschneidet. Daher kombiniert der Entwurf periodenbezogene und lebenszeitliche Einkommenselemente mit der Begründung einerseits dem öffentlichen Interesse an zeitnaher Finanzierung von Staatsaufgaben und andererseits der lebenszeitlichen Bestimmung wirtschaftlicher Leistungsfähigkeit Rechnung tragen zu wollen[577]. Dies spiegelt sich in den Ermittlungsvorschriften des *Kölner-Entwurfs* wider.

2.1.3 Steuerobjekt und Ermittlungsmethoden

2.1.3.1 Schedulensteuer und verschiedene Arten von Ermittlungstechniken

Ausgangspunkt für die steuerliche Bemessungsgrundlage ist zunächst das durch einen Katalog von fünf Einkunftsarten bestimmte Einkommensteuerobjekt, welche das gesamte Erwerbseinkommen erfassen sollen[578]. Die Schedularisierung des Einkommens in fünf Einkunftsarten wird in § 6 Kölner-E mit den verschiedenen Arten der Einkünfteermittlung wiederaufgenommen. Zwar werden die Einkünfte allgemein gemäß § 9 I Satz 1 Kölner-E durch „Überschußrechnung" ermittelt. Dies steht aber unter Vorbehalt der Abweichungen in den Absätze 2 bis 5 des § 9 Kölner-E, die einerseits eine wahlweise, andererseits eine zwingende Abweichung enthalten. So kann von der grundsätzlichen Ermittlungsart der Überschussrechnung bei Einkünften aus

---

576 Kölner-Entwurf, Rz. 133 ff., 144: Zwar wird festgestellt, dass „idealiter (…) die Reinvermögenszugangstheorie dem Leistungsfähigkeitsprinzip am besten" entspreche, „eine stärkere Hinwendung zur Reinvermögenszugangstheorie eine neue Abgrenzung des Einkünftetatbestandes und damit ganz erheblichen Konfliktstoff sowohl auf der Ebene des Gesetzesvollzuges durch Rechtsprechung und Verwaltung hervorbringen würde". Zu den Problemen der Reinvermögenszugangstheorie siehe Kölner-Entwurf, Rz. 137 ff.

577 Kölner-Entwurf, Rz. 129.

578 Kölner-Entwurf, Rz. 208 f. . Siehe zudem § 2 und §§ 4 ff. des Entwurfs.

Unternehmen (§ 4 I Nr.1 Kölner-E) abgewichen werden[579]. Bei Einkünften aus Erwerbsgemeinschaften von Mitunternehmern, stillen Gesellschaftern, Miterben, Miteigentümern und sonstigen Beteiligten und Einkünften aus der Veräußerung von Wirtschaftsgütern, Unternehmen, Unternehmensanteilen und Anteilen an Erwerbsgemeinschaften sowie Einkünften aus Zukunftssicherung (§ 8 Kölner-E) ist hingegen zwingend auf eine jeweils von der grundsätzlichen Überschussrechnung im Sinne des § 9 I Kölner-E modifizierten Ermittlungstechnik auszuweichen[580].

Einzig bei den Einkünften aus der Veräußerung von Wirtschaftsgütern, Unternehmen, Unternehmensteilen und Anteilen an Erwerbsgemeinschaften (§ 7 Kölner-E) ist gemäß § 9 IV i.V.m. §§ 27 bis 29 Kölner-E zwingend auf eine Ermittlungstechnik auszuweichen, die nicht den Charakter einer Überschussrechnung hat[581]. Dabei kommt der Ermittlungstechnik, die gemäß § 27 II Kölner-E Anschaffungs-/Herstellungs- und Veräußerungskosten dem Veräußerungspreis gleich dem Bestandsvergleich zum Zeitpunkt der Veräußerung gegenüberstellt, nur Auffangfunktion zu. Einzig die bei den laufenden Einkünfteermittlungen (Überschussrechnung oder Bestandsvergleich) nicht erfassten Veräußerungseinkünfte werden erfasst[582].

2.1.3.2 Grundsätzliche Ermittlungstechnik auf Grundlage der Überschussrechnung

Die dem Kölner-Entwurf als grundsätzliche Ermittlungsart zugrunde liegende Überschussrechnung stellt die Erwerbseinnahmen[583] und den Erwerbsausgaben[584] gegenüber. Wirtschaftsgüter sind gemäß § 10 II Satz 1 Kölner-E selbstständig bewertungs- und nutzungsfähige Vermögensgegenstände sowie andere vermögenswerte Vorteile und als negative Wirtschaftsgüter Verbindlichkeiten und andere

---

579 „Dabei sind die Vorschriften über Erwerbseinnahmen und Erwerbsausgaben (…) entsprechend auf Erträge und Aufwendungen anzuwenden" – so § 19 IV Satz 2 Kölner Entwurf zur Regelung des Bestandsvergleichs.

580 Kölner Entwurf, Rz. 301 ff. Um im Zuschnitt der Themenstellung zu bleiben, unterbleibt eine ausführliche Darstellung der anderweitigen Ermittlungsarten in dieser Arbeit soweit nicht wegen relevanten Bezugs im Folgenden darauf eingegangen wird. Hinsichtlich der nicht dargestellten Ermittlungarten wird insoweit auf deren Kommentierung im Kölner-Entwurf Bezug genommen (Rz. 400 ff.).

581 Kölner-Entwurf, Rz. 303, siehe auch Rz. 245 ff.

582 Kölner-Entwurf, Rz. 250.

583 Verstanden als Geld und andere Wirtschaftsgüter, die durch eine Erwerbstätigkeit veranlasst zufließen, so die Legaldefinition in § 10 I Satz 1 Kölner-E.

584 Definiert als Geld und andere Wirtschaftsgüter, die durch eine Erwerbstätigkeit veranlasst abfließen, so die Legaldefinition in § 10 I Satz 2 Kölner-E.

vermögenswerte Nachteile[585]. Wirtschaftsgüter von nicht in Geld bestehenden Erwerbseinnahmen (Sacheinnahmen) und Erwerbsausgaben (Sachausgaben) sind gemäß § 13 I Kölner-E – unter dem Vorbehalt speziellerer Regelungen – mit dem gemeinen Wert zu bewerten. Dabei wird in der Kommentierung auf die Legaldefinition des § 9 II, III BewG Bezug genommen, die auf Grund § 1 BewG für die bundesgesetzliche Einkommensteuer Geltung habe[586].

2.1.3.3 Veranlassungsprinzip

Grundsätzlich entscheidet dabei nicht der Zufluss, sondern die Veranlassung – zumeist im Sinne des Erwirtschaftens – von Einnahmen. Insofern bildet das Veranlassungsprinzip die dogmatische Grundlage für die Zurechnung von Erwerbseinnahmen und -ausgaben[587]. Dies ist in § 11 I Satz 1 Kölner-E normiert, der in Satz 2 des § 11 I jedoch ausnahmsweise bei Rechtsnachfolgern auf den Zufluss abstellt[588].

2.1.3.4 Besteuerungszeitpunkt

Maßgeblicher Zeitpunkt für den Ansatz der Erwerbseinnahmen/-ausgaben in der Überschussrechnung ist im Grundsatz gemäß § 12 I Satz 1 Kölner-E der des Zuflusses bzw. der des Abflusses. Diese Grundnorm wird nach § 12 I Satz 2 Kölner-E bei regelmäßig wiederkehrenden Erwerbseinnahmen-/ausgaben zugunsten einer periodengerechten Zuordnung eingeschränkt, um zufälligen oder steuermindernden Gestaltungen entgegenzuwirken[589]. Dies gilt allerdings nur, wenn sie zehn Tage vor oder nach dem Jahresende zu-/abfließen. Somit entspricht die Regelung des § 12 I Kölner-E der des aktuellen § 11 EStG. Über den aktuellen § 11 EStG hinausgehend regelt § 12 II Kölner-E für alle Arten der Einkünfteermittlung, dass durchlaufende Posten zu keinem Ansatz führen. § 12 III Kölner-E beinhaltet eine weitere Abweichung vom Zu- bzw. Abflussprinzip für den Kapitalertrag von Leibrenten und anderen Einnahmen mit Stammrecht (vgl. § 8 Kölner-E)[590]

---

585 Der Begriff des Wirtschaftsgutes wird dabei nicht mit dem handelsbilanzrechtlichen Begriff des Vermögensgegenstandes gleichgesetzt, sondern soll vermögenswerten Vorteile erfassen, weil der Begriff des Wirtschaftsgutes für alle Einkunftarten gelte und besonderes mit der Rechtsprechung zu den Sachbezügen (Sacheinnahmen im Sinne des § 13 I Nr.1 des Kölner-Entwurfs) abgestimmt sein muesse, so Kölner-Entwurf Rz. 310.
586 Kölner-Entwurf, Rz. 319.
587 Kölner-Entwurf, Rz. 313.
588 Kölner-Entwurf, Rz. 314.
589 Kölner-Entwurf, Rz. 317.
590 Hinzuweisen ist auf § 18 I Kölner-E, der eine einnahmeabhängige Pauschalierung von Erwerbsausgaben vorsieht. Darüber hinaus sieht § 18 II Kölner-E eine Ermäch-

2.1.3.5 Modifikation der Überschussrechnung

Modifiziert wird die Gegenüberstellung der Überschussrechnung unter Geltung des Zu-/Abflussprinzips durch spezielle Regelungen für Anlagegüter[591], die gemäß §§ 9 I Satz 2, 16 I Kölner-E in einem sog. Anlageverzeichnis aufzunehmen sind und abweichend periodenbezogen ermittelt werden. Insofern entspricht die Überschussrechnung des Kölner-E in ihrem Aufbau grundsätzlich der aktuellen Kodifikation der Einnahmen-/Überschussrechung in § 4 III EStG. Soweit Wirtschaftsgüter das Umlaufvermögen betreffen, wird auf Grundlage einer Cashflow-Rechnung der Überschuss ermittelt. Im Anwendungsbereich des Anlageverzeichnisses erfolgt eine periodenbezogene Einkunftsermittlung, die den Regelungen in § 4 III Satz 3 ff. EStG nachgebildet ist[592]. Im Gegensatz zur nur „bruchstückhaft(en)"[593] Regelung des Anlageverzeichnisses regelt § 16 Kölner-E diesen Bereich detaillierter[594]. Anschaffungs-/Herstellungskosten sind gemäß § 16 III Satz 1 Kölner-E dann anzusetzen, wenn Anlagegüter durch Veranlassung der Erwerbstätigkeit angeschafft/hergestellt wurden. Der Ansatz erfolgt dabei unter Beachtung der Wahlrechte als Gebote nach den handelsrechtlichen Vorschriften des § 255 HGB. Hier ist aber klarzustellen, dass damit keine (kleine) Maßgeblichkeit im Sinne des § 5 I EStG einhergeht, da der Kölner-Entwurf von einer eigenständigen steuerlichen Gewinnermittlung ausgeht[595] und somit der steuerliche Ansatz gemäß § 255 HGB unabhängig eines handelsbilanziellen Ansatzes gemäß § 255 HGB ist. Die gemäß § 255 HGB für die Anlagegüter angesetzten Kosten sind dann gemäß § 17 Kölner-E abzuschreiben[596]. Abschreibungen gelten dann gemäß § 17 I Satz 2 Kölner-E als Erwerbsausgaben. § 17 III Kölner-E sieht zur Verwirklichung der Inflationsneutralität Abschreibungen bis zu € 10.000 für abnutzbare Wirtschaftsgüter des Anlagevermögens vor. Dem Bedürfnis nach einer Inflationsbereinigung der Anschaffungs-/Herstellungskosten für nicht abnutzbare Wirtschaftsgüter des An-

tigungsgrundlage für den Erlass von Rechtsverordnungen zur Pauschalierung für Mehraufwendungen häufig geltend gemachter Erwerbsausgaben vor. Siehe dazu Kölner-Entwurf, Rz. 355.

591   Anlagegüter sind § 16 I Kölner-Entwurf definiert als alle Wirtschaftsgüter des Erwerbsvermögens im Sinne des § 7 II des Entwurfs, die der einzelnen Erwerbstätigkeit dauerhaft zu dienen bestimmt sind. Vergleiche § 247 II HGB.

592   Kölner-Entwurf, Rz. 300, 340.

593   Kölner-Entwurf, Rz. 340.

594   Siehe ausführliche Kommentierung bei Kölner-Entwurf, Rz. 340 ff.

595   Kölner-Entwurf, Rz. 400.

596   Kölner-Entwurf, Rz. 354. Siehe Hinweis unter Rz. 350, dass grundsätzlich nur die Zugänge von Wirtschaftsgütern zu bewerten seien, weil die Abgänge durch die Vorschriften der §§ 27 I; 28 II, III, V und 29 II bis IV erfasst seien.

lagevermögens leistet der Kölner-Entwurf durch eine Aufstockung der Anschaffungs-/Herstellungskosten (vgl. § 28 I Kölner-E)[597].

Eine Ausnahme für die Aufnahme in das Anlageverzeichnis ist für sog. geringwertige Wirtschaftsgüter vorgesehen, die gemäß § 16 II Kölner-E nicht in das Anlageverzeichnis aufzunehmen sind[598].

2.1.3.6 Elemente einer Konsumsteuer

Grundsätzlich setzt der *Kölner-Entwurf* den Besteuerungszugriff zeitlich auf der Ebene der Einkommenserzielung an und hält damit an dem klassischen Konzept der traditionellen Einkommensteuer fest. Ein reines Konsumsteuermodell wird aus den Gründen abgelehnt, da es sich „von der hierzulande herrschenden Umverteilungsgerechtigkeit" allzu weit entferne und auch fiskalischen Anforderungen nicht genüge[599]. Allerdings nimmt der *Kölner-Entwurf* den Gedanken des Lebenszeiteinkommens als „den richtigen Indikator steuerlicher Leistungsfähigkeit" durch eine nachgelagerte Besteuerung im Bereich der Einkünfte aus Zukunftssicherung (§ 8 Kölner-E) auf.

Einerseits plädiert der *Kölner-Entwurf* für den zügigen Ausbau der nachgelagerten Besteuerung, andererseits erachtet er im Unterschied zu den reinen Konsumsteuerentwürfen *Elicker*s und *Mitschke*s eine absolute Obergrenze aus umverteilungspolitischen und fiskalischen Gründen als unverzichtbar[600]. Insofern spiegelt sich hier die zuvor angesprochene Kombination periodenbezogener und lebenszeitlicher Einkommenselemente wider. Ermittlungstechnisch nehmen die nachgelagert besteuerten Einkünfte aus Zukunftssicherung im Sinne des § 8 Kölner-E eine Sonderstellung ein[601].

§ 30 I Kölner-E zur Folge sind nämlich Einkünfte aus Zukunftssicherung im Sinne des § 8 I Kölner-E nachgelagert zu besteuern, indem Beiträge und andere Einzahlungen in die Zukunftssicherung als Erwerbsausgaben im Zeitpunkt des Abflusses und Auszahlungen aus der Zukunftssicherung als Erwerbseinnahmen im Zeitpunkt des Zuflusses anzusetzen sind. Dabei werden §§ 30, 31 Kölner-E mit dem Erwerbsausgabenabzug von Einzahlungen Investitionen in die Zukunftssicherung und Erträge während der Ansparphase ebenso verschont wie das

---

597 Kölner-Entwurf, Rz. 354.
598 Dabei werden gemäß § 16 II Satz 3 diejenigen Wirtschaftsgüter als geringwertig bestimmt, wenn ihre Anschaffungs-/Herstellungskosten oder ihr gemeiner Wert den Betrag von € 2000 im Zeitpunkt der Zuführung des Wirtschaftsgutes zum Erwerbsvermögen nicht übersteigt.
599 Kölner-Entwurf, Rz. 128 f.
600 Kölner-Entwurf, Rz. 130, 256.
601 Kölner-Entwurf, Rz. 209.

kontinuierliche Entstehen von Beamtenpensionen bis zu deren Auszahlung. Dabei gewährleistet nicht nur der Cashflow von Ein- und Auszahlungen Inflationsneutralität, sondern es werden zudem inflationsneutral überperiodische Verluste wie auch überperiodische Gewinne berücksichtigt.

Der wesentliche Unterschied zur grundsätzlichen Überschussrechnung gemäß § 9 I Kölner-E besteht in dem Zeitpunkt des Zugriffs. Bei § 9 I Kölner-E erfolgt dieser auf der Ebene der Einkunftserzielung, hingegen nachgelagert bei der speziellen Ermittlungsart gemäß § 30 Kölner-E. Daneben besteht die Abweichung in der Ermittlung durch „eine reine Überschussrechnung von Einzahlungen und Auszahlungen ohne Anlageverzeichnis"[602].

2.1.4   Steuersubjekt

Steuersubjekt sind im *Kölner-Entwurf* natürliche Personen, wobei an dem Dualismus zwischen Einkommen- und Körperschaftsteuer festgehalten wird[603]. Für die Ermittlung von Einkünften der Personengesellschaften („Erwerbsgemeinschaften") enthält der *Kölner-Entwurf* in seinen §§ 9 III, 25, 26 Sonderregelungen, die insofern von der grundsätzlichen Ermittlungsart der Überschussrechnung abweichen, als dass die Vermögenssphäre der Erwerbsgemeinschaft und der Beteiligten zu unterscheiden ist und dadurch ein zweistufige Einkunftsermittlung notwendig ist[604].

2.2   Reformmodell Kirchhofs

2.2.1   Steuerobjekt und Einkommensverständnis

2.2.1.1   Steuerobjekt

Der Ausgangspunkt der von *Kirchhof* erstrebten Systematisierung des Einkommensteuerrechts ist § 2 EStGB als „systematische Grundvorschrift" des EStGB-Entwurfs[605]. § 2 EStGB benennt den Belastungsgrund, erfasst das Steuerobjekt der Einkommensteuer, verbindet darüber hinaus als Basisnorm die Einzelrege-

---

602   Kölner-Entwurf, Rz. 304.
603   Kölner-Entwurf, Rz. 47.
604   Kölner-Entwurf, Rz. 302. Die Frage der Einkunftsermittlung bei Personengesellschaften und deren Gesellschafter liegt ausserhalb der Themenstellung dieser Arbeit. Insofern wird auf die Kommentierung des Kölner-Entwurfs unter Rz. 415 ff. verwiesen.
605   Kirchhof versteht unter Berufung auf Tipke eine prägende Systematisierung des Steuerrechts nicht nur als ein Gebot der Steuergerechtigkeit, sondern auch als eine Forderung des Verfassungsrechts. Siehe Kirchhof, in EStGB, § 2 Rz. 2 mit Verweis auf Tipke, StuW 1993, 105 (112) in Fußnote 3.

lungen des Entwurfs und weist vor allem auch den Weg für die Ermittlung der Einkommensteuer[606]. Das Steuerobjekt, gemäß § 2 I EStGB das Einkommen, wird in „einem einzigen Tatbestand" zusammengefasst. Es wird keine schedulenhafte Unterteilung in Einkunftsarten vorgenommen. Dabei bildet die Summe aller Einkünfte des Steuerpflichtigen – und nicht einzelner Einkünfte – den Ausgangspunkt des Einkommens[607]. Dies rechtfertigt *Kirchhof* mit der Wahrung der Gleichheit aller Einkünften und der Betonung der Aufwands- und Ausgabentatbestände, die so erreicht werde[608]. *Kirchhof* unterscheidet steuerbare Einkünfte im Zustandtatbestand (Arbeitskraft und Erwerbsgrundlage), Handlungtatbestand (Nutzung) und Erfolgtatbestand (Gewinn und Überschuss)[609]. Er konstatiert dabei einen engen Zusammenhang zwischen Zustands- und Handlungtatbestand, der sich im einheitlichen Begriff des Erwerbshandelns ausdrückt[610]. Beide Tatbestände müssen dabei kumulativ erfüllt sein und setzten einen Erfolgtatbestand voraus. Sie dienen neben der Bestimmung des Steuerobjekts auch der Zurechnung von Einkünften[611].

2.2.1.2 Einkommensverständnis

Besteuert werden soll gemäß der Einkommensdefinition des § 2 II EStGB der jährlich individuell erworbene Vermögenszuwachs unter Berücksichtigung der erwerbs- und existenzsichernden Aufwendungen des Steuerpflichtigen[612]. Dieser Vermögenszuwachs konkretisiert sich im Begriff der Einkünfte und der Erwerb im Begriff des Erwerbshandelns[613]. Einkünfte definiert § 2 III Satz 1 EStGB als Erwerbserlöse abzüglich der Erwerbskosten. Damit geht aber kein klares Bekenntnis des Entwurfs zur Einnahmen-/Überschussrechnung einher, da der Vermögenszuwachs nach dem EStGB sowohl „durch eine Vermögenszuwachsrechnung als auch durch einen Vergleich des Liquiditätsstatus ermittelt werden" kann[614].

§ 2 III Satz 2 EStGB beinhaltet eine Legaldefinition des Begriffs „Erwerbshandeln" als die Nutzung von Arbeitskraft und von Erwerbsgrundlagen zur Erzielung von Einkünften am Markt. Eine Erwerbsgrundlage wird dabei gemäß § 2 III Satz 3

---

606 Kirchhof, EStGB, § 2 Rz. 1.
607 Kirchhof, EStGB, § 2 Rz. 13.
608 Kirchhof, EStGB, § 2 Rz. 3.
609 Zur näheren Erläuterung siehe Kirchhof, EStGB, Rz. 18 ff., 23 ff. und 27.
610 § 2 I EStGB definert Einkommen als die Einkünfte des Steuerpflichtigen aus Erwerbshandeln abzüglich der existenzsichernden Aufwendungen und des Sozialausgleichs.
611 Kirchhof, EStGB, § 2 Rz. 4 ff.
612 Siehe dazu Kapitel D 2.2.3.
613 Kirchhof, EStGB, § 2 Rz. 9.
614 Kirchhof, EStGB, § 2 Rz. 10.

EStG als eine zur Vermögensmehrung bestimmte und geeignete Einkunftsquelle legaldefiniert. Eine Erwerbsgrundlage liegt dabei aber nur dann vor, wenn die Nutzung der wirtschaftlichen Einheit überhaupt objektiv eine entsprechende Eignung aufweist, die zu einer Vermögensmehrung führen kann. Die Erwerbsgerichtetheit bzw. –geeignetheit soll anhand von objektiven Beweiszeichen zu ermitteln sein. Damit werden die sog. Liebhabereieinkünfte und damit einhergehende Verluste ausgeschlossen[615]. Zur Trennung von Erwerbs- und Privatsphäre, mithin der steuerbaren und nicht steuerbaren Sphäre, dient das Tatbestandsmerkmal „zur Vermögensmehrung bestimmt"[616].

Der Begriff „am Markt" trägt – nach *Kirchhofs* Auffassung – den rechtfertigenden Grund der Einkommensbesteuerung in sich, da der Markterfolg individuellen Wirtschaftens auch auf einem staatlichen Beitrag beruht. Diesen sieht *Kirchhof* in der Nutzung staatlich bereitgestellter Rechtsgrundlagen wie des staatlichen Ordnungsrahmens oder des Währungswesens oder auch im Nutzen der Früchte staatlicher Arbeits-, Ausbildungs- und Wirtschaftspolitik.

2.2.1.3 Periodenbesteuerung

Diese Argumentation zieht *Kirchhof* auch zur Rechtfertigung einer jährlichen Periodenbesteuerung heran und spricht sich dabei deutlich gegen eine Lebenszeiteinkommensbesteuerung aus[617]. Der Steuerzugriff müsse gegenwartsnah auf der Zuflussebene des Einkommens erfolgen, da wer heute die von der Rechtsgemeinschaft bereitgestellten Erwerbsmöglichkeiten nutzt, soll auch heute zur Finanzierung dieses Systems beitragen[618]. Dies rechtfertige sich aber über die Erfordernisse eines gegenwärtigen staatlichen Finanzbedarfs hinaus auch aus Gründen materieller Steuergerechtigkeit. Eine Besteuerung des Lebenseinkommens sei im Gegensatz zur periodischen Steuer unverhältnismäßig, da sie das Gesamteinkommen zunächst dem Berechtigten belieb, dann aber mit Einkommen- und Erbschaftssteuer so belaste, dass die Struktur freiheitlichen Privateigentums zerstört würde[619]. Damit deutet *Kirchhof* sein Einkommensverständnis nach der sog. Markteinkommenstheorie an, bezieht sich aber in der Kommentierung des EStGB nicht explizit auf diese Theorie[620].

---

615 Kirchhof, EStGB, § 2 Rz. 20.
616 Kirchhof, EStGB, § 2 Rz. 22.
617 § 2 I EStGB lässt das Einkommen eines Kalenderjahres der Einkommensteuer unterfallen.
618 Kirchhof, EStGB, § 2 Rz. 8.
619 Kirchhof, EStGB, § 2 Rz. 8.
620 Dazu Tipke, Ein Ende dem Einkommensteuerwirrwarr, 138 f.

2.2.2 Ermittlungsmethoden

Die Einkünfteermittlung ist in § 3 EStGB bestimmt. Hierbei fällt auf, dass trotz der Aufgabe der Schedularisierung und eines Bekenntnisses zu einer Einkunftsart sowie eines allen Einkünften einheitlich zugrunde liegenden Einkommensverständnisses dennoch divergierende Einkünfteermittlungsmethoden, Gewinn und Überschuss, vorgeschlagen werden[621]. Der Unterschied zwischen Gewinn- und Überschussermittlung wird mit dem Verhältnis des Betriebsvermögensvergleichs gemäß §§ 4 I, 5 EStG zur Gewinnermittlungsmethode gemäß § 4 III EStG verglichen. Systematisch bildeten Gewinn und Überschuss nur technische Unterkategorien des Oberbegriffs Einkünfte und sind insofern komplementär[622].

2.2.2.1 Steuerbilanzrecht

Die Gewinnermittlung *Kirchhofs* erfolgt gemäß § 3 I Satz 2 i.V.m. § 3 II EStGB und nach einem Steuerbilanzrecht und ist im weiteren Verlauf dieser Arbeit kein Bestandteil der Untersuchung mehr[623]. Vielmehr fokussiert sich der Blick auf die (Einnahmen-/)Überschussermittlung gemäß § 3 I Satz 3 i.V.m. § 3 III EStGB. Danach ist der Überschuss der Saldo aus Einnahmen und Ausgaben, wobei der Zusatz „Erwerb" die Steuerbarkeit des Ergebnisses nach dem EStGB kennzeichnet[624]. § 3 III Satz 1 EStGB definiert den Begriff Erwerbseinnahmen als Einnahmen in Geld, die Entgelt des Erwerbshandelns sind. Unter Einnahmen versteht das EStGB mithin nur Geldzuflüsse, die nicht zu einer Geldverbindlichkeit führen.

2.2.2.2 Einnahmen-/Überschussrechnung

Im Gegensatz zu den bisher in dieser Arbeit dargestellten Entwürfen sieht das EStGB die Einnahmen-/Überschussrechnung also nicht als grundsätzliche Ermittlungsart an. Lediglich Einkünfte, die einfach zu ermitteln sind und deshalb dem Quellenabzug unterliegen, werden als Überschuss ermittelt. Bei diesen Einkünften entspreche der Zufluss eines Geldmittels regelmäßig einem realisierten Ertrag; sie seien überwiegend durch Erfolgseinnahmen geprägt[625]. Die (Einnahmen-/)Überschussermittlung wird sowohl als technische als auch systematische Ausnahme

---

621 Kirchhof betont, dass Gewinn und Überschuss im Belastungsergebnis die Einkünfte gleich erfassten. Dazu Kirchhof, EStGB, Vor § 3 Rz. 7.
622 Kirchhof, EStGB, § 3 Rz. 7.
623 Ein noch nicht vorliegendes EStGB soll ein eigenständiges Bilanz- und Unternehmenssteuerrecht und damit die den Unternehmen vorbehaltene Gewinnermittlung regeln, so Kirchhof, EStGB, Vor § 3, Rz. 2, 19.
624 Kirchhof, EStGB, Vor § 3 Rz. 8.
625 Kirchhof, EStGB, Vor § 3 Rz. 1 f.

gegenüber der Regeleinkünfteermittlung als Gewinn durch eine Steuerbilanz verstanden. Die Rechtfertigung der Ausnahme wird aus der Natur des von der Überschussermittlung erfassten Erwerbshandels hergeleitet. Bei Lohnarbeit, Alters- und Zinseinkünften erhöhe das Geldvermögen in der Regel das Nettovermögen. Die so erzielten Mehrungen seien im Grundsatz Erfolgseinnahmen und kein Ertrag. Der zusätzliche Ermittlungsaufwand zur Beseitigung dieser Ungenauigkeiten gegenüber einer bilanziellen Ermittlung ist nach Ansicht Kirchhofs unangemessen hoch, so daß sich die Ausnahme der Überschussrechnung aus dem Erfordernis kostenbewusster Effektivität jedes Verwaltungshandelns rechtfertigt[626]. Folgerichtig kennzeichnet diese Rechtfertigung den Anwendungsbereich der Überschussrechnung. Sie ist nämlich auf solche Einkünfte beschränkt, die der Quellenbesteuerung unterliegen. Das sind gemäß § 17 EStGB der Arbeitslohn, die Kapitalerträge, die Bezüge aus der persönlichen Zukunftssicherung sowie Veräußerungserträge aus dem Verkauf börsennotierter Anteile. Ausgenommen sind Einkünfte aus dem Verkauf von Anteilen steuerjuristischer Personen, für die § 13 II EStGB als lex specialis dem § 3 III EStGB vorgeht[627].

Erwerbseinnahmen müssen durch ein erwerbswirtschaftliches Handeln erzielt werden. Dabei wird der Begriff der Einnahme im betriebswirtschaftlichen Sinne verstanden, d.h. jede Vermehrung des Geldvermögens umfassend. Zum Geldvermögen gehören danach neben den Zahlungsmitteln (Kassenbestände und jederzeit verfügbare Bankguthaben), dessen Erhöhung als „Einzahlungen" bezeichnet werden, auch der Bestand an sonstigen Forderungen – soweit diese nicht bereits im Zahlungsmittelbestand enthalten sind – abzüglich des Bestandes an Verbindlichkeiten[628].

2.2.2.2.1 Geldwerte Vorteile

Geldwerte Vorteile sind keine Einnahmen, werden diesen allerdings in § 3 III Satz 2 EStGB – auf der Einnahmenseite – gleichgestellt. Unter einem geldwerten Vorteil wird grundsätzlich alles verstanden, was in Geld messbar ist. Weder im Gesetzesentwurf noch in der Kommentierung desselben finden sich Ausführungen

---

626 Kirchhof, EStGB, § 3 Rz. 11.
627 § 13 EStGB regelt die Besteuerung im Fall der Veräußerung von Anteilen an sog. steuerjuristischen Personen. Da diese Besteuerung so gering wie möglich auf die Preisbildung der Anteile zurückwirken soll, schlägt § 13 II EStGB hierzu eine Sondergewinnermittlungsart für diesen einzigen Fall vor. Aufgrund des stark eingegrenzten Anwendungsbereichs wird diese Vorschrift im Weiteren nicht betrachtet und insoweit auf die Erläuterungen bei Kirchhof, EStGB, Rz. 1 ff. Bezug genommen.
628 EStGB, Vor § 3 Rz. 35 f.

zur Bewertung der Sacheinnahmen. Es kann daher nur vermutet werden, dass eine solche unter Rückgriff auf das BewG erfolgt.

Die steuerliche Erfassung von Sacheinnahmen leite sich aus dem Leistungsfähigkeitsprinzip her. Für dieses sei es irrelevant, ob der Erwerbende für seine Leistungen einen Geldbetrag erhalte oder sich eine Geldsausgabe für einen Vorteil erspare. Dies beruhe auf der – gedanklichen – Verrechnung des Geldanspruchs aus dem steuerbaren Handeln mit der (privaten) Schuld des Steuerpflichtigen für den überlassenen Vorteil[629]. Allerdings gilt dies gemäß § 3 III Satz 2 EStGB nur für solche Sacheinnahmen als Erwerbseinnahmen, die statt eines Zahlungsmittels als Leistungsentgelt vereinnahmt werden. Der Zugang von Werten gegen die Hingabe von Zahlungsmitteln bleibt unbeachtet[630]. Der Forderungserwerb selbst ist keine Sacheinnahme.

2.2.2.2.2 Keine Gleichstellung geldwerter Nachteile

Die Ausgaben bilden das Gegenstück zu den Einnahmen. Insofern bestimmt § 3 III Satz 3 EStGB in Anlehnung an das zugrunde liegende betriebswirtschaftliche Verständnis Erwerbsausgaben als Ausgaben in Geld, die durch Erzielung von Erwerbseinnahmen veranlasst sind. Hierbei sind aber ausschließlich Zahlungsvorgänge maßgeblich, d.h. eine Gleichstellung des Abgangs geldwerter Nachteile als Gegenpart zu dem Zugang geldwerter Vorteile erfolgt nicht. Die Begriffe Erwerbseinnahmen und –ausgaben sind also im EStGB nicht symmetrisch aufgebaut sind.

2.2.2.2.3 Zu-/Abflussprinzip

Asymmetrisch ist auch die Geltung des Zu-/Abflussprinzips, das für die Ausgabenseite gemäß § 3 III Satz 4 EStGB eingeschränkt ist. Danach sind Ausgaben für Werte, die mehrjährig verbraucht werden können, auf die Jahre der Gesamtnutzung zu verteilen. Dies rechtfertigt die Kategorisierung des EStGB als hybriden

---

629 EStG, § 3 Rz. 19.
630 EStG, § 3 Rz. 20 f. mit der Begründung dass, eine generelle Gleichsetzung von Zugängen in Geldeswert mit Geldeinnahmen zu ungewollten Ergebnissen führte. Erwürbe ein Steuerpflichtiger einen seinem Erwerbshandeln dienenden Vermögenswert, so läge in der Bezahlung dieses Vermögenswertes ein Geldabfluss, der als – zumindest anteilige Erwerbsausgabe zu behandeln sei. Gleichzeitig erhielte er aber auch eine Vermögenswert. Weil dieser einen in Geld messbaren Wert besitzt, läge darin eine Erwerbseinnahme. Da allerdings der Wert dieser Erwerbseinnahme mit dem hingegebenen Betrag notwendig identisch ist, sei auch der Kauf steuerlich neural oder erhöhte bei einer Verteilung der Erwerbsausgaben auf mehrere Jahre sogar die Einkünfte.

Entwurf, da das Abflussprinzip auf der Ausgabenseite zugunsten einer Periodisierung eingeschränkt wird. Die Ausgestaltung der Überschussrechnung im EStGB lehnt sich – ähnlich dem *Kölner Entwurf* – an die gegenwärtige Fassung der Einnahmen-/Überschussrechung in § 4 III EStG an. Jedoch weicht das EStGB insoweit davon ab, als nur die Erwerbskosten über die Periode anteilig zu verteilen sind, die einer Wertminderung im Sinne eines tatsächlichen (Ab-)Nutzens entsprechen. Der verbleibende Anteil verbraucht sich zeitlich erst beim Ausscheiden. Einer degressiven Verteilung, gerechtfertigt aus entsprechend erhöhten Wertminderungen in den Anfangsjahren und aus Grundsätzen der Kapitalerhaltung, kommt für eine periodengenaue Ermittlung des Überschusses keine Bedeutung zu. Nur soweit ein Wiederverkauf dem Plan des Erwerbshandelns entspräche, wirke sich nach dem Plan der Kaufpreis aus. Dieser Anteil verbrauche sich zeitlich allerdings erst beim Verkauf und nicht bereits während der Nutzung. Eine anteilige „Abschreibung" sei durch den wahrscheinlichen Wiederverkaufswert begrenzt[631]. Insoweit sei die Rechtslage mit der aktuellen Behandlung nicht abnutzbarer Wirtschaftsgüter im Rahmen der Überschusseinkünfte vergleichbar, wobei das EStGB den Ansatz auf solche Ausgaben, die einen unmittelbaren, zeitlich zuzuordnenden Nutzen erhalten, erweitert[632].

Der Begriff des Wertes gemäß § 3 III Satz 4 EStGB wird weit gefasst[633]. Er beinhaltet auch Forderungen und immaterielle Vorteile und orientiert sich am bisherigen Terminus des Wirtschaftsgutes in der Abgrenzung zu nicht greifbaren Vorteilen. Seine Bedeutungsweite ist insoweit größer als er auch Werte umfasst, die zwar selbst nicht bewertbar sind, die aber einen Rückzahlungs- und Schadensersatzanspruch auslösen, wenn der Nutzen nicht in vollem Umfang gewährt wird[634].

---

631 Unbeachtlich sei beispielsweise ein übermäßiges Sinken des Wiederverkaufspreises auf Grund technischer Neuerungen.

632 Kirchhof, EStGB, § 3 Rz. 31 ff.

633 Kirchhof konstatiert in der Kommentierung, dass § 3 III Satz 4 EStGB nur im Fall der sog. Antragsveranlagung gemäß § 18 EStGB zur Anwendung komme. Da die Erwerbsausgaben natürlicher Personen in der Regel durch die Vereinfachungspauschale abgegolten würden, kommt § 3 III Satz 4 EStGB nur ein begrenzter Anwendungsbereich zu. An späterer Stelle seiner Kommentierung stellt er hingegen fest, dass Unternehmen, sog. steuerjuristische Personen, in jedem Fall veranlagen müssten (Kirchhof, EStGB, § 5 Rz. 6 f.). Das Erfordernis einer Antragsveranlagung gemäß § 18 EStBG ergibt sich aber nicht aus dem Gesetzesentwurf selbst, sondern nur aus den kommentierenden Ausführungen Kirchhofs. Da § 18 EStGB nach dem von ihm vorgeschlagenen Gesetzeswortlaut dem Steuerpflichtigen aber die förmliche Veranlagung für den Fall anbietet, dass Unklarheiten bei der Steuererhebung unterlaufen sind, erschließt der Kontext zu § 3 III Satz 4 EStGB nicht. Daher wird der Aspekt der Anlageveranlagung im weiteren Verlauf dieser Arbeit ausgeblendet.

634 Kirchhof, EStGB, § 3 Rz. 30.

2.2.3 Steuersubjekt

Die Steuerlast trägt das Rechtssubjekt, welches die Einkünfte erzielt. Dies sind gemäß § 1 EStGB neben den natürlichen Personen sog. steuerjuristische Personen. Damit gibt das EStGB den Dualismus zwischen Einkommen- und Körperschaftsteuer auf, indem letztere in das EStGB integriert wird[635]. Unter dem Begriff der steuerjuristischen Person werden gemäß § 11 EStGB sämtliche Gesellschaften, Vereine und Zweckvermögen des privaten Rechts sowie Betriebe gewerblicher Art von juristischen Personen des öffentlichen Rechts zusammengefasst[636].

2.3 Stiftung Marktwirtschaft

Der Entwurf der *Stiftung Marktwirtschaft* setzt sich von den anderen in dieser Arbeit thematisierten ab, indem die Gewinnermittlungsvorschriften aus dem Gesamtreformkonzept ausgenommen und in einem die Ermittlungsthematik abschließend regelenden Gesetzesvorschlag separiert werden[637]. Das StGEG der *Stiftung Marktwirtschaft* beinhaltet ausschließlich Vorschriften zur Ermittlung der Bemessungsgrundlage für das Unternehmenssteuergesetz.

2.3.1 Steuerobjekt und Besteuerungszeitpunkt

Das Steuerobjekt des StGEG ist gemäß § 1 I StGEG der Unternehmensgewinn. Der Besteuerungszeitpunkt des StGEG liegt auf der Ebene der Einkommenserzielung, Konsumbesteuerungselemente finden sich im Entwurfstext nicht.

2.3.2 Abgrenzung der Ermittlungsmethoden

Die Ermittlungsmethode „für Zwecke der Unternehmensbesteuerung" ist gemäß § 1 I StGEG die des Betriebsvermögensvergleichs[638]. Dies gilt aber gemäß § 1 I StGEG nur, „soweit" keine vereinfachte Gewinnermittlung gemäß § 39 StGEG zulässig ist. Die vereinfachte Gewinnermittlung wird als „die Nachfolgeregelung zur Einnahmen-/Überschussrechnung nach § 4 Abs. 3 EStG" präsentiert[639]. Einzelkaufleuten oder Handelsgesellschaften, deren Umsätze weniger als € 350.0000 im

---

635 Kirchhof, EStGB, § 1 Rz. 5.
636 EStGB, § 11 Rz. 1 mit weitergehenden Erläuterungen des Begriffs „steuerjuristische Person".
637 Siehe dazu Herzig, DB 2006, 1; http://www.stiftung-marktwirtschaft.de/module/ StGEG_mit_Begründungen_Juli_06.pdf.
638 Siehe zu den Begriffen „Unternehmen" und „Betrieb" Stiftung Marktwirtschaft, StGEG, 26.
639 Stiftung Marktwirtschaft, StGEG, 79.

Kalenderjahr betragen und sonstigen Unternehmern, soweit sie nicht nach anderen Gesetzen zur Bilanzerstellung verpflichtet sind, ist die vereinfachte Gewinnermittlung gemäß § 39 Satz 1 StGEG gestattet. Kapitalgesellschaften ist damit diese Gewinnermittlungsmethode von vornherein verwehrt[640]. Abweichend von der bisherigen Regelung gemäß § 141 AO gibt es keine originäre steuerliche Buchführungspflicht mehr. Freiberuflern sowie Land- und Forstwirten steht die vereinfachte Gewinnermittlung gemäß §§ 39 ff. StGEG unabhängig der Umsatzgrenze offen[641].

Das StGEG behält damit im Wesentlichen die Aufteilung des geltenden Einkommensteuerrechts bei, das grundsätzlich vom Betriebsvermögensvergleich gemäß §§ 4 I, 5 EStG ausgeht und nur in einem eingeschränkten Anwendungsbereich die Einnahmen-/Überschussrechnung gemäß § 4 III EStG vorsieht. Diese Grenzen werden im StGEG im Verhältnis zu den bestehenden Regelungen erweitert.

2.3.3 Ermittlungstechnik auf Grundlage der Einnahmen-/Überschussrechnung und deren Begrifflichkeiten

Die vereinfachte Gewinnermittlung selbst erfolgt gemäß § 40 StGEG. Danach ist der Gewinn der Überschuss der Betriebseinnahmen über die Betriebsausgaben. Betriebseinnahmen/-ausgaben werden jeweils in § 41 bzw. § 42 StGEG abschließend legal definiert. Die betriebliche Veranlassung bestimmt sich nach allgemeinen Gesichtspunkten[642]. Ähnlich den Begriffsfassungen Kirchhofs sind auch die des StGEG asymmetrisch aufgebaut. Während die Betriebseinnahmen gemäß § 41 I StGEG alle betrieblich veranlassten Zuflüsse von Geld sowie Sachleistungen nach Maßgabe des § 41 II StGEG erfassen, sind Betriebsausgaben gemäß § 42 StGEG lediglich die betrieblich veranlassten Abflüsse von Geld sowie Abschreibungen gemäß § 15 StGEG. „Geld" wird dabei im Sinne von Zahlungsmitteln verstanden, die „neben dem Bargeld auch die kurzfristigen Bankkonten" umfassen[643]. Sachleistungen werden gemäß § 41 II Satz 1 StGEG nur dann als Einnahmen legal definiert, soweit sie nicht Gegenleistung für Geld sind. Die Bewertung solch qualifizierter Sacheinnahmen erfolgt gemäß § 41 II Satz 2 StGEG mit dem gemeinen Wert.

2.3.4 Zu-/Abflussprinzip

Während das Zuflussprinzip auf der Einnahmenseite uneingeschränkt gilt, ist es auf der Ausgabenseite durchbrochen. Abschreibungen gemäß § 15 StGEG gelten

640 Stiftung Marktwirtschaft, StGEG, 80.
641 Stiftung Marktwirtschaft, StGEG, 80.
642 Stiftung Marktwirtschaft, StGEG, 81.
643 Stiftung Marktwirtschaft, StGEG, 81.

gemäß § 42 I StGEG ebenso als Betriebsausgaben. Aus dem Zusammenspiel mit § 44 II Satz 1 StGEG ergibt sich, dass für gemäß § 15 StGEG abzuschreibende Wirtschaftsgüter statt der Zahlungsflüsse für die Anschaffungs- und Herstellungskosten[644] die Abschreibungen[645] wie Betriebsausgaben zu behandeln sind. Darüber hinaus gilt gemäß § 44 II Satz 3 i.V.m. Satz 2 StGEG für die Anschaffungs-/Herstellungskosten von keiner Abschreibung unterliegender Wirtschaftsgüter, die zur dauerhaften Nutzung im Betrieb bestimmt sind und spezieller Wirtschaftsgüter des Umlaufvermögens[646], dass nicht der tatsächliche Abflusszeitpunkt, sondern bei Veräußerung der Zuflusszeitpunkt des Veräußerungserlöses und bei Entnahmen der Entnahmezeitpunkt als Abflusszeitpunkt gilt. Begründet wird die Aufnahme periodisierender Elemente damit, dass zwar auch die uneingeschränkte Geltung des Zu-/Abflussprinzips die Leistungsfähigkeit widerspiegele, dann aber auch der Zufluss der zur Finanzierung solcher Wirtschaftsgüter aufgenommene Darlehensbetrag als Betriebseinnahme zu erfassen sei. Dies sei aber nicht vermittelbar[647].

Sehr beachtenswert ist § 43 StGEG. Absatz 1 regelt den grundsätzlichen Zu-/Abflusszeitpunkt im Wesentlichen als Erlangung der wirtschaftlichen Verfügungsmacht[648]. § 11 III StGEG stellt die Verrechnung von Forderungen dem Zu-/Abfluss von Geld gleich. § 11 II StGEG regelt einen von § 11 I StGEG abweichenden Zu-/Abflusszeitpunkt von Darlehensbeträgen explizit. Diese gelten gemäß § 11 III Satz 1 StGEG erst im Zeitpunkt der Tilgung als zu-/abgeflossen bzw. gemäß § 11 III Satz 2 StGEG bei feststehender Uneinbringlichkeit der Darlehens-

---

644 Siehe § 14 StGEG.
645 Siehe § 17 f. StGEG.
646 Das sind gemäß § 44 II Satz 3 i.V.m. Satz 2 StGEG Anteile an Kapitalgesellschaften, Wertpapiere und vergleichbare nicht verbriefte Forderungen und Rechte, Grund und Boden, nicht zur dauerhaften Nutzung im Betrieb bestimmter Gebäude, nicht zur Verarbeitung im eigenen Betrieb bestimmter Edelmetalle sowie Wirtschaftsgüter, die zur Weiterveräußerung bestimmt sind, ohne dass sie körperlich an den Betrieb geliefert werden.
647 Der darlehensfinanzierte Erwerb eines Grundstücks bilde zudem nur dann sachgerecht die Leistungsfähigkeit ab, wenn entweder insgesamt die Liquiditätslage oder insgesamt die Vermögenslage maßgeblich seien. Eine Maßgeblichkeit der Vermögenslage auf der Einnahmenseite, während auf der Ausgabenseite die Veränderung der Liquidität durchschläge, führe zu ebenso „nicht hinnehmbaren" Verzerrungen. Aus diesem Grunde werde für das Anlagevermögen und die nicht abnutzbaren Vermögenswerte der Abflusszeitpunkt den Abschreibungsvorschriften angepasst Stiftung Marktwirtschaft, StGEG, 84. Zur Kritik an dieser Begründung siehe Kapitel C 2.1.3.2.
648 Dazu Stiftung Marktwirtschaft, StGEG, 83.

forderung als abgeflossen[649]. Anders als *Kirchhof*, der die Behandlung des Darlehens in seiner Überschussrechnung auf Ebene der Begriffsfassung löst, bedient sich die *Stiftung Marktwirtschaft* einer Fiktionstechnik zur steuerlichen Neutralisation des Zu-/Abflusses der Darlehensvaluta in der auf der Grundtechnik der Einnahmen-/Überschussrechnung aufbauenden einfachen Gewinnermittlungsart gemäß § 40 StGEG.

2.3.5 Einlagen und Entnahmen

In §§ 41 III, 42 StGEG finden sich Regelungen, die Einlagen bzw. Entnahmen als Betriebseinnahmen bzw. -ausgaben fingieren und so deren Behandlung in der vereinfachten Gewinnermittlung vorgeben[650].

2.3.6 Wechsel zwischen den Gewinnermittlungsarten

Obwohl die *Stiftung Marktwirtschaft* den Betriebsvermögensvergleich als die grundsätzliche steuerliche Gewinnermittlungsart der Einnahmen-/Überschussrechnung vorzieht (vgl. § 1 StGEG), ist damit keine Vorrangstellung des Betriebsvermögensvergleichs verbunden. Die Vereinfachung der Einnahmen-/Überschussrechnungstechnik liege nicht in einer ungenauen Methodik, sondern sei darin begründet, dass grundsätzlich auf Liquiditätsveränderungen als Gewinnmaßstab abgestellt werde[651]. Eine Korrektur der gesetzlich vorgegebenen Ergebnisse werde dabei nicht vorgenommen. Daher wird das Prinzip der Totalgewinnidentität in der Entwurfskommentierung ausdrücklich abgelehnt[652].

Aus diesem Grund sei beim Vorliegen bestimmter Voraussetzungen ein Wechsel der Ermittlungsmethoden jederzeit zum Jahreswechsel gemäß § 45 StGEG möglich. § 45 StGEG ist eine dem aktuellen Einkommensteuerrecht vollkommen unbekannte Norm. Weder die Zulässigkeit eines Wechsels der Gewinnermittlungsart noch die daraus resultierenden Rechtsfolgen sind im EStG selbst kodifiziert[653]. Diese Gesetzeslücke schließt § 45 StGEG mit der Kodifikation des Gewinnwechsels[654].

---

649 Bei wiedererlangter Zahlungsfähigkeit des Schulderns, gilt § 11 III Satz 3 i.V.m. § 44 II Satz 3 StGEG, der § 11 III Satz 2 StGEG rückgängig macht. Dazu Stiftung Marktwirtschaft, StGEG, 83.
650 Stiftung Marktwirtschaft, StGEG, 81 f.
651 Stiftung Marktwirtschaft, StGEG, 79.
652 Stiftung Marktwirtschaft, StGEG, 80.
653 Siehe Kapitel B, I 13.
654 Siehe zu den Regelungen im einzelnen mit Besipielen Stiftung Marktwirtschaft, StGEG, 86 ff.

2.3.7 Gewinnermittlungszeitraum

Als grundsätzlicher Veranlagungszeitraum wird zwar gemäß § 1 III StGEG für die Ermittlungsmethode des Betriebsvermögensvergleichs das Kalenderjahr bestimmt, nicht aber für die vereinfachte Gewinnermittlung nach § 40 StGEG. Dennoch ist hier von einem parallelen Gewinnermittlungszeitraum auszugehen, wie sich aus der Vorschrift über den Wechsel der Gewinnermittlungsmethode gemäß § 45 I Satz 1 StGEG ergibt.

2.3.8 Steuersubjekt

Eine Bestimmung des Steuersubjekts enthält das StGEG selbst nicht.

2.4 Reformmodell Roses

Rose wählt in seinem Entwurf der sog. Einfachsteuer[655] von denen des geltenden Rechts abweichende Begrifflichkeiten[656]. Wie alle in dieser Arbeit vorgestellten Reformentwürfe ist auch die Einfachsteuer unabhängig von der handelsrechtlichen Gewinnermittlung und damit unter Aufgabe des Maßgeblichkeitsprinzips gemäß § 5 I EStG konzipiert. Der herrschende Einkünftedualismus wird überwunden und die Ermittlungsarten im Grundsatz auf die Technik der Einnahmen-/Überschussrechung („Kassenrechnung"[657]) zurückgeführt. Die Einkünfte werden gemäß § 4 VI Satz 1 Einfachsteuergesetzentwurf (EinfStGE) als die einzelnen Objekte der Einkommensbesteuerung verstanden. Sie bezeichnen gemäß § 4 VI Satz 2 EinfStG im EinfStGE den in Geldeinheiten gemessenen und auf einen Zeitraum bezogenen Nettozuwachs an Dispositionsmitteln aus einer erwerbswirtschaftlichen Marktbeteiligung natürlicher Personen, von Gesellschaften und anderen Organisationen im Sinne des § 28 II EinfStGE.

Die in dieser Arbeit gesonderte Stellung rechtfertigt das Reformmodell *Roses* durch die Kombination von einheitlicher Ermittlungsart und deren Zweiteilung innerhalb des Entwurfs. Die dem Entwurf einheitlich zugrunde liegende Ermittlungstechnik ist die der Einnahmen-/Überschussrechnung. Die Einfachsteuer modifiziert diese dann derart, dass für bestimmte Einkünfte das Zu-/Abflussprinzip unbedingte Geltung hat, für andere hingegen eine hybride Ausgestaltung vorgesehen ist. Unbedingt gilt das Zu-/ Abflussprinzip im Bereich der sog. persönlichen Einkommensteuer, die unter Neuordnung der Einkunftsarten im Grundsatz

---

655 Rose, Reform der Einkommensbesteuerung in Deutschland – sog. Einfachsteuer.
656 Diese werden in § 4 EinfStG jeweils legaldefiniert.
657 So der in § 19 I Satz 1EinfStG verwendete Begriff.

die Einkommensteuer natürlicher Personen erfasst[658]. Hybrid ausgestaltet ist das Zu-/Abflussprinzip im Bereich der sog. Gewinnsteuer, der Einkünfteermittlung von Unternehmensgewinnen. Diese Zweiteilung der Einkünfte auf grundsätzlicher Basis einer einheitlichen Ermittlungstechnik rechtfertigt die gesonderte Darstellung des Einfachsteuer-Entwurfs.

2.4.1 Steuerobjekt und Einkommensverständnis

Die Erläuterungen des Entwurfs zeichnen sich insgesamt durch ihre praxisorientierte Ausrichtung aus. Die §§ 20 ff. EinfStGE enthalten die besonderen Vorschriften zur Ermittlung der persönlichen Einkommensteuer. Das Einkommen wird als „marktbestimmtes" verstanden, ohne dass damit weitere Erläuterungen zu einem übergeordneten Einkommensverständnis des Steuer- oder gar Verfassungsrechts einhergingen[659]. Das marktbestimmte Einkommen setzt sich aus der Summe der Einkünfte aus Erwerbstätigkeit abzüglich Ausgaben für Humankapital und eines Verlustvortrages zusammen[660]. Die Einkünfte werden schedularisiert. Besteuert werden Einkünfte aus nichtselbstständiger Erwerbstätigkeit, aus selbstständiger Erwerbstätigkeit und Vorsorgeeinkünfte. Die §§ 21 ff. EinfStGE beinhalten Abweichungen von der allgemeinen Ermittlungsvorschrift gemäß § 16 EinfStGE, die zu keinen Abweichungen grundsätzlicher Art führen[661]. Insbesondere wird an der strikten Beibehaltung des Zu-/Abflussprinzips der allgemeinen Vorschriften festgehalten. Dies gilt allerdings nicht für Einkünfte im Sinne des § 10 Nr. 2 und Nr. 3 EinfStGE, da diese gemäß § 22 II EinfStGE nach der Ermittlungsvorschrift der Gewinnsteuer gemäß § 30 EinfStGE zu ermitteln sind. Eine Begründung dieser Ausnahmen findet sich in den Erläuterungen zur Einfachsteuer nicht[662].

2.4.2 Gewinnsteuer

§§ 25 EinfStGE enthalten Sonderregelungen zur Ermittlung der Gewinne von Unternehmen, die Gewinnsteuer. Alle Unternehmen, verstanden als Gesamtheiten aller mit Gewinnerzielungsabsicht geführten Betrieben unter einheitlicher Leitung[663], ermitteln ihren Gewinn auf Grundlage der Gegenüberstellung von Er-

---

658 Siehe § 5 I EinfStG.
659 Rose, Einfachsteuer, 21.
660 Rose,Einfachsteuer, 21.
661 Vgl. Rose, Einfachsteuer, 180 ff.
662 Vgl. Rose, Einfachsteuer, 179 ff.
663 So die Legaldefinition in § 4 XXVII Satz 1 EinfStGE, zu weiterer Begriffsklärung siehe § 4 XVII EinfStGE insgesamt.

werbseinnahmen und -ausgaben[664]. Allerdings gilt das Abflussprinzip nicht unbedingt, sondern es wird beim Erwerb von Sachanlagen und Kapitalforderungen[665] sowie bei der Aufnahme von Bankkrediten und ähnlichen Kapitalverbindlichkeiten[666] hinsichtlich einer Periodisierung der Erwerbsausgaben modifiziert[667].

2.4.3 Einkommensteuer

2.4.3.1 Ermittlungsmethoden

Allgemeine Vorschrift zur Ermittlung von Einkünften ist § 16 EinfStGE. Einkünfte sind hier die Unterschiedsbeträge der in jedem Ermittlungszeitraum des Steuerabschnitts anzusetzenden Erwerbseinnahmen und Erwerbsausgaben (§ 16 I EinfStGE). Erwerbseinnahmen sind in § 4 XI Satz 1 EinfStGE als Einnahmen, durch die Erwerbstätigkeit veranlasst, legal definiert. Wie sich aus § 4 XI Satz 2 EinfStGE ergibt, dient der Begriff Erwerbsseinnahmen der Abgrenzung von Einnahmen, die durch die private Lebensführung veranlasst sind.

Erwerbsausgaben sind gemäß § 4 XII Satz 1 EinfStGE entsprechend den Erwerbseinnahmen die Ausgaben, welche durch die Erwerbstätigkeit veranlasst sind. Auch hier stellt der Gesetzestext in § 4 XII Satz 2 EinfStGE klar, dass Ausgaben, die durch die private Lebensführung veranlasst sind, keine Erwerbsausgaben sind.

Erwerbseinnahmen und -ausgaben sind gemäß § 16 II EinfStGE dabei so anzusetzen, dass die Kontinuität der Einkommensbesteuerung im Sinne der einmaligen Steuerbelastung von Einkünften gemäß § 1 und § 2 EinfStGE gewährleistet ist. In diesen drücke sich das Prinzip der Einmalbelastung des Lebenseinkommens der Bürger als Kernelement der Einfachsteuer aus. „Fair" sei nicht eine auf den Steuerabschnitt (Kalenderjahr) bezogenen Einmalbelastung, sondern die Einmalbelastung in lebenszeitlicher Perspektive[668]. Daher basiert die Einfachsteuer auf einem Konsumsteuermodell in Form einer sog. spar- bzw. zinsbereinigten Besteuerung des Einkommens (§ 2 III EinfStGE)[669]. Zinsen und Kapitalerträge sind in Höhe einer Mindestrendite steuerfrei, besteuert werden lediglich die Beträge,

---

664 Diese können aus Vereinfachungsgründen gemäß § 30 II EinfStGE auch ohne Einzelnachweis in Höhe eines fixierten Prozentsatzes der Erwerbseinnahmen pauschaliert angesetzt werden.

665 Definiert in § 4 XVIII EinfStG.

666 Definiert in § 4 XIX EinfStG.

667 Rose, Einfachsteuer, 23 f.

668 Rose, Einfachsteuer, 179.

669 Siehe zur zinsbereinigten Besteuerung Lang, in Tipke/Lang, § 4 Rz. 118 m.w.N. Insoweit weicht Roses Reformmodell grundsätzlich von denen Elickers und Mitschkes ab

die über diesen „Schutzzins"[670] hinausgehen. Dieser sei als Ausgleich für den heutigen Konsumverzicht zu verstehen, der bei positiver Zeitpräferenzrate der Kapitalanleger entlohnt werden müsse. Daneben sind belastungsmäßig äquivalente Sparbereinigungen für Einzahlungen in Altersvorsorgeeinrichtungen durch eine nachgelagerte Besteuerung vorgesehen[671].

Diese Belastungsprinzipien werden eingangs in den §§ 1 und 2 EinfStGE allgemein formuliert. Damit bezweckt *Rose* – ähnlich *Kirchhof* – einen „besonderen Vereinfachungszweck", da aus diesen Leitprinzipien „quasi automatisch die erforderlichen Regelungen folgen, um sie dann in den Durchführungsverordnungen explizit aufzuführen"[672].

§ 19 EinfStGE normiert die „Vereinnahmung und Verausgabung" von Erwerbseinnahmen/-ausgaben. Sie sind gemäß § 19 Satz 1 EinfStGE in der Regel nach den „Grundsätzen der Kassenrechnung" anzusetzen[673]. Bei der Ermittlung von Einkünften finden nur solche Erwerbseinnahmen und -ausgaben Berücksichtigung, die einer Veränderung von Kassenbeständen (Bargeldbestände, Bankguthaben etc.) entsprechen (§ 4 XX Satz 1 EinfStGE). Darüber hinaus sind Erwerbseinnahmen/-ausgaben in Sachform zusätzlich zu berücksichtigen (§ 4 XX Satz 2 EinfStGE). Eine Bewertung von nicht in Geld bestehenden Erwerbseinnahmen/-ausgaben erfolgt grundsätzlich gemäß § 19 III EinfStGE zu ihren Marktwerten[674] bzw. zu den Anschaffungs- oder Herstellungskosten der betreffenden Wirtschaftsgüter[675] und Dienstleistungen.

2.4.3.2 Zu-/Abflussprinzip

§ 4 XX Satz 3 EinfStGE konstatiert, dass bei der Erfassung von Erwerbseinnahmen/-ausgaben im kassenmäßigen Sinne von Zu-/Abfluss zu sprechen sei. Dieses wird gemäß § 19 II EinfStGE und gemäß § 19 III EinfStGE für durchlaufende Posten und andere Vorgänge im Sinne des § 11 EStG modifiziert.

Die Zurechnung der Erwerbseinnahmen bemisst sich gemäß § 17 I EinfStGE grundsätzlich danach, wer sie erwirtschaftet hat. Erwerbsausgaben sind grundsätzlich gemäß § 17 II EinfStGE demjenigen zuzurechnen, dem auch die Erwerbseinnahmen zuzurechnen sind, unabhängig von wem die Ausgabe geleistet wurde.

---

670 Siehe Definition in § 4 XXIV EinfStGE.
671 Feist/Krimmer/Raffelhüschen, Einfachsteuer, 125.
672 Rose, Einfachsteuer, 180.
673 Nähere Erläuterungen finden diese in § 4 XX EinfStGE.
674 Siehe Definition in § 4 XXII EinfStGE.
675 Siehe Definition in § 4 XXXII EinfStGE.

2.4.3.3 Gesonderte Ermittlung des Anlagevermögens

Ähnlich der Regelung des § 4 III Sätze 3 ff. EStG und dem *Kölner-Entwurf* sind gemäß § 27 EinfStGE alle Anlagegüter, deren Nutzen sich erfahrungsgemäß über einen Ermittlungszeitraum erstreckt[676] und die einen Anschaffungs- oder Herstellungskostenwert von über € 1000 haben, in ein sog. Verzeichnis der Anlagegüter aufzunehmen. Die diesbezüglichen Erwerbsausgaben für abnutzbare Anlagegüter gemäß § 27 II, III EinfStGE werden über die jeweilige Nutzungsdauer linear oder nach einem vereinfachten Verfahren degressiv abgeschrieben[677]. Die Erwerbsausgaben für nicht abnutzbare Anlagegüter sind hingegen gemäß § 27 III 8 EinfStGE erst im Zeitpunkt der Veräußerung bzw. ausnahmsweise im Falle außergewöhnlichen technischen oder wirtschaftlichen Wertverlustes zulässig.

„Eingangswert" der Anlagegüter sind gemäß § 27 II Nr. 1 Satz 1 EinfStGE die Anschaffungs- bzw. Herstellungskosten. Ausgenommen sind gemäß § 27 II Nr. 1 Satz 2 EinfStGE selbstgeschaffene immaterielle Anlagegüter, die mit dem Erinnerungswert von € 0 anzuführen sind. Somit reduzieren sich die steuerrechtlichen Bewertungsfragen im Wesentlichen auf die gewinnwirksame Einlage von Anlagegütern. Für diese gilt gemäß § 27 II Satz 3 EinfStGE die Bewertung nach dem Markpreis[678] zum Zeitpunkt der Einlage. Sofern es sich jedoch nicht um Anlagegüter des privaten Gebrauchsvermögens handelt, erfolgt die Bewertung höchstens mit ihren früheren Anschaffungs-/Herstellungskosten vermindert um die Abschreibungen im Sinne des § 27 III EinfStGE bis zum Einlagezeitpunkt[679].

2.4.4 Steuersubjekt

Steuersubjekt der Einkommensteuer sind gemäß § 5 I EinfStGE natürlichen Personen. Die Unternehmen unterliegen gemäß § 5 III EinfStGE der Gewinnsteuer. Dabei ist auf eine Besonderheit hinzuweisen, dass nämlich gemäß § 22 I EinfStGE Gewinne von Unternehmen zu den Einkünften aus selbstständiger Erwerbstätig-

---

676 Zur genauen Definition im Sinne der Einfachsteuer siehe § 4 I EinfStGE.
677 Rose, Einfachsteuer, 23 f.
678 Siehe dazu § 4 XX EinfStG.
679 Rose betont in den Erläuterungen seines Entwurfs, dass von der bisherigen Steuerbilanz ausgehend, auf der Aktivseite Forderungen, Vorräte, Rechnungsabgrenzungsposten, Anteile an anderen Unternehmen sowie Kapitalforderungen mit Gewinnanteilsrechten und steuerfreien Zinsen nicht mehr berücksichtigt werden müssen. Auf der Passivseite würden im Wesentlichen alle Formen von Rückstellungen sowie Rechnungsabgrenzungsposten entfallen. Damit verbliebe einzig eine geringe Bewertungsproblematik hinsichtlich der „Buchwerte für Sachanlagen". Siehe Rose, Einfachsteuer, 24.

keit zählen, soweit sie natürlichen Personen zuzurechnen sind. Dies ist bei sog. Einzelunternehmen[680] und sog. Durchreichgesellschaften[681] der Fall.

Daraus folgt gemäß § 22 EinfStGE, dass diese Gewinne zunächst gemäß §§ 13 und 30 EinfStGE unter Abweichung vom Zu-/Abflussprinzips ermittelt werden. Damit ist keine unmittelbare Aufhebung der Zweiteilung verbunden, sondern lediglich ein Einbezug des unter der Gewinnsteuerermittlungsmethode ermittelten Gewinns in die persönliche Einkommensteuer. Anstatt auf Unternehmensebene wird dieser dann den Einkünften aus selbstständiger Erwerbstätigkeit zugerechnet und auf Ebene der natürlichen Personen besteuert. Dies ist keine Frage der unbedingten/bedingten Geltung des Zu-/Abflussprinzips, sondern der des Steuersubjekts. Letztlich wird hier nur die Abgrenzung von Publikumsgesellschaften erreicht, die der gesonderten Besteuerung der Gewinnsteuer unterliegen. Kleinunternehmer[682] hingegen werden unabhängig ihrer Rechtsformwahl der persönlichen Einkommensteuer unterstellt. Der Entwurf *Roses* unterscheidet damit nicht mehr wie das gegenwärtige Steuersystem zwischen Einkommen-/Körperschaftsteuer abhängig von der Rechtsform des Steuersubjekts[683], sondern trennt anhand der Größe bzw. der Anzahl der Gesellschafter persönliche Einkommensteuer und Gewinnsteuer, wobei beide grundsätzlich auf derselben Ermittlungstechnik beruhen.

2.4.5 Ermittlungszeitraum

Der Ermittlungszeitraum der persönlichen Einkommensteuer ist gemäß § 20 I Satz 1 EinfStGE grundsätzlich das Kalenderjahr. Dies gilt gemäß § 25 I i.V.m. § 25 II Satz 1 EinfStGE auch grundsätzlich für Einzelunternehmen und Durchreichgesellschaften. Bei allen anderen Unternehmen ist gemäß § 25 I i.V.m. § 25 II Satz 2 EinfStGE das Wirtschaftsjahr, d.h. der Zeitraum, für den sonst regelmäßig Abschlüsse erstellt werden, maßgeblich.

---

680 Legaldefiniert in § 4 X EinfStG.
681 Legaldefiniert in § 4 IV EinfStG.
682 Siehe dazu Einfachsteuer, Rose 17 f.
683 Vgl. auch § 2 II EinfStGE.

II. Die aktuellen Reformentwürfe im Hinblick auf Reformnotwendigkeiten des § 4 III EStG

1. Anwendungsbereich

Den in dieser Arbeit ausgewählten Entwürfen ist gemein, dass sie alle den Einkünftedualismus zwischen Gewinn- und Überschusseinkünften überwinden und von einem einheitlichen Einkommensverständnis für die Einkunftsarten ausgehen[684]. Das einheitliche Einkommensverständnis ist dabei so zu verstehen, dass dieses zwar in den einzelnen Reformentwürfen variiert, aber jeweils auf eine theoretische Grundlage zurückzuführen ist.

1.1 Sachlicher Anwendungsbereich in den Reformmodellen Elickers, Mitschkes, des Kölner-Entwurfs und Roses

Elicker, *Mitschke*, der *Kölner-Entwurf* und *Rose* schlagen zudem eine modifizierte Technik der Einnahmen-/Überschussrechnung als grundsätzliche Ermittlungsart vor. Damit geht zwangsläufig eine Ausweitung des sachlichen Anwendungsbereichs gegenüber dem gegenwärtigen Anwendungsbereich des § 4 III EStG einher. Die Entwürfe *Elickers*, *Mitschkes* und *Roses* basieren ausschließlich auf der Grundtechnik der Einnahmen-/Überschussrechnung in unterschiedlicher Ausformung, woraus ein unbegrenzter sachlicher Anwendungsbereich der Ermittlungsart folgt.

Der Kölner-Entwurf beinhaltet ebenso verschiedene Modifikationen der Grundtechnik der Einnahmen-/Überschussrechnung und bietet darüber hinaus noch ein Wahlrecht zum Betriebsvermögensvergleich an, geht aber ebenfalls – grundsätzlich[685] – von einem sachlich unbegrenzten Anwendungsbereich der Einnahmen-/Überschussrechnung aus. Dieser kehrt die gegenwärtige Regelung der Anwendungsbereiche der §§ 4 I, 5 und § 4 III EStG um. Die grundsätzliche Ermittlungstechnik der Einnahmen-/Überschussrechnung kann – in jeweils abgewandelter Form – für alle Einkünfte[686] angewandt werden, während die des Betriebsvermögensvergleichs – optional – auf eine bestimmte Einkunftsart begrenzt wird.

Sachlich eingeschränkt wird der Anwendungsbereich der jeweiligen Modifikation im *Kölner Entwurf* und in dem *Roses*. Abgrenzungskriterium sind hier Einkunftsarten. So sieht der *Kölner Entwurf* bei Einkünften aus Zukunftssicherung weiterhin eine auf der Technik der Einnahmen-/Überschussrechnung basie-

---

684 Die Stiftung Marktwirtschaft bleibt von dieser Ausssage ausgenommen.
685 Ausgenommen ist die subsidiäre Ermittlung von Veräußerungseinkünften gemäß § 9 IV i.V.m. §§ 27-29 Kölner-E.
686 Kapitel D I 2.1.

rende Ermittlungsart vor, variiert hier im Gegensatz zur grundsätzlichen Ermittlungstechnik des Entwurfs aber den Besteuerungszeitpunkt.

Rose implementiert bei seiner Gewinnsteuer, d.h. im sachlichen Anwendungsbereich der Einkünfte aus Unternehmen, hybride Elemente in die Technik der Einnahmen-/Überschussrechnung. Im Ergebnis wird nur der sachliche Anwendungsbereich modifiziert, nicht aber der grundsätzliche sachliche Anwendungsbereich der Grundtechnik der Einnahmen-/Überschussrechnung.

1.2 Sachlicher Anwendungsbereich in den Reformmodellen Kirchhofs und der Stiftung Marktwirtschaft

Das Bundessteuergesetzbuch *Kirchhofs* und die *Stiftung Marktwirtschaft* gehen von der grundsätzlichen Ermittlungsart eines Betriebsvermögensvergleichs aus. Der sachliche Anwendungsbereich der Überschussrechnung im Sinne des § 3 EStGB ist auf die einfach zu ermittelnden Einkünfte und deshalb der Quellenbesteuerung unterliegenden Einkünfte reduziert. Mithin ist das Bundessteuergesetzbuch der einzige in dieser Arbeit dargestellte Entwurf, bei dem man von einer tatsächlichen sachlichen Begrenzung des Anwendungsbereichs gegenüber einer grundsätzlich anderen Ermittlungstechnik sprechen kann. Abgrenzungskriterium bleibt auch hier die Einkunftsart, speziell solche Einkünfte im Sinne des § 17 EStGB.

Der Gewinnermittlungsentwurf der *Stiftung Marktwirtschaft* ist ausschließlich auf die Ermittlung des Unternehmensgewinns gerichtet. Insofern ist die Einnahmen-/Überschussrechnung durch den Anwendungsbereich des StGEG begrenzt, innerhalb dieses Gesetzentwurfs aber sachlich unbegrenzt anwendbar.

1.3 Persönlicher Anwendungsbereich in den Reformmodellen Elickers, Mitschkes, Kirchhofs und Roses

Die Entwürfe *Elickers*, *Mitschkes*, *Kirchhofs* und *Roses* enthalten in Hinsicht auf die Ermittlungstechnik der Einnahmen-/Überschussrechnung keine Begrenzung des persönlichen Anwendungsbereichs.

1.4 Persönlicher Anwendungsbereich in dem Reformmodell des Kölner-Entwurfs

Im *Kölner-Entwurf* wird für ein Beibehaltung des Dualismus zwischen Einkommen-/Körperschaftsteuer plädiert. Insofern erstreckt der *Kölner-Entwurf* den persönlichen Anwendungsbereich der modifizierten Einnahmen-/Überschussrechnung auf natürliche Personen sowie Personengesellschaften, in diesem Anwendungsbereich aber im Grundsatz unbegrenzt. Gesellschaften, die unter das

KStG fallen, sind zunächst einmal von dem persönlichen Anwendungsbereich der modifizierten Einnahmen-/Überschussrechnung ausgenommen[687].

1.5 Persönlicher Anwendungsbereich in dem Reformmodell der Stiftung Marktwirtschaft

Der Entwurf der *Stiftung Marktwirtschaft* begrenzt die persönliche Anwendung der Einnahmen-/Überschussrechnung gemäß § 39 AO durch die alternativen Ausschlusskriterien einer Umsatzgrenze (€ 350.000) oder der Pflicht zur Bilanzaufstellung nach anderen Gesetzen. Dies entspricht im Wesentlichen dem aktuellen Anwendungsbereich der Einnahmen-/Überschussrechnung gemäß § 4 III EStG. Die Neuerung liegt in der Ausweitung der bestehenden Grenze des Anwendungsbereichs.

1.6 Resümee

Es ist zu betonen, dass die große Mehrzahl der Reformentwürfe eine Ausweitung des Anwendungsbereichs einer modifizierten Einnahmen-/Überschussrechnung in sachlicher wie persönlicher Hinsicht enthalten. Als mögliches Abgrenzungskriterien hinsichtlich des persönlichen Anwendungsbereichs bilden sich die Einkunftsarten hinaus. Dabei wird zumeist nicht für oder gegen die Technik der Einnahmen-/Überschussrechnung entschieden, sondern der jeweilige Modifikationsgrad bestimmt. Teilweise wird sogar von einem uneingeschränkten Anwendungsbereich in sachlicher wie in persönlicher Hinsicht ausgegangen. Einzig das Konzept der *Stiftung Marktwirtschaft* behält vom Grundsatz her den gegenwärtigen Anwendungsbereich des § 4 III EStG bei.

2. Grundprinzip der Einnahmen-/Überschussrechnung

Alle in dieser Arbeit behandelten Reformentwürfe suchen die Vereinfachung des Steuerrechts, vor allem im Bereich der Ermittlungsmethoden. Die Herausarbeitung eines Grundprinzips der Einnahmen-/Überschussrechnung ist jedoch kein explizites Thema in den Reformentwürfen, obwohl alle Entwürfe sich auf diese beziehen. Einzig *Elicker* spricht von einem drohenden „Systembruch" bei der Aufnahme hybrider Element, allerdings ohne dabei ausdrücklich auf die Frage eines Grundprinzips der Einnahmen-/Überschussrechnung einzugehen[688].

---

687 Kölner-Entwurf, Rz. 47 ff.
688 Siehe Elicker, Entwurf einer proportionalen Netto-Einkommensteuer, Rz. 65.

2.1 Ursache für das Fehlen eines Grundprinzips

Die wesentliche Ursache für das Fehlen eines rationalen Grundprinzips der Einnahmen-/Überschussrechnung gegenwärtiger Fassung erklärt sich in dem Bestreben, eine Annäherung der Periodenergebnisse auf Grund der Ermittlungsartenvielfalt zu erreichen. Festzustellen ist, dass die Entwürfe *Elickers* und *Mitschkes* von keiner Vielfalt der Ermittlungsarten ausgehen. Auch die Einfachsteuer *Roses* und das EStGB *Kirchhofs* enthalten keine Ermittlungsartenvielfalt innerhalb einer Einkunftsart. Sie kombinieren entweder den Betriebsvermögensvergleich und die Überschussrechnung in einem Regel-/Ausnahmeverhältnis, so das EStGB, oder basieren auf verschiedenen Modifikationen der Grundtechnik der Einnahmen-/Überschussrechnung, so die Einfachsteuer. Die Frage nach Totalgewinnidentität bzw. Angleichung der Periodenergebnisse stellt sich mangels Vergleichbarkeit nicht, da beide Entwürfe den variierenden Ermittlungsarten getrennte Anwendungsbereiche innerhalb der Einkunftsarten zuweisen.

Einzig der *Kölner Entwurf* beinhaltet ein explizites generelles Wahlrecht zwischen grundsätzlicher Überschussrechnung und Betriebsvermögensvergleich innerhalb der Einkunftsart Einkünfte aus Unternehmen im Sinne des § 4 I Kölner-E. Hier ist allein die Frage nach Totalgewinnidentität bzw. Angleichung der Periodenergebnisse relevant, wird aber in der Verfasserkommentierung des Entwurfs nicht diskutiert[689]. Beachtenswert ist jedoch, dass im Gegensatz zum gegenwärtigen Verhältnis der §§ 4 I, 5 EStG und § 4 III EStG der Ausgangspunkt die grundsätzliche Ermittlungsart Überschussrechnung gemäß § 9 I Kölner-E ist. So kommt dem Betriebsvermögensvergleich gemäß § 9 II Kölner-E nur Ausnahmecharakter zu.

Die *Stiftung Marktwirtschaft* hingegen befürwortet den Betriebsvermögensvergleich als die grundsätzliche Ermittlungsart für Unternehmensgewinne (vgl. § 1 StGEG) und weist der Einnahmen-/Überschussrechnung gemäß § 39 StGEG nur einen begrenzten Anwendungsbereich zu. Dort besteht dann ein Wahlrecht zwischen der sog. vereinfachten Gewinnermittlung gemäß § 40 StGEG und dem Betriebsvermögensvergleich gemäß § 1 StGEG durch die Einräumung der Wechselmöglichkeit gemäß § 45 StGEG.

In dem Anwendungsbereich der vereinfachten Gewinnermittlung wird die Grundtechnik der Einnahmen-/Überschussrechnung aber nicht konsequent umgesetzt, sondern hybrid ausgestaltet.

---

689 Siehe Kölner Entwurf, Rz. 231, 301 und 340 ff.

2.1.1 Unabhängigkeit der Einnahmen-/Überschussrechung vom Parameter des Totalgewinngrundsatzes

Die Zusammenschau der Reformprojekte ergibt, dass die Mehrheit der Entwürfe – Ausnahmen sind der Kölner Entwurf und der Entwurf der *Stiftung Marktwirtschaft* – von keiner Ermittlungsartenvielfalt innerhalb einer Einkunftsart ausgeht. Dies gilt sowohl für die Form eines begrifflich einheitlich gefassten Einkommens als auch bei einer schedulenhaften Ausgestaltung der Einkunftsarten. Insofern entfällt hier eine Ursache für die Durchbrechung der Grundtechnik der Einnahmen-/Überschussrechnung, nämlich die Totalgewinnidentität bzw. die Angleichung von Periodenergebnissen.

2.1.2 Umsetzung in den Entwürfen Elickers und Mitschkes

Einzig die Entwürfe *Elicker*s und *Mitschke*s nehmen diese gewonnene Unabhängigkeit der Einnahmen-/Überschussrechnung auf und konzipieren jeweils ihre Ermittlungsarten konsequent in der Umsetzung des Zu-/Abflussprinzips.

2.1.3 Umsetzung in den Entwürfen hybrider Ausgestaltung

Rose, die *Stiftung Marktwirtschaft* und der *Kölner-Entwurf* implementieren in ihren auf der Grundtechnik der Einnahmen-/Überschussrechnung basierenden Ermittlungsarten allesamt hybride Elemente. Bezogen auf letztern Entwurf ist festzustellen, dass über den Bereich der Einkünfte aus Unternehmen gemäß § 4 I Kölner-E hinaus kein Wahlrecht existiert und die „Überschussrechnung" gemäß 9 I Kölner-E als die grundsätzliche Ermittlungsart gilt. Auch im Anwendungsbereich der grundsätzlichen Ermittlungsart findet sich keine konsequente Umsetzung der Grundtechnik der Einnahmen-/Überschussrechnung, sondern eine hybride Ausgestaltung.

Die Kommentierung des StGEG spricht sich deutlich für die Eigenständigkeit der Einnahmen-/Überschussrechnung nach § 40 StGEG von den Bilanzierungsergebnissen der Ermittlung gemäß § 1 StGEG aus[690]. Das „Prinzip der Totalgewinngleichheit" wird ausdrücklich negiert[691]. Dennoch wird die Aufnahme hybrider Elemente in die Einnahmen-/Überschussrechnungstechnik – sogar über den Bereich des bisherigen Anlagevermögens hinaus – befürwortet[692].

Die meisten hybriden Entwürfe stimmen darin überein, dass sich das hybride Element auf den Bereich des bisherigen Anlagevermögens bezieht. Im Umkehrschluss heißt dies aber zumindest, dass sich grundsätzlich die hybriden Entwürfe

---

690 Stiftung Marktwirtschaft, StGEG, 79 ff.
691 Stiftung Marktwirtschaft, StGEG, 80.
692 Stiftung Marktwirtschaft, StGEG, 83 ff.

im Bereich des Umlaufvermögens für eine konsequente Umsetzung der Technik der Einnahmen-/Überschussrechnung hinsichtlich des Zu-/Abflussprinzips aussprechen. Eine Ausnahme stellt insoweit der Entwurf *Roses* dar, da dieser auch innerhalb einzelner Einkunftsarten unterscheidet. Ebenfalls nimmt die *Stiftung Marktwirtschaft* eine Sonderstellung ein. Diese erstreckt die Aufnahme periodisierender Elemente – ähnlich der Neufassung des § 4 III Satz 4 EStG durch das MissbrauchEindämmG – sogar auf bestimmte Wirtschaftsgüter des Umlaufvermögens (vgl. § 44 II Satz 3 StGEG).

Aus den Darstellungen folgt, dass die Ursache für eine hybride Ausgestaltung der Einnahmen-/Überschussrechnung in diesen Entwürfen in der Ablehnung der reinen Grundtechnik liegt und nicht in der Ermittlungsartenvielfalt. So spricht die Kommentierung des *Kölner-Entwurfs* von „der Gegenläufigkeit von Besteuerungszielen (lebenszeitlich gleichmäßige Besteuerung, Umverteilungsgerechtigkeit, fiskalische Ergiebigkeit)" als Begründung für eine hybride Ausgestaltung der Einkommenbesteuerung[693]. Die Kommentierung des EStGB betont im Kontext des Lebenzeiteinkommens, dass diejenigen, die die von der Rechtsgemeinschaft bereitgestellten Erwerbsmöglichkeiten heute nutzen, auch heute zur Finanzierung dieses Systems beitragen sollen. Der Technik der Einnahmen-/Überschussrechnung wird aber nicht zugestanden, den „gegenwärtigen staatlichen Finanzbedarf" zu gewährleisten, wobei eine Begründung dem – bisher nicht veröffentlichten – Bilanzsteuerrecht vorbehalten bleibt[694].

Die *Stiftung Marktwirtschaft* erläutert zwar ihre Motive für die grundsätzliche Einbeziehung periodisierender Elemente in die Einnahmen-/Überschussrechnungstechnik. Diese überzeugen aber nicht. Ihre Argumentation, dass der zur Finanzierung von Anlagegütern aufgenommene Darlehensbetrag zwangsläufig als Betriebseinnahme zu erfassen sei, wenn der Einbezug periodisierender Elemente nicht erfolge, wird mit der Vorschrift des § 11 III StGEG widerlegt. § 11 StGEG nimmt grundsätzlich den Zu-/Abfluss der Darlehensvaluta von der Erfassung in der Einnahmen-/Überschussrechnung gemäß § 40 StGEG aus. Allerdings ist die Existenz von § 11 StGEG keineswegs durch die Aufnahme periodisierender Elemente bedingt. Der zweite Argumentationsstrang, dass ohne die Aufnahme periodisierender Elemente auf der Einnahmenseite die Vermögenslage maßgeblich sei, während auf der Ausgabenseite die Veränderung der Liquidität durchschlüge, überzeugt ebenfalls nicht. Eine konsequente Umsetzung der Grundtechnik der Einnahmen-/Überschussrechnung führte zu einer Maßgeblichkeit der Liquidität auf Ein- wie Ausgabenseite. Nicht zu widerlegen ist allerdings die Argumentation, bezogen auf die weite Einbeziehung periodisierender Elemente in die Ein-

---

693   Kölner Entwurf, Rz. 127.
694   Kirchhof, EStGB, § 2 Rz. 8.

nahmen-/Überschussrechnungstechnik, dass der Erwerb und die Veräußerung der Wirtschaftsgüter im Sinne des § 44 II Satz 3 StGEG für den typisch vereinfachten Gewinnermittler untypisch und für die steuerliche Gestaltung bzw. den Missbrauch im Zusammenhang mit der Periodenverschiebung anfällig ist[695].

Rose argumentiert mit den Vorteilen der hybrid ausgestalteten Gewinnsteuer gegenüber dem gegenwärtigen Betriebsvermögensvergleich, erklärt aber wiederum nicht die Hereinnahme hybrider Elemente als Modifikation der Grundtechnik der Einnahmen-/Überschussrechnung[696].

2.2 Resümee

Für die Reformmöglichkeiten des § 4 III EStG lässt sich mithin gewinnen, dass eine konsequente Ausgestaltung der Grundtechnik der Einnahmen-/Überschussrechnung hinsichtlich der Geltung des Zu-/Abflussprinzips von der Mehrzahl der Reformentwürfe über den Bereich des Umlaufvermögens hinaus abgelehnt wird. Die Ursache der Ablehnung liegt nicht in der Dominanz einer anderen Ermittlungsart, wie gegenwärtig der des Betriebsvermögensvergleichs, und einem damit verbundenen Bestreben nach einer Annäherung an deren Ermittlungsergebnisse. In dieser Hinsicht sind die Reformentwürfe frei zu gestalten. Die Ablehnung der reinen Grundtechnik gründet vielmehr in dem Zweifel, dass eine konsequente Umsetzung des Zu-/Abflussprinzips die staatliche Finanzierung nicht gewährleiste. Insoweit stellt sich die Frage nach der Existenz eines Grundprinzips bei diesen Entwürfen nur im Bereich des Umlaufvermögens. Ausgenommen ist das StGEG der *Stiftung Marktwirtschaft*.

Einzig die Entwürfe *Elicker*s und *Mitschke*s bekennen sich klar zur Grundtechnik und der konsequenten Umsetzung des Zu-/Abflussprinzips unabhängig von der Einordnung des Wirtschaftsgutes und damit zu der uneingeschränkten Ausgestaltung eines Grundprinzips der Einnahmen-/Überschussrechnung.

Daher stellt sich dann die Frage, wie die Möglichkeiten der Ausgestaltung eines Grundprinzips von den einzelnen Entwürfen genutzt werden. Als Maßstab soll die Qualifikation des Darlehens und des Tausches in dem jeweiligen Anwendungsbereich der Grundtechnik gelten. Dies ist im Zusammenhang mit den Begrifflichkeiten der Einnahmen-/Überschussrechnung zu sehen, da diese ein mögliches Grundprinzip aufnehmen müssen[697].

---

695 Stiftung Marktwirtschaft, StGEG, 84.
696 Siehe beispielsweise Rose, Einfachsteuer, 23 f.
697 Beispielsweise muss sich der Zufluss bzw. der Abfluss der Darlehensvaluta entsprechend als keine „Betriebseinnahme" bzw. „Betriebsausgabe" subsumieren lassen.

3. Begrifflichkeiten der Einnahmen-/Überschussrechnung

Die Problematik der gegenwärtig unzureichenden Begriffsfassung in § 4 III EStG wird von allen Entwürfen gesehen. Entsprechend folgt die Mehrheit der Entwürfe nicht den existierenden Begrifflichkeiten[698]. Diese Reformmodelle stimmen in der Schaffung von des § 4 III EStG abweichender Termini überein. Sie werden im Gegensatz zur aktuellen Gesetzesfassung im EStG in allen Gesetzestextesvorschlägen selbst legal definiert. Grundrichtung dabei ist, dass der erste Teil der gegenwärtigen Begriffsfassung, „Betrieb", gegen den Begriff „Erwerb" ausgewechselt wird. Darin stimmen *Mitschke, Rose, Kirchhof* und der *Kölner Entwurf* grundsätzlich[699] überein. *Elicker* weicht ab, als sein Reformentwurf die Einkünfte konsequent aus dem Unterschiedsbetrag der Entnahmen und Einlagen ermittelt. Diese werden als Zu-/Abfluss von Wirtschaftsgütern zwischen Erwerbs- und Privatvermögen verstanden. Hier ist allerdings eine zumindest mittelbare Hinwendung zum Begriff „Erwerb " zu konstatieren.

Hintergrund dieses allgemeinen Terminuswechsels von „Betrieb„ zu „Erwerb" ist die Überwindung des Einkünftedualismus und das Streben nach begrifflicher Präzisierung. Teilweise drücken die Neufassungen der Begriffe aber auch einen Wechsel des Einkommensverständnisses aus.

3.1 Begriffswahl der Stiftung Marktwirtschaft

Einzig die *Stiftung Marktwirtschaft* widersteht dieser Tendenz und schlägt die Beibehaltung der aktuellen Begrifflichkeiten „Betriebseinnahmen" und „Betriebsausgaben" vor. Allerdings werden sie neu gefasst und im Entwurfstext in den §§ 41, 42 StGEG legal definiert.

3.2 Begriffswahl Elickers

Elicker vereinheitlicht[700] die Reinvermögenzugangs- und die Quellentheorie in der seinem Entwurf zugrunde liegenden ertragsteuerlichen Sphärentheorie. Jeglicher Vermögensübergang über die Sphärengrenzen hinaus wird zum entscheidenden Faktor der Einkommensdefinition. Dieses generalklauselartig gefasste Einkom-

---

698 Siehe dazu insbesondere Mitschke, Erneuerung des deutschen Einkommensteuerrechts, Rz. 125 ff.

699 Auf Mitschke trifft dies nur hinsichtlich der „restlichen Einkünfte" im Sinne des § 6 II b) EStG-ME zu, nicht aber auf die Einkünfte aus Unternehmen gemäß § 6 II a) seines Entwurfs.

700 Siehe zur Begriffswahl Elicker, Entwurf einer proportionalen Netto-Einkommensteuer, Rz. 63.

mensverständnis drückt sich auch in der Begriffswahl aus. *Elicker* stellt nicht Betriebseinnahmen und Betriebsausgaben wie § 4 III EStG gegenüber, sondern entsprechend Einlagen (in die Erwerbssphäre) und Entnahmen (aus der Erwerbssphäre). Von seinem Einkommensverständnis her gesehen, handelt es sich dabei um alle Güter in Geld oder Geldeswert (vgl. § 2 I Sätze 2, 3 Netto-EStG). Jegliches liquide oder fungible Vermögen wird erfasst wie auch der Wechsel von der steuerbaren Erwerbs- in die Privatssphäre und umgekehrt. Insoweit ist die Erweiterung der Grundtechnik der Einnahmen-/Überschussrechnung, die ursprünglich nur einen Zahlungsmittelfluss erfasst, durch die Begriffsfassungen *Elicker*s auf Güter in Geldwert konsequent. Schlüssig erfolgt auch die Erweiterung dahingehend, dass Güter in Geldeswert denen in Geld begrifflich gleichstehen. Fraglich ist, ob sich die Konsequenz in den in dieser Arbeit gewählten Prüfungsmaßstäben „Darlehen" und „Tausch" fortsetzt.

Der Besteuerungszeitpunkt kommt in den Begriffsdefinitionen der Einlagen und der Entnahmen gemäß § 2 I Sätze 2 und 3 Netto-EStG sowie der weiteren begrifflichen Konkretisierungen des § 2 II Sätze 1 und 2 Netto-EStG zum Ausdruck. *Elicker* setzt auch hier neue Begriffe; so spricht er nicht vom Zu-/Abfließen bzw. Zu-/Abfluss, sondern vom Übergehen (§ 2 I Satz 2,3 Netto-EStG) und von Zugängen und Abgängen (§ 2 II Satz 1,2 Netto-EstG). Aus der Kommentierung ergibt sich, dass kein Unterschied zum herkömmlichen Zu-/ Abflussprinzip besteht[701].

Aus der Kommentierung ergibt sich allerdings keine genaue Herleitung der Begriffswahl. Insbesondere in Bezug auf die Verwendung des Begriffs „Erwerb" begründet *Elicker* seine Begriffswahl nicht.

3.3 Begriffswahl Mitschkes

Mitschke setzt sich nicht mit dem seinem Entwurf zugrunde liegenden Einkommensverständnis auseinander. Der Kommentierung lässt sich für seine Begriffsfindung lediglich entnehmen, dass „die Neuordnung andere, einheitliche und wohl definierte Ausdrücke verwende"[702] und er bei der allgemeinen Begriffsbestimmung der Erwerbsabzüge „im wesentlichen der geltenden Definition der Werbungskosten nach § 9 Abs. 1 Satz 1 EStG, die konkreter als die der Betriebsausgaben nach § 4 Abs.4 EStG"[703] sei, folgt. Die genaue Herleitung der Begriffsverwendung „Erwerbs" wird nicht erörtert.

701 Elicker, Entwurf einer proportionalen Netto-Einkommensteuer, Rz. 74 f.
702 Mitschke, Erneuerung des deutschen Einkommensteuerrechts, Rz. 125.
703 Mitschke, Erneuerung des deutschen Einkommensteuerrechts, Rz. 132.

Obgleich *Mitschke* am Schedulenprinzip festhält, stellt er die Einkünfteermittlung seines Reformmodells auf eine einheitliche Begriffsbasis[704]. Bei Einkünften bestimmter[705] Unternehmen sind gemäß § 6 I EStG-ME ebenso wie bei allen anderen Einkünften gemäß 6 II i.V.m. § 7 I bzw. § 8 I EStG-ME Zahlungen und geldwerte Vorteile bestimmende Maßstäbe. Bei Zahlungen differenziert § 9 I EStG-ME zwischen Barzahlungen als Empfang oder Hingabe von gesetzlichen Zahlungsmitteln und unbaren Zahlungen als Bankgutschriften oder -lastschriften. In § 9 II des Entwurfs werden geldwerte Vorteile als alle empfangenen oder hingegebenen Wirtschafts- und Privatgüter mit Ausnahme von Zahlungen definiert. Gleich dem Konzept *Elicker*s stehen beide Erscheinungsformen der Einkünfte, Zahlungen und geldwerten Vorteile in einem gleichrangigen Verhältnis[706]. *Mitschke* erweitert die Grundtechnik der Einnahmen-/Überschussrechnung und kombiniert die Erfassung von Zahlungen mit der gleichrangigen Erfassung von geldwerten Vorteilen auf Basis einer „Zahlungsmittelrechnung". Auf den Begrifflichkeiten „Zahlungen" und „geldwerte Vorteile" bauen die eigentlichen Ermittlungsvorschriften gemeinsam auf. Sowohl die Ermittlung von Einkünften bestimmter Unternehmen gemäß § 6 I EStG-ME wie die Ermittlung aller anderer Einkünfte gemäß § 6 II i.V.m. § 7 bzw. § 8 EStG-ME basieren auf einer Gegenüberstellung solchen auf der Bezugsseite mit Zahlungen und geldwerten Vorteilen auf der Abzugsseite. Die Geltung des Zu-/Abflussprinzips kommt in den Ermittlungsvorschriften zum Ausdruck. Zum einen unmittelbar in § 6 I EStG-ME, in welchem die Entnahmen bzw. Ausschüttungen durch Zufluss von Zahlungen und geldwerten Vorteilen den Einlagen oder Kapitalzuführungen durch Zahlungen und geldwerten Vorteilen gegenübergestellt werden. Zum anderen drückt sich das Zu-/Abflussprinzip mittelbar in den der Ermittlungsvorschrift des § 6 II EStG-ME zugrunde liegenden Begriffsbestimmungen der §§ 7 I, 8 I EStG-ME aus. Diese definieren die Erwerbsbezüge bzw. -abzüge als zu-/abfließende Zahlungen und geldwerte Vorteile.

---

704 Mitschke, Erneuerung des deutschen Einkommensteuerrechts, Rz. 125 ff.

705 Mit der Bezeichnung „bestimmter Unternehmen" sind solche im Sinne des § 6 I des Mitschke-Entwurfs gemeint, „die aufgrund anderweitiger gesetzlicher Verpflichtung oder auch ohne solche Verpflichtung Bücher führen und regelmäßig Abschlüsse machen, die den grudnsätzen odnungsgemäßer Buchfürhung und Bilanzierung entsprechen".

706 Vgl. Wortlaut der §§ 7 I und § 8 I des Entwurfs, die jeweils beide Formen gleichwertig nebeneinander stellen.

Die Begriffsfassungen *Mitschke*s spiegeln insoweit schlüssig die Systematik des Entwurfs wider, der auf einer Zahlungsmittelrechnung um den Einbezug geldwerter Vorteile erweitert und dem Zu-/ Abflussprinzip basiert[707].

3.4 Begriffswahl im Kölner Entwurf

Der *Kölner Entwurf* spricht sich zwar für die Beibehaltung des geltenden Rechts aus, wählt aber neue Begrifflichkeiten. Die Begriffswahl wird ausdrücklich hergeleitet. So wird die Verwendung des Begriffs „Erwerbs-" mit dem in § 2 I Kölner-E zum Ausdruck gebrachten Einkommenverständnises erklärt. Um die mit dem Begriff „Markteinkommen" verbundenen Assoziationen – Beteiligung am allgemeinen wirtschaftlichen Verkehr im Gewerbebetriebsbegriff des § 15 II Satz 1 EStG oder die vielfältige Kasuistik in diesem Kontext – zu unterbinden und einen unbelasteten Begriff für das Reformmodell zu nutzen, haben sich die Verfasser des *Kölner Entwurfs* für den Begriff „Erwerb" entschieden[708].

Erwerbseinnahmen und Erwerbsausgaben werden einander gegenübergestellt. Sie werden gemäß § 10 I Satz 1 bzw. Satz 2 Kölner-E als Geld und andere Wirtschaftsgüter, die durch eine Erwerbstätigkeit zu-/abfließen, verstanden. Auch hier findet sich die Erweiterung der Grundtechnik über die reine Erfassung von Zahlungsmitteln hinaus auf Wirtschaftsgüter als nicht in Geld bestehende Vermögensgegenstände (vgl. Legaldefinition in § 10 II Satz 1 Kölner-E). Das Zu-/Abflussprinzip drücken die Begrifflichkeiten „Erwerbseinnahmen" und „Erwerbsausgaben" in ihren Legaldefinitionen aus, indem dort auf den Zu-/Abfluss abgestellt wird[709]. So wird hier das Einkommensverständniss und die Grundtechnik konsequent umgesetzt[710].

Der *Kölner-Entwurf* weist allerdings die Besonderheit auf, die Grundtechnik hybrid auszugestalten. Fraglich ist, wie sich diese zu den Begrifflichkeiten der Erwerbseinnahmen/-ausgaben verhält, da denen laut ihren Legaldefinitionen in § 10 I Satz 1 bzw. Satz 2 Kölner-E das Zu-/Abflussprinzip immanent ist. § 12 I des Kölner-E gibt als grundsätzlichen Realisationszeitpunkt den Zeitpunkt des Zu-/Abflusses an. § 17 II des Kölner-E formuliert, dass die nach § 16 des Entwurfs in das Anlageverzeichnis aufzunehmenden Wirtschaftsgüter gemäß § 17 I Satz 1 Kölner-E abzuschreiben sind und solche gemäß § 17 I Satz 2 Kölner-E

---

707 Der in dieser Arbeit als Maßstab formulierten Behandlung des Darlehens widmet sich der *Mitschke*-Entwurf in seinen §§ 7 IV und 8 IV. Diese werden an späterer Stelle gemeinsam mit dem Maßstab Tausch, betrachtet. Siehe Kapitel D II 3.4.
708 Kölner-Entwurf, Rz. 133 ff., insbesondere Rz. 144 ff.
709 Kölner-Entwurf, Rz. 306.
710 Auch hier ist auf deren spätere Behauptung an dem Maßstäben Darlehen und Tausch zu verweisen. Siehe Kapitel D II 3.4.1.3.

als Erwerbsausgaben gelten. Insofern wird der Begriff der Erwerbsausgaben im Sinne des § 10 I Satz 2 Kölner-E um die Fiktion des § 17 I Satz 2 Kölner-E erweitert. Diese Fiktion ist durch fundierende einheitliche Begrifflichkeiten bedingt, die sich hier nicht ohne weiters in das periodisierende Element integrieren lassen. Sie stehen aber konträr zum eigentlichen Begriff der Erwerbsausgaben, dem das Abflussprinzip immanent ist, wenn sie auf der Tatbestandsebene ansetzten. Insofern ist § 17 I Satz 2 Kölner-E als Rechtsfolgenverweis zu verstehen. Eine eigene Erläuterung der Fiktion seitens der Verfasser findet sich jedoch in der Entwurfskommentierung nicht[711].

3.5 Begriffswahl Kirchhofs

Das EStGB *Kirchhofs* verwendet ebenfalls die Begrifflichkeiten „Erwerbseinnahmen" und „Erwerbsausgaben", wobei der Zusatz „Erwerb" die Steuerbarkeit des Ergebnisses nach dem EStGB kennzeichne. Die im EStGB *Kirchhofs* verwendeten Begriffe weisen gegenüber den anderen Reformmodellen die Besonderheit auf, dass sie die Begriffe Erwerbseinnahmen und Erwerbsausgaben asymmetrisch aufbauen. Im Vergleich zur Fiktionstechnik des *Kölner-Entwurfs* (§ 17 I Satz 2 Kölner-E) unterscheiden sich die Begriffsdefinitionen der Erwerbsausgaben in tatsächlicher Hinsicht[712]. Während der Begriff der Erwerbsausgaben gemäß § 3 III Satz 3 EStGB allein Ausgaben in Geld erfasst, definieren § 3 III Sätze 1 und 2 EStGB die Erwerbseinnahmen begrifflich weiter[713]. Über die Einnahmen in Geld werden auch solche in Form geldwerter Vorteile erfasst. Erwerbseinnahmen und Erwerbsausgaben sind von ihren Definitionen her also keine sich gänzlich entsprechenden Gegenstücke. Der Begriff der Erwerbsausgaben entspricht so der Grundtechnik der Einnahmen-/Überschussrechnung, der Begriff der Erwerbseinnahmen erweitert diese unter Einbezug der Grundtechnik auf Sachzugänge. Allerdings kommentiert *Kirchhof*, dass es sich dabei um keine generelle Gleichsetzung von Zugängen in Geldwert mit Geldeinnahmen handele. Danach gelten nur solche Sacheinnahmen als Erwerbseinnahmen, die statt eines Zahlungsmittels als Leistungsentgelt zufließen[714]. Die Erfassung von Erwerbseinnahmen wird als dem Leistungsfähigkeitsprinzip geschuldete Ergänzung verstanden, die aber zu keiner Gleichrangigkeit von „Geldmitteln und anderen Vermögenswerten" führt. Erwerbsausgaben sind gemäß § 3 III Satz 3 EStGB ausschließlich Abflüsse in Form von Zahlungsmitteln, die durch Erwerbshandeln

---

711 Vgl. beispielsweise Kölner-Entwurf, Rz. 340 ff., die die §§ 16,17 kommentieren.
712 Im Gegensatz zur Fiktionstechnik im Kölner-Entwurf.
713 Eine entsprechende Anwendung des § 3 III Satz 2 EStGB schließt Kirchhof in der Entwurfskommentierung aus: EStGB, § 3 Rz. 23.
714 EStGB, § 3 Rz. 20 f.

veranlasst sind. Einen Ansatz von Abflüssen in Sachform kennt § 3 III Satz 3 EStGB nicht[715]. Zuflüsse von Zahlungsmitteln und Sachzugänge sind in ihrer Erfassung nach dem EStGB also nicht identisch[716].

Kirchhof begründet die Asymmetrie der Begriffe Erwerbseinnahmen/-ausgaben im Wesentlichen damit, dass für die Ermittlung des Gewinns nicht der Wert maßgeblich ist, den der Gegenstand im Zeitpunkt der Abgabe besitzt, sondern der Wert, den der Steuerpflichtige aufgewandt hat, um die realisierte Leistung zu erbringen[717]. Dies steht mit der Einkommensdefinition des § 2 II EStGB in Einklang, da diese das Einkommen als die (durch § 3 EStGB zu ermittelnden) Einkünfte begreift.

Das EStGB entspricht in seiner Begriffswahl der Erwerbsausgaben der der Grundtechnik[718].

Über die unterschiedliche Weite der Begriffe Erwerbseinnahmen/-ausgaben hinaus divergieren die Begriffe auch im Bezug auf das Zu-/Abflussprinzip. Beide Begriffsdefinitionen formulieren hier nicht explizit. Der Kommentierung *Kirchhofs* nach wird der Zufluss als dem Einnahmenbegriff immanent angesehen, da eine Einnahme, die nicht zufließe, nicht denkbar sei. Sie müsse „vereinnahmt" werden. Insofern wird der Zufluss als Erlangung der wirtschaftlichen Verfügungsmacht verstanden[719]. Auch eine explizite Normierung des Zuflussprinzips, vergleichbar mit der des § 11 I EStG, enthält das EStGB nicht.

Nicht zu erklären vermag die Kommentierung die Regelung des § 3 III Satz 4 EStGB, die – unter Voraussetzungen – eine Periodisierung der Erwerbsausgaben vorsieht. Von den Ausführungen zu den Erwerbseinnahmen her betrachtet, die den Zufluss als den Erwerbseinnahmen begriffsimmanent ansehen, erscheint eine Begründung der Abweichung notwendig[720].

---

715 Vgl. EStGB, § 3 Rz. 23.
716 EStGB, § 3 Rz. 19.
717 EStGB, § 3 Rz. 23 mit Beispiel und ausführlicher Erläuterung.
718 Allerdings ist zu bemerken, dass der Einnahmen-/Überschussrechnungstechnik im EStGB nur eine Ausnahmestellung mit einem begrenztem Anwendungsbereich zukommt.
719 EStG, § 3 Rz. 13.
720 Nicht überzeugnd ist der Verweis der Kommentierung auf § 9 I Satz 3 Nr. 7 EStG, nach dem auch für Überschusseinkünfte die Regeln für Absetzungen des § 7 EStG gelten (EStGB, § 3 Rz. 28; vgl. auch Vor § 3 Rz. 68), bei einem Reformmodell, dass sich für eine grundlegende Neufassung des EStG ausspricht (EStGB, Seite V „Grundgedanken des Reformvorschlages"). Eine darüber hinausgehende Erläuterung enthält der Entwurf diesbezüglich nicht.

Der *Stiftung Marktwirtschaft* behält die Begriffe Betriebseinnahmen und Betriebsausgaben bei. Ebenso wie der Begriff „Erwerb" bei anderen Entwürfen, dient der Begriff „Betrieb" der Abgrenzung der grundsätzlich nichtsteuerbaren Privatsphäre. Im Weiteren weisen die Begriffsdefinitionen in § 41 I und § 42 I StGEG die Ermittlungstechnik des § 40 StGEG als grundsätzliche Zahlungsmittelrechnung aus. Neben der „betrieblichen Veranlassung" bilden „Geld" und der Zu-/Abfluss die Tatbestandsmerkmale. Die Kommentierung erläutert das Verständnis des Geldes als Zahlungsmittel und weist darauf hin, dass es sich trotz der Begriffswahl um keine „Geld- oder Kassenrechnung", sondern um eine „Zahlungsmittel"rechnung handelt[721]. Da aber der Begriff „Geld" in den Finanzwissenschaften geläufiger sei und keine materiell-rechtliche Änderung in der Begriffsverwendung indiziert werden soll, sei der „alte" Begriff beibehalten" worden[722].

Bei einem Entwurf einer steuerjuristischen Neufassung der Gewinnermittlung ist diese Ansicht durchaus fraglich, insbesondere wenn sich der Entwurf in seinen Kommentierungen zur Beseitigung von begrifflichen Ungenauigkeiten bekennt[723].

Der Zu-/Abfluss wird als Tatbestandsmerkmal der Betriebseinnahmen/-ausgaben ausgedrückt. Damit ist der Zu-/Abfluss nicht nur Maßstab für den Besteuerungszeitpunkt, sondern bestimmt, ob überhaupt der Tatbestand einer Betriebseinnahme/-ausgabe vorliegt[724].

Dies ist der Grundsatz. Ähnlich den Begriffsfassungen im EStGB sind die Begriffe der Betriebseinnahmen und -ausgaben auch im StGEG asymmetrisch aufgebaut. Während die Betriebsausgaben ausschließlich Abflüsse in Geld erfassen, ist der Begriff der Betriebseinnahmen tatsächlich weiter gefasst, da auch zugeflossene Sachleistungen, sofern sie nicht Gegenleistung für Geld sind, einbezogen werden (vgl. § 41 I, II StGEG). Die Einschränkung im Bereich der Sachzuflüsse folgt daraus, dass sie nur relevant sind, wenn statt Geldleistung eine Sachleistung zufließt. Dies ist nur dann der Fall, wenn für die zugeflossenen Leistung gerade kein Entgelt geleistet wurde, sondern die Leistung selbst Entgelt für eine erbrachte Leistung ist[725]. § 42 StGEG kennt keine geldwerten Nachteile, da die Hingabe eines nicht in einem Zahlungsmittel bestehenden Vermögenswertes nur insoweit zu Betriebsausgaben führt, als die für den ursprünglichen Erwerb des

---

721 Stiftung Marktwirtschaft, StGEG, 79.
722 Stiftung Marktwirtschaft, StGEG, 81.
723 Stiftung Marktwirtschaft, StGEG, 79.
724 Stiftung Marktwirtschaft, StGEG, 81.
725 Stiftung Marktwirtschaft, StGEG, 82.

Vermögenswerts ausgegebenen Zahlungsmittel gemäß § 44 II Satz 1 StGEG als abgeflossen gelten[726].

Die Asymmetrie setzt sich in der Umsetzung des Zu-/Abflussprinzips fort. Während das Zuflussprinzip ausnahmslos auf der Einnahmenseite gilt, ist es auf der Ausgabenseite durchbrochen. Denn der Begriff der Betriebsausgaben gemäß § 42 StGEG umfasst auch Abschreibungen im Sinne des § 15 StGEG. Diese gelten nicht als Betriebsausgaben, sondern „sind" es sogar. Einlagen und Entnahmen hingegen erfüllen nicht die Tatbestandsvoraussetzungen der Betriebseinnahmen/ausgaben gemäß §§ 41 I, 42 II StGEG und werden so entsprechend in §§ 41 III, 42 StGEG als solche fingiert.

Die Begrifflichkeiten Betriebseinnahmen/-ausgaben im Sinne des StGEG sind präzise definiert. Insbesondere wird nicht der Versuch unternommen, Sachleistungen oder Abschreibungen in die grundsätzliche Begriffsfassung, Zu-/Abflüsse in Geld, zu implementieren. Die Begriffe werden jeweils um diesen Teil erweitert („sowie"). Die Begriffe spiegeln die Technik der vereinfachten Gewinnermittlung wider. Grundsätzlich handelt es sich um eine Zahlungsmittelrechnung, die in begrifflich klar bezeichneten Teilbereichen modifiziert wird[727].

3.7 Begriffswahl Roses

Roses Einfachsteuer wählt ebenso neue Begrifflichkeiten. Hier werden gemäß § 16 EinfStGE die Erwerbseinnahmen den Erwerbsausgaben gegenübergestellt. Erläutert wird die Begriffswahl „Erwerb" im Gesetztext selbst mit der Abgrenzung von den durch die steuerbare Erwerbstätigkeit veranlassten Einnahmen/Ausgaben und den nichtsteuerbaren Einnahmen/Ausgaben privater Lebensführung[728]. In Erweiterung der Begriffsauffassung der Grundtechnik erfassen Einnahmen und Ausgaben neben „Bargeldbeständen, Bankguthaben u.ä." auch solche in Sachform, die „zusätzlich" zu berücksichtigen sind[729]. Ein Rangverhältnis lässt sich aus dem Begriff „zusätzlich" nicht ableiten, so daß von einer gleichrangigen Erfassung auszugehen ist.

Zu akzentuieren ist, dass das Zu-/ Abflussprinzip nicht als den Erwerbseinnahmen/-ausgaben begriffsimmanent angesehen wird. Die Begriffswahl dient allein der zuvor genannten Abgrenzung und setzt sich mit der Frage der Veranlassung auseinander, hingegen nicht mit der des Zu-/Abflusses. Diesbezüglich

---

726 Stiftung Marktwirtschaft, StGEG, 82. Die Begründung entspricht insoweit der Kirchhofs, siehe Kapitel D II 3.3.5.

727 Dies wird sich aber noch an den Prüfungsmaßstäbe Darlehen und Tausch beweisen müssen.

728 Vgl. § 4 XI, XII EinfStG.

729 Vgl. § 19 EinfStG.

gilt die Regelung des § 19 EinfStGE, der die grundsätzliche Berücksichtigung der Einnahmen/Ausgaben regelt. Diese Dichotomie der Begrifflichkeiten gibt *Rose* die Möglichkeit, sein Reformmodell hybrid auszugestalten. Insofern ist die Abweichung vom Zu-/Abflussprinzip, im Entwurf gemäß § 19 EinfGE verstanden als „Kassenrechnung", in den §§ 21 ff. EinfStGE keine Frage der Begrifflichkeiten, sondern solche des Grundprinzips.

4 Überprüfungsmaßstäbe eines Grundprinzips bzw. präzisierter Begrifflichkeiten

Die Behandlung des Darlehens und des Tausches in den Entwürfen soll deren Grundlage für eine Reform der Einnahmen-/Überschussrechnung gegenwärtiger Fassung in konkreten Problemfällen aufzeigen.

4.1 Maßstab: Darlehen

4.1.1 Darlehen im Reformmodell Elickers

Der Zufluss eines in die Privatsphäre mit privaten Mitteln aufgenommenen Darlehens ist der Technik der Netto-Einkommensteuer zufolge nicht steuerbar[730]. Wird hingegen der gleiche Betrag aus der Erwerbsvermögenssphäre entnommen und anstelle des entnommenen Betrages für die Zwecke des Erwerbs ein betriebliches Darlehen aufgenommen, so unterliegt die Entnahme von vornherein der Besteuerung. Der Rückfluss eines aus Erträgen zurückgezahlten betrieblichen Darlehens wiederum ist nicht steuerbar. Bei einem aus dem Erwerbsvermögensbereich zurückgezahlten Privatdarlehen stellen Zins und Rückzahlung steuerbare Entnahmen dar. Im umgekehrten Fall, wenn das zu Erwerbszwecken aufgenommene Darlehen aus privaten Mitteln zurückgezahlt wird, sind Zins und Rückzahlung saldierbare Einlagen[731].

Solche Grundtechnik der Netto-Einkommensteuer setzt sich in der Behandlung der Darlehensaufnahme/-rückzahlung konsequent fort. Grundlage dafür ist die ertragsteuerliche Sphärentheorie *Elickers*, der zufolge allein der Darlehensfluss über die Sphärengrenzen hinaus ein steuerbares Faktum ist. Insofern werden nur die die Sphärengrenze kreuzenden Zahlungsströme erfasst unabhängig von dem zugrundeliegenden Kausalgeschäfts.

---

730 Elicker, Entwurf einer proportionalen Netto-Einkommensteuer, Rz. 101.
731 Vgl. dazu insgesamt Elicker, Entwurf einer proportionalen Netto-Einkommensteuer, § 2 Rz. 8 f.

Da die Netto-Einkommensteuer mithin nur das vom Erwirtschafteten tatsächlich Genossene besteuert, was der Steuerpflichtige vom Erwirtschafteten für sich selbst verwendet, statt zu reinvestieren[732], kommt dem Ausfall einer betrieblichen Darlehensforderung keine steuerliche Auswirkung zu.

Auf Grund der auch in sich schlüssigen Behandlung des Darlehens ist festzuhalten, dass die Ermittlungsart der Netto-Einkommensteuer auf einem Grundprinzip beruht. Dieses setzt sich auch in der Wahl der Begrifflichkeiten fort, als dass der entscheidende Besteuerungszeitpunkt in den Begrifflichkeiten der Einlagen und der Entnahmen gemäß § 2 I Sätze 2 und 3 Netto-EStG sowie der weiteren begrifflichen Konkretisierungen des § 2 II Sätze 1 und 2 Netto-EStG deutlich wird.

4.1.2   Darlehen im Reformmodell Mitschkes

In § 7 IV und § 8 IV EStG-ME wird konstatiert, dass der Zu-/Abfluss der reinen Darlehensvaluta keine Erwerbsbezüge/-abzüge darstellen. Nach Auffassung *Mitschkes* handelt es sich dabei nicht nur für Unkundige (um eine) notwendige Klarstellung[733]. Gemeint ist, dass ohne diese Klarstellung der Zu-/Abfluss der Darlehensvaluta als Erwerbsbezüge/-abzüge zu subsumieren und dementsprechend steuerbar wären. *Mitschke* bedient sich einer Ausnahmeregelung, um diesen Zahlungsfluss davon auszunehmen. Deren Rechtfertigung bleibt er schuldig. Er weist einzig auf den Umstand hin, dass anderenfalls eine doppelte Erfassung von Erwerbsausgaben drohen, einmal bei der Bezahlung der Anschaffungs- oder Herstellungskosten von Wirtschaftsgütern aus der Kreditverwendung, ein zweites Mal bei der Kredittilgung[734].

Festzuhalten ist, dass *Mitschke* den Darlehenszu-/-abfluss von der Grundtechnik ausnimmt. Die Ausnahme bleibt unbegründet. So bietet der *Mitschke*-Entwurf bei der Entwicklung eines Grundprinzips der Einnahmen-/Überschussrechnung keine Hilfestellung. Eine weitere Erörterung der Begrifflichkeiten erübrigt sich, da diese bereits mangels vorhandenen Grundprinzips kein solches widerspiegeln können[735].

---

732   Elicker, Entwurf einer proportionalen Netto-Einkommensteuer, Rz. 101.
733   Mitschke, Erneuerung des deutschen Einkommensteuerrechts, Rz. 131.
734   Mitschke, Erneuerung des deutschen Einkommensteuerrechts, Rz. 140.
735   Mangels Grundprinzip erübrigt sich ebenfalls die Frage der steuerlichen Behandlung eines Ausfalls einer zum Erwerbsvermögen zugehörigen Darlehensforderung. Es findet sich hierzu weder eine Regelung noch eine Kommentierung der Problematik in den Erläuterungen zum EStG-ME.

4.1.3 Darlehen im Reformmodell des Kölner-Entwurfs

Die Behandlung des Darlehens im *Kölner-Entwurf* ergibt sich aus dessen Kommentierung nicht offensichtlich. In § 6 I Nr. 4 Kölner-E findet sich zwar die Regelung, dass Einkünfte aus Finanzkapital (§ 2 I Nr. 3 Kölner-E) auch andere Einkünfte aus der Überlassung von Kapital jeder Art sind.. Sie gibt aber keine Antwort auf die Frage, wie die Darlehensvaluta selbst zu behandeln ist. Diese ergibt sich ebenso wenig aus § 47 I Nr.2 Kölner-E, wonach Zinsen und andere Erträge aus Kapitalforderungen jeder Art der Kapitalertragssteuer unterliegen. Zwar sind Einkünfte erst zu qualifizieren, bevor sie ermittelt werden können[736], jedoch ist der Zu-/Abfluss der reinen Darlehensvaluta nicht einkunftsspezifisch.

Damit ist die Frage deren (Nicht-)Erfassung auf der Ebene der Einkunftsermittlung zu beantworten. Hier ist festzustellen, dass die Darlehensvaluta als ein in Geld bestehender Zahlungsfluss zunächst einmal unter § 10 I Satz 1 bzw. Satz 2 Kölner-E zu subsumieren ist. Insofern wäre von einer – konsequenten – Steuerbarkeit der Darlehensvaluta selbst auszugehen. Allerdings befürwortet die Kommentierung die weitgehende Beibehaltung des geltenden Rechts und verweist in ihren Anmerkungen auf die Übernahme der aktuellen Regelung des § 4 III EStG als die generelle Ermittlungsart nach den §§ 9 Abs.1 10 ff. Kölner-E[737]. Daher ist davon auszugehen, dass die gegenwärtige Nichterfassung der Darlehensvaluta bei der Ermittlung nach § 4 III EStG auch für die Ermittlung gemäß §§ 9 Abs.1 10 ff. Kölner-E gilt. Eine Lösung der gegenwärtigen Problematik des fehlenden Grundprinzips der Einnahmen-/Überschussrechnung ist damit nicht verbunden. Die Begrifflichkeiten vermögen keine darüber hinausgehende Lösung anzubieten.

4.1.4 Darlehen im Reformmodell Kirchhofs

Kirchhof befasst sich in der EStGB-Kommentierung explizit mit der Behandlung des Darlehens. Er widerspricht einer Lösung, die Nichterfassung der Darlehensvaluta über den Grundsatz der Totalgewinnidentität oder ein übergesetzlich verankertes Prinzip der unangemessen Periodenabweichung zu korrigieren. Er fordert, dass sich das Ergebnis der nicht erfassten Darlehenvaluta aus der § 3 III EStGB eigenen Systematik ergeben müsse[738].

Dieses Ergebnis erzielt der Gesetzentwurf auf Tatbestandsebene des § 3 IV EStGB. Mangels Entgeltqualität der Darlehensaufnahme ist diese begrifflich keine Erwerbseinnahme. Zwar wird die Darlehensvaluta selbst für Zwecke des

---

736 Kölner-Entwurf, Rz. 227.
737 Kölner-Entwurf, 112: „Übernahme von Vorschriften des EStG 2002 in den Kölner-Entwurf".
738 Vgl. Kirchhof, EStGB, Rz. 35 ff.

Erwerbshandelns verwendet, jedoch wird der Darlehensgeber nicht als Abnehmer der durch das Erwerbshandeln erbrachten Leistung verstanden. Die Rückzahlung der Darlehensvaluta wiederum ist keine Erwerbsausgabe, da sie durch die Darlehensaufnahme veranlasst wurde, diese aber keine Erwerbseinnahme war[739]. Die Hingabe der Darlehensvaluta ist steuerneutral, da für sie kein periodischer Verbrauch eintritt. Zwar kommt der Rückzahlung der hingegebenen Darlehensvaluta Entgelt- und damit Erwerbseinnahmenqualität zu, jedoch führt die Rückzahlung gleichzeitig zum Verbrauch der Erwerbsausgabe „Darlehenshingabe" in eben dieser Höhe[740]. Die Zinsen erfüllen jeweils den Tatbestand der Erwerbseinnahmen/-ausgaben[741].

Dem Ausfall einer Darlehensforderung kommt gemäß § 3 III Satz 4 EStGB Steuerwirkung zu, da sich in diesem Fall die die Erwerbsausgabe aus der Hingabe der Darlehensvaluta verbraucht[742].

Es ist festzustellen, dass es *Kirchhof* gelingt, seine Forderung, dass sich das Ergebnis der nicht erfassten Darlehenvaluta aus der § 3 III EStGB eigenen Systematik ergeben müsse, umzusetzen. Durch die Verknüpfung des Begriffsverständnisses der Erwerbseinnahmen/-ausgaben mit dem Erwerbshandeln im Sinne des § 2 III Satz 2 EStGB gelingt es, die Darlehensvaluta aus dem erfassten Zahlungsstrom schlüssig auszunehmen. Ebenso schlüssig gelingt es, den Darlehensausfall in diese Systematik zu integrieren.

4.1.5 Darlehen im Reformmodell der Stiftung Marktwirtschaft

Das StGEG der *Stiftung Marktwirtschaft* und dessen Kommentierung erörtern die Behandlung des Darlehens in der Einnahmen-/Überschussrechnung. Da der Zu-/Abfluss der betrieblich veranlassten Darlehensvaluta unter den Tatbestand der Betriebseinnahmen/-ausgaben gemäß § 41 I bzw. § 42 I StGEG zu subsumieren ist, könnte diesem Sachverhalt Gewinnwirkung zukommen. Das StGEG schließt eine solche Gewinnwirkung der Darlehensvaluta aber aus, indem es für diesen Fall den Zu-/Abflusszeitpunkt modifiziert. Mittels Gesetzesfiktion gemäß § 43 II Satz 1 StGEG gelten Darlehen erst im Zeitpunkt der Tilgung als zu- und abgeflossen. Dies ändert aber nichts an der grundsätzlichen Qualifikation als Betriebseinnahmen/-ausgaben im Sinne des § 41 I bzw. § 42 I StGEG[743]. Insoweit gelingt es der *Stiftung Marktwirtschaf*, die steuerliche Gewinnneutralität von Darlehen im Einklang mit den Begriffen der Einnahmen-/Überschussrech-

739 Vgl. dazu insgesamt Kirchhof, EStGB, Rz. 37 f.
740 Vgl. dazu insgesamt Kirchhof, EStGB, Rz. 37.
741 Kirchhof, EStGB, Rz. 38.
742 Kirchhof, EStGB, Rz. 39.
743 Stiftung Marktwirtschaft, StGEG, 81.

nungstechnik zu konstruieren. Zwar steht dieses Ergebnis der zeitlich versetzten Erfassung von Darlehensbeträgen nicht gänzlich im Einklang mit der Grundtechnik der Einnahmen-/Überschussrechnung, ist aber als Sondervorschrift klar fassbar und als bestimmbare Ausnahme von der Grundtechnik hinzunehmen.

Die Sondervorschrift § 43 II Satz 2 StGEG reagiert auf den Fall des Darlehensausfalls, indem sie bei feststehender Uneinbringlichkeit einen entsprechenden Abfluss fingiert. In der Kommentierung wird darauf hingewiesen, dass § 43 II Satz 2 StGEG faktisch Abschreibungsregeln auf Darlehensforderungen zulässt und daher auch eine Zuschreibung bereits abgeschriebener Darlehensforderungen Steuerwirkung zukommen muss[744]. § 43 II Satz 3 StGEG macht insofern § 43 II Satz 2 StGEG rückgängig, da der Rückgewinnung des Werts Gewinnwirkung zukommt[745]. Systematisch zu erklären sind diese Sonderregelungen nicht, da sie entgegen der Ausrichtung der Einnahmen-/Überschussrechnungstechnik auf die Wertentwicklung der Darlehensvaluta abstellen. Als Sondervorschriften bleiben sie jedoch plausibel und sind als erkennbare Ausnahmereglungen hinzunehmen.

4.1.6 Darlehen im Reformmodell Roses

Das Darlehen wird in der Einfachsteuer *Roses* in § 28 EinfStGE behandelt. Danach sind „Kapitalforderungen"[746] und „Kapitalverbindlichkeiten"[747] aus aufgenommenen Darlehen in ein Verzeichnis des Finanzkapitals aufzunehmen, dem gemäß § 29 EinfStGE letztlich Bedeutung für die Bestimmung des Schutzzinses zukommt. Somit führt die Darlehensvaluta zu keiner „Veränderung von Kassenbeständen" im Sinne des § 4 XX EinfStGE und ist nicht unmittelbar steuerbar. Keine ausdrückliche Regelung oder Erläuterung findet sich für den Fall des Ausfalls einer Darlehensforderung. Soweit lässt sich eine Steuerwirkung unter entsprechender Heranziehung des § 27 III Satz 8 EinfStGE auf § 28 EinfStGE mittels einer Abschreibung konstruieren.

Diese Sonderegelungen gelten aber lediglich zur Ermittlung der Gewinne von Unternehmen. Im Bereich der persönlichen Einkommensteuer findet sich keine entsprechende Regelung zur Frage der Behandlung des Darlehens in der Einfachsteuer. Zwar findet sich in § 16 III Nr. 1 EinfStGE die Regelung, die den Ansatz von Erwerbseinnahmen untersagt, soweit ihnen Erwerbsausgaben beim Schuldner entsprechen, die der Schuldner bei der Ermittlung seines Einkommens nicht abziehen durfte oder darf, im Gesetzesentwurf der Einfachsteuer allerdings zeigt sich kein entsprechendes Abzugsverbot bezogen auf den Darlehensmittel-

---

744 Stiftung Marktwirtschaft, StGEG, 83.
745 Stiftung Marktwirtschaft, StGEG, 83 .
746 Legaldefiniert in § 4 XVIII EinfStG.
747 Legaldefiniert in § 4 XIX EinfStG.

abfluss. Es ist davon auszugehen, dass die Darlehensvaluta als ein Nettozuwachs an Dispositionsmitteln aus einer erwerbswirtschaftlichen Marktbeteiligung gemäß § 4 VI EinfStG grundsätzlich als Objekt der Einkommensbesteuerung anzusehen ist. Zudem ist es, als ein solches unter dem Erwerbseinnahmen-/Erwerbsausgabenbegriff subsumierbar, so daß die Darlehensvaluta steuerlich erfasst wird. Dies ist konsequent und schlüssig.

4.2 Maßstab Tausch

Die in dieser Arbeit diskutierten Reformentwürfe verstehen grundsätzlich die Einnahmen-/Überschussrechnung nicht als reine Zahlungsmittelrechnung, sondern erfassen begrifflich auch Zu-/Abflüsse in Sachform. In den meisten Entwurf finden sich entsprechende Bewertungsvorschriften, die den Sachwert in Zahlungsmittel darstellen und somit der steuerlichen Erfassung zugänglich machen. Eine darüber hinausgehende Unterscheidung zwischen der Erfassung von Sachzugängen findet weder auf der Zu- noch auf der Abflussseite statt. Hinsichtlich der Bestimmung eines Tauschgewinns/-verlustes ergeben sich insofern zur gegenwärtigen Erfassung des Tausch in § 4 III EStG keine Änderungen[748].

Einzig die Modelle *Kirchhofs* und der *Stiftung Marktwirtschaft* bedürfen gesonderter Betrachtung. Begrifflich sind gemäß § 3 III Satz 3 EStGB bzw. gemäß § 42 I StGEG allein Abflüsse in Form von Zahlungsmitteln Erwerbs- bzw. Betriebsausgaben. Auf der Erwerbseinnahmenseite sind nicht alle Zuflüsse in Sachform Erwerbs- bzw. Betriebseinnahmen, sondern nur solche, die statt eines Zahlungsmittels als Leistungsentgelt zufließen[749]. Es handelt sich demnach bei § 3 III Satz 2 EStGB um keine „generelle Gleichsetzung von Zugängen in Geldeswert mit Geldeinnahmen". Dies wirkt sich insofern auf den Tausch aus, als nur bestimmte Sachzugänge, eben solche, die statt eines Zahlungsmittels als Leistungsentgelt zufließen, erfasst werden. Der Tausch wird insoweit als abgekürzter Zahlungsweg verstanden[750]. Auf der Erwerbsausgabenseite ist der Abfluss in Sachform unbeachtlich, da er nicht dem Abfluss von Zahlungsmitteln gleichgesetzt wird. Erfasst wird nur der Differenzbetrag aus Anschaffungskosten und den noch nicht verbrauchten Ausgaben dafür. Nicht der Wert, den der Vermögensgegenstand in Sachform im Zeitpunkt des Abflusses besitzt, sondern die Anschaffungskosten sind nach dem EStGB für die Gewinnermittlung maßgeblich[751]. Dies gilt entsprechend auch für das StGEG[752].

---

748 Vgl. beispielsweise Kölner-Entwurf, Rz. 320.
749 Vgl. Kirchhof, EStGB, § 3 Rz. 20 ff.; Stiftung Marktwirtschaft, StGEG, 82.
750 Vgl. Kirchhof, EStGB, § 3 Rz. 20.
751 Vgl. Kirchhof, EStGB, § 3 Rz. 23.
752 Vgl. Gesetzesvorschlag „§ 43 Tausch", Stiftung Marktwirtschaft, StGEG, 20.

Die auf den ersten Blick bestehende Unsicherheit, ob das EStGB und das StGEG auf Grund seiner asymmetrischen Begriffswahl in § 3 III EStBG bzw. § 42 I StGEG auch das Tauschgeschäft schlüssig erfassen kann, wird in Abweichung von der bestehenden Rechtslage und den sich insoweit anschließenden Reformmodellen widerlegt. Auf der Erwerbseinnahmenseite gelingt dies durch das Abstellen auf den verkürzten Zahlungsweg, auf der Ausgabenseite durch das Abstellen auf die Anschaffungskosten des hingegebenen Wertes.

5. *Fehlende Regelung bei Wechsel von Wirtschaftsgütern des Anlagevermögens in das Umlaufvermögen und umgekehrt*

Eine Antwort auf die Reformnotwendigkeit hinsichtlich des Wechsels von Wirtschaftsgütern des Anlagevermögens in das Umlaufvermögen und umgekehrt findet sich bei *Elicker* und *Mitschke* schon deshalb nicht, weil sie in ihren Reformentwürfen nicht zwischen Anlage- und Umlaufvermögen unterscheiden.

In den anderen Reformmodellen wird zwar zwischen Anlage- und Umlaufvermögen unterschieden und der Wechsel eines Wirtschaftsgutes zwischen steuerbarem Betriebs- bzw. Erwerbsvermögen und nicht steuerbarem Privatvermögen problematisiert[753], allerdings die hier aufgeworfene Frage eines Wechsels der betrieblichen Nutzungsdauer, also innerhalb des Betriebs-/Erwerbsvermögens, nicht thematisiert. Insofern besteht bei den Reformmodellen keine Anlehnungsmöglichkeit.

6. *Teilwertabschreibungen*

Einzig das Reformmodell *Roses* lässt Teilwertabschreibungen im Rahmen der Einnahmen-/Überschussrechnung zu. § 27 III Satz 8 EinfStG sieht bei allen Anlagegütern Abschreibungen im Falle außergewöhnlicher technischer oder wirtschaftlicher Wertverluste vor. Eine Kommentierung dieser Vorschrift findet sich in den Entwurfserläuterungen nicht. Somit ist nur festzustellen, dass das Reformmodell der Einfachsteuer Teilwertabschreibungen im Bereich der Gewinnsteuer vorsieht.

Keiner der anderen Entwürfe lässt Teilwertabschreibungen im Bereich der Einnahmen-/Überschussrechnung zu oder diskutiert einen Einbezug[754]. So bietet

---

753 Siehe beispielsweise § 27 II Nr.3 EinfStG oder auch Kirchhof, EStGB, § 3 Rz. 34.
754 Vgl. beispielsweise Kölner Entwurf, Rz. 354; Kirchhof, EStGB, § 3 Rz. 31, 33. Stiftung Marktwirtschaft, StGEG, 82 – „Insbesondere kennt das Gesetz auch keine geldwerten Nachteile".

sich hier keine Anlehnungsmöglichkeit für den Gedanken, ob Teilwertabschreibungen bei der Einnahmen-/Überschussrechnung zuzulassen sind.

7. *Aufzeichnungspflichten und Standardisierung*

Die Reformmodelle enthalten bezogen auf die gegenwärtigen Aufzeichnungspflichten gemäß § 4 III Satz 5 EStG teilweise Änderungen. § 4 III Satz 5 EStG trägt dem Periodisierungslement Rechnung. Dieser Gedanke findet sich im *Kölner-Entwurf* und bei *Roses* Einfachsteuer wieder. Dort wird jeweils für die Wirtschaftsgüter, die der Abschreibung unterliegen, die qualifizierte Dokumentation in einem „Anlageverzeichnis" bzw. „Verzeichnis für Anlagegüter" angeordnet. Im EStGB und dessen Kommentierung finden sich keine Ausführungen zu qualifizierten Aufzeichnungspflichten im Zusammenhang mit § 3 III Satz 4 EStGB. Es lässt sich nur vermuten, dass eine entsprechende Regelung via Rechtsverordnung angedacht ist. Festzuhalten ist, dass soweit das Zu-/ Abflussprinzip unmittelbare Anwendung findet, keine förmliche Aufzeichnungspflicht aus den Gesetzesentwürfen selbst angeordnet wird.

Mitschke schlägt auch keine entwurfseigene qualifizierte Aufzeichnungspflicht vor, sondern spricht sich für die Beibehaltung der Buchführungspflicht für bestimmte Steuerpflichtige gemäß § 141 AO aus. Die formalen Regeln der Doppik gewährleisteten faktisch eine klare Ordnung und Lückenlosigkeit der Aufzeichnung besteuerungsrelevanter Geschäfts- und Erwerbsfälle[755]. Dem Einfachheitsgedanken seines Entwurfs Rechnung tragend erstreckt *Mitschke* diese Belastung nur auf leistungsstärkere Steuerpflichtige im Sinne des § 141 AO.

Das Reformmodell *Elicker*s ordnet in § 15 Netto-ESt qualifizierte Aufzeichnungspflichten für die eine Erwerbstätigkeit selbstständig und nachhaltig zur Erzielung von Einnahmen ausübenden Steuerpflichtige an (sog. Erwerbsvermögenskonto)[756]. Diese haben gemäß § 16 II Satz 1 Netto-EStG über die Güterzugänge und Güterabgänge des Erwerbsvermögenskontos Aufzeichnungen zu führen. Die genaue Ausgestaltung bleibt gemäß 16 VI Netto-EStG einer noch auszugestaltenden Rechtsverordnung überlassen.

Das StGEG der *Stiftung Marktwirtschaft* sieht in § 39 Satz 2 i.V.m. § 30 StGEG Aufzeichnungspflichten vor, die sämtliche Betriebseinnahmen/-ausgaben unabhängig von der Zuordnung des zugrunde liegenden Wirtschaftsgutes zum bisherigen

---

755 Mitschke, Erneuerung des deutschen Einkommensteuerrechts, Rz. 124.
756 Dazu ausführlich Elicker, Entwurf einer proportionalen Einkommensteuer, § 15 Rz. 1 ff.

Anlagevermögen erfassen[757]. Es wird nicht zwischen tatsächlichem Zu-/Abfluss-zeitpunkt und dessen Durchbrechungen unterschieden. Hervorzuheben ist das Festhalten am amtlich vorgeschriebenen Vordruck gemäß § 39 Satz 3 StGEG, dessen Ausformulierung gemäß § 39 Satz 4 StGEG durch eine noch zu erlassen-de Rechtsverordnung bestimmt werden soll[758]. Die *Stiftung Marktwirtschaft* be-fürwortet also die Beibehaltung einer § 60 IV EStDV vergleichbaren Regelung.

Über die dargestellten Reglungen zu Aufzeichnungspflichten hinaus enthält lediglich das StGEG eine Standardisierungsvorgabe in § 39 Satz 3 StGEG, ver-gleichbar der Regelung des § 60 IV EStDV. Allerdings kann eine solche in den anderen Reformmodellen auf Grund noch zu erlassender Rechtsverordnungen nicht ausgeschlossen werden.

8. *Volatilität der Bemessungsgrundlage*

Die Volatilität der Bemessungsgrundlage ist der Grundtechnik der Einnahmen-/Überschussrechnung geschuldet. Die Reformmodelle nehmen sich dieser Prob-lematik nur bedingt an.

8.1 *Manipulationsproblematik*

Eine § 11 I Satz 2, II Satz 2 EStG vergleichbare Regelung findet sich in § 12 I Satz 2 Kölner-Entwurf und § 19 I Satz 2 EinfStGE. Darüber hinaus enthält keiner der Entwürfe eine Antwort auf die Manipulationsproblematik der Einnahmen-/Überschussrechnungstechnik – außer in der Aufnahme von Periodisierungsele-menten. Insofern wird aber nur der Anwendungsbereich des die Volatilität der Bemessungsgrundlage ermöglichenden Zu-/Abflussprinzips zugunsten der die Volatilität ausschließenden Periodisierungselementen reduziert. Einen über die eingangs genannten Vorschriften weitergehenden Lösungsvorschlag innerhalb des Anwendungsbereichs des Zu-/Abflussprinzips findet sich nicht[759].

---

757 Siehe insgesamt zu den Formvorschriften, § 39 Satz 2 i.V.m. §§ 28 bis 31 StGEG, dazu ausführlich Stiftung Marktwirtschaft, StGEG, 73 ff.

758 Siehe hierzu Entwurf „Verordnung zur steuerlichen Gewinnermittlung", Stiftung Marktwirtschaft, StGEG, 22 ff.

759 Die Regelung des § 3 Netto-ESt bezieht sich auf die Problematik Handlungen der persönlichen Lebensführung als Erwerbshandlungen auszugeben, nicht aber auf die subjektive Gestaltungsmöglichkeit des Zeitpunktes der Entnahme/Einlage. Dazu Elicker, Entwurf einer proportionalen Netto-Einkommensteuer, § 3 Rz. 1 ff.

8.2 Verlustnutzungsmöglichkeiten

Die aus Sicht des Steuerpflichtigen problematische Einschränkung der Verlustnutzungsmöglichkeiten in der gegenwärtigen Rechtslage nehmen die Entwürfe
auf, lösen sie aber nur bedingt auf.

Der Entwurf *Elickers* folgt demselben Grundsatz wie die Regelung des aktuellen § 10d EStG, allerdings ohne Mindestbesteuerung, in § 10 Netto-EStG[760].
§ 10 I Satz 1 Netto-EStG sieht einen Verlustrücktrag auf den unmittelbar vorangegangenen Veranlagungszeitraum vor, darüber hinaus besteht keine Möglichkeit eines Verlustrücktrags. § 10 II Netto-EStG beinhaltet einen in den darauf
folgenden Veranlagungszeiträumen sobald wie möglich zu verrechnenden Verlustvortrag. Insofern enthält der Entwurf *Elickers* keine wesentliche Änderung
gegenüber der aktuellen Rechtslage und damit auch keine Lösung der aufgezeigten
Volatilitätsproblematik.

Ähnlich sind die Regelungen bei *Mitschkes* Entwurf, im *Kölner-Entwurf* und
der Einfachsteuer ausgestaltet.

Bei *Mitschke* unterliegt die Verlustnutzung – anders als im heutigen EStG –
grundsätzlich keinen Beschränkungen nach Betrag, Einkunftsart und/oder Her-
kunftsland. Allerdings sieht § 12 des *Mitschke*-Entwurfs eine Zeitbegrenzung des
gegenüber dem Verlustvortrag zinsgünstigeren Verlustrücktrags – zwar ausschließlich Praktikabilitäts- – und Verjährungsgründe – auf fünf Jahre vor[761].

§ 32 Kölner-E sieht einen begrenzten Verlustrücktrag auf zwei Jahre und § 33
Kölner-E einen unbegrenzten Verlustvortrag vor[762]. *Roses* Modell sieht in § 14
EinfStGE einen zeitlich und in der Höhe unbegrenzten Verlustvortrag für sog.
negatives marktbestimmtes Einkommen bzw. einen sog. marktbestimmten Unternehmensgewinn vor, soweit dieser nicht durch eine sog. Steuervergütung im Sinne
des § 33 EinfStGE ausgeglichen wird. Im Weiteren ist ein auf zehn Jahre begrenzter Verlustrücktrag vorgesehen[763]. Dies wird allerdings in ein Konzept integriert,
das gemäß § 2 III Nr.1 EinfStG die Einmalbelastung des Lebenseinkommens dadurch zu gewährleisten versucht, dass eine marktübliche Verzinsung des Sparkapi-
tals steuerfrei bleibt (Zinsbereinigung). Dadurch wird ein kontinuierlicheres Steueraufkommen gewährleistet als bei einer nachgelagerten Besteuerung[764].

Restriktiv in der Verlustnutzung ist das EStGB. Dort regeln die §§ 8 und 9
EStGB die Verlustnutzung. § 8 EStGB normiert im Wesentlichen, dass nur Einkünfte im selbigen Veranlagungszeitraum ausgeglichen werden können Dabei

---

760 Elicker, Entwurf einer proportionalen Einkommensteuer, § 10 Rz. 1.
761 Mitschke, Erneuerung des deutschen Einkommensteuerrechts, Rz. 155.
762 Kölner-Entwurf, Rz. 430 ff.
763 Einfachsteuer, Rose 27 f.
764 Lang, in Tipke/Lang, § 4 Rz. 97.

können entsprechende Verluste unbeschränkt miteinander verrechnet werden[765]. Bleiben über den Veranlagungszeitraum hinaus Verluste bestehen, so erlaubt § 9 EStGB grundsätzlich einen unbegrenzten Verlustvortrag. Beschränkt wird dieser auf die jeweilige Erwerbsgrundlage, in der der Verlust entstanden ist. Ein Verlustrücktrag und ein Ausgleich von Verlusten mit Einkünften aus anderen Erwerbsgrundlagen in künftigen Veranlagungszeiträumen sind nicht gestattet[766].

Die Entwürfe lehnen sich mehr oder minder an den Grundsatz der aktuellen Rechtslage an, der allgemein formuliert einen begrenzten Verlustrücktrag und einen unbegrenzten Verlustvortrag vorsieht. Die Entwürfe *Mitschke*s und *Rose*s entspannen die Problematik durch einen großzügigeren Zeitraum für den Verlustrücktrag, lösen sie aber nicht gänzlich. Damit bieten diese Reformmodelle keine neu gefasste Anlehnungsmöglichkeit für die Volatilitätsproblematik.

8.3 Drohender Zinsnachteil

Auf die Gefahr eines Zinsnachteils auf Grund der zeitlich verzögerten steuerlichen Verlustberücksichtigung findet § 10 III Netto-EStG jedoch eine Antwort. Der Verlustvortrag ist nämlich § 10 III Netto-EStG vom Zeitpunkt des abgelaufenen Veranlagungszeitraums, in dem der Verlust entstanden ist, bis zum Zeitpunkt des abgelaufenen Veranlagungszeitraums, in welchem er verrechnet werden kann, mit einem Standardzinssatz gemäß § 19 Netto-EStG zu verzinsen[767]. Ebenso gewährt das Reformmodell *Rose*s den gewinnsteuerpflichtigen Unternehmen die Aufzinsung des vortragbaren Verlustes systembedingt[768].

Das StGEG beinhaltet keine Vorschriften zur Verlustnutzung.

9. Notwendigkeit eines Korrektivs zur Angleichung von Periodenergebnissen

Die Notwendigkeit eines Korrektivs zur Angleichung von Periodenergebnissen[769] stellt sich nur in dem Fall, in dem zwei Ermittlungsmethoden mit dem gleichen Anwendungsbereich zur Auswahl stehen.

Die Frage stellt sich für den *Kölner-Entwurf*, da dieser gemäß § 9 II Kölner-E ein Wahlrecht zwischen (Einnahmen-)Überschussrechnung gemäß § 9 I Kölner-E und Bestandsvergleich vorsieht. Auf Grund der Regelung der §§ 16, 17 Kölner-E

---

765 EStGB, § 8 Rz. 1 ff.
766 EStGB, § 9 Rz. 1.
767 Elicker, Entwurf einer proportionalen Einkommensteuer, § 10 Rz. 3.
768 Rose, Einfachsteuer, 27.
769 Siehe dazu Mitschke, Erneuerung des deutschen Einkommensteuerrechts, Rz. 16.

beschränkt sich die Frage nach dem Korrektiv zur Angleichung von Periodenergebnissen jedoch auf den Bereich dem Umlaufvermögens.

Dies wird jedoch weder im Entwurfstext oder in dessen Kommentierung thematisiert. Da sich der *Kölner-Entwurf* für eine konservative Reform ausspricht, bietet der Entwurf keine Anlehnung für eine Reformmöglichkeit.

Ebenso stellt sich dieses Thema im StGEG der *Stiftung Marktwirtschaft*, da diese gemäß § 45 StGEG einen Wechsel und damit ein durch § 39 StGEG begrenztes Wahlrecht zwischen den Gewinnermittlungsmethoden vorsieht. Die Entwurfserläuterungen sind insoweit eindeutig. Betriebsvermögensvergleich gemäß § 1 StGEG wie Einnahmen-/Überschussrechnung werden Selbstständigkeit und somit Unabhängigkeit voneinander zugesprochen[770]. Das Prinzip der Totalgewinnidentität wird ausdrücklich abgelehnt[771]. Nach Auffassung der *Stiftung Marktwirtschaft* besteht keine Notwendigkeit zur Angleichung von Periodenergebnissen.

10. Besteuerungszeitpunkt

Die in dieser Arbeit diskutierten Reformmodelle wählen unterschiedliche Besteuerungszeitpunkte. Während *Elicker* und *Mitschke* das konsumierte Einkommen besteuern und sich damit für eine nachgelagerte Besteuerung aussprechen, halten *Kirchhof*, die *Stiftung Marktwirtschaft* und *Rose* am klassischen Besteuerungszeitpunkt auf der Ebene der Einkommenserzielung fest.

Der *Kölner Entwurf* empfiehlt keine uneingeschränkte nachgelagerte Besteuerung, sondern erachtet eine absolute Obergrenze aus umverteilungspolitischen und fiskalischen Gründen als unverzichtbar[772]. Insofern kombiniert dieser sogar beide Besteuerungszeitpunkte, indem er für Einkünfte aus Zukunftssicherung eine nachgelagerte Besteuerung, für die restlichen Einkunftsarten hingegen eine Besteuerung auf Ebene der Einkommenserzielung vorsieht. Da sich alle Entwürfe – mehr oder minder modifiziert – der Grundtechnik der Einnahmen-/Überschussrechnung bedienen, lässt sich für die Fragestellung dieser Arbeit gewinnen, dass die Reformmöglichkeiten dieser Einnahmen-/Überschussrechnungstechnik unabhängig von der Wahl des Besteuerungszeitpunktes ist.

---

770 Stiftung Marktwirtschaft, StGEG, 79.
771 Stiftung Marktwirtschaft, StGEG, 80.
772 Kölner-Entwurf, Rz. 130; 256.

11. Maßgeblichkeit

Keines der hier herangezogenen Reformmodelle hält an der steuerlichen Maßgeblichkeit fest[773]. Soweit sich in den Entwurfskommentierungen überhaupt Ausführungen zu einer eigenständigen steuerlichen Gewinnermittlung finden, wird die Trennung von handels- und steuerrechtlicher Gewinnermittlung im Wesentlichen übereinstimmend wie folgt begründet: Ein wichtiges Ziel der Reform sei die Rückführung der Ermittlungsmethoden auf ihre ureigenen Ziele, nämlich einmal die Darstellung des Einkommensteuerobjekts und einmal die Abbildung des handelsrechtlichen Gewinns[774]. Damit verbunden ist die Entlastung der handelsrechtlichen Gewinnermittlung von Steuerersparnisstrategien durch die umgekehrte Maßgeblichkeit sowie die Befreiung steuerlicher Ermittlungsmethodik vom Einfluss Internationaler Rechnungslegungsgrundsätze wie US-GAAP und IAS/IFRS[775]. Zudem ist der Maßgeblichkeitsgrundsatz spätestens seit dem Steuerentlastungsgesetz 1999/2002 vom 24.3.1999[776] derart ausgehöhlt, dass dieser kein systemtragendes Prinzip steuerlicher Bilanzierung mehr darstellt[777].

12. Zwischenergebnis

Im Überblick ist festzustellen, dass die Reformmodelle auf die Reformnotwendigkeiten der Einnahmen-/Überschussrechnung gemäß § 4 III EStG eingehen und teilweise schlüssige Reformmöglichkeiten beinhalten. Kein Reformentwurf vermag es allerdings schlüssige Lösungen für alle Reformnotwendigkeiten anzu-

---

773 Siehe beispielsweise Kirchhof, EStGB, Vor § 3 Rz. 19; Kölner-Entwurf, Rz. 400 f, 403; Mitschke, Erneuerung des deutschen Einkommensteuerrechts, Rz. 50; Rose, in Einfachsteuer, 184. Auch wenn § 19 III Satz 2 Kölner-Entwurf auf § 255 HGB und damit auf die Grundsätze ordnungsgemäßer Buchführung Bezug nimmt, geht damit keine Maßgeblichkeit der handelsrechtlichen Gewinnermittlung einher. Die formellen Grundsätze ordnungsgemäßer Buchführung sind bereits gemäß (§ 19 III Satz 1 Kölner-Entwurf i.V.m.) §§ 143 ff. AO steuerrechtlich verbindlich geregelt. Eine ergänzende Heranziehung materieller Grundsätze ordnungsgemäßer Buchführung ist nur insoweit zulässig, als dass diese die objektivierbare Ermittlung eines möglichst sicheren Gewinns bezwecken; vgl. Kölner-Entwurf, Rz. 404.
774 Kölner-Entwurf, Rz. 400 ff.; Mitschke, Erneuerung des deutschen Einkommensteuerrechts, Rz. 50.
775 Vgl. Vorwort der Begründungen zum StGEG, Stiftung Marktwirtschaft, StGEG, 73 ff. Siehe in dazu auch FG Hamburg, EFG, 2004, 746.
776 BGBl. I 1999, 402.
777 Kölner-Entwurf, Rz. 401.

bieten, was auf die teils widersprüchlichen Zielsetzungen der einzelnen Reformnotwendigkeiten zurückzuführen ist.

Festzuhalten ist, dass hinsichtlich der Reformmöglichkeiten grundsätzliche Anlehnungsmöglichkeiten an den Reformmodellen besteht. Dabei ist zu empfehlen, die Anlehnung partiell auszugestalten, also kein Ermittlungskonzept ganzheitlich zu übernehmen, sondern zu versuchen, die jeweiligen Vorzüge der einzelnen Konzepte hinsichtlich der jeweiligen Reformnotwendigkeiten zu kombinieren.

Die Untersuchungen werden in folgenden um eine US-amerikanische Perspektive erweitert, um eventuell öffnende Perspektiven der Reformmöglichkeiten zu gewinnen. Diese Betrachtung hat insbesondere den Vorzug gegenüber den bislang theoretischen Reformmodellen, dass auf positive wie negative Erfahrungen im US-amerikanischen Recht in der praktischen Umsetzung zurückgegriffen werden kann.

Kapitel E: Die Einnahmen-/Überschussrechnung im US-Tax-Accounting

In diesem Kapitel der Arbeit wird die Gewinnermittlung im US-amerikanischen Steuerrecht überblickt und unter dem Aspekt von Reformmöglichkeiten für die deutsche Einnahmen-/Überschussrechnung gemäß § 4 III EStG untersucht.

I. Grundlagen steuerlicher Einkommensermittlung in den USA

Ausgangspunkt für den Überblick der steuerlichern Einkommensermittlung in den USA ist das Einkommensverständnis.

1. Gesetzgebungszuständigkeit

Die Grundlage der Gewinnermittlung in den USA findet sich im XVI. Zusatzartikel der Verfassung der Vereinigten Staaten von Amerika[778]. In diesem wird der Kongress zur Besteuerung jedes Einkommens, unabhängig von seiner Quelle, auf Bundesebene ermächtigt (sog. *Federal Income Tax*)[779]. Dies meint aber nicht, dass diesem die alleinige Steuergewalt über die Einkommensbesteuerung zugewiesen ist. Vielmehr kommt den einzelnen Bundesstaaten (sog. *State Taxes*) sowie den einzelnen Kommunen (sog. *Municipal Taxes*) ebenfalls Steuerhoheit – auch – im Bereich der Einkommensbesteuerung zu[780]. Diese Ebenen werden aber auf Grund des Zuschnitts der vorliegenden Arbeit nicht betrachtet und es wird

---

778   Zur Historie der Federal Income Tax und insbesondere des XVI. Zusatzartikels siehe im Überblick McNulty, Federal Income Taxation of Individuals, § 3; ausführlich Jensen, The Taxing Power – A Reference Guide to the United States Constitution, 51 ff., 102 ff. Zu den Termini des US-amerikanischen Steuerrechts siehe Thiele, Einführung in das US-amerikanische Steuerrecht.

779   http://www.archives.gov/national-archives-experience/charters/constitution_amendments_11-27.html#16: "*The Congress shall have power to lay and collect taxes on incomes, from whatever source derived, without apportionment among the several States, and without regard to any census or enumeration.*"

780   Dazu Dendorfer, IStR 2001, 545; Kramer, Grundzüge des US-amerikanischen Steuerrechts, 35 ff.

sich im Folgenden ausschließlich auf die Gewinnermittlung auf Bundesebene konzentriert[781].

1.1 Gross Income

In Section 61 (a) des Internal Revenue Code von 1986 (IRC)[782] bestimmt der Gesetzgeber in Umsetzung der Ermächtigungsgrundlage des XVI. Zusatzartikels der US-Verfassung den Steuergegenstand der US-amerikanischen Einkommensteuer auf Bundesebene: das *gross income*. Unabhängig von der tatsächlichen Ermittlung des *gross income* ist bereits hier festzuhalten, dass der IRC die dem EStG immanente Unterscheidung zwischen Gewinn und Überschuss nicht kennt. Die Ermittlung der Einkommensteuer setzt vielmehr einheitlich beim Bruttoeinkommen im Sinne der Section 61 (a) IRC an.

2. Einkommen nach US-amerikanischem Einkommensteuerrecht

Der Begriff Einkommen selbst wird im IRC nicht definiert. Vielmehr entspricht Section 61 (a) IRC inhaltlich dem XVI. Zusatzartikel der US-Verfassung und definiert das Bruttoeinkommen grundsätzlich als *„all income from whatever source drived"*. Section 61 (b) IRC zählt verschiedene Einkommensquellen auf, ist aber nicht abschließend[783].

Weder ein Blick in die zu Section 61 IRC gehörigen Income Tax Regulation § 61.61-1. führt zu keinem präziseren Begriffsverständnis des *„gross income"* im Sinne des US-amerikanischen Steuerrechts[784] noch lässt sich der Rechtsprechung eine abstrakte Definition entnehmen. So entschied der Supreme Court zwar im

---

781 Zur Struktur der Einkommensteuer in den USA siehe Amico, Introduction to the US Income Tax System, 1 ff.; Bittker/McMahon/Zelenak, Federal Income Taxation of Individuals, Kapitel 1.01, 12 f. und 1.02, 17 ff.; McNulty, StuW 1989, 120; Thiele, Einführung in das US-amerikansiche Steuerrecht, 1 ff.; Wermuth, RIW 1977, 139.

782 Der IRC-Gesetzestext unter http://www.law.cornell.edu/uscode/html/uscode26/usc_ sup_01_26_10_A.html verfügbar.

783 In diesem Sinne Bernhardt, Einkünfte versus Income, 75 ff.; Bittker, Federal Taxation of Income, Estates and Gifts, Bd. 1, Kapitel 5, Rz. 5.1; Burke/Friel, Understanding Federal Income Taxation, § 2.01;Clemens, RIW 1997, 586 (588); McCarthy/Mann/Gregory, The Federal Income Tax, Rz. 5.17 ff.; McNulty, Federal Income Taxaion of Individuals, § 11; Kroschel, RIW 2000, 286 (288).

784 Gesetzestext der Income Tax Regulations verfügbar unter: http://www.access.gpo.gov/ nara/cfr/waisidx_98/26cfrv1_98.html. Zur Bedeutung der Income Tax Regulation siehe die Ausführungen bei Reusch, Das Bilanzsteuerrecht der Vereinigten Staaten von Amerika, Fn. 143 m.w.N.

Fall *Eisner vs Macomber* im Jahr 1920, dass „*income may defined as the gain from capital, from labour, or from both combined provided it be understood to include profit gained through a sale or conversion of capital assets*"[785]. Dieses eng gefasste Begriffsverständnis wurde jedoch im Laufe weiterer Entscheidungen wieder ausgeweitet[786] bis hin zu der Entscheidung des Supreme Court im Fall *Commissioner vs Glenshaw Co.* aus dem Jahr 1955. In dieser Entscheidung stellt das Gericht klar: „*Congress applied no limitations as to the source of taxable receipts, nor respective labels as to their nature*"[787].

Letztlich geht der Supreme Court davon aus, dass mit der Definition des Sections 61 (a) IRC die volle Bandbreite des XVI. Zusatzartikels der US-Verfassung auszuschöpfen ist. Darin stimmt ihm die herrschende Meinung in der US-amerikanischen Literatur zu[788]. Das Bruttoeinkommen umfasst nach US-amerikanischem Verständnis also alle Einkünfte ausgenommen der expliziten Legalausnahmen in den Sections 101 bis 138 IRC.

2.1   Qualifikation des Einkommensverständnisses

Dieses Einkommensverständnis ähnelt im Ansatz dem der sog. Quellentheorie, ergänzt um wesentliche Elemente der sog. Haig-Simons-Theorie[789]. Die Haig-Simons-Theorie entspricht in weiten Zügen der auf von Schanz zurückzuführenden Reinvermögenszugangstheorie[790]. Quellentheoretischer Anknüpfungspunkt sind die Ausführungen des Supreme Courts in der Entscheidung *Eisner vs Macomber*, in denen Einkommen als Gewinn im Sinne eines laufenden Ertrages aus bestimmten Quellen wie beispielsweise aus Kapital, Arbeit oder aus einer Kombination beider verstanden wird („*income may defined as the gain from capital, from labour, or from both combined*")[791]. Aber bereits hier geht das Einkommens-

---

785   Eisner vs Macomber, 252 U.S. 189, 206 f. (1920).

786   Vgl. United States vs Kirby Lumber Co, 284 US 1 (1931) und Helvering vs Bruun, 309 US 461 (1940).

787   Commissioner vs Glenshaw Co., 348 U.S. 426, 429 f. (1955).

788   Exemplarisch Bittker, Federal Taxation of Income, Estate and Gifts, Bd. 1, Kapitel 5 Rz. 5.1 am Ende; Bittker/Mahon/Zelenak, Federal Taxation of Individuals, 3.02; Burke/Friel, Understanding Federal Taxation, § 2.01; McCarthy/Mann/Grogory, The Federal Income Tax, Rz. 5.13 ff.; Rose/Chommie, Federal Income Taxation, § 2.02. Siehe auch Kragen/McNulty, Federal Income Taxation – Individuals/Corporations/Parterships mit ausführlicher Besprechung der Rechtsprechung zu der Frage "Was ist Einkommen?", Kapitel 2.

789   Zur Haig-Simons-Theorie im Überblick Bankmann/Griffith/Pratt, Federal Income Tax, Kapitel 2, A.

790   Siehe dazu Kapitel B I 1.1.

791   Eisner vs Macomber, 252 U.S. 189, 206 f. (1920).

verständnis des Supreme Court über die reine Quellentheorie insofern hinaus, als dass auch Gewinne aus dem Verkauf der Quelle oder deren Tausch erfasst werden („*include profit gained through a sale or conversion of capital assets*")[792]. Besonders deutlich wird die Erweiterung des quellentheoretischen Verständnisses um wesentliche Elemente der Haig-Simons-Theorie in der Entscheidung *Commissioner vs Glenshaw Co*[793]. Nach dieser Entscheidung werden bis auf die explizite Ausnahmen jegliche Einkommenszuwächse, mithin auch zufällige Zuflüsse (*windfall profits*), erfasst. Betont sei an dieser Stelle, dass lediglich Zuwächse, also der Gewinn aus der Summe der Einkünfte, Einkommen darstellen und dieses keinesfalls mit dem Begriff der Bruttoeinnahmen gleichzusetzen ist[794]. So erhöht eine rein nominale Rückzahlung investierten Kapitals wie bei der Rückzahlung der Darlehensvaluta nicht das Nettovermögen und stellt kein per definitionem kein Einkommen dar[795]. Die dem Darlehensgeber bezahlten Zinsen für die Nutzungsmöglichkeit der Darlehenssumme sind hingegen steuerpflichtiges Einkommen[796].

2.2 Einschränkung des Einkommensverständnisses

Eingeschränkt wird das Einkommensverständnis nur durch die Voraussetzung, dass es sich um realisiertes Einkommen (*realized income*) handeln muss[797]. Wann das der Fall ist, definiert der IRC nur im Einzelfall, nicht aber allgemein[798]. Der Supreme Court leitet das Realisationserfordernis verfassungsrechtlich her und nimmt eine Realisation ganz allgemein dann an, wenn der Steuerpflichtige die vollständige Herrschaft über die unbestreitbare Vermehrung des

---

792 Eisner vs Macomber, 252 U.S. 189, 206 f. (1920).
793 In diesem Sinne Burke/Friel, Understanding Federal Income Taxation, § 2.01; Klein/Bankmann/Shaviro, Federal Income Taxation, Kapitel 2.
794 So bereits Thiele, RIW 1997, 586 (589).
795 Sog. *return of capital doctrine*. Dies gilt nicht nur im klassischen Fall der Darlehensrückerstattung, sondern beispielsweise auch bei Erstattung einer aufgrund mangelhafter Beratung überhöten Steuerschuld durch einen Steuerberater an einen seiner Mandanten. Dazu McNulty, Federal Income Taxation of Individuals, §§ 11 f., Schreiber, in Ballwieser, US-amerikanische Rechnungslegung, 49 (59 m.w.N.).
796 So Commissioner vs Indianapolis Power & Light Co., 493 U.S. 203 (1990); Burke/Friel, Understanding of Federal Income Taxation, Kapitel 3 Rz. 3.04.
797 Siehe statt vieler Bittker, Federal Taxation of Income, Estate and Gifts, Bd. 1, Kapitel 5, Rz. 5.2.
798 Burke/Friel, Understanding Federal Income Taxation, § 2.02 f.; McNulty, Federal Income Taxation of Individuals, § 17 mit Beispielen der Einzelfälle.

Vermögens ausübt[799]. In der US-amerikanischen Literatur herrscht Übereinstimmung, dass es dieser einschränkenden Voraussetzung bedarf und eine uneingeschränkte Umsetzung der Haig-Simons-Theorie im IRC abzulehnen ist[800].

Im Fall *Eisner vs Macomber* entschied der Supreme Court, dass sich die Einkünfte der Aktionäre noch nicht realisiert haben, wenn die Gesellschaft Dividenden festlegt und ausschüttet. Eine realisierte Vermögensmehrung und damit Bruttoeinkommen sei erst bei der Einnahme anzunehmen, wenn es vom Steuerpflichtigen zum eigenen Gebrauch, Vorteil oder zur weiteren Veräußerung empfangen oder erhalten werde[801]. Ausreichend ist somit nicht die bloße Werterhöhung oder -minderung in Form von potentiellen Einnahmen, sondern grundsätzlich erst die Sachherrschaft in Form eines tatsächlich erlangten Vermögenszu- bzw. abflusses[802]. Voraussetzung ist also die uneingeschränkte wirtschaftliche Verfügungsmacht (*concepts of entitlement*). Bestehen die Einkünfte weder in Geld, geldgleichen Rechten oder Sachzuwendungen realisiert sich Bruttoeinkommen dann, wenn der letzte Schritt gesetzt ist, durch den der Steuerpflichtige die Frucht des wirtschaftlichen Vorteils erlangt, der ihm bereits zugewachsen ist[803].

Nicht als Bruttoeinkommen wird grundsätzlich sog. beigemessenes oder zugerechnetes Einkommen (sog. *imputed income*) definiert[804]. Ein solches liegt nach dem Verständnis des US-amerikanischen Steuerrechts in Form von jedem Gewinn, Vorteil oder Befriedigung aus einer nicht marktbezogenen Transaktion oder sonstigem Ereignis vor[805]. Beigemessenes oder zugerechnetes Einkommen liegt also vor bei einem Zufluss der Vermögensvorteile, resultierend aus der Nutzung oder dem Genuss von bereits in der wirtschaftlichen Verfügungsmacht des Steuerpflichtigen stehenden Wirtschaftsgütern oder Leistungen[806]. Ausge-

---

799 Commissioner vs Glenshaw Co.348 U.S. 426, 429 f. (1955): „*Gross income means undeniable accession to wealth, clearly realized, and over which the taxpayer have complete dominion*".

800 Beispielsweise Bankmann/Griffith/Pratt, Federal Income Tax, Kapitel 1 C; Kapitel 3 A 1; Klein/Bankmann/Shaviro, Federal Income Taxation, Kapitel 2; sinngemäß McCarthy/Mann/Gregory, The Federal Income Tax, Rz. 5.33 ff.

801 So bereits de Supreme Court in Eisner vs Macomber, 252 U.S. 189, 207 (1920).

802 In diesem Sinne Cesarini vs United States, 296 F.Supp.3 (N.D.Ohio 1969).

803 Helvering vs Horst, 311 US 112, 115 (1940): „*When the last stepp is taken by which he obtains the fruition of the economic gain which has already accrued to him*".

804 Bankmann/Griffith/Pratt, Federal Income Tax, Kapitel 2, C. Burke/Friel, Understanding Federal Income Taxation, Kapitel 2 B; McNulty, Federal Income Taxaion of Individuals, § 18.

805 So bereits Thiele, RIW 1997, 586 (590).

806 So entschied der Supreme Court im Fall *Helvering vs Independent Life Insurance Co.*, dass der Steuerpflichtige, der ein in seinem Eigentum stehendes Gebäude selbst zu Wohnzwecken nutze, dadurch kein Bruttoeinkommen in Höhe des marktüblichen Wohnungsmieten erzielt. Anders jedoch das Bundesapellationsgericht im Fall Dean

nommen und damit als Bruttoeinkommen definiert, sind die Legalausnahmen gemäß Sections 483, 1274 und 7872 IRC für versteckte oder fiktive Zinsen. Zwar setzt die Einkommenserzielung kein der deutschen Gewinnerzielungsabsicht vergleichbares subjektives Element voraus. Jedoch werden unfreiwillig erhaltene Vermögensgegenstände solange nicht als Einkommen definiert, solange der Steuerpflichtige über sie nicht wirtschaftlich verfügt bzw. einen entsprechenden Willen ausdrückt[807].

2.3   Resümee

Festzuhalten ist, dass dem amerikanischen Steuerrecht ein sehr weites Einkommensverständnis zugrunde liegt, welches sowohl Elemente der Quellentheorie wie auch der Haig-Simons-Theorie verbindet. Des Weiteren muss gesehen werden, dass der US-amerikanische Einkommensbegriff subtraktiv konzipiert ist, indem zunächst alle Einkünfte erfasst, aber dann teilweise wieder ausgegrenzt werden, während das deutsche Steuerrecht auf einem additiven Einkommensbegriff basiert, der sich in der Addition subsumierbarer steuerpflichtiger Einkunftsarten ausdrückt[808].

3.   Taxable Income

Das *taxable income* gemäß Section 63 IRC natürlicher Personen bestimmt sich anhand des *gross income* gemäß Section 61 IRC vermindert um die persönlichen Abzüge gemäß Section 62 (a) IRC und gemäß Section 151 IRC sowie um entweder aufgegliederte Werbungskosten und Sonderausgaben gemäß Section 63

---

vs Commissioner, 187 F.2d 1019 (1951), wenn Eigentümer und Steuersubjekt personenverschieden sind. Im Fall wurde Grundeigentum von einer Gesellschaft gehalten, deren alleinige Gesellschafter der Steuerpflichtige und seine Ehefrau waren. Hier musste der gemeine Wert ortsüblicher Vermietung ins Bruttoeinkommen des Steuerpflichtigen miteingerechnet werden.

807   Beispielsweise Havley vs United States, 513 F.2d (7th Cir. 1975): In der Entscheidung wurden unaufgefordert von einem Verlag zugesandte Bücher erst dann als Bruttoeinkommen definiert, als sie der Steuerpflichtige einer wohltätigen Einrichtung überließ und somit die wirtschaftliche Verfügungsmacht ausübte. Grundsätzlich Kroschel, RIW 2000, 286 (288).

808   So bereits Kroschel, RIW 2000, 286 (288); Reusch, Das Bilanzsteuerrecht der Vereinigten Staaten von Amerika, 36.

(a) IRC oder um eine Werbungskostenpauschale gemäß Section 63 (c) IRC[809]. Differenziert wird hinsichtlich der Einkommensart lediglich zwischen gewöhnlichem Einkommen (sog. *ordinary income*) und bestimmten Veräußerungsgewinnen (sog. *capital gains*). Die Differenzierung äußert sich in einer unterschiedlichen Tarifbelastung und im Bereich der Verlustnutzung, nicht aber in der Art der Einkommensermittlung[810].

Körperschaften unterfallen ebenso wie natürliche Personen der US-amerikanischen Einkommensteuer. Deren steuerbares Einkommen im Sinne der Section 63 IRC berechnet sich unter Berücksichtigung divergierender Abzugsmöglichkeiten[811].

Insofern umfasst der hier verwendete Begriff der Gewinnermittlung nicht – wie im deutschen Steuerrecht – nur einen Teil der Einkommensermittlung, sondern das ganz Einkommen.

4.   US-Tax-Accounting

Laut einem US-amerikanischen Standardwerk zum Tax Accounting beinhaltet das Steuerrecht zwei wesentliche Fragen – die Frage, ob es sich bei Zuflüssen um Einkommen handelt bzw. um abziehbare Abzüge und die Frage des Zeitraumes, wann solches Einkommen bzw. Abzüge erfasst werden (*timing of income*). Das Tax Accounting bezieht sich nur auf die letztere Frage und lässt erstere grundsätzlich außer Acht[812].

4.1   Ermittlungszeitraum des steuerbaren Einkommens

Section 441 IRC regelt den Zeitraum, für welchen der Steuerpflichtige der Frage nach der zeitlichen Erfassung seines Bruttoeinkommens nachzugehen hat, um sein steuerpflichtiges Einkommen zu berechnen (Wirtschaftsjahr). Dabei handelt es sich gemäß Section 441 (b) (1) IRC entweder um das Kalenderjahr oder ein fiskalisches Jahr. Das Kalenderjahr besteht gemäß Section 441 (d) aus zwölf

---

809 McNulty, Federal Income Taxation of Individuals, Kapitel 7; Kragen/McNulty, Federal Income Taxation – Individuals/Corporations/Parterships, Kapitel 11 ff.

810 Vgl. Section. 1 (a), (h); 64 f,1211 ff., 1231 IRC ff.; dazu Kragen/McNulty, Federal Income Taxation, Individuals, Corporations, Partnerships, 601 ff.; McCarthy/ Mann/Gregory, The Federal Income Tax, Rz. 2.5 ff.; RIA, Federal Tax Handbook 2005, Rz. 2600 ff.

811 Weiterführend Bittker/Eustice, Federal Income Taxation of Corporations and Shareholders, 2 ff.

812 Gertzmann, Tax Accounting, Kapitel 1 Rz. 1.01.

aufeinander folgenden Monaten und endet am 31. Dezember[813]. Ein fiskalisches Jahr ist laut der Definition gemäß Section 441 (e) IRC ein Zeitraum von zwölf aufeinander folgenden Monaten, der am letzten Tag dieser Periode endet, wobei dieser Tag nicht der 31. Dezember sein darf, oder ein Zeitraum von 52-53 Wochen[814]. Hier handelt es sich bei dem letzten Tag um immer denselben Wochentag, der entweder der letzte derartige Wochentag eines zuvor festgelegten Monats oder aber der dem Ende dieses Monats nächstgelegene Wochentag ist. Bei der ersten Alternative endet die Periode immer im gleichen Monat, wobei es bei der zweiten Alternative auch – spätestens – am dritten Tag des Folgemonats enden kann[815]. Nur in Ausnahmefällen ist gemäß Section 441 (b) (3) und Section 443 IRC auch ein Zeitraum von weniger als zwölf Monaten gestattet[816]. Im Grundsatz gilt aber, dass der Steuerpflichtige[817] sein Einkommen jährlich zu ermitteln hat (*annual accounting*)[818]. Hierbei handelt es sich um Regelungen, die alle Steuerpflichtigen erfassen[819], wobei für spezielle Gesellschaftsformen gemäß Section 444 (a) IRC Sonderregelungen gelten[820].

813   § 1.441-4. Income Tax Regulation.
814   § 1441-5. Income Tax Regulation.
815   Siehe auch Bittker/McMahon/Zelenak, Federal Income Taxation of Individuals, 39-3 ff.; Reusch, Das Bilanzsteuerrecht der Vereinigten Staaten von Amerika, 66; Kroschel, Die Federal Income Tax der Vereinigten Staaten von Amerika, 56ff; Rose/Chommie, Federal Income Taxation, §§ 4.02; 4.10.
816   Sog. *short taxable period* – diese ist erforderlich, wenn das Steuersubjekt nicht das ganze Jahr über besteht oder aber im Fall der Section 6851 IRC. Zur *short taxable period* im Überblick Bittker/McMahon/Zelenhak, Federal Income Taxation of Individuals, Kapitel 39, 39-5 f. sowie Bittker, Federal Taxation of Income Estates and Gifts, Bd. 4, 105-8 ff.
817   Zur Definition siehe § 1.441-8 Income Tax Regulations i.V.m. Section 7701 (a) (14) IRC.
818   Exemplarisch Bittker/McMahon/Zelenak, Federal Income Taxation of Indivuals, 39-6; Bittker/Stone, Federal Income Taxation, Kapitel 9 A 1; Burke/Friel, Understanding Federal Income Taxation, Kapitel 30; Chirelstein, Federal Income Taxation, Teil D 10.01; Kroschel, Die Federal Income Tax der Vereinigten Staaten von Amerika, 56; McNulty, Federal Income Taxation of Individuals, § 9; Rose/Chommie, Federal Income Taxation, § 4.03.
819   Grundsätzlich gilt dies auch für Körperschaften, so Bauerfeind, Income Taxation – Accounting Methods and Periods, 102-9.
820   Dazu Bittker/Lokken, Federal Taxation of Income, Estates and Gifts, 105-28 ff.; CCH, U.S. Master Tax Guide, 406; CCH, Tax Accounting – Fundamentals of Taxation, 11; Gertzmann, Tax Accounting, 10-24 ff. Zu den besonderen Vorschriften für sog. Domestic International Sales Cooperation (DISC) Metzner, Der US-amerikanische Export als Gegenstand der internationalen Steuerplanung eines deutschen internationalen Konzerns, 94 ff. Ergänzend sei darauf hingewiesen, dass Personengesellschaften *(Partnerships)* für Zwecke der Festelegung des Wirtschaftsjahres gemäß

4.1.1 Wahlrecht und Wechsel des Gewinnermittlungszeitraumes

Hinsichtlich seines ersten Wirtschaftsjahres hat der Steuerpflichtige ein Wahlrecht bezüglich des Gewinnermittlungszeitraumes, welches er mit entsprechender Buchführung ausübt. Führt der Steuerpflichtige keine Bücher oder lässt sich aus diesen keine Ausübung des Wahlrechts erkennen, gilt gemäß Section 441 (g) IRC das Kalenderjahr als Wirtschaftsjahr. Ein Wechsel des jährlichen Gewinnermittlungszeitraumes ist grundsätzlich gemäß Section 442 IRC bedingt durch die Zustimmung des Internal Revenue Service (IRS), einer aus dem US-Bundesfinanzministerium (*Treasury Department*) ausgegliederten Behörde. Davon erfasst ist aber nur die Buchführung soweit sie von steuerrechtlichem Belang ist, darüber hinaus besteht keine Bindung an das Zustimmungserfordernis[821].

4.1.2 Voraussetzung eines Wechsels

Als Voraussetzung für die Erteilung der Zustimmung gemäß Section 442 IRC nennt § 1.442.1. (b) Income Tax Regulation das Vorliegen einer betrieblichen Veranlassung von dort beschriebenem wesentlichem Gehalt (*business purpose*). So berücksichtigt der IRS neben den Fakten, Begleitumständen mit Bezug auf den Wechsel einschließlich steuerlicher Konsequenzen auch mögliche Konsequenzen auf den jährlichen Zyklus der Geschäftätigkeit des Steuerpflichtigen[822]. Eine nähere Bestimmung dieser sehr allgemeinen Kriterien findet sich in den Income Tax Regulations nicht[823]. Begründet sich der Wechsel hauptsächlich aus Steueroptimierungsaspekten, ist das Vorliegen der erforderlichen betrieblichen Veranlassung

---

Section 706 (b) (A) IRC als selbstständige Steuersubjekte gelten, jedoch mit beschränkter Ausübung des Wahlrechts hinsichtlich der Zeitraums – dazu Willis, West's Federal Taxation, 15-3 ff.; Gertzmann, Tax Accounting, 10-19 ff.

821 CCH, U.S. Master Tax Guide, 405; Gertzmann, Gertzmann, Tax Accounting, 10-5; 10-11 ff.; Graetz/Schenk, Federal Income Taxation, 62; Kroschel, Die Federal Income Tax der Vereinigten Staaten von Amerika, 78 ff.

822 Siehe § 1.442.1. (b) Income Tax Regualtion. Dazu Bittker, Taxation of Income, Estates and Gifts, Bd. 4, 105-6.CCH, Tax Accounting – Fundamentals of Taxation, 13; Gertzmann, Tax-Accouting, 10-29 f.; Reusch, Das Bilanzsteuerrecht der Vereinigten Staaten von Amerika, 69; Witner/See, Taxes, 2006, 65 (72 f.).

823 Einzig im Fall eines Wechsels auf ein *sog. natural business year* wird seitens des IRS in der Regel eine ausreichende betriebliche Veranlassung angenommen. Vergleiche. Finanzschreiben Rev. Proc. 74-33, 1974-2 C. B. 489; Rev. Proc. 87-32, 1987-2 B.396. Zum Wesen der Finanzschreiben (sog. revenue rulings und revenue procedures in den USA, siehe Dammann, in Schön, Steuerliche Maßgeblichkeit in Deutschland und Europa, 592 ff.

ebenso zu negieren wie grundsätzlich im Fall eines wiederholten Wechsels innerhalb von zehn Jahren[824].

Bestimmte Sachverhalte sind vom Zustimmungserfordernis gemäß Section 442 IRC ausgenommen. Stimmen beispielsweise die stetige jährliche Buchführung und tatsächliches steuerliches Wirtschaftsjahr zeitlich nicht überein, kann letzteres ohne Zustimmung des Commissioners der ersteren zeitlich angepasst werden[825]. Ebenso kann zustimmungsfrei in ein 52-53 Wochen Wirtschaftsjahr gewechselt werden, wenn beide Wirtschafsjahre im gleichen Kalendermonat enden und die Buchführung entsprechend ausgerichtet ist[826]. Bestimmte Gesellschafsformen wie C-Corporations[827], S-Corporations[828] und Partnerships[829] unterliegen gemäß Sections 441-2T, 441-3T IRC, § 1442-1(c)(2) IRC zusätzlichen Voraussetzungen[830]. Ein umgekehrter Wechsel aus einem 52-53 Wochen Wirtschaftsjahr heraus ist jedoch immer zustimmungspflichtig gemäß Section 442 IRC[831].

4.1.3 Gewinnglättung

Führt ein Wechsel – unabhängig von der Frage ob zustimmungspflichtig oder -frei – zu einem Rumpfwirtschaftsjahr, greift auf Antrag gemäß Section 443 (b) (1) oder (2) IRC eine Gewinnglättung ein, die im Ergebnis dem Steuerpflichtigen einen Progressionsvorteil gewährt (*annualization*)[832]. Diese Regelungen gelten ausschließlich für Gewinne, nicht für Verlustvor- oder -rückträge und stehen

---

824 So bereits Gertzmann, Tax Accounting, 10-31 f.

825 Siehe § 1.446- 1(e)(2)(i) Income Tax Regulation sowie Gertzmann, Tax Accounting, 10-34 mit dem ausdrücklichen Hinweis, dass dies nur für das *taxable year* gilt und nicht auch für die Gewinnermittlungsmethode.

826 Siehe § 1.441.2T(c) (2) Income Tax Regulations

827 C-Corporations sind gemäß Section 1361 (a) (2) IRC Körperschaften, die keine S-Corporations sind.

828 S-Corporations ist gemäß Section 1361 (a) (1) IRC eine sog. small business corporation gemäß Section 1361 (b) IRC, die gemäß Section 1362 (a) IRC für die sog. pass-thru Besteuerung optiert hat. Nach der pass-thru Besteuerung gelten die S-Corporations nicht als eigene Steuersubjekte, sodass die Besteuerung auf der Gesellschafterebene vorgenommen wird. Dazu Bankmann/Griffith/Pratt, Federal Income Tax, 6.

829 Zum Begriff der Partnership siehe die ausfürlichen Dartsellungen von Kroschel, Die Federal Income Tax der Vereinigten Staaten von Amerika, 13 ff.

830 Exemplarisch Bauernfeind, Income Taxation – Accounting Methods and Periods, 103-2 ff.; Bittker/McMahon/Zelenak, Federal Income Taxation of Individuals, 39-4; Gertzmann, Tax Accounting, 10- 39 ff.

831 Gertzmann, Tax Accounting, 10-34.

832 Im Einzelnen dazu Reusch, Das bilanzsteuerrecht der Vereinigten Staaten von Amerika, 70 ff. sowie eine ausführliche Darstellung der einzelnen Gewinnglättungsmethoden bei Gertzmann, Tax-Accounting, 10-48 ff.

unter der Voraussetzung, dass die Steuerpflicht nicht weniger als ein gesamtes Wirtschaftsjahr besteht[833].

4.2 Annual versus Transactional Accounting

Die US-amerikanische Einkommenssteuer basiert also auf der jährlichen Erfassung des Einkommens (*annual accounting*)[834]. Zurückzuführen ist das „annual accounting" auf die Entscheidung des Supreme Courts im Fall Burnet vs Sanford & Brooks Co. aus dem Jahr 1931. In dieser Entscheidung ging es im Wesentlichen um die Frage, ob sich Einkommen gemäß Section 61 IRC aus seinem wirtschaftlichen Zusammenhang definiert oder Einkommen als der Zufluss innerhalb einer bestimmten Periode unabhängig vom wirtschaftlichen Zusammenhang verstanden wird. Der Supreme Court entschied, dass der XI. Zusatzartikel der US-Verfassung keine überperiodische Erfassung des Einkommens voraussetze und ganz allgemein die gesetzgeberische Entscheidung für eine Jahresbesteuerung verfassungsgemäß sei[835].

Zahlreich findet sich in der aktuellen US-amerikanischen Literatur der Hinweis, dass der Einkommensfluss in bestimmte Abschnitte zerschnitten und das wirtschaftliche Gesamteinkommen (*transactional accounting*) nicht entsprechend widerspiegelt werde[836]. Insbesondere die Progressionsproblematik sowie die Verlustnutzung stehen hier im Blickpunkt. Im Ergebnis wird das „annual accounting" jedoch übereinstimmend mit administrativen und praktischen Gründen der Besteuerung gerechtfertigt.

---

833 Gertzmann, Tax-Accounting, 10-48 m.w.N.
834 Beispielsweise Bankmann/Griffith/Pratt, Federal Income Tax, Kapitel 2, F.Burke/Friel, Understanding Federal Income Taxation, Kapitel 30; McNulty, Federal Income Taxation of Individuals, § 59.
835 Burnet vs Sanford & Brooks Co. 282 U.S. 359 (1931).
836 Exemplarisch Bankmann/Griffith/Pratt, Federal Income Tax, Kapitel 2, F; Bittker, Federal Taxation of Income, Estates and Gifts, 105-10 ff.; Bittker/McMahon/Zelenak, Federal Income Taxation of Indiviuals, 39-6 ff.; Burke/Friel, Federal Income Taxation, Kapitel 28, 30; Chirelstein, Federal Income Taxation, 238 ff.; McNulty, Federal Income Taxation of Individuals, Kapitel 60. Im US-Präsidentschaftswahlkampf von 1996 wurde die Einführung einer Flat Tax seitens des unabhängigen Kanidaten Steve Forbes unter anderem aus diesem Hintergrund gefordert, dazu allgemein http://en.wikipedia.org/wiki/Steve_Forbes; http://www.4president.org/ brochures/steveforbes1996brochure.htm; http://www. 4president.org/brochures/steve forbes2000brochure.htm.

4.3 Claim-of-right-doctrine

Ausdruck des *annual accounting* ist die sog. *claim-of-right doctrine*[837]. Danach ist das gegenwärtige Einkommen selbst dann zu besteuern, wenn es bestritten und Gegenstand einer gerichtlichen Auseinandersetzung ist. Entscheidend für die Erfassung ist, dass der Steuerpflichtige erklärt, ein Recht auf die erhaltenen Mittel zu haben und ihm die uneingeschränkte Verfügungsgewalt über die fraglichen Mittel zusteht. Diese Erfassung ist auch endgültig, so daß eine eventuelle Herausgabe des Einkommens keine Rückwirkung auf ein abgeschlossenes Steuerjahr entfaltet. Vielmehr ist die Herausgabe in dem Zeitpunkt und Steuerjahr zu berücksichtigen, in welchem sie tatsächlich erfolgt. Dies gilt ganz allgemein für jegliche Art unrechtmäßig erlangten Einkommens[838]. Die Rechtsprechung rechtfertigt dies mit dem Grundsatz des sog. *clearly reflected income*[839].

4.4 Gewinnermittlung und Ermittlungsmethoden

Der Begriff der Gewinnermittlungsmethode (sog. *accounting method*) impliziert nach US-amerikanischem Verständnis neben der umfassenden Gewinnermittlungsart (sog. *overall method*) auch die buchhalterische Behandlung jeder einzelnen Position[840]. Es existiert dabei keine grundsätzliche Voraussetzung, dass sich umfassende Gewinnermittlungsart und Gewinnermittlungsarten der einzelnen Positionen entsprechen müssen. Bedeutung kommt dem insofern zu, als aus der Qualifikation als Gewinnermittlungsmethode verschiedene Auswirkungen erwachsen. Beispielsweise zeigen sich Auswirkungen beim Zustimmungserfordernis

---

837 North American Oil vs Burnet, 286 US 417 (1932); Burke/Friel, Understanding Federal Income Taxation, § 30.01Chirelstein, Federal Income Taxation, 10-02; Dammann, in Schön, Steuerliche Maßgeblichkeit in Deutschland und Europa, 657.

838 Siehe in diesem Zusammenhang die Urteilstriologie Automobile Club of Michigan vs Commissioner, 353 US 189 (1957); American Automobile Association vs United States, 367 US 687 (1961) und Schlude vs Commissioner, 372 US 128 (1963). Zustimmend North American vs Burnet, 286 US 417 (1932); United States vs Lewis, 340 US 590 (1951); Gilbert vs Commissioner, 552 F2d 478 (2d Circ. 1977) sowie Bankmann,/Griffith/Pratt, Federal Income Tax, 100; Klein/Bankmann/Shaviro, Federal Income Taxation, Kapitel 2 H, McNulty, Federal Income Taxation of Individuals, § 60.

839 Dazu ausführlich unter Kapitel E I 4.5.

840 In § 1.446-1 (a) (1) Income Tax Regulation heißt es: "... *The term "method of accounting" includes not only the over-all method of accounting of the taxpayer but also the accounting treatment of any item. ...*".

202

der Finanzverwaltung zur Änderung der Methode[841] oder beim Ausschluss einer bestimmten Ermittlungsart für einzelne Wirtschaftsgüter[842].

Die Gewinnermittlungsmethoden gemäß Section 446 IRC befassen sich mit der Frage, wann innerhalb der jährlichen Erfassung Einkommen vorliegt. Die Berechnung dieses Zeitpunkts basiert nach der Generalnorm der Section 446 (a) IRC grundsätzlich auf der Methode nach der der Steuerpflichtige seine Bücher führt[843]. Diese Wahlfreiheit begründet sich gemäß § 1.446-1. (a) (2) Satz 1 Income Tax Regulation damit, dass keine allgemeingültige Rechnungslegungsmethode (sog. *method of accounting*) für alle Steuerpflichtigen vorgeschrieben werden könne[844]. Jeder Steuerpflichtige solle ein solches Vorgehen und System wählen, welches seiner Auffassung nach für ihn am besten geeignet sei. Diese weiträumige Freiheit, eine beliebige Ermittlungsmethode zugrunde zu legen, steht allerdings gemäß Section 446 (b) IRC und § 1.446-1. (a) (2) Satz 3, § 1.446-1. (c) (1) (ii) (C) Income Tax Regulation unter der Voraussetzung, dass die gewählte Ermittlungsmethode das Einkommen klar wiedergeben muss. Hierbei handelt es sich um einen den das Tax-Accounting dominierenden Grundsatz des *clear reflection of income*.

4.5   Grundsatz: Clear Reflection of Income

Clear reflection of income ist der Maßstab, an welchem sich im US-amerikanischen Steuerrecht die Ermittlungsvorschriften des steuerpflichtigen Gewinns zu orientieren haben. Eine Legaldefinition dessen, was darunter zu verstehen ist, findet sich weder im IRC noch in den Income Tax Regulations. Section 446 (b) IRC normiert nur, dass bei Nichtbeachtung des Grundsatzes die Ermittlung des steuerbaren Einkommens nach der Methode zu erfolgen hat, die nach Auffassung des Bundesfinanzministers das Einkommen klar wiedergibt. Dieser delegiert die Entscheidungsfindung an den Commissioner, dem in der Praxis ein weiter Einschätzungsspielraum in der Beurteilung eines klar wiedergegebenen Einkommens zugestanden wird[845]. Ist der Commissioner der Auffassung, dass die Er-

---

841 So bereits Bauerfeind, Income Taxation – Accounting Methods and Periods, 1-1 ff., 2-1 ff.; Gertzmann, Tax-Accounting, 2-4 f.; Small, IStR 1995, 156 (156). Reusch, Das Bilanzsteuerrecht der Vereinigten Staaten von Amerika, 37.

842 Siehe dazu Ausführungen unter Kapitel E III 1.

843 So lautet Section 446 (a) IRC: „*General Rule.-Taxble Income shall be computed under the method of accounting on the basis of which the taxpayer regulary computes his income in keeping his books*".

844 § 1.446-1. (a) (2) Satz 2 Income Tax Regulation.

845 In diesem Sinne Cole vs Commissioner, 586 F.2d, 747 (9th Circ. 1978); Thor Power Tool Co. vs Commissioner, 439 US 522 (1979); United States vs Hughes Properties,

mittlungsmethode das Einkommen nicht klar zeigt, ist er befugt, diejenige Methode vorzugeben, welche nach seiner Meinung das Einkommen klar widerspiegelt[846]. Gerichtlich überprüft werden kann diese Einschätzungsprärogative nur im Fall einer eindeutig unrechtmäßigen oder offenbar willkürlichen Entscheidung des Commissioners[847]. Zudem trifft den Steuerpflichtigen die Beweislast, so daß dieser die Vermutung für die Richtigkeit der Entscheidung des Commissioners widerlegen muss. Dabei sind an den Nachweis der Unrechtmäßigkeit oder Willkür hohe Anforderungen zu stellen[848].

4.5.1 Konkretisierung des Grundsatzes des Clear reflection of income

Der Grundsatz des *clear reflection of income* konkretisiert sich in der Beachtung der folgend dargestellten Grundsätze durch den Steuerpflichtigen. Hervorzuheben ist dabei der Grundsatz der Stetigkeit (*consistency*). Die Bedeutung des Stetigkeitsgrundsatzes ergibt sich aus dem Gedanken, dass eine konsequente Beibehaltung einer zulässigen Ermittlungsmethode zu niedrig oder überhöht ausgewiesene Jahreseinkommen über die Lebenszeit des Steuerpflichtigen wieder ausgeglichen und derart das Gesamteinkommen am besten wiedergegeben wird[849]. Darüber hinaus muss der Steuerpflichtige alle Anforderungen der jeweiligen Ermittlungsart akkurat erfüllen („accuracy")[850] sowie keine missbräuchliche Wahl der Ermittlungsmethode ausüben. Eine solche missbräuchliche Wahl liegt dann vor, wenn

---

476 U.S., 593, 603 (1986); Capitol Federal Savings & Loan vs Commissioner, 96 TC 204, 209 (1991) sowie Gertzmann, Tax-Accounting, 2-22 ff.

846 So heißt es in der Entscheidung Hamilton Indus. Inc. vs Commissioner, 97 TC 120, 128 (1991): "*Once the Commissioner determines that a taxpayers' method does not clearly reflect income, he may select for the taxpayer a method which, in his opinion, does not clearly reflect income*".

847 Thor Power Tool Co. vs Commissioner, 439 US 522 (1979); Mulholland vs United States, 92-1 USTC § 50, 267 (Claim Court 1992). Allgemein zum Umfang und Beschränkung Graves, 19 NYU Tax Inst. (1961), 1209 (1212); Kahle, StuW 1997, 323 (325 ff.).

848 RECO Indus. vs Commissioner, 83 TC 912, 920 (1984); RLC Indus. vs Commissioner, 98 T.C 457, 491 (1992) sowie Damman, in Schön, Steuerliche Maßgeblichkeit in Deutschland und Europa, 602 ff.

849 Bippus, DStZ 1998, 637 (646); Bittker/McMahon/Zelenak, Federal Income Taxation of Individuals, 39-11 ff.; Damman, in Schön, Steuerliche Maßgeblichkeit in Deutschland und Europa, 602 ff.; Ditz, IStR 2001, 22 (25); Gertzmann, Tax-Accounting, 2-30 f.; Reusch, Bilanzsteuerrecht der Vereinigten Staaten von Amerika, 38. Letzterer versteht die stetige Anwendung im Zeitverlauf (*consistency*) als formelles Merkmal der Gewinnermittlung im Unterschied zur materiellen Festlegung des Zeitpunktes der buchalterischen Erfassung einer Position (*timing*). Diese Unterscheidung lässt sich dem einschlägigen US-amerikanischen Schrifttum nicht entnehmen.

850 American Flechter Corp. vs United States, 832 F2d, 436 (7th Cir. 1987).

sie sich nur unter Nutzung von Steuervorteilen durch die zeitliche Erfassung von Geschäftsvorfällen rechtfertigt[851]. Dies ist aber nicht schon dann der Fall, wenn die Ermittlungsart einen einheitlichen Geschäftsvorgang, der zu den typischen Geschäften des Steuerpflichtigen zählt, in verschiedenen Wirtschaftsjahren erfasst und eine andere Ermittlungsart dies verhindern würde[852]. Dies gilt selbst dann, wenn mehrere Steuerpflichtige involviert sind und jeder nach einer unterschiedlichen Ermittlungsmethode vorgeht[853]. Mithin ist periodengerechte Zuordnung von Erträgen und Aufwendungen, sog. *matching principle*[854], nur ein Indiz für die Beachtung des sog. Clear-Reflection-of-Income- Grundsatzes anzusehen, nicht aber als notwendige Voraussetzung.

4.5.2 Fair and honest reporting standard

Anzumerken ist, dass eine klare Wiedergabe des Einkommens ausreichend ist und der *Commissioner* sich nicht darauf berufen kann, dass eine andere Ermittlungsmethode das Einkommen besser bzw. klarer widerspiegelt[855]. Der Steuerpflichtige muss nicht die wirtschaftlich präziseste Ermittlungsmethode wählen, da ansonsten seine grundsätzliche Wahlfreiheit der Ermittlungsmethode de facto aufgehoben wäre[856]. Zwar meint eine klare Wiedergabe des Einkommens eine einfache, ehrliche, aufrichtige und offene Ermittlungsmethode, nicht aber eine genaue, exakte und fehlerfreie[857]. Dieser Maßstab wird als *fair and honest reporting standard* bezeichnet und ist auf die Entscheidung des Berufungsgericht für den

---

851 Vorwold, Wpg 2002, 499 (502).
852 Vgl. Kenneth H. van. Raden, 71 TC 1083 (1979; aff'd, 650 F2d 1046 (9th Cir. 1981); Koebig & Koebig, Inc., 23 TCM 170 (1964); Marquardt Corporation, 39 TC 443 (1962); Gertzmann, Tax-Accounting, 2-31 ff.
853 Vgl. James V. Cole, 64 TC 1091, 1110 (1975), aff'd, 586 F2d 747 (9th Cir.1978), cert. denied, 441 US 924 (1979); Vorwold, Wpg 2002, 499 (503).
854 Dazu Gunn, Matching of Costs and Revenues as a Goal of Tax Accounting, Virginia Tax Review 4 (1984), 1; Dammann, in Schön, Steuerliche Maßgeblichkeit in Deutschland und Europa, 608, Ditz, IStR 2001, 22 (27 f.); Schreiber, in Ballwieser, US-amerikanische Rechnungslegung, 63.
855 Vgl. RLC Indus. Vs CIR, 98 TC 457 (199), aff'd, 58 F3d 413 (9th Cir. 1995); Ansley-Sheppard-Burgess Co. vs CIR, 104 TC 367 (1995); Bittker/McMahon/Zelenak, Federal Income Taxation of Individuals, 39-12 f.
856 Zum Aspekt des Wahlrechts der Ermittlungsmethoden siehe Kapitel E II 4.6.2.1 und III 1.
857 In diesen Sinne Huntington Sec. Corp. vs Bursey, 112 F2d 368 (6th Cir. 1940); Towers Warehouse, Inc., 6 TCM 59 (1947); Glenn vs Kenntucky Colour & Chem. Co., 186 F2d 975 (1977) (6th Cir.1951); William H. White, Sr., 12 TCM 996 (1953); Koebig & Koebig, Inc. 23 TCM 170 (1964).

neunten Gerichtsbezirk[858] in der Sache *Osterloh vs Lucas* aus dem Jahr 1930 zurückzuführen[859].

Wie in der Entscheidung *Caldwell vs Commissioner*[860] aus dem Jahr 1953 festgehalten wurde, steht der *fair and honest reporting standard* nicht im Gegensatz zum Erfordernis der Steuerpflichtigen, alle Anforderungen der jeweiligen Ermittlungsart akkurat erfüllen zu müssen (*accuracy*). Auch besteht kein Rangverhältnis zwischen den beiden Grundsätzen in dem Sinne, dass eine Ermittlung im guten Glauben der Genauigkeit vorgehe, wie der Steuerpflichtige in der zitierten Entscheidung argumentierte. Vielmehr sind beide Grundsätze im Sinne einer praktischen Konkordanz zur weitestgehenden Entfaltung zu bringen[861]. Damit gibt eine Ermittlungsmethode das Einkommen dann klar wieder, wenn sie mit der Genauigkeit angewendet wird, wie es die Regeln der Standartmethoden des *accounting* gestatten, wobei die Bücher fair und ehrlich geführt werden müssen[862].

4.5.3 Section 451 IRC

Section 451 IRC setzt generell voraus, dass der Wert eines jeden Gegenstandes des Bruttoeinkommens im Steuerjahr des Erhalts im Bruttoeinkommen erfasst werden soll, soweit sich nichts anderes aus der konkreten Ermittlungsmethode ergibt[863]. § 461 IRC normiert hingegen, dass grundsätzlich der Wert von Abzügen oder Darlehen in dem angemessen Steuerjahr erfasst werden soll, welches sich nach der jeweilige Ermittlungsmethode bestimmt[864]. Dabei handelt es sich um Grundsätze, deren konkrete Ausgestaltung und Abänderung den jeweiligen Gewinnermittlungsmethoden unterliegen[865].

---

858 Sog. Court of Appeals for the Ninth Circuit.
859 Osterloh vs Lucas, 37 F2d 277 (9th Cir. 1930).
860 Caldwell vs Commissioner, 202 F2d 112 (2d Cir. 1953).
861 So bereits Gertzmann, Tax Accounting, 2-43 ff.; Vorwold, Wpg 2002, 499 (504 f.).
862 Jerry Fong, 48 TCM 689 (719) (1984); Vorwold, Wpg 2002, 499 (505).
863 Section 451 (a) IRC „*General Rule. – The amount of any item of gross income shall be included in the gross income for the taxable year in which received by the taxpayer, unless, under the method of accounting used in computing taxable income, such amount is to be properly accounted for as of a different period*".
864 Section 461 (a) IRC „*General Rule. – The amount of any deduction or credit allowed (...) shall be taken for the taxable year which is the proper year under the method of accounting used in computing taxable income*".
865 Zureffend McNulty, Federal Income Taxation of Individuals, § 62.

4.6 Standardgewinnermittlungsarten gemäß Section 446 (c) IRC

Section 446 (c) IRC bestimmt die zulässigen Standardgewinnermittlungsmethoden wie folgt:

„…
(1) the cash receipts and disbursement method;
(2) an accrual method;
(3) any other method permitted by this chapter; or
(4) any combination of the foregoing methods permitted under regulations prescribed by the Secretary."

Der Gesetzgeber hat so von einer allgemeinen Definition der Ermittlungsmethoden abgesehen und sich über die bloße Nennung der Methoden in Section 446 (c) IRC auf Regelung von Einzelfragen beschränkt[866]. Die Konkretisierung der jeweiligen Methoden erfolgt durch die Finanzverwaltung im Rahmen von Steuerrichtlinien. Bemerkenswert ist an dieser Stelle die gesetzgeberische Formulierung in der Nennung der Ermittlungsmethoden: Während Section 446 (c) (1) IRC von der Zulässigkeit der („the") Cash-Methode spricht, formuliert Section 446 (c) (2) IRC die Zulässigkeit einer („an") Accrual-Methode. Dies deutet eine größere Flexibilität und Variationsbreite der Accrual-Methode(-n) im Gegensatz zur Cash-Methode an[867]. Im Weiteren dieser Arbeit werden die einzelnen Accrual-Methoden unter dem Oberbegriff der Accrual-Methode zusammengefasst.

4.6.1 Cash receipts and disbursement method gemäß Section 446 (c) (1) IRC

Nach §§ 1.446-1 (c) (i), 1.451-1 Income Tax Regulations verstehen die Steuerrichtlinien unter der *cash receipts and disbursement method* (*cash method*[868]) gemäß Section 446 (c) (1) IRC grundsätzlich die zeitliche Erfassung von jeglichen Einnahmen („*all items*") in das Bruttoeinkommen, bei deren tatsächlich oder gesetzlich fingierten Zufluss und den Abzug von Ausgaben im Zeitpunkt des tatsächlichen Abflusses (sog. *actual receipt* bzw. *deduction*).

---

866 Gertzmann, Tax Accounting, 2-2 f.
867 Ebenso Vorwold, StuW 2002, 235 (236).
868 So die gängige Bezeichnung, siehe z.B. Bankmann/Griffith/Pratt, Federal Income Tax, Kapitel 3; Bittker/McMahon/Zelenak, Federal Income Taxation of Individuals, 39-14; Burke/Friel, Understanding Federal Income Taxation, Kapitel 28; Chirelstein, Federal Income Taxation, 267 ff.; Devitt, Journal of Taxation, 2000, 79; Eberthartinger/ Wiedermann-Ondrej, SWI 2005, 287 f.; Gaffney/Davids/Smith-Gaffney/Weber, Journal of Taxation, 2002, 22; McNulty, Federal Income Taxation of Indiviuals, § 62, Seago, Accouting, Journal of Taxation 1996, 162; Reusch, Das Bilanzsteuerrecht der Vereinigten Staaten von Amerika, 38 ff., Seago, Journal of Taxation, 2000, 12; Im Weiteren dieser Arbeit wird von der Cash-Methode gesprochen.

4.6.1.1 Die Einnahmenseite der Cash-Methode

Ein tatsächlicher Zufluss liegt dann vor, wenn der Steuerpflichtige neben der rechtlichen und wirtschaftlichen Verfügungsmacht auch die tatsächliche in Form der Besitzeinräumung erhält[869].

4.6.1.1.1 Doctrine of Constructive Receipt

Im Weiteren wird auf der Einnahmenseite unter bestimmten Voraussetzungen über den tatsächlichen Zuflusszeitpunkt hinaus ein Zufluss gesetzlich antizipiert (sog. *doctrine of constructive receipt*). Ein solch fingierter Zuflusszeitpunkt ist gemäß § 1.451-2. (a) Income Tax Regulation in der Regel dann anzunehmen, wenn der Zufluss allein vom Willensentschluss des Steuerpflichtigen abhängt und die Verfügungsmacht des Steuerpflichtigen keinen wesentlichen Begrenzungen oder Einschränkungen unterliegt[870]. Diese Voraussetzungen sind Gegenstand zahlreicher Gerichtsentscheidungen, die sich mit der Konkretisierung der wesentlichen Begrenzungen oder Einschränkungen befassen[871]. So liegt kein Zufluss im Sinne der sog. doctrine of constructive receipt vor, wenn die Begrenzungen oder Einschränkungen bereits dann existieren, bevor dem Steuerpflichtigen das Recht zum Erhalt der Verfügungsmacht entsteht[872]. Als solche Begrenzungen oder Einschränkungen kommen beispielsweise die Unterschriften der Mitgesellschafter in Betracht, durch die erst der Steuerpflichtige Gelder erhalten kann. Dies gilt selbst dann, wenn ein Steuerpflichtige auf Grund seiner Stellung als

---

869 In diesem Sinne BankmannGriffith/Pratt, Federal Income Tax, Kapitel 3 E.; Bittker/ McMahon/Zelenak, Federal Income Taxation of Individuals, 39-19 ff.; Burke/Friel, Understanding Federal Income Taxation, Kapitel 28; Eberthartinger/Wiedermann-Ondrej, SWI 2005, 287 ff.; Gertzmann, Tax Accouting, 3-22 ff.; Reusch, Das Bilanzsteuerrecht der Vereinigten Staaten von Amerika, 38; Rose/Chommie, Federal Income Taxation, § 4.04; Vorwold, StuW 2002, 235 (241 f.).

870 In § 1.451-2. (a) Income Tax Regulation heißt es: *„General Rule. – Income although not actually reduced to a taxpayer´s possession is constructively received by him in the taxable year during which it is credited to his account, set apart for him, or otherwise made available so that he may draw upon it any time, or so that he could have drawn upon during the taxable year if notice of intention to withdraw had been given. However, income is not constructively received if the taxpayer´s control of it´s receipt is subject to substantial limitations or restrictions. ...".*

871 Die Gerichtsentscheidungen beinhalten jedoch keine Konkretisierung abstrakter Kriterien, sondern lediglich Konkretisierungen im Einzelfall. Aus diesem Grunde konzentriert sich die folgende Darstellung auf einige wesentliche Entscheidungen in diesem Zusammenhang.

872 Bright vs United States, 91-1 USTC § 50, 142 (5th Cir. 1991).

Mehrheitsanteilseigner die Geldbeträge sehr leicht erhalten könnte[873]. Die bloße Stellung als Mehrheitsgesellschafter ohne Hinweis in den Geschäftsbüchern oder Gesellschaftsbeschlüssen auf eine Leistungsverpflichtung der Gesellschaft gegenüber dem Steuerpflichtigen genügt nicht zur Annahme einer fingierten Einnahme[874]. Erst die tatsächlich bestehende Möglichkeit und nicht das Recht, diese Möglichkeit herbeizuführen, führt zur Annahme der sog. *doctrine of constructive receipt.*

Weitere von den Gerichten herausgearbeitete Kriterien, bei denen ein Einnahmenzufluss fingiert wird, schließen ein kollusives Verhalten des Steuerpflichtigen und seines Vertragspartners ein sowie mündliche oder formlose Einverständnisse unter Anteilseignern, Geschäftsführern oder Kreditgebern darüber, wann und unter welchen Umständen Beträge, die dem Steuerpflichtigen zustehen, abgerufen oder erhalten werden[875]. Keinesfalls dürfen diese Faktoren aber dahin verstanden werden, dass der Steuerpflichtige in seiner Vertragsfreiheit faktisch eingeschränkt wird[876]. Die Grenze zwischen vertraglicher Dispositionsfreiheit und steuermotivierter Missbrauchsgestaltung verläuft zumeist im subjektiven Bereich des Steuerpflichtigen, so daß das Vorliegen einer gesetzlich fingierten Einnahme in der Praxis auf eine Beweisbarkeitsfrage hinausläuft und sich erst im Einzelfall entscheidet.

Neben der örtliche Entfernung[877] oder dem Wissen um die Verfügungsmacht[878] spielt für die Annahme einer fingierten Einnahme auch die wirtschaftliche Leistungsfähigkeit des Vertragspartners eine Rolle. Mangelnde Liquidität oder der Nachweis, dass der Vertragspartner aus sonstigen Gründen nicht in der Lage ist, seine Leistung zu erbringen, schließt die Anwendung der *doctrine of constructive receipt* aus[879].

---

873 Richard M. Evans, 55 TCM 902 (1988).
874 Basila vs Commsioner, 36 TC 111 (1961); Young Door Co. vs Commissioner, 40 TC 890 (1963); Hooper vs Commissioner, TC Memo 1995, 108.
875 George W. Johnson, 25 TC 499 (1955), acq. 1956-1 CB 4.
876 So rechtfertigt beispielsweise allein die vertragliche Absprache, eine Leistung erst am ersten Tag des neuen Wirtschaftsjahres zu leisten nicht die Annahme der *doctrine of constructive receipt.* So Burke/Friel, Understanding Federal Income Taxation, Kapitel 28 [c].
877 Baxter vs Commsioner, 816 f.2d 493 (9 th. Cir. 1987); Paul vs Commsioner, TC Memo 1992, 582; Hornung vs Commissioner, 47 TC 428, 434 (1967). Dieser Entscheidung lag der Sachverhalt zugrunde, in dem der Footballspieler Paul Hornung am 31.Dezember in Green Bay, Wisconsin aufgrund einer Auszeichnung einen Sportwagen zugesprochen bekam, dieser sich aber bei einem Händler in New York befand, der zudem an diesem Tage geschlossen hatte. Zustimmend Ames vs Commissioner, 112 TC 304 (1999).
878 Davis vs Commissioner, TC Memo 1978, 12.
879 Rosenberg vs United States, 295 F. Supp. 820 (ED Mo. 1969), aff'd 422 F2d 341 (8th Cir. 1953).

Ziel der Regelung ist es zu verhindern, dass der Steuerpflichtige die Erfassung von Einnahmen steuermotiviert hinausschiebt, wenn der einzige Umstand, der den früheren tatsächlichen Zufluss verhindert, sein eigener Wille ist[880]. Diese Regelung gilt aber nicht nur zu Lasten des Steuerpflichtigen, sondern kann auch zu Gunsten des Steuerpflichtigen angewandt werden, um darzulegen, dass die Einnahmen bereits zu einem früheren Zeitpunkt in seiner Verfügungsgewalt standen als im Zeitpunkt des tatsächlichen Zuflusses und daher in einem früheren Steuerjahr[881].

4.6.1.1.2 Method of Percentage of Completion

Im Hinblick auf langfristige Fertigungsverträge ist der Gewinn innerhalb der Cash-Methode grundsätzlich in Anwendung der sog. Percentage-of-Completion-Methode gemäß Section 460 IRC zu ermitteln. Danach wird die Kaufpreiszahlung nicht erst im Zuflusszeitpunkt, sondern anteilig entsprechend der Höhe der Herstellungskosten während des Fertigungszeitraums erfolgswirksam erfasst[882].

4.6.1.2 Die Ausgabenseite der Cash-Methode

Auf der Ausgabenseite entscheidet grundsätzlich der Zeitpunkt des tatsächlichen Abflusses für die Zuordnung, in welchem Wirtschaftsjahr die Ausgabe erfasst wird. Dies gilt zunächst einmal uneingeschränkt für Betriebsausgaben gemäß Section 162 IRC (sog. business expenses). Uneingeschränkt gilt dies nicht für Abflüsse, die zur Anschaffung oder Herstellung von Wirtschaftsgütern mit einer wesentlich längeren Nutzungsdauer als das Steuerjahr, in dem die Ausgaben oder für die nachhaltige wertsteigernde Verbesserung oder Veränderung sowie wesentliche Verlängerung der Nutzungsdauer vorhandener Vermögenswerte erfolgen (sog. *capital expenditures* gemäß Section 263 IRC)[883]. Solche Wirtschaftsgüter sind zu aktivieren und zeitanteilig abzuschreiben. Bedeutendster Regelungsfall

---

880 In diesem Sinne Bankmann/Griffith/Pratt, Federal Income Tax, Kapitel 3 E; Burke/Friel, Understanding Federal Income Taxation, Kapitel 28 B 1 ff. ; McNulty, Federal Income Taxation of Individuals, § 60; Vorwold, StuW 2002, 235 (241 f.).

881 Ames vs Commsioner, 112 TC 304 (1999). In dem der Entscheidung zugrunde liegenden Sachverhalt berief sich der Steuerpflichtige auf die doctrine of constructive receipts.

882 Zur Percentage-of-Completion-Methode siehe die Ausführunge unter Kapitel E I 4.6.3.2.

883 §§ 1.446-1. (c) (1) (i); 1.461-1 (a) (1) Income Tax Regulations. Zur Abgrenzung zwischen Betriebsausgaben gemäß Section 162 IRC (sog. business expenses) und (sog. capital expenditures gemäß Section 263 IRC) siehe Reusch, Das Bilanzsteuerrecht der Vereinigten Staaten von Amerika, 86 f.

für die nicht sofortige Abzugsfähigkeit sind die Kosten für Investitionsgüter wie etwa Immobilien. Eine Begrenzung der unmittelbaren Abzugsfähigkeit auf besondere Arten von Wirtschaftsgütern, beispielsweise solche des Umlaufvermögens oder geringwertiger Wirtschaftsgüter im Sinne des deutschen § 6 II EStG, existiert nicht. Spezielle Ausnahmeregelungen von der Aktivierungspflicht finden sich allerdings in der Rechtsprechung und den Income Tax Regulations[884].

4.6.1.2.1 Ein-Jahres-Regelung

Die Wesentlichkeitsgrenze der sog. capital expenditures wird von der Rechtsprechung bei einem Jahr gezogen (sog. *one year rule*)[885], so daß beispielsweise Zahlungen eines Mietzinses für elf Monate im Dezember vollständig im Zahlungszeitpunkt abgezogen werden können[886]. In dieser Entscheidung *Zaninovich vs Commissioner* stellte das Gericht allerdings auch fest, dass es sich bei der Ein-Jahres-Regelung nur um einen Orientierungsmaßstab handele, der nicht ohne Berücksichtigung des Einzelfalles herangezogen werden könne[887]. Die Einzelbezogenheit zeigt sich bei einem Überblick der im Zusammenhang stehenden Gerichtsentscheidungen, denen sich keine einheitliche Auslegung der Ein-Jahresregelung über den jeweiligen Einzelfall hinweg entnehmen lässt[888].

---

884 Reusch, Das Bilanzsteuerrecht der Vereinigten Staaten von Amerika, 86 mit Verweis auf die §§ 1.162-6; 1.162-12 Income Tax Regulations und die Entscheidung Cincinnati, New Orleans and Texas Pacific Railway Co. vs United States, 424 F2d 563 (Ct.Cl. 1970). Zu den Ausnahmen für Land- und Viehwirte ("farmers and ranchers") siehe CCH, 2005 US Master Tax Guide, Rz. 1539.

885 So die ständige Rechtsprechung. Exemplarisch United States vs Akin, 248 F2d (10th Cir. 1957), cert. denied, 355 US 956 (1958); Fall River Gas Appliance Co. vs Commissioner, 349 F2d 515 (1st Cir. 1965); American Dispenser Co. vs Commissioner, 396 F2d 137 (2d Cir 1968); Briarcliff Candy Corp. vs Commissioner, 475 F2d 775 (2 Cior. 1973); Colorado Springs National Bank vs United States, 505 F2d 1185 (10th Cir. 1974); Bilar Tool & Die Corp. vs Commissioner, 530 F2d 708 (6th Cir. 1979); Jack´s Cookie Co. s. United States, 597 F2d 395, 405 (4th Cir. 1979), cert. denied, 444 US 899 (1979); United States vs Akin, 248 F2d (10th Cir. 1957), cert. denied, 355 US 956 (1958). Zustimmend Bittker, Federal Taxation of Income, Estates and Gifts, 105-41 ff.; Gertzmann, Tax Accounting, 3-43 ff. Siehe auch Seago/Crumbley/Apostolou, Accouting 2000, 70.

886 Zaninovich vs Commissioner, 616 F2d 429 (9th Cir. 1980).

887 Zaninovich vs Commissioner, 616 F2d 429 (9th Cir. 1980). Zur Anwendung der ein-Jahresregelung bzw. deren Ausschluss siehe Gertzmann, Tax-Accountin, 3-44 m.w.N.

888 Beispielsweise Commissioner vs Boylston Market Assossiation, 131 F2d (1st Cir. 1942); Waldheim Realty & Inv. Corp. vs Commissioner, 245 F2d 823 (8th Circ. 1957); Commissioner vs Lincoln Sav. & Loan Association, 403 US 345 (1971). Zustimmend Gertzmann, Tax Accounting, 3-44; Kadel, IStR 2001, 419 (422).

Das Finanzministerium reagierte in Anlehnung an die Gerichtsentscheidungen *Zaninovich vs Commissioner* und *US. Freightways Corporation vs Commissioner*[889] und führte zum 31.12.2003 eine generelle Regelung für Abzüge in § 1.263 Income Tax Regulation ein. Diese nimmt die Ein-Jahresregelung auf und schreibt diese fest[890].

4.6.1.2.2 Ausnahmecharakter der Ein-Jahres-Regelung

Auf den ersten Blick ist die Darstellung in Teilen der amerikanischen Literatur erstaunlich, dass die Aktivierungspflicht für Wirtschaftsgüter mit einer wesentlich längeren Nutzungsdauer als das Steuerjahr als Bestandteil der Cash-Methode und die Ein-Jahresregelung, die den unmittelbaren Ausgabenabzug gestattet, als deren Ausnahmeregelung bezeichnet wird[891]. Diese Bezeichnung erklärt sich daraus, dass grundsätzlich die Ausgaben für die in Section 263 (a) IRC genannten Wirtschaftsgüter nicht unmittelbar abzugsfähig und abzuschreiben sind. Diese Regelung gilt unabhängig der Gewinnermittlungsmethoden gemäß Section 446 (c) IRC, also auch für die Cash-Methode. Somit sind solche Wirtschaftsgüter unabhängig der Gewinnermittlungsmethode generell abzuschreiben. Ausdrücklich für die Cash-Methode ist lediglich in Section 461 (g) IRC normiert, dass vorausbezahlte Zinsen grundsätzlich nur in den Perioden ihrer wirtschaftlichen Zugehörigkeit abgezogen werden dürfen. Den Grundsatz gemäß Section 263 IRC durchbricht die Ein-Jahresregelung, nach deren Voraussetzungen auch Ausgaben für solche Wirtschaftsgüter bei Mittelabfluss unmittelbar abzugsfähig sind. Sie stellt sich somit als Ausnahmeregelung dar.

4.6.1.2.3 Ausnahme gemäß Section 461 (i) IRC

Eine § 11 I Satz 2; II Satz 2 EStG vergleichbare Regelung beinhaltet Section 461 (i) IRC, die sog. 90-Tage Ausnahmeregelung. Danach kann ein Steuerpflichtiger eine Ausgabe 90 Tage nach Abschluss seines Steuerjahres noch im abgeschlossenen

---

889   US. Freightways Corporation vs Commissioner, 270 F3d 1137 (7th Circ. 2001).
890   In § 1.263 (a)-4(f) (1) Income Tax Regulation heißt es: „*a taxpayer is not required to capitalize amounts paid to create ... any right or benefit for the taxpayer that does not extend beyond the earlier of 12 months after the first date on which the taxpayer realizes the right or benefit; or(ii) the end of the taxable year following the taxable year in which the payment is made*". Dazu Burke/Friel, Understanding Federal Income Taxation, Kapitel 28 (B).
891   So beispielsweise die Darstellung von Burke/Friel, Understanding Federal Income Taxation, Kapitel 28: "*This '12-month rule' represents an exception to the general rule specified in the regulations which provides for the capitalization ...*".

Jahr geltend machen, wenn die Leistung wirtschaftlich dem vergangenen Zeitraum zugehörig ist (sog. economic performance)[892].

4.6.1.2.4 Ausnahme gemäß §.1461-1 (a) (1) Income Tax Regulations

Zahlungen, die für einen Zeitraum von mehr als zwölf Monaten im Voraus geleistet werden, lassen ein selbstständig bewertbares immaterielles Wirtschaftsgut entstehen, das gemäß §.1461-1 (a) (1) Income Tax Regulation linear über den Zeitraum seiner Nutzung abzuschreiben ist[893].

4.6.1.3 Ermittlungstechnik

Die Höhe des Gewinns bzw. Verlustes ergibt sich bei der Cash-Methode aus der Differenz zwischen dem Erlös und dem Buchwert des Vermögensgegenstandes. Der Erlös (sog. amount realized) wird gemäß § 1001 (b) IRC definiert als die Summe aus dem erhaltenen Geldbetrag ggf. zuzüglich des Verkehrswertes jedweder weiterer Vermögensgegenstände, die der Veräußerer zusätzlich erhält. Kommt dem Vermögensgegenstand kein unmittelbar realisierbarer Verkehrswert zu, so sind laut Stellungnahme des US-Kongresses entsprechende Gewinne bzw. Verluste nicht steuerbar („has a readily realizable market value")[894]. Entscheidend für die zeitliche Erfassung des Einkommens ist mithin nicht dessen Art, sondern es ist abhängig von einem existierenden Marktwert.

4.6.1.4 Art des von der Cash-Methode erfassten Einkommens

Zuvor wurde erörtert, wann Einnahmen und Ausgaben erfasst werden. Dabei wurde eine grundsätzliche Cashflow-Ausrichtung festgestellt. Jetzt richtet sich der Blick auf die Frage, ob sich daraus resultierend hinsichtlich der Art des erfassten Einkommens Besonderheiten ergeben.

4.6.1.4.1 Doctrine of Cash Equivalence

Die Cash-Methode ist auf alle Einnahmen bzw. Ausgaben ausgerichtet, die unter das Bruttoeinkommen fallen. Es findet also keine auf Zahlungsmittel reduzierte Ausrichtung statt, sondern darüber hinausgehende Einkommensbestandteile wie beispielsweise Sach- und Dienstleistungen werden bereits begrifflich von der Cash-

---

892 Siehe zu „the 90-day exeception" und deren Einschränkungen ausführlich Gertzmann, Tax Accounting, 3-46 f.
893 So bereits Kroschel, Die Federal Income Tax der Vereinigten Staaten von Amerika, 72.
894 Vgl. 1918 Act, § 202 (c); Revenue Act von 1924, § 203, welcher Grundlage für die aktuelle Gesetzesformulierung in Section 1001 IRC ist.

Methode erfasst (sog. *doctrine of cash equivalence*). Denn in § 1.446-1. (2) (c) (i) Income Tax Regulation heißt es sinngemäß, dass alle Einkommensbestandteile unabhängig ihrer Form von der Cash-Methode erfasst werden[895]. Die Bruttoeinkommensbestandteile, denen dabei kein Nominalwert zukommt, werden mit ihrem Verkehrswert[896] bewertet und so de facto in einen Zahlungsmittelstrom umgerechnet. Damit ist die Cash-Methode unmittelbar auf einen Zahlungsstrom ausgerichtet, erfasst aber mittelbar ebenso darüber hinausgehende Einkommensbestandteile.

4.6.1.4.2 Behandlung von Forderungen in der Cash-Methode

Die Erfassung von nicht gegenständlichen Vermögensgegenständen in der Cash-Methode erfolgt nach dem Maßstab, dass ein entstandener Vermögensvorteil (sog. *item of realized income*) erst dann steuerbar ist, wenn er sich in Zahlungsmitteln oder einem entsprechenden Äquivalent konkretisiert. Problematisch ist darum die Behandlung von Forderungen, da diese durchaus ein Stadium erlangen können, in welchem sie als angemessenes Äquivalent zu Barzahlungsmitteln betrachtet werden können. Gemeint sind beispielsweise Forderungen aus Aktien, Franchise-Verträgen, festverzinslichen Wertpapieren oder Wechseln. So könnte man beim Erlangen einer unbestrittenen, einredefreien und fälligen Forderung gegen einen solventen Schuldner einen steuerbaren Einkommenszuwachs in Betracht ziehen. Auf Grund der Zahlungsstromausrichtung der Cash-Methode werden Forderungen aber grundsätzlich erst zeitlich versetzt mit tatsächlichem Mittelzufluss berücksichtigt. Dies rechtfertigt sich aus dem Unterschied zur Ermittlungstechnik der Accrual-Methode gemäß Section 446 (c) (2) IRC[897].

---

895 § 1.446-1. (2) (c) (i) Income Tax Regulation: „... *under the cash receipts and disbursements method in the computation of taxable income, all items which constitutes gross income (whether in the form of cash, property, or services) ...*". Dazu exemplarisch Bankmann/Griffith/Pratt, Federal Income Tax, Kapitel 3 E, Bittker/McMahon/Zelenak, Federal Income Taxation of Individuals, 39-17 ff.; Burke/Friel, Understanding Federal Income Taxation, 28.01 C; Gertzmann, Tax Accouting, 3-8 ff.; McNulty, Federal Taxation of Individuals, § 62; Rose/Chomie, Federal Income Taxation, § 4.04; Vorwold, StuW 2002, 235 (240).

896 Vgl. Section 1001 IRC und § 1001-1. Income Tax Regulation.

897 In diesem Sinne Bittker/McMahon/Zelenak, Federal Income Taxation of Individuals, 39-18; Gertzmann, Tax Accounting, 3-15; Kragen/McNulty, Federal Income Taxation – Individuals, Corporations, Partnerships, Kapitel 7 2.; McNulty, Federal Income Taxation of Individuals, § 62; Rose/Chommie, Federal Income Taxation, § 4.04; Witner/See, Taxes, 2006, 65 (65 f.); Vorwold, StuW 2002, 235 (240 f.). Siehe zu der Accrual-Methode die Darstellungen unter Kapitel E I 4.6.2.

4.6.1.4.2.1 Auffassung der US-amerikanischen Rechtsprechung

Dennoch kann die Frage, wann derart „konkretisierte" Forderungen in der Cash-Methode erfasst werden, nicht einheitlich mit dem Zeitpunkt des tatsächlichen Zuflusses beantwortet werden. Vielmehr ist der genaue Zeitpunkt umstritten. Nach einem klassischen Verständnis der Rechtsprechung entscheidet nicht die Art oder Form des Einkommens oder dessen Verkehrswert über die Konkretisierung. Vielmehr sei bei Vorliegen der folgenden Kriterien von einer Konkretisierung auszugehen: (1.) bei Solvenz des Schuldners, (2.) bei der Unbedingtheit und Übertragbarkeit des Vermögenswertes, (3.) bei der grundsätzlichen Verkehrsfähigkeit und (4.) bei einer Handelbarkeit mit gegenüber dem Nennwert reduzierten, allgemein vorherrschenden Zeitwert in Geld[898].

Gegen dieses Verständnis wird angeführt, dass die Existenz eines Verkehrswertes nicht äquivalent zu einem Zahlungsmittel sei. Zudem liefe ein solches Verständnis der Einfachheit der Cash-Methode zuwider, die als ein prägendes Element dieser Ermittlungsart verstanden wird[899]. Ein Teil der Rechtsprechung, namentlich das Berufungsgericht für den neunten Gerichtsbezirk, ging auf die Kritik am klassischen Verständnis ein und äußerte im Fall *Warren Jones Cooperation vs Commissioner*[900] eine andere Auffassung der *doctrine of cash equivalence*. Danach sei ein Zahlungsäquivalent dann anzunehmen, wenn der Verkehrswert sich tatsächlich in welcher Form auch immer verfestigt und sich zu diesem Zeitpunkt in einem Gewinn (bzw. Verlust) ausdrückt[901].

Herrschend wurde das Verständnis des Berufungsgerichts für den Neunten Gerichtsbezirk allerdings in der Rechtsprechung nicht. In nachfolgenden Entscheidungen äußerte das Berufungsgericht für den fünften Gerichtsbezirk weiterhin das klassische Konkretisierungsverständnis beruhend auf dem zuvor dargestellten Kriterienkatalog[902].

Eine Einigung innerhalb der Rechtsprechung ist nicht in Sicht. Gertzmann formuliert sogar, dass das aktuelle Verständnis des Konkretisierungstatbestandes

---

898 Cowden vs Commissioner, 289 F2d 20 (5th Cir 1961). Allgemein zu dieser Problematik Kragen/McNulty, Cases and Materials on Federal Income Taxation, Kapitel 7 (4); McNulty, Federal Income Taxation of Individuals, § 62..

899 So Bittker/McMahon/Zelenak, Federal Income Taxation of Individuals, 39-18; Gertzmann, Tax Accounting, 3-17.

900 Warren Jones Cooperation vs Commissioner, 524 F2d 788 (9th Cir. 1975), TC Memo 2003-175.

901 Der Entscheidung lag ein Verkaufgeschäft zugrunde. Unklar bleibt aber, ob sich ein derartiges Verständnis nur auf Verkaufs- oder Tauschgeschäfte bezieht oder auch auf andere Geschäfte wie Dienstleistungen.

902 In diesem Sinne Watson vs Commissioner, 613 F2d 594 (5th Cir. 1980); Bright vs United States, 91-1 USTC 50, 142 (5th Cir. 1991).

der *doctrine of cash equivalence* weitgehend vom örtlich zuständigen Gericht und der Art des zugrunde liegenden Geschäfts abhängt[903].

4.6.1.4.2.2 Auffassung der US-amerikanischen Finanzverwaltung

Die Finanzverwaltung ist der Auffassung, dass unabhängig von der Art des Einkommens, der Erhalt eines Verkehrswertes zu einer Einnahme führt. In der Literatur wird kritisiert, dass dies zum einen der Technik der Cash-Methode zuwiderläuft, da bereits der mündliche Versprechen eines solventen Schuldners zu einer Einnahme führen könne und sich so unbillige Ergebnisse ergeben könnten[904].

4.6.1.4.2.3 Auffassung der US-amerikanischen Literatur

In der Literatur ist eine wohl herrschende Meinung in der Zusammenschau von Gerichtsentscheidungen übereingekommen, dass ein Zahlungsäquivalent im Sinne der sog. doctrine of cash equivalence bei Forderungen Folgendes voraussetzt: (1) ein Schuldversprechen ist erst dann zahlungsäquivalent, wenn es das „notwendige Element der Verkehrsfähigkeit beinhaltet"; (2) ein Zahlungsversprechen oder Ähnliches ist dann zahlungsäquivalent, wenn es bei Leistung von Gütern oder Dienstleistungen als Gegenleistung im Sinne einer Zahlung akzeptiert wird; (3) jegliches handelbare Versprechen ist zahlungsäquivalent; (4) eine Forderung ist bei deren Handelbarkeit mit einem geringen Abschlag zum Nennwert zahlungsäquivalent; (5) und wenn mindestens zwei dieser genannten Voraussetzungen im konkreten Sachverhalt vorliegen, rechtfertigt sich damit eine Zahlungsäquivalenz[905].

903 Siehe den Kommentar von Gertzmann, Tax Accounting, 3-20: *"The present status of the cash doctrine depends in large part on (1) the jurisdiction in which the transaction takes places and (2) wether the obligation received is for sale or other disposition of property"*. Ebenso Reusch, Das Bilanzsteuerrecht der Vereinigten Staaten von Amerika, 39, Fn.179: „Die Rechtsprechung hat diese Ambivalenz bis heute nicht lösen können. Im Gegenteil tragen die unterschiedlichen Positionen der Gerichte weiter zur Verwirrung auf diesem Sektor bei ...".

904 Zutreffend Gertzmann, Tax Accounting, 3-19 f.

905 Siehe Bittker, Taxation of Income, Estates and Gifts, 105-33 mit zahlreichen Rechtsprechungsnachweisen (Fn.10): *"In revolving this conflict, the courts have been far from consistent. There is some authority for all the following propositions: (1) The debtor's promise to pay is not the equivalent of cash unless is possesses 'the necessary element of negotiability'; (2) a note or other instrument is the necessary element of cash if taken as payment for the goods or services supplied by the taxpayer, but not if received only as evidence of an underlying claim; (3) any promise is the equivalent of cash unless it can be sold at a discount not substantially greater than the generally prevailing premium for the use of money; and (5) two or more of*

Diese Kriterien liegen nahe dem traditionellen Verständnis der Zahlungs-äquivalenz bei Forderungen, da sie keinen Ausdruck des Verkehrswertes in Gewinn bzw. Verlust, mithin dessen Verfestigung in irgendeiner Form fordern[906].

4.6.1.4.2.4 Resümee

Im Überblick ist feststellen, dass eine Zahlungsmitteläquivalenz bei Forderungen dann anzunehmen ist, wenn sich deren Verkehrswert derart verfestigt hat, dass ihre Handelbarkeit gegeben ist. Verfestigt meint dabei aber noch nicht realisiert im Sinne von erfüllt. Beachtenswert ist, dass diese Diskussion nur um die Erfassung von „konkretisierten" Forderungen, nicht aber um „konkretisierte" Verpflichtungen geführt wird. Für diese gilt das Abflussprinzip unvermindert fort.

4.6.1.4.3   Economic Benefit Doctrine

Erweitert wird die *doctrine of cash equivalence* von der *economic benefit doctrine*. Hintergrund der sog. economic benefit doctrine ist die steuerbare Erfassung von Sachverhalten, in denen der Steuerpflichtige die Konkretisierung durch Sachverhaltsgestaltungen zeitlich hinausschiebt. Diese erfasst Fälle, in denen dem Steuerpflichtigen ein wirtschaftlicher Vorteil zukommt, ohne dass er dabei die rechtliche Eigentümerposition erlangt. Der wirtschaftliche Vorteil soll nach der Cash-Methode bereits in dem Unfang besteuert werden, in dem ihm ein feststellbarer Verkehrswert zukommt[907]. Eine Konkretisierung im Sinne der *doctrine of cash equivalence* ist dabei nicht erforderlich. Entsprechende Fallgestaltungen von Arbeiternehmerentlohnungen waren Grundlage für die führenden Gerichtsentscheidungen in diesem Kontext. Klassische Beispiele sind die Auszahlung einer Bonuszahlung an einen Dritten, namentlich einen *trustee*, die dem Arbeitnehmer zu einem späteren Zeitpunkt oder über eine Periode hinweg ausgezahlt wird[908].

---

these factors must coexist for the claim to constitute the equivalent of cash". Zustimmend Bittker/ McMahon/Zelenak, 39-18 mit weiteren Rechtsprechungsnachweisen (Fn. 70); Bittker/Stone, Federal Income Taxation of Individuals, Kapitel 9 A 2; Burke/Friel, Understanding Federal Income Taxation, Kapitel 28 C; CCH Federal Tax Manual, Rz. 430; RIA Federal Tax Handbook Rz. 2824; Rose/Chommie, Federal Income Taxation, § 4.04.

906 So aber die Rechtsprechung des Berufungsgerichts des Fünften Gerichtsbezirks. Siehe Warren Jones Cooperation vs Commissioner, 524 F2d 788 (9th Cir. 1975), TC Memo 2003-175.

907 Reed vs Commissioner, 723 F2d 138 (1st Cir. 1983).

908 Spoull vs Commissioner, 16 TC 244, aff'd 194 F2d 541 (6th Cir 1952); Commissioner vs Smith, 324 US 177 (1945); Minor vs United States, 772 F2d 1472 (9th Cir. 1985).

4.6.1.4.4 Resümee

Einnahmen und Ausgabenseite werden hinsichtlich der Art des erfassten Einkommens nicht kongruent behandelt. Zwar umfassen beide das gesamte Bruttoeinkommen im Sinne des Section 61 IRC, dies jedoch zu unterschiedlichen Zeitpunkten. Während die Einnahmenseite der Cash-Methode infolge der *doctrine of cash equivalence* auch Forderungen ab einem gewissen Zeitpunkt unter bestimmten – umstrittenen – Kriterien erfasst, gilt dies nicht für die Ausgabenseite.

Die Ausgabenseite umfasst zwar ebenso das gesamte Bruttoeinkommen gemäß Section 61 IRC, allerdings zu dem Zeitpunkt, in dem es bei Steuerpflichtigen tatsächlich abfließt[909]. Insofern kann es zu der Sachverhaltskonstellation kommen, dass beim Steuerpflichtigen A eine Forderung gegenüber dem Steuerpflichtigen B bereits als Einnahme innerhalb der Cash-Methode erfasst wird, hingegen der Steuerpflichtige B eine Ausgabe erst im Zeitpunkt des tatsächlichen Abflusses geltend machen kann.

4.6.2 Accrual-Methode gemäß Section 446 (c) (2) IRC im Vergleich zur Cash-Methode

Im Folgenden wird die Accrual-Methode gemäß Section 446 (c) (2) IRC mit der Cash-Methode verglichen, um das Verhältnis der beiden Ermittlungsmethoden zueinander herauszuarbeiten.

4.6.2.1 Historie der steuerlichen Gewinnermittlung im US-Recht

In den Anfängen des US-amerikanischen Einkommensteuerrechts von 1909 wurde die Cash-Methode als einzig zulässige steuerliche Gewinnermittlungsart festgeschrieben[910]. Die damalige Wirtschaft kritisierte diese steuerliche Monopolstellung der Cash-Methode, da die große Mehrheit der Handelskaufleute und

---

909 Exemplarisch Blumeyer vs Commissioner, TC Memo 1992-647; Hevering vs Price, 309 US 409 (1939) sowie Bittker/McMahon/Zelenak, Federal Income Taxation of Individuals, 39-26 ff.; Bittker/Stone, Federal Income Taxation of Individuals, Kapitel 9 A 2; Burke/Friel, Kapitel 28.02 A; Kragen/McNulty, Federal Income Taxation – Individuals, Corporations, Partnerships, Kapitel 7 2; Kroschel, Die Federal Income Tax der Vereinigten Staaten von Ameriak, 71; McNulty, Federal Income Taxation of Individuals, § 62; Rose/Chommie, Federal Income Taxation, § 4.04; Small, IStR 1995, 156 (158); Vorwold, StuW 2002, 235 (243); Witner/See, Taxes, 2006, 65 (67 ff.).
910 Siehe Section 38 (2) (d) IRC 1909 Act.

Fabrikationsbetriebe ihren handels„rechtlichen"[911] Gewinn nach der Accrual-Methode ermittelte und es so zu einer Doppelbelastung kam. Das Finanzministerium nahm diese Kritik auf und verlangte trotz anders lautender Gesetzesregelung kein bestimmtes steuerliches Buchführungs- oder Gewinnermittlungssystem. Grundlegende Voraussetzung war, dass die Aufzeichnungen eine Nachprüfung der einzelnen Geschäftsvorfälle ermöglichten. Das Einkommensteuergesetz von 1916 kodifizierte diese Auffassung dann erstmals[912]. Zwar blieb die Cash-Methode die grundsätzliche Ermittlungsmethode des steuerlichen Gewinns, allerdings wurde Steuerpflichtigen, die ihre Bücher auf Grundlage einer anderen Gewinnermittlungsmethode führten, diese Methode auch als Grundlage steuerlicher Gewinnermittlung gestattet. Voraussetzung jeglicher steuerlicher Ermittlung ist dabei die klare Wiedergabe des steuerlichen Gewinns[913].

Bei Anwendung der Cash-Methode wurde die Beachtung der *doctrine of clearly reflected income* unterstellt. Das Einkommensteuergesetz von 1918 weitete die Möglichkeit verschiedener steuerlicher Gewinnermittlungsmethoden aus, indem es auf die üblicherweise bei der Buchführung verwendete Methode abstellte[914]. Damit war jedoch keine Einschränkung des Anwendungsbereichs der Cash-Methode verbunden, die vielmehr weiterhin als geeignete Ermittlungsmethode zur klaren Wiedergabe des steuerlichen Einkommens galt. Seit den späten 60-er Jahren des 20. Jahrhunderts wurde die Cash-Methode seitens der Finanzverwaltung in ihrer Anwendung jedoch zunehmend als rechtsmissbräuchlich kritisiert, insbesondere bei größeren Unternehmen[915]. Im Einkommensteuergesetz von 1986 kam es dann erstmalig in der Historie zu einer Einschränkung des gesetzlichen Anwendungsbereichs gemäß Section 448 IRC, bezogen ausschließlich auf die Cash-Methode. Zudem hat sich die Vermutung, die Cash-Methode spiegele stets das Einkommen klar wider, ins Gegenteil verkehrt. In den Steuerrichtlinien wird nun ausdrücklich darauf hingewiesen, dass die Prüfer die Anwendung der Cash-Methode sowohl vor als auch nach In-Kraft-Treten des Section 448 IRC in Frage stellen können[916].

---

911 Zur handels„rechtlichen" Gewinnermittlung im US-amerikanischen Recht siehe die Ausführungen unter Kapitel E III 11.

912 Siehe Section 8 (g) IRC 1916 Act für natürliche Personen und Section 13 (d) IRC 1916 Act für Körperschaften.

913 United States vs Anderson, 269 US 422, 440 f. (1926).

914 Siehe Section 212 (b) IRC 1918 Act. Die aktuellen Regelungen der Section 446 (a) und (b) IRC basieren auf den Formulierungen des Einkommensteuergesetzes von 1918.

915 Gertzmann, Tax-Accouting, 3-4 ff.; Vorwold, StuW 2002, 235 (238).

916 § 1.448-1T (c) Income Tax Regulation.

Es ist festhalten, dass die anfänglich unzulässige Accrual-Methode als zu der nach dem Gesetz gängigen Gewinnermittlungsmethode entwickelt wurde und parallel dazu die ehemals dominierende Cash-Methode in ihrem Anwendungsbereich und ihrer tatsächlichen Anwendung eingeschränkt wurde[917].

4.6.2.2 Accrual-Methode

Die Accrual-Methode basiert im Grundsatz auf einer periodengerechten Rechnungslegung. Ihr liegt aber kein bilanzieller Vermögensvergleich, sondern lediglich eine der Gewinn- und Verlustrechnung vergleichbare Ergebnisrechnung zugrunde[918]. Das Periodenergebnis ermittelt sich aus dem Vergleich von Erträgen und Aufwendungen, die grundsätzlich dem Geschäftsjahr ihrer Entstehung sachlich zugeordnet werden. Es handelt sich dabei um eine rein additive Zusammenrechnung steuerpflichtiger Einnahmen und eine Subtraktion abzugsfähiger Positionen. Ziel ist die Abbildung der wirtschaftlichen Leistung während einer Periode unabhängig von den tatsächlich erfolgten Ein- und Auszahlungen[919].

4.6.2.2.1 Erfassungszeitpunkt nach dem All-Events-Test

Einkommenszuwächse und -verluste müssen gemäß § 1.446-1 (c) (ii) Income Tax Regulations grundsätzlich in die steuerliche Rechnungslegung einbezogen werden, wenn alle Ereignisse eingetreten sind, die den Anspruch fixieren, Einkommen zu erhalten bzw. bei Verbindlichkeiten die Verpflichtung begründen und der jeweilige Wert des Einkommensanspruchs – bzw. der Einkommensverbindlichkeit mit gerechtfertigter Akkuratheit ermittelt werden kann. Dieser *all events test* geht auf die Entscheidung des Supreme Court United States vs Anderson aus dem Jahr 1926 zurück. In dieser wurde der Steuerpflichtige bei Anwendung der Accrual-Methode verpflichtet, eine Verbindlichkeit nach den oben genannten Voraussetzungen zum Abzug zu bringen[920]. Steuerlich erfasst werden die Forderungen bzw. Verbindlichkeiten bei Eintritt des letzten das Recht begrün-

---

917 Ausführlich zur historischen Entwicklung Gertzmann, 3-4 ff. und 4-6 ff. sowie Haueisen/Haupt zu dem US-Steueränderungsgesetz von 1986, RIW 1986, 874.

918 Zutreffend Dammann, in Schön, Steuerliche Maßgeblichkeit in Deutschland und Europa, 596; Kadel, IStR 2001, 419 (424); Kroschel, Die Federal Income Tax der Vereinigten Staaten von Amerika, 73; Schreiber, in Ballwieser, US-amerikanische Rechnungslegung, 62, 65 f.; Reusch, Das Bilanzsteuerrecht der Vereinigten Staaten von Amerika, 42.

919 Übereinstimmend Bippus, DStZ 1998, 637 (644, 646); Haller, in Ballwieser, US-amerikanische Rechnungslegung, 14; Schreiber, in Ballwieser, US-amerikanische Rechnungslegung, 65 m.w.N.

920 United States vs Anderson, 269 US 422, 440 f. (1926).

denden Ereignisses. Dies gilt auch dann, wenn die Ereignisse sich über mehrere (Steuer-) Jahre hinweg verteilen[921].

Erträge werden mithin in dem Zeitpunkt erfolgswirksam erfasst, in dem die der Einnahme zugrunde liegende Forderung entsteht und die Leistungserbringung gefordert werden kann. Aus fiskalpolitischen Gründen wird eine tatsächliche Leistung vor Fälligkeit bereits im Zuflusszeitpunkt beim Empfänger erfasst[922]. Diese zahlungsstromorientierte Ausrichtung der Accrual-Methode ist im Wesentlichen auf drei Entscheidungen des Supreme Courts zurückzuführen[923]. In diesen führt das Gericht aus, dass eine Nichteinbeziehung gegen den Grundsatz des cleary reflected income verstoße. Die Ausnahme vom Periodisierungsgrundsatz erfährt allerdings selbst wieder Ausnahmen. Diese finden sich entweder im Gesetz[924], in den Steuererlassen[925] oder auch in abweichenden Entscheidungen erstinstanzlicher Gerichte[926].

Aus dem Erfordernis, dass alle den Anspruch begründenden Ereignisse eingetreten sein müssen, folgt, dass die Erfassung eines Forderungsrechts ausbleiben

---

921 Exemplarisch Bankmann/Griffith/Pratt, Federal Income Tax, Kapitel 3 G; Bittker/ McMahon, Zelenak, Federal Taxation of Individuals, 39-34 ff.; Burke/Friel, Understanding Federal Income Taxation, Kapitel 29.01; Gertzmann, Tax Accounting, 4-3; Kragen/McNulty, Federal Income Taxation – Individuals, Corporations, Partnerships Kapitel 7 D; Rose/Chommie, Federal Taxation of Individuals, § 4.05.

922 §§ 1.61-8 (b); 1.301-1 (b) Income Tax Regulations; J.J.Little & Ives Co, 25 TCM 372 (1966); Gertzmann, Tax Accounting, 4-13.

923 Siehe die Entscheidungstriologie: Automobile Club of Michigan vs Commissioner, 353 US 180 (1957); American Automobile Association vs United States, 367 US 687 (1961); Schlude vs Commissioner 372 US 128 (1963). Unklar ist jedoch, ob Vorauszahlungen ein Unterfall der *claim of right doctrine* sind, da der Supreme Court in den zitierten Entscheidungen auf den Grundsatz des *clearly reflected income* abstellt und nicht auf die *claim of right doctrine*.

924 So das steuerliche Wahlrecht gemäß Section 455 (c) IRC, dass vorausbezahlte Zeitungs-, Zeitschrifts- bzw. Magazinsabonnements und Mitgliedsbeiträge periodengerecht dem Jahr der Lieferung zugerechnet werden.

925 Nach Rev.Proc. 97-38, 1997-2 CB 479 können beispielsweise Vorauszahlungen für Garantieleistungen vom Empfänger auf die Dauer der Garantieleistung verteilt werden. Nach Rev. Proc. 71-21, 1971-2 CB 549 können Vorauszahlungen für Dienstleistungen erst in dem Jahr erklärt werden, in dem sie auch tatsächlich ausgeführt werden, wenn dieser Zeitraum nicht länger als ein Jahr nach der Zahlung zurückliegt. Siehe auch Rev. Proc. 2004-34.

926 Einige nachfolgende untergerichtliche Entscheidungen beinhalten die Auffassung, dass die Entscheidungen des Supreme Courts keine Allgemeingültigkeit über die spezielle Art der Vorausleistung hätten. So Gillis vs United States, 402 F2d, 501 (5th Cir. 1968); Hagen Advertising Displays Inc. vs Commissioner, 407 F2d 1105 (6th Circ. 1969) – ausführlich dazu Gertzmann, Tax Accounting, 4-29 ff. Siehe aus jüngerer Zeit Tampa Bay Devils Rays Ltd.; TC Memo 2002-248.

kann, soweit die Entstehung des Anspruchs noch mit wesentlichen Unsicherheiten verbunden ist[927]. Dies gilt aber nur dann, wenn sich die Unsicherheiten auf die Entstehung des Anspruchs beziehen, nicht aber auf dessen Erfüllung. Entscheidend ist, ob der Steuerpflichtige ein feststehendes Recht erlangt, die andere Vertragsseite also zur Leistung verpflichtet ist[928]. Einkommen kann deshalb nicht entstehen, solange das Anspruchsrecht Gegenstand einer schwebenden gerichtlichen Auseinandersetzung ist[929]. Grundsätzlich unbeachtlich für die zeitliche Erfassung ist, ob das Forderungsrecht auch tatsächlich durchsetzbar ist[930].

4.6.2.2.2 Nonaccrual-Experience-Method

Bestimmte Dienstleistungsunternehmen können gemäß Section 448 (d) (5) i.V.m. Section 448 (d) (2) (A) IRC in Anwendung der *nonaccrual experience method* ihre in Rechnung gestellten Leistungen nicht mit der vollen Summe als Ertrag buchen, sondern abzüglich einer Wertberichtigung basierend auf den durchschnittlichen Forderungsausfällen der vorangegangen sechs Jahre[931].

4.6.2.2.3 Economic-Performance-Test

Zusätzlich zu den Voraussetzungen des all events test muss auf der Aufwandsseite die wirtschaftliche Erfüllung von Verbindlichkeiten eingetreten sein (sog. economic performance test)[932]. Eine gesetzliche Allgemeindefinition der wirtschaftlichen Erfüllung existiert nicht. Vielmehr differenziert Section 461 (h) IRC unter der Maßgabe, dass die Steuerrichtlinien zwischen verschiedenen Anwendungsbereichen keine anderweitigen Regelungen enthalten[933].

Beispielsweise tritt eine wirtschaftliche Erfüllung erst dann ein, wenn die Gegenleistung (sc. Vornahme einer Dienstleitung, Eigentumsübertragung oder Vermietung eines Wirtschaftsgutes) erbracht wurde, mithin die andere Vertragspartei ihre Leistung tatsächlich erfüllt[934]. Vorausleistungen und künftiger Auf-

---

927 Brown vs Helvering, 291 US 193 (1934); Gertzmann 4-13, 12-16 f.

928 Dammann, in Steuerliche Maßgeblichkeit in Deutschland und Europa, 655; Eberthartinger/Wiedermann, SWI 2005, 336 (337).

929 Zureffend Schreiber, in Ballwieser, US-amerikanische Rechnungslegung, 47 (66).

930 Eine Ausnahme gilt nur für den Fall, dass eine Erfüllung nachweislich unwahrscheinlich ist. Siehe Jones Lumber Corporation vs Commissioner, 404 F2d 764 (6th Cir. 1968).

931 Dazu RIA Federal Tax Handbook, Rz. 2828.

932 Section 461 (h) IRC; §§ 1.461-4 bis 1461.6 Income Tax Regulations.

933 So auch Eberthartinger/Wiedermann-Ondrej, SWI 2005, 336 (340), Kadel, IStR 2001, 419 (423).

934 Section 461 (h) (2) (A) IRC; § 1.461-4 Income Tax Regulation.

wand werden daher grundsätzlich nicht steuerlich erfasst. Ist der Steuerpflichtige schuldrechtlich zu einer Dienstleistung oder Eigentumsübertragung verpflichtet, so entsteht die Verpflichtung wirtschaftlich erst dann, wenn dem Steuerpflichtigen in Erfüllung seiner Schuld Kosten entstehen, er also tatsächlich leistet[935]. Beruht die Verpflichtung auf einem schuldrechtlichen oder gesetzlichen Schadensersatzanspruch, ist eine wirtschaftliche Erfüllung erst mit der Zahlung gegeben[936]. Auch bei Verpflichtungen, Preisnachlässe zu gewähren, Lotterie- oder Spielgewinne auszuzahlen, und Verpflichtungen zur Zahlung von Versicherungsbeiträgen, für die Gewährung von Garantien oder Serviceleitungen tritt wirtschaftliche Erfüllung erst bei Zahlung ein[937]. Im Fall einer Regelungslücke gilt dies ebenso[938].

4.6.2.2.4 Capital Expenses und Regelungen in Section 267 IRC und § 1.267 (a)-(3) Income Tax Regulation

Im Weiteren ist darauf hinzuweisen, dass sog. capital expenses zu keiner unmittelbaren Abzugsfähigkeit führen, sondern abgeschrieben werden müssen. Darunter fallen solche Art von Aufwendungen, die gemäß Section 263 IRC über das Steuerjahr hinaus zur Einkommenserzielung dienen[939].

Bemerkenswert sind ebenso die Regelungen in Section 267 IRC und § 1.267 (a)-(3) Income Tax Regulation, die die Gewinnermittlung zwischen nahe stehenden Personen hinsichtlich der Abzugsfähigkeit bzw. Aktivierungspflicht von Aufwendungen von der Accrual-Methode auf die Cash-Methode umstellt[940].

4.6.2.2.5 Resümee

In der Zusammenschau dieser Fälle ist augenfällig, dass die Aufwandsseite der Accrual-Methode nicht unerheblich auf den Zeitpunkt eines tatsächlichen Mittelabflusses ausgerichtet ist. Dies gilt hauptsächlich für Verpflichtungen zu Dienst- oder allgemein Sachleistungen, in der Regel nicht bei vertraglich bedingten Zahlungsmittelabflüssen. Da aber Dienst- oder allgemein Sachleistungen zur Bewer-

---

935 Section 461 (h) (2) (B) IRC; § 1.461-4.(d) (i) Income Tax Regulation.
936 Section 461 (h) (2) (C) IRC; § 1.461-4. (g) (2) Income Tax Regulation.
937 § 1.461-4 (g) (3), (4) bzw. (5) Income Tax Regulation.
938 Section 461 (h) (2) (D) IRC i.V.m. § 1.461-4 (g) (7) Income Tax Regulation.
939 Eberthartinger/Wiedermann-Ondrej, SWI 2005, 336 (340). Zur Definition der sog. *capital expeneses* Burke/Friel, Understanding Federal Income Taxation, § 13.02 m.w.N.
940 Small, IStR 1995, 156 (159).

tung in Zahlungsmittel umgerechnet werden[941], kann man auch von einer partiellen Zahlungsstromausrichtung der Accrual-Methode auf der Aufwandseite sprechen. Bestärkt wird diese Auffassung durch die Möglichkeit, gemäß Section 461 (f) IRC und § 1.461-2 Income Tax Regulation bestrittene Verbindlichkeiten als Verlust geltend zu machen, wenn der Steuerpflichtige diese unter Vorbehalt leistet.

Die Erfassung von Erträgen und Aufwendungen bei der Accrual-Methode ist demnach nicht symmetrisch. Die Erfassung von Erträgen unterliegt zwei Voraussetzungen, wobei die Voraussetzung der Aufwendungen um die dritte Voraussetzung der wirtschaftlichen Erfüllung ergänzt wird. Dieses zusätzliche Kriterium führt im Ergebnis teilweise zu einer engen Anbindung des Aufwands an den tatsächlichen Mittelabfluss, der in Zahlungsmitteln ausgedrückt wird[942].

4.6.2.3 Vergleich der Cash-Methode zur Accrual-Methode

Die Accrual-Methode und die Cash-Methode unterscheiden sich konzeptionell in ihren Ausgangspunkten darin, dass die Accrual-Methode Erträge und Aufwendungen dem Geschäftsjahr der wirtschaftlichen Entstehung zuordnet, die Cash-Methode hingegen auf eine Gegenüberstellung der tatsächlich erfolgten Einnahmen- und Ausgaben abstellt. Bei der Accrual-Methode handelt es sich um eine periodisierende, bei der Cash-Methode um eine an Cashflow-Grundsätzen orientierte Gewinnermittlungsmethode. Wesentliches Merkmal der Cash-Methode ist somit das Zu- und Abflussprinzip. Allerdings behalten beide Ermittlungsmethoden ihr Grundkonzept nicht durchgängig bei, sondern vermengen einander.

4.6.2.3.1 Vergleich der Ausgaben- und Aufwandsseite

Dies gilt hauptsächlich für die Ausgaben- bzw. Aufwandsseite. Hier unterliegen beide Gewinnermittlungsmethoden der generellen Abschreibungsvorschrift des Section 263 IRC. Diese enthält den Gedanken einer periodisierenden Aufwandsverteilung und verkörpert insofern die Grundkonzeption der Accrual-Methode, als eine wirtschaftliche Zuordnung der Aufwendungen unabhängig des tatsächlichen Abflusszeitpunktes erfolgt. So verteilt die Cash-Methode Mittel, die zur

---

941 Zu den Bewertungsvorschriften im US-amerikanischen Bilanzsteuerrecht siehe allgemein Reusch, Das Bilanzsteuerrecht der Vereinigten Staaten von Amerika, 116 ff., insbesondere 211 ff.

942 Rückstellungsbildungen werden durch die Voraussetzung der wirtschaftlichen Erfüllung zwar nicht gänzlich ausgeschlossen, deren Bildung aber im Gegensatz zum deutschen Recht deutlich erschwert. Ausnahmen hierzu finden sich in den Sections 404, 585, 593 und 807 IRC. Siehe dazu Dammann, in Schön, Steuerliche Maßgeblichkeit, 571 (646); Haller, in Ballwieser, US-amerikanische Rechnungslegung, 17; Kadel, IStR 2001, 419 (423); Small IStR 1995, 156 (158); 204 (206).

Anschaffung oder Herstellung von Wirtschaftsgütern mit einer wesentlich längeren Nutzungsdauer oder für nachhaltige wertsteigernde Verbesserung oder Veränderung sowie wesentliche Verlängerung der Nutzungsdauer vorhandener Vermögenswerte als das Steuerjahr, in dem die Ausgaben erfolgt sind, dem Accrual-Ausgangsgedanken entsprechend periodengerecht.

Die Accrual-Methode setzt auf der Aufwandsseite neben den Voraussetzungen des *all-events-test* noch die des *economic performance test* voraus. Dieser beinhaltet eine teilweise Ausrichtung auf den Zahlungsmittelabfluss unabhängig von der wirtschaftlichen Entstehung[943]. Auf der Ausgaben- bzw. Aufwandsseite ist eine Vermengung der Grundkonzepte bei beiden Ermittlungsmethoden zu konstatieren.

4.6.2.3.2 Vergleich der Einnahmen- und Ertragsseite

Gleiches gilt aber nur eingeschränkt für die Einnahmenseite. Hier ergänzt die Cash-Methode den tatsächlichen Zuflusszeitpunkt um die sog. doctrine of constructive receipt. Anknüpfungspunkt ist die Zugriffsmöglichkeit des Steuerpflichtigen, die faktisch einem tatsächlichen Zufluss entspricht. Unabhängig von der wirtschaftlichen Entstehung und von dem Periodisierungsgedanken wird hier ein Zufluss fingiert, wenn dessen tatsächliches Unterbleiben allein auf einem Willensentschluss des Steuerpflichtigen beruht. So kann hier nicht von einer Vermengung der beiden Grundkonzepte gesprochen werden.

Ebenso implementiert die *doctrine of cash equivalence* keinen Gedanken der wirtschaftlichen Entstehung und der Periodisierung in die Cash-Methode. Der Regelungsgehalt der Cash-Methode beschränkt sich auf die Festlegung, zu welchem Zeitpunkt nicht in Zahlungsmitteln bestehende Wirtschaftsgüter in der Cash-Methode erfasst werden. Eine Ausnahme vom konzeptionellen Ausgangspunkt der Cash-Methode ist damit aber nicht verbunden. Der genaue Zeitpunkt bei „konkretisierten" Forderungen ist zwar umstritten, eine Anknüpfung an die Entstehung der Forderung wird aber von keiner Ansicht vertreten. Gegenstand der Diskussion ist, zu welchem Zeitpunkt eine derartige Verfestigung der Forderung eingetreten ist, dass von einem Zuflussäquivalent ausgegangen werden kann. Hier wird eben nicht auf eine Soll-Rechnung im ursprünglichen Sinne abgestellt, sondern weiterhin auf eine Ist-Rechnung. Mithin liegt an dieser Stelle keine Vermengung der Grundkonzepte vor.

Auf der Ertragsseite der Accrual-Methode gilt der *all-events-test*, der Einkommenszuwächse bei Rechtserlangung annimmt. Diese Ermittlungsart basiert auf einer Soll-Rechnung, die den entsprechenden Gewinn der Periode der wirt-

---

943   Siehe Kapitel E I 4.6.2.2.1.

schaftlichen Entstehung zuordnet. Diese Konzeption wird auch bis auf den Ausnahmefall von Vorauszahlungen, in denen auf eine Ist-Rechnung umgestellt wird, beibehalten.

4.6.2.4 Resümee

Auffallend im Vergleich zur steuerrechtlichen Gewinnermittlung in Deutschland gemäß § 4 I und § 4 III EStG ist, dass die Vermengung der Gewinnermittlungsmethoden zwischen Accrual-Methode und Cash-Methode nicht einseitig zu Lasten der Cash-Methode geht, sondern beiderseitig Vermengungen vorliegen. Allerdings beziehen sich diese – bis auf einen Ausnahmefall – nur auf die Ausgaben- bzw. Aufwandsseite. Die Grundtechnik der jeweiligen Ermittlungsart drückt sich nur auf der Einnahmen- bzw. Ertragsseite – in der Regel – durchgängig aus.

Bei den Vermengungen der Accrual- und der Cash-Methode ist auffällig, dass diese generell zu einer früheren Erfassung von Einnahmen und einer späteren Erfassung von Ausgaben führen[944]. Ein systematisches Grundprinzip der Vermengungen ist dabei nicht ersichtlich. Dies bestätigen die Ausführungen *Vorwolds*, der dem US-Gesetzgeber vorhält, bei der Verabschiedung einzelner Regelungen zum Tax-Accounting weniger die Schaffung eines schlüssigen Systems im Blick gehabt zu haben, als vielmehr zusätzliche Steuereinnahmen zu generieren[945].

4.6.3 Die Ermittelungsmethoden gemäß Section 446 (c) (3) IRC

Section 446 (c) (3) IRC gestattet weitere nach dem Gesetz erlaubte Gewinnermittlungsmethoden. Damit sind wesentlich[946] die sog. Installment-Sale-Methode gemäß Section 453, 453A; 453B IRC und die sog. Percentage-of-Completion-Methode angesprochen. Diese Methoden zeichnen sich durch ihren speziellen Anwendungs- und Regelungsbereich aus.

4.6.3.1 Installment-Sale-Methode

Die sog. Installment-Sale-Methode ermittelt gemäß 453 IRC bei Ratenkaufverträgen den Zeitpunkt der Gewinnwirksamkeit. Diese Ermittlungsmethode ist gemäß Section 453 (b) (1), (d) IRC dann anzuwenden, wenn die Fälligkeit mindestens einer Rate in eines der dem Verkauf folgenden Steuerjahre fällt, aus dem Ratenkaufvertrag ein Gewinn resultiert und der Steuerpflichtige nicht gegen eine

---

944 In diesem Sinne auch Kadel, IStR 2001, 419 (424).
945 Vorwold, Wpg 2002, 499 (500).
946 Darüber hinaus existiert noch die sog. Networth Methode; siehe McNulty, Federal Income Taxation of Individuals, § 64.

Anwendung der Installment-Sale-Methode optiert. Ausgeschlossen ist sie allerdings gemäß Section 453 (b) (2) IRC bei Ratenkaufverträgen über Güter des Vorratsvermögens, gemäß Section 453 (k) (2) IRC bei Ratenkaufverträgen über Wertpapiere, die börsenmäßig gehandelt werden, und gemäß Section 453 (g) IRC bei Ratenkaufverträgen über abnutzbare Wirtschaftsgüter zwischen nahe stehenden Personen im Sinne des Section 453 8g) (3) i.V.m. Section 1239 IRC Section 453 (b) (2) IRC[947].

Unabhängig von der grundsätzlichen Ermittlungsmethode des Steuerpflichtigen, ob Accrual- oder Cash-Methode, ist der Gewinn in dem zuvor dargestellten Anwendungsbereich nicht in vollem Umfang im Steuerjahr des Verkaufs zu erfassen, sondern anteilig in den Jahren des Zahlungseingangs[948].

4.6.3.2 Percentage-of-Completion-Methode

Die sog. Percentage-of-Completion-Methode gemäß Section 460 IRC bezieht sich auf die Gewinnermittlung bei langfristigen Fertigungsverträgen. Definiert werden die langfristigen Fertigungsverträge in Section 460 (f) (1) IRC als Verträge, die eine Herstellung und / oder eine Installation von Gütern zum Gegenstand haben und deren Erfüllung im Laufe des Steuerjahres zwar begonnen, aber nicht beendet wird. In Bezug auf die Herstellung beweglicher Wirtschaftsgüter fordert Section 460 (f) (2) IRC zusätzlich, dass der Vertrag die Produktion eines Unikates oder die Produktion von Wirtschaftsgütern, deren Herstellungsdauer gewöhnlich zwölf Monate übersteigt, vorsieht.

Die Percentage-of-Completion-Methode gemäß Section 460 IRC beruht auf dem Gedanken, dass eine Gewinnrealisierung bei langfristigen Fertigungsverträgen in der Regel zu einem unstetigen Gewinnausweis führen wird. Da aber die wirtschaftliche Leistungsfähigkeit des Steuerpflichtigen bereits vor der endgültigen Fertigstellung des Auftragwerks von diesem profitiere, erfolgt eine Besteuerung des Gewinns aus einem solchem Vertrag nach US-amerikanischem Recht zeitnah. In Anwendung der Percentage-of-Completion-Methode ist gemäß Section 460 (b) IRC in jedem Jahr der Vertragsbeziehung derjenige Anteil des voraussichtlichen Gesamtgewinns zu versteuern, der dem Anteil der in diesem Jahr angefallenen Kosten an den geschätzten Gesamtkosten der Vertragserfüllung entspricht. Die

---

947 Ausführlich zu der Installment-Methode Bankmann/Griffith/Pratt, Federal Income Tax, Kapitel 3 C; Burke/Friel, Understanding Federal Income Taxation, Kapitel 40; Bittker/Stone, Federal Income Taxation, Kapitel 9 5; Gertzmann, Tax Accouting, 5-3 ff.; Kroschel, Die Federal Income Tax der Vereinigten Staaten, 228 f.; Rose/Chommie, Federal Income Taxation, 4.07. Siehe auch Lipton, Journal of Taxation, 2000, 134.
948 So bereits Schreiber, in Ballwieser, US-amerikanische Rechnungslegung, 71.

Zurechnung von Kosten aus langfristigen Fertigungsverträgen ist in Section 460 (c) normiert, der sich weitgehend an den Vorschriften zur Aktivierung von Herstellungskosten ausrichtet[949].

4.6.4 Die Hybrid-Methode gemäß Section 446 (c) (4) IRC

Unter der Hybrid-Methode gemäß Section 446 (c) (4) IRC (*overall hybrid method*)[950] ist keine eigenständige Gewinnermittlungsmethode zu verstehen, sondern eine Kombination der zuvor genannten. Darin liegt ein bedeutsamer Unterschied zum deutschen Steuerrecht, da der Steuerpflichtige nicht innerhalb seiner Wahlrechte für eine Methode optieren muss, sondern verschiedene Methoden bei seiner steuerlichen Gewinnermittlung kombinieren kann. Voraussetzung für die Anwendung der Hybrid-Methode gemäß § 1.446-1 (c) (1) (iv) Income Tax Regulation ist die klare Wiedergabe des Einkommens und der stetige Gebrauch der jeweiligen Kombination[951].

Die bemerkenswerteste Kombinationsmöglichkeit im Sinne des Section 446 (c) (4) IRC gestattet dem Steuerpflichtigen, innerhalb des Anwendungsbereichs des Section 448 IRC grundsätzlich nach der Cash-Methode zu ermitteln, selbst wenn dessen Handel mit Wirtschaftsgütern des Vorratsvermögens eine Einkommensquelle des Unternehmens ist[952]. Die Position des Vorratsvermögens ist in diesem Fall zwar gemäß § 1.446-1 (c) (2) Income Tax Regulation nach der Accrual-Methode zu ermitteln, jedoch kann die übrige Gewinnermittlung nach der Cash-Methode erfolgen. Ebenso bedeutsam ist die Kombinationsmöglichkeit des Steuerpflichtigen für die Ermittlung aus haupt- und nebenberuflicher Tätigkeit[953].

---

949 Dazu Bittker/McMahon/Zelenak, Federal Income Taxation of Individuals, 39-73 ff.; Koschel, Die Federal Income Tax der Vereinigten Staaten, 125 f.; Small, IStR 1995, 156 (159); Small, IStR 1995, 156 (159).

950 Exemplarisch Gertzmann, Tax Accouting, 2-53; Eberthartinger/Wiedermann-Ondrej, SWI 2005, 283 (289); Kadel, IStR 2001, 419 (424); Koschel, Die Federal Income Tax der Vereinigten Staaten, 125 f.; Kragen/McNulty, Federal Income Taxation – Individuals, Corporations, Partnerships, Kapitel 7 F; McNulty, Federal Income taxation of Individuals, § 61; Small, IStR 1995, 156 (159); Reusch, Das Bilanzsteuerrecht der Vereinigten Staaten von Amerika, 43 f.

951 RIA Federal Tax Handbook, Rz. 2819. Die Finanzverwaltung steht der Akzeptanz der Hybrid-Methode restriktiv gegenüber und kritisiert häufig die mangelnde klare Wiedergabe des Einkommens. Kritisch dazu Bauernfeind, Income Taxation, 5-3 f.; Conjura, The Tax Adviser, 1996, 326; Conjura, Journal of Taxation, July 1997,5.

952 Zum besseren Verständnis siehe Kapitel E II 1.

953 Reusch, Das Bilanzsteuerrecht der Vereinigten Staaten von Amerika, 43. Dieser weist in Fn. 198 auf den Unterschied hin, dass Steuerpflichtige mit mehreren Betrieben gemäß Section 446 (d) IRC die Einkünfte aus diesen Quellen mit unterschiedlichen Methoden ermitteln dürfen. Es handelt sich dabei aber nicht um eine

Die Hybrid-Methode gestattet zwar unterschiedliche Ermittelungsarten einzelner Positionen, jedoch nicht bezogen auf die einzelne Position selbst. Unzulässig ist also eine divergierende Ermittlung der Einnahmen- und Ausgabenseite bzw. der Ertrags- bzw. Aufwandsseite[954].

4.7 Möglichkeit des Wechsels zwischen den einzelnen Gewinnermittlungsmethoden

Grundsätzlich ist die einmal gewählte Ermittlungsmethode stetig anzuwenden. Ein Wechsel kommt daher nur in Betracht auf Grund eines Antrages des Steuerpflichtigen oder auf Anordnung der Finanzverwaltung mit jeweiliger Zustimmung der IRS[955]. Begrifflich impliziert ein Wechsel der Ermittlungsmethode sowohl den Wechsel der gesamten Ermittlungsmethode wie auch den Wechsel in der Behandlung einer Position[956]. Kein Wechsel liegt vor, wenn der Erfassungszeitpunkt einer Position nicht beeinflusst wird oder die geänderte Behandlung auf einem relevanten Sachverhaltsmangel basiert. Gleichfalls ist die Korrektur eines buchtechnischen oder rechnerischen Fehlers in der Ermittlung nicht als Wechsel aufzufassen[957].

Kumulativ werden für die Zulässigkeit des Wechsels folgende Anforderungen gestellt: 1.) Die neue Ermittlungsart muss den gesetzlichen Regelungen entsprechen. 2.) Das Einkommen muss klar wiedergegeben werden. 3.) Die Beweggründe für den Wechsel müssen offengelegt werden. 4.) Die steuerlichen Konsequenzen der Anpassung sind deutlich zu machen. Der IRS darf nach der Rechtsprechung keine unüberwindbaren Anforderungen für den Methodenwechsel stellen. Allerdings betont die Rechtsprechung den weiten Ermessensspielraum der Finanzverwaltung bei der Zulässigkeitsentscheidung. Insofern ist eine Versagung des Antrages faktisch nur schwer justiziabel[958].

Hybrid-Methode, sondern um zwei vollkommen unterschiedliche Gewinnermittlungen. Siehe § 1.446-1 (d) Income Tax Regualtion und CCH, Federal Tax Manual, Rz. 456; Gertzmann, Tax Accounting, 2-48 ff., Vorwold, Wpg. 2002, 499 (507).

954 § 1.446-1 (c) (1) (iv) Income Tax Regulation. In diesem Sinn auch Birch Ranch Oil Coporation, 3 TCM 378 (1944), aff'd, 152 F2d 874 (9th Cir. 1946), cert. denied, 328 US 863 (1946).
955 Siehe Section 446 (c) IRC sowie § 1.446-1 (e) Income Tax Regulation sowie 481 IRC.
956 So bereits CCH, US Tax Master Guide, Rz. 1529.
957 Übereinstimmend § 1.446-1 (e) (2) (ii) (b) Income Tax Regulation; North Carolina Granite Corp. vs Commsioner, 43 TC 149 (1964); Decision Inc. vs Commsioner, 47 TC 58 (1966); Conjura, Journal of Taxation, 1997, 5; Gertzmann, Tax-Accouting, 8-4 ff.; Kroschel, Die Federal Income Tax der Vereinigten Staaten von Amerika, 78 ff.; Morgan/Bayles, The Tax Executive, July-August 1997, 298; Seago/Smith, Journal of Taxation, 2002, 339; Sherman, The Tax Adviser, October 1997, 616.
958 Exemplarisch Cochran Hatchery Inc. vs Commissioner, 39 TCM 210 (1979); Barber vs Commsioner, 4 TC 319 (1975); John Wanamaker Philadelphia Inc. vs United

Der Wechsel ist insbesondere geboten bei der Verwendung einer ungeeigneten oder fehlerhaften Ermittlungsmethode in vorausgegangenen Wirtschaftsjahren sowie bei einem Wechsel der wirtschaftlichen Rahmenbedingungen. Anordnen kann der IRS den Wechsel allerdings lediglich in ersterem Fall[959]. Hierbei ist zwischen einer ungeeigneten oder fehlerhaften Gewinnermittlungsmethode, die die systembedingte falsche Behandlung zumindest einer Position voraussetzt, und der bloßen Korrektur eines einmaligen Fehlers, die keine Wechselanordnung rechtfertigt, zu differenzieren[960].

Entsteht bei einem Wechsel infolge von Doppel- bzw. Nichterfassungen bestimmter Positionen ein Übergangsgewinn bzw. -verlust, sind Anpassungen gemäß Section 481 IRC notwendig[961]. Hervorzuheben ist diesbezüglich die Verteilungsvorschrift Section 481 (c) IRC, die Steuerpflichtigen zugute kommt, die freiwillig einen Methodenwechsel beantragen, bevor die Finanzverwaltung einen solchen im Wege einer allgemeinen Steuerprüfung fordert[962].

II. Elemente der Einnahmen-/Überschussrechnungstechnik im US-tax-accounting

Im Folgenden werden die Elemente der Einnahmen-Überschussrechnungstechnik der steuerlichen Ermittlungsmethoden im US-amerikanischen Recht herausgearbeitet, um diese anschließend auf die Reformnotwendigkeiten des § 4 III EStG zu untersuchen.

States, 359 F2d 437 (1966); Brown Helvering, 291 US 204 (1934). Siehe ebenso Rev. Proc. 97-27, 1997-1 CB 687; kritisch Graetz/Schenk, Federal Income Taxation, 833 f.

959 Dies gilt auch dann, wenn der IRS der Auffassung ist, dass eine andere Methode das Einkommen besser darstelle. Vgl. CCH, Tax Accounting, 41 sowie die Ausführungen unter Kapitel E I 4.5.

960 Zutreffend Reusch, Das Bilanzsteuerrecht der Vereinigten Staaten von Amerika, 46 m.w.N.

961 Gertzmann, Tax-Accounting, 8-3, Reusch, Das Bilanzsteuerrecht der Vereinigten Staaten von Amerika, 46 f. mit einer Darstellung der Anpassungsalterantiven gemäß Section 481 (a) und (b) IRC, §§ 1.481-1 bis 1.481-5 sowie Rev. Proc. 97-27, 1997-1 CB 680.

962 Ebensfalls Reusch, Das Bilanzsteuerrecht der Vereinigten Staaten von Amerika, 47.

1. Elemente der Einnahmen-Überschussrechnung in der Cash-Methode

In der deutschen Literatur zum US-amerikanischen Tax-Accounting wird die Cash-Methode häufig mit der Einnahmen-/Überschussrechnung verglichen[963]. Ein solcher Vergleich ist im Grundsatz durchaus gerechtfertigt. Sowohl die Einnahmen-/Überschussrechnung wie die Cash-Methode gemäß Section 446 (c) (1) IRC bedienen sich derselben Grundtechnik: Einnahmen werden Ausgaben nach dem Zu- bzw. Abflussprinzip gegenübergestellt, die Differenz bildet den Gewinn bzw. den Verlust. Beiden Methoden ist die Anknüpfung an den Zahlungsstrom für die Gewinnermittlung gemeinsam. Während sich aber die Einnahmen-/Überschussrechnung in ihrer Grundtechnik ausschließlich auf Zahlungsmittelströme ausrichtet, erfasst die Cash-Methode nach der *doctrine of cash equivalence* auch jene Einkommensbestandteile im Sinne des Section 61 IRC, denen kein Nominalwert zukommt.

Gewinnwirkung kommt bei der Cash-Methode wie auch in der Grundtechnik der Einnahmen-/Überschussrechnung grundsätzlich nur dem tatsächlichen Zu-/Abfluss zu. Forderungen und Verbindlichkeiten haben keine Gewinnwirkung. Während die Einnahmen-/Überschussrechnung aber ausschließlich den Zeitpunkt des tatsächlichen Zu-/Abflusses betrachtet, erfasst die Cash-Methode auf der Einnahmenseite auch Forderungsrechte nicht erst dann, wenn sie sich nicht nur in Zahlungsmitteln, sondern auch in einem entsprechenden Äquivalent konkretisieren. Dies geht zwar nicht soweit, dass es sich um eine Übernahme der Accrual-Methode zugrunde liegenden Gedanken handelt. Dennoch ist eine Abweichung von der ursprünglichen Technik der Einnahmen-/Überschussrechnung derart festzustellen, dass die Cash-Methode in bestimmten Fällen der *doctrine of cash equivalence* sowie im Fall der sog. doctrine of constructive receipt vorgreift. Ebenso verhält es sich mit der *economic benefit doctrine*, die einen Zufluss fingiert, um rechtsmissbräuchlichen Gestaltungen entgegenzuwirken.

Die Ausgabenseite der Cash-Methode stellt im Grundsatz ebenso wie die Grundtechnik der Einnahmen-/Überschussrechnung auf den Zeitpunkt des tatsächlichen Abflusses ab. Dies gilt aber nicht für *capital expenditures*, die grundsätzlich zu einer periodengerechten Abschreibung der Wirtschaftsgüter führen, es sei denn, dass die *one-year-rule greift*. Speziell für langfristige Fertigungsverträge gilt die Percentage-of-Completion-Methode gemäß Section 460 IRC, die zu einer Gewinnwirkung vor

---

963 So Dammann, in Schön, Steuerliche Maßgeblichkeit in Europa und Deutschland, 571 (612); Kadel, IStR 2001, 419 (422); Koschel, Die Federal Income Tax der Vereinigten Staaten von Amerika, 66 f.; Schreiber, in Ballwieser, US-amerikanische Rechnungslegung, 61; Small, IStR 1995, 156 (156); Thiele, Einführung in das US-Amerikanische Steuerrecht, 64.

dem tatsächlichen Zuflusszeitpunkt führt. Ebenso weichen die Regelungen in Sections 461 (g), 461 (i) IRC und §.1461-1 (a) (1) Income Tax Regulations von der Grundtechnik ab, da sie den Periodisierungsgedanken verkörpern.

Im Gegensatz zur Einnahmen-/Überschussrechnung werden die Einnahmen- und Ausgabenseite bei der Cash-Methode nicht kongruent behandelt. Auf der Einnahmenseite wird unter der Modifikation der erfassten Einnahmen grundsätzlich auf den tatsächlichen Zuflusszeitpunkt abgestellt. In Abweichung von der Grundtechnik der Einnahmen-/Überschussrechnung wird teilweise auf einen fingierten Zufluss abgestellt. Zum einen ist dies begründet in der Erfassung jeglichen Einkommens, zum anderen um Rechtsmissbrauch begegnen zu können. Auf der Ausgabenseite hingegen wird nur insoweit auf das Abflussprinzip abgestellt, als dass es sich um Abzüge gemäß Section 162 IRC handelt.

Wie diese Ausführungen zeigen, basiert die Cash-Methode im Wesentlichen auf Elementen der Einnahmen-/Überschussrechnung. Das Zuflussprinzip wird bei der Cash-Methode mit Modifikationen beibehalten. Diese reichen aber nicht soweit, dass man von einer Aufnahme periodisierender Elemente auf der Einnahmenseite der Cash-Methode sprechen kann. Anders ist dies auf der Ausgabenseite. Hier beinhaltet die Cash-Methode zahlreiche periodisierende Elemente, die im Gegensatz zur Grundtechnik der Einnahmen-/Überschussrechnung stehen. Insofern handelt es sich bei der Cash-Methode um eine mit der deutschen Kodifikation in § 4 III EStG vergleichbare Regelung, die zwar auch auf der Grundtechnik der Einnahmen-/Überschussrechnung beruht, diese jedoch auf Grund zahlreicher Abweichungen nicht mehr als Grundsystematik erkennen lässt.

2. *Elemente der Einnahmen-Überschussrechung in der*
    Installment-Sale-Methode und in der Accrual-Methode

Die Elemente der Einnahmen-/Überschussrechnung im US-tax-accounting beschränken sich nicht auf die Cash-Methode. So beinhaltet im Falle des Ratenverkaufs die sog. Installment-Sale-Methode gemäß Section 453 IRC Elemente der Einnahmen-Überschussrechnung, als der Gewinn nicht bei Verkauf, sondern anteilig in den Jahren des tatsächlichen Zahlungszuflusses erfasst wird. Darüber hinaus beinhaltet auch die Accrual-Methode Elemente der Einnahmen-/Überschussrechnung. Die Accrual-Methode ist in ihrem Grundkonzept zwar auf eine Gegenüberstellung von Aufwendungen und Erträgen ausgerichtet, jedoch wird dieses nicht durchgängig beibehalten und teilweise Elemente des Zuflussprinzips, mithin der Einnahmen-/Überschussmethodik, implementiert[964]. Eine Be-

---

964 Siehe Kapitel E I 4.6.2 und 4.6.2.5.

trachtung dieser Elemente im Weiteren der Arbeit unterbleibt jedoch, da nur die Cash-Methode ausreichend Elemente der Einnahmen-/Überschussrechnung für eine Auseinandersetzung mit den Reformmöglichkeiten des § 4 III EStG beinhaltet.

III. Die Cash-Methode im Hinblick auf die deutschen Reformnotwendigkeiten des § 4 III EStG

Die Cash-Methode ist die steuerliche Gewinnermittlungsart im US-amerikanischen Tax-Accounting, die wesentlich Elemente der Einnahmen-/Überschussrechnungstechnik aufnimmt. In Frage steht nun, ob sich aus dieser technischen Umsetzung Anlehnungsmöglichkeiten für eine Reform der in § 4 III EStG kodifizierten Einnahmen-/Überschussrechnung deutschen Steuerrechts ergeben.

1. Anwendungsbereich

Ursprünglich war die Cash-Methode allen Steuerpflichtigen zugänglich. Dies ist seit Einführung des Section 448 IRC des Inkrafttreten des IRC von 1986 nicht mehr der Fall. Grundsätzlich ausgenommen sind gemäß Section 448 (a) IRC *C-Corporations*, Personengesellschaften mit einer *C-Corporation* als Partner oder Verlustzuweisungsgesellschaften (sog. *tax shelter*)[965], soweit nicht eine Ausnahmeregelung gemäß Section 448 (b) IRC greift. Die Ausnahmeregelungen erfassen im Wesentlichen Betriebe der Land- und Forstwirtschaft (sog. *farming businesses*)[966], bestimmte qualifizierte Dienstleistungsgesellschaften (sog. *qualified personal service corporations*)[967] und Unternehmen unabhängig ihrer Rechtsform mit einem jährlichen Bruttoumsatz von nicht mehr als US-$ 5 Millionen (sog. *gross receipts test*)[968].

Weiter wird der Anwendungsbereich der Cash-Methode sachlich eingeschränkt durch die Steuerrichtlinien. § 1.446-1 (c) (2) Income Tax Regulation schreibt grundsätzlich für das Vorratsvermögen die Ermittlungsmethode der Accrual-Methode vor, wenn der Handel mit Wirtschaftsgütern des Vorratsver-

---

965 Verlustzuweisungsgesellschaften sind definiert in Section 448 (d) (3) IRC i.V.m. Section 461 (i) (3) IRC.

966 Vgl. dazu Definition in Section 448 (d) (1) IRC und deren Erläuterung bei CCH, Federal Tax Manual, Rz. 435.

967 Siehe dazu Definition gemäß Section 448 (d) (2) IRC und deren Erläuterung bei CCH, Federal Tax Manual, Rz. 435 sowie Vorwold, StuW 2002, 235 (245).

968 Sieh dazu Section 448 (b) (3) IRC und dessen Erläuterung bei CCH, Federal Tax Manual, Rz. 435.

mögens eine Einkommensquelle des Unternehmens ist[969]. Diese Regelung wurde ab dem Veranlagungsjahr 2000 entschärft. Seitdem erlaubt die Finanzverwaltung die Anwendung der Cash-Methode für den Bereich des Vorratsvermögens, wenn das durchschnittliche Bruttoeinkommen des Steuerpflichtigen in den letzten drei Steuerjahren durchschnittlich weniger als US-$ 1 Million betrug[970]. Der grundsätzliche Ausschluss der Cash-Methode gemäß § 1.446-1 (c) (2) Income Tax Regulation bezieht sich aber ausschließlich auf die Positionen des Vorratsvermögens, darüber hinausgehende Positionen werden nicht erfasst[971].

Greift keine der hier angeführten Ausnahmen, so ist die Cash-Methode unbegrenzt in sachlicher wie persönlicher Hinsicht anwendbar.

Gerechtfertigt werden die Einschränkungen der Cash-Methode mit deren vermeintlichem Missbrauchspotential[972]. Befürchtet wird, dass Steuerpflichtige Einnahmen über das Steuerjahr hinauszögern bzw. Ausgaben vorziehen, um derart legal die Steuerschuld zu senken und den damit einhergehenden Zins- sowie eventuellen Inflationsvorteil zu nutzen[973]. Darin wird ein Verstoß gegen die *clear reflected income doctrine* gesehen, obwohl das Abstellen auf den tatsächlichen Zu-/Abfluss der Cash-Methode grundsätzlich immanent ist. Zudem ist nicht erkennbar, weshalb beispielsweise die Anwendung der Cash-Methode bei einem Unternehmen mit einem jährlichen Bruttoumsatz von weniger als US-$ 5 Millionen das Einkommen klar wiedergibt, bei demselben Unternehmen mit einem jährlichen Bruttoumsatz von mehr als US-$ 5 Millionen nicht.

Im Ergebnis hat der US-amerikanische Normgeber eine rein fiskalpolitische Entscheidung gefällt, in welchem Maße er die Anwendung der Cash-Methode toleriert.

Im Hinblick auf eine aus deutscher Perspektive notwendige Auseinandersetzung mit verfassungsrechtlichen Bedenken hinsichtlich der Festlegung der Ausschlussgrenzen der Cash-Methode sind keine entsprechenden Erörterungen dieser Problematik ersichtlich[974].

---

969 Siehe Kapitel E I 4.6.2.
970 IRS Publication 553 (Rev. January 2001) unter www.irs.gov.
971 Siehe Kapitel E I 4.6.2.
972 So bereits Witner/See, Taxes, April 2006, 65 (68).
973 Allen vs United States, 541 F2d 786 (9th Cir. 1996): *„As those familiar with the tax law will attest, the year in which a deduction may be taken is often as hotly contested as wether the deduction may be taken at all".* Ebenso McNulty, Federal Income Taxation of Individuals, § 62; Vorwold, Wpg 2002, 499 (500).
974 Vgl. die Darstellung des Anwendungsbereichs der Cash-Methode bei Gertzmann, Tax Accounting, 3-48 ff.

2. Grundprinzip der Einnahmen-/Überschussrechnung

Die Cash-Methode enthält Elemente der Grundtechnik Einnahmen-/Überschussrechnung, modifiziert diese aber unterschiedlich stark auf der Einnahmen- bzw. Ausgabenseite[975]. Auf der Einnahmenseite begründen sich die Abweichungen im Wesentlichen durch die Art des von der Cash-Methode erfassten Einkommens im Sinne des Section 61 IRC und der Verhinderung rechtsmissbräuchlicher Gestaltungen. Auf der Ausgabenseite sind die Modifikationen durch die allgemeinen Regelungen der Section 162 und 263 IRC bedingt. Einerseits werden Ausgaben trotz unmittelbarem Abfluss periodisiert, andererseits unmittelbar mit tatsächlichem Abfluss abgezogen. Die *one year rule* reduziert zwar die Modifikationen vom Abflussprinzip auf der Ausgabenseite, vermag es aber nicht, den Modifikationen Ausnahmecharakter zuzuweisen. Einnahmen- und Ausgabenseite der Cash-Methode sind zudem inkongruent ausgestaltet, so daß beide Seiten in unterschiedlicher Art und Weise von der Grundtechnik der Einnahmen-Überschussrechnung abweichen.

Ein Gesamtprinzip der Cash-Methode ist somit nicht erkennbar. Einem solchen kommt im Gegensatz zur Diskussion in der deutschen Literatur nach US-amerikanischer Auffassung auch keine Bedeutung zu. Vielmehr wird die Aufgabe des Steuerrechts und damit auch der steuerrechtlichen Gewinnermittlung in der Gewährleistung einer möglichst optimalen staatlichen Finanzierung gesehen und dieser unbedingter Vorzug eingeräumt[976]. Hier, und das ist nachdrücklich zu betonen, liegt der Schwerpunkt dieser Ausrichtung: Die Cash-Methode zeichnet sich zeichnet sich durch ihre praxisorientierte Zielsetzung aus. Diese liegt in der Sicherung der staatlichen Finanzierung, die zum alleinigen Grundsatz erhoben wird. Eine abstrakte Diskussion über ein – fehlendes – Gesamtprinzip der Cash-Methode findet nicht statt. Dies gilt über die Cash-Methode hinaus generell für die Ermittlungsarten des US-amerikanischen Tax-Accountings.

3. Begrifflichkeiten der Cash-Methode

Die Begrifflichkeiten der Cash-Methode stimmen insoweit mit der Grundtechnik der Einnahmen/Überschussrechnung überein, als dass das Zu-/ Abflussprinzip deren systematischer Bestandteil ist. Zwar existieren keine § 11 I Satz 5, II Satz 4 EStG vergleichbaren Regelungen im US-amerikanischen Steuerrecht, jedoch ergibt sich die Begriffsimmanz aus der notwendigen Abgrenzung zur Accrual-

---

975 Siehe Kapitel E I 4.6.1.
976 Thor Power Tool Co. vs Commissioner, 439 US 522 (1979).

Methode, die auf einer Gewinn- und Verlustrechnung basiert. Lehnt man die Begriffsimmanenz des Zu-/Abflussprinzips bei den Begrifflichkeiten der Cash-Methode ab, so ist der grundsätzliche Unterschied zwischen Gegenüberstellung von Erträgen und Aufwendungen bzw. Einnahmen und Ausgaben und damit zwischen den beiden Ermittlungsmethoden aufgehoben.

Die Begrifflichkeiten der Cash-Methode weichen allerdings insofern von denen der Grundtechnik der Einnahmen-/Überschussrechnung ab, als die Cash-Methode gemäß § 1.446 (c) (i) Income Tax Regulation jegliche Einkommenszuflüsse bzw. -abflüsse erfasst. Die jeweilige Form des Einkommens ist für den Zufluss unbeachtlich. Ausdrücklich betont § 1.446 (c) (i) Income Tax Regulations, dass *„all items which constitute gross income (whether in the form of cash, property, or services)"* einzubeziehen sind. Im Unterschied zu den Begrifflichkeiten der Grundtechnik der Einnahmen-/Überschussrechnung löst sich die Cash-Methode also von der Zahlungsmittelanknüpfung. Geldwerte Zuflüsse stehen zu denen in Geld in einem gleichrangigen Verhältnis.

Zurückzuführen ist der umfassende Einbezug auf das US-amerikanische Einkommensverständnis, welches sowohl Elemente der Quellentheorie wie auch der Haig-Simons-Theorie verbindet. Entscheidend ist dabei, dass beide Theorien in einem Einkommensbegriff vereint werden, ohne dass es zu getrennten Ermittlungsarten kommt. Eine Konsequenz dieses fehlenden Einkünftedualismus ist, dass es keiner spezifizierten Begriffsfassung zur Abgrenzung nur betrieblich veranlasster Vermögensmehrungen bedarf. Die Cash-Methode findet insoweit grundsätzliche Anwendung auf „Gewinneinkünfte" wie „Überschusseinkünfte" im Sinne des § 2 II EStG. Insofern bedarf es bei der Cash-Methode auch keines Rückgriffs auf das „Veranlassungsprinzip".

Mittels der subtraktiven Konzeption des US-amerikanischen Einkommensbegriffs, der zunächst alle Einkünfte erfasst, die dann teilweise wieder ausgegrenzt werden, stellen sich der Grundtechnik der Einnahmen-/Überschussrechnung immanenten Zweifelsfragen auf der Ebene der Begrifflichkeiten nicht. Insbesondere stellt sich nicht die Frage nach der wirtschaftlichen Endgültigkeit eines Zu-/Abflusses. Indem die Cash-Methode nämlich den Betriebseinnahmen keine Betriebsausgaben gegenüberstellt, sondern Bruttoeinkommenszuflüsse den Bruttoeinkommensabflüssen, lösen sich solche Fragen im US-amerikanischen Steuerrecht bereits auf der Ebene der Einkommensbestimmung[977].

Im Gegensatz zur ursprünglichen Überlegung bei den Reformnotwendigkeiten der Einnahmen-/Überschussrechnung, die Begriffe Betriebseinnahme/-ausgabe normativ derart zu präzisieren, dass sich aus den Begriffen selbst die Lösung von Zweifelsfragen ableiten lässt, ist nach der Untersuchung des US-Tax-Accounting

---

977 Kapitel E I 2; III 4.1.

auch eine Begriffserweiterung miteinzubeziehen. Inwieweit das mit einer Änderung des deutschen Einkommensverständnisses und einer Abschaffung des Einkünftedualismus einherginge, wird an anderer Stelle erörtert[978].

Nachdrücklich zu betonen ist, dass die weite Begriffsfassung der Cash-Methode nicht nur komplexe Sachverhalte zu erfassen vermag, sondern auch – bezogen auf die Begriffsfassung – eine übersichtliche Sachverhaltserfassung gewährleistet.

4. Überprüfungsmaßstäbe eines Grundprinzips bzw. präzisierter Begrifflichkeiten

Die Möglichkeiten der US-amerikanischen Begriffsfassung sollen sich in den – vorliegend als Maßstab – ausgewählten Sachverhalten zeigen. Mangels feststellbaren Gesamtprinzips der Cash-Methode spielt ein diesbezüglicher Überprüfungsmaßstab folgend keine Rolle.

4.1 Maßstab Darlehen

4.1.1 Die Qualifikation des Darlehens im US-amerikanischen Tax-Accounting

Nicht die Begrifflichkeiten entscheiden über die Behandlung eines Darlehens in der Cash-Methode, sondern die Frage nach seiner Qualifikation als Bruttoeinkommen. Im Ergebnis sind Darlehen nach US-amerikanischem Verständnis kein Bruttoeinkommen. Dies findet sich zwar an keiner Stelle so kodifiziert[979], ergibt sich aber aus dem US-amerikanischen Steuerrecht zugrunde liegenden Einkommensverständnis[980]. Danach werden lediglich Zuwächse des Nettovermögens als Bruttoeinkommen verstanden. Da aber Darlehensvergaben mit der Verpflichtung zur Rückzahlung in gleicher Höhe einhergehen, verrechnet sich der tatsächliche Geldzufluss wirtschaftlich mit der Verpflichtung zur Rückzahlung. Diese Verpflichtung steht aber einem Zuwachs des Nettovermögens und damit einer Qualifikation von Darlehen als Bruttoeinkommen entgegen. Gleichermaßen reduzieren

---

978   Siehe Kapitel F I 1.
979   § 1.7872-2. Income Tax Regulation beinhaltet zwar eine Definition des Darlehensbegriffs, dies bezieht sich aber ausdrücklich nur auf die Behandlung von Zinsen unter Zinsmarktniveau. Siehe auch Secion 7872 IRC.
980   Zutreffend Bankmann/Griffith/Pratt, Federal Income Tax, Kapitel 2 H; Burke/Friel, Understanding Federal Income Taxation, 3-33; Schreiber, in Ballwieser, US-amerikanische Rechnungslegung, 59. In diesem Sinne auch Kroschel, Die Federal Income Tax der Vereinigten Staaten von Amerika, 72.

Darlehensrückzahlungen nicht das Bruttoeinkommen des Steuerpflichtigen, da es sich hierbei lediglich um die tatsächliche Erfüllung der Verpflichtung handelt. Beim Darlehensgeber tritt entsprechend keine Minderung des Nettovermögens ein, da er als Surrogat für den Kapitalabfluss die Darlehensforderung erhält bzw. sich die Rückzahlung als Wiederbeschaffung seines Kapitals darstellt[981]. Anders stellt sich der Sachverhalt dar, wenn die Rückzahlung durch einen Dritten erfolgt, da dies zu einer Erhöhung des Nettovermögens des Darlehensnehmers führt und somit zu Bruttoeinkommen[982].

Einem nie gänzlich auszuschließenden Ausfallrisiko kommt hinsichtlich der Bewertung von Darlehensforderungen keine Bedeutung zu, da dieses bereits im Zinssatz des Darlehensgeschäfts beinhaltet ist. Insoweit verrechnet sich nämlich das Ausfallrisiko wirtschaftlich mit dem äquivalent höheren Zinssatz. Daher läßt sich nicht argumentieren, dass einer Darlehensforderung ein geringerer Wert als dem tatsächlichen Innehaben von Zahlungsmitteln zukomme, verringere bzw. erhöhe sich das Nettovermögen des Steuerpflichtigen bei Darlehensgeschäften und dementsprechend sei eine Auswirkung auf das Bruttoeinkommen gegeben. Denn das potentielle Wertverlustrisiko durch Forderungsausfall spiegelt sich im Zinssatz wider und läßt den grundsätzlichen Nettovermögenswert unberührt.

Kommt es hingegen tatsächlich zu einem dauerhaften Verbleib der Darlehensvaluta beim Schuldner, ist das Nettovermögen berührt. Das entsprechend neutralisierende Element der Darlehensrückforderung entfällt in diesem Fall, so daß dem in der Vergangenheit erfolgten Zahlungsfluss dann Einkommensqualität zuzusprechen ist. Gleiches gilt entsprechend für den teilweisen Forderungsausfall.

Die Zinsen erhöhen bzw. reduzieren das jeweilige Nettovermögen und sind dementsprechend Bruttoeinkommen und stellen steuerbares Einkommen dar[983].

4.1.2 Lösung auf Tatbestandsebene

Die fehlende Gewinnwirkung der reinen Darlehenhingabe/ -rückzahlung ohne Zinsberücksichtigung löst das US-amerikanische Steuerrecht auf der Tatbe-

981 Sog. *return of capital doctrine*. Dazu Ballwieser, US-amerikanische Rechnungslegung, 49 (59 m.w.N.), Bankmann/Griffith/Pratt, Federal Income Tax, 2-117 f.; Burke/ Friel, Understanding Federal Income Taxation, 3-33 ff.; Chirelstein, Federal Income Taxation, 3-51; Dammann, in Schön, Steuerliche Maßgeblichkeit in Deutschland und Europa, 650; Thiele, RIW 1997, 586 (589).

982 Old Colony Trust Company vs Commissioner, 279 US 719 (1929).

983 In diesem Sinne Bankmann/Griffith/Pratt, Federal Income Tax, Kapitel 2 H; Burke/ Friel, Understanding Federal Income Taxation, Kapitel 22; Dammann, in Schön, Steuerliche Maßgeblichkeit in Deutschland und Europa, 650; Gertzmann, Tax Accouting, 3-37 ff.; McNulty, Federal Income Taxation of Individuals, § 45; Rose/ Chommie, Federal Income Taxation, § 4.03.

standsebene der Cash-Methode. Mangels Bruttoeinkommensqualität wird das „reine" Darlehensgeschäft nicht gewinnwirksam behandelt. Das ist insoweit schlüssig. Die Argumentation des Nichteinbezugs von Darlehensforderungen in den Bruttoeinkommensbegriff und damit in die Cash-Methode überzeugt auch insoweit, da sich die Nichtberücksichtigung der Darlehensvaluta allein aus den Begrifflichkeiten der Cash-Methode auf Tatbestandsebene herleiten lässt, ohne dass das US-Steuerrecht auf einen Totalgewinnidentitäts- bzw. Periodengewinnidentitätsgrundsatz zwischen den einzelnen Ermittlungsmethoden zurückgreifen muss.

4.1.3 Schlüssigkeitsprüfung der Darlehensbehandlung

Zur Schlüssigkeitsprüfung der Darlehensbehandlung ist ein Vergleich zur Qualifikation von sog. illegalem Einkommen zu ziehen. Illegal, mithin rechtsgrundlos erworbenes Vermögen, ist nämlich ein Bestandteil des US-amerikanischen Bruttoeinkommens, obwohl dies vielmehr noch als eine Darlehenshingabe mit einem unbedingten und sofortigen Rückgabeanspruch einhergeht. Damit stellt sich auch hier die Frage nach einer systematisch schlüssigen Begründung des Ergebnisses, die im deutschen Recht als ein Kontrollmaßstab einer zu reformierenden Einnahmen-/Überschussrechnung aufgeworfen wurde[984].

4.1.3.1 Schlüssigkeitsprüfung auf der Einkommensebene

In einer früheren Entscheidung vertrat der Supreme Court die Auffassung, dass es sich mit selbiger Argumentation wie beim Darlehen bei unterschlagenem Geld um kein Bruttoeinkommen im Sinne des Section 61 IRC handele[985]. In einer folgenden Entscheidung sah das Gericht hingegen Einkünfte aus einer Erpressung als Bruttoeinkommen an. Begründet wurde dies mit dem – sicherlich stark ergebnisorientierten – Argument, dass die Durchsetzung der Rückforderung eines Erpressungsopfers weniger wahrscheinlich sei als die bei einem Unterschlagungsopfer[986]. Letztlich entschied sich der Supreme Court aber gegen die Abhängigkeit der Einkommensqualifikation von Abstufungen krimineller Handlungen und befand in der Entscheidung *James vs United States* in Bezugnahme auf das Urteil *Commissioner vs Glenshaw Glass*[987], dass die Bezeichnung in Section 61 IRC „*all income from whatever source derived*" jegliche realisierte Wertsteigerungen, über die der Steuerpflichtige eine totale Verfügungsgewalt

---

984 Siehe Kapitel C II 4.1.
985 Commissioner vs Wilcox, 327 US 404 (1946).
986 Rutkin vsUnited States, 363 US 130 (1952).
987 Commissioner vs Glenshaw Glass, 348 US 426 (1955) – siehe auch Kapitel E I. 2.1.

hat, umfasse[988]. Dies gelte für legale wie illegale Verdienste, die der Steuerpflichtige ohne die übereinstimmende Abrede einer Rückzahlungsverpflichtung und ohne die dauerhafte Beschränkung der Verfügungsmacht erhalten habe. Unbeachtlich sei, ob der Steuerpflichtig zu einer späteren Rückzahlung gesetzmäßig verpflichtet werden könne[989].

Während die Darlehensvaluta nur zeitweise in das Vermögen eines anderen fließt und sich beide Parteien über den Rückfluss einig sind[990], erfolgt der Vermögensfluss bei rechtsgrundlosen Geschäften mit der einseitigen Erwartung des dauerhaften Verbleibs. Der Steuerpflichtige ist zudem hinsichtlich der Verfügungsmacht der Darlehensvaluta zeitlich beschränkt, da er diese nach einer bestimmten Zeit wieder zurückführen muss. Rechtsgrundlos erworbenes Vermögen unterliegt hingegen keiner bedingten Verfügungsmacht, da der Erwerbende bereits im Erwerbzeitpunkt die Rechtsordnung missachtet und somit offenkundig zeigt, dass das zugeflossene Vermögen tatsächlich keiner Verfügungsbeschränkung unterliegt. Insofern mangelt es hier auch an dem übereinstimmenden Willenselement zur Rückführung, und so unterscheiden sich mit dieser Argumentation beide Fälle in der Betrachtung ihres wirtschaftlichen Erfolges.

Die fehlende Gewinnbehandlung der reinen Darlehenhingabe/-rückzahlung ohne Zinsberücksichtigung löst das US-amerikanische Steuerrecht mithin schlüssig. Mangels Bruttoeinkommensqualität wird das „reine" Darlehensgeschäft nicht gewinnwirksam behandelt. Ebenso schlüssig ist auch der Einbezug rechtgsgrundlosen Vermögens in die Gewinnermittlung der Cash-Methode. Dieses ist nämlich Bruttoeinkommen und somit unter der Tatbestand der Cash-Methode subsumierbar[991].

4.1.3.2 Schlüssigkeitsprüfung auf der Ebene der Grundtechik der Einnahmen-/Überschussrechnung

An diese Überlegungen anschließend, ist die Frage zu stellen, ob sich die auf der Einkommensebene in sich schlüssige Begründung systematisch mit der Grundtechnik der Einnahmen-/Überschussrechnung vereinbaren lässt. Hier ist festzu-

---

988 James vs United States, 366 US 213 (1961).
989 James vs United States, 366 US 213, 219 (1961): "When a taxpayer acquires earnings, lawfully or unlawfully, without the consensual recognition, express or implied, of an obligation to repay and without restriction as to their diposition, he has received income which he is required to return, even though he may still be adjudged liable to restore its equivalent".
990 So auch § 1.7872.2. Income Tax Regulation.
991 Zur Frage der Abzugsfähigkeit von illegal erworbenem Vermögen bei dessen Rückerstattung siehe Burke/Friel Understanding Federal Income Taxation, 3-37 f.; Gertzmann, Tax Accouting, 12-21 f.

stellen, dass die der Grundtechnik der Einnahmen-/Überschussrechnung immanente einfache Ermittlungstechnik sich gerade durch die Unabhängigkeit von neutralisierenden „Gegenbuchungen" auszeichnet. Die Entwicklung des Nettovermögens wird durch die einfache Betrachtung des Vermögenszu-/-abflusses erfolgswirksam ermittelt, ohne dass der Ansatz des Gegenwertes Berücksichtigung findet, was eine vermögensumschichtende und erfolgsneutralisierende Buchung erübrigt.

Zwar knüpft die Cash-Methode nur mittelbar an die Vermögensumschichtung an, im Ergebnis führt dies aber zu keinem Unterschied. Die Anbindung der Grundtechnik der Einnahmen-/Überschussrechnung an den Zahlungsmittelzu-/-abfluss widerspricht auch einer nur mittelbaren Betrachtung eines nicht zugeflossenen Gegenwertes. Auch wenn dieser nur über den Begriff Bruttoeinkommen in die Cash-Methode implementiert wird, so verliert sich darin der Unterschied zur Technik der Gewinn- und Verlustrechnung.

Im US-amerikanischen Steuerrecht erklärt sich dieser Einbezug insofern, als der Cash-Methode als Bestandteil des Tax-Accounting allein die Funktion der zeitlichen Festlegung des Einkommenserfassung zukommt (sog timing of income)[992]. Nach US-amerikanischem Verständnis liegt allen Ermittlungsarten derselbe Einkommensbegriff zugrunde, so daß sich deren Unterschiede nur in der zeitlichen Erfassung des Einkommens wiedergeben. Insoweit wäre eine Reform der Einnahmen-/Überschussrechnung nach Vorbild der Cash-Methode mit der Frage einer Reform des Einkünftedualismus verbunden.

4.1.4 Resümee

Festzuhalten bleibt, dass sich die mit den Begriffen der Betriebseinnahmen/-ausgaben gemäß § 4 III EStG immanenten Zweifelsfragen bei der Cash-Methode nicht auf derselben Ebene stellen, sondern vorgelagert bei der Bestimmung des Bruttoeinkommens behandelt werden. Im amerikanischen Steuersystem gelingt dies schlüssig, wenn auch in Abweichung von der Grundtechnik der Einnahmen-/Überschussrechnung. Die Technik der Hereinnahme neutralisierender Gegenbuchungen ist mit den deutschen Ansätzen vergleichbar, die eine wirtschaftlich begründete Gegenbuchung bereits auf Tatbestandsebene der Betriebseinnahmen/-ausgaben vornehmen und so die Gewinnwirksamkeit von Darlehensmittelflüssen negieren.

Entscheidender Unterschied ist, dass die Cash-Methode ohne die – im Ergebnis nicht überzeugende – Herleitung aus Gründen der Totalgewinnidentität oder Periodengerechtigkeit auskommt.

---

992 Statt vieler Gertzmann, Tax Accounting, 1-1 f.

4.2 Maßstab Tausch

Folgend wird die Behandlung des Tausches in der Cash-Methode untersucht.

4.2.1 Die Qualifikation des Tausches im US-amerikanischen Tax-Accounting

Unabhängig von der Gewinnermittlungsart gilt für den Tausch die generelle Regelung des Section 1001 IRC. Danach wird bei Tauschgeschäften ein Gewinn oder ein Verlust in Höhe der Differenz zwischen dem Buchwert und dem Marktpreis[993] des Tauschgegenstandes im Zeitpunkt der Übertragung realisiert. Werden allerdings Güter „*for productive use in trade or business or of investments*" gemäß Section 1031 (a)(1) IRC ausschließlich gegen gleichartige Wirtschaftsgüter derselben Zwecksetzung (sog. *like-kind property*) getauscht, wird ein potentieller Gewinn oder Verlust nicht unmittelbar erfasst. Eine Besteuerung wird durch die Übertragung des Buchwerts des hingegebenen Wirtschaftsgutes auf das empfangene Wirtschaftsgut aufgeschoben. Erst eine Veräußerung oder ein Tausch gegen Wirtschaftsgüter anderer Zwecksetzung löst eine Besteuerung aus[994].

4.2.2 Resümee

Für die Zielsetzung dieser Arbeit ist festzuhalten, dass die Cash-Methode auf Grund ihrer Begrifflichkeiten, die von einer reinen Anbindung an Zahlungsmittel losgelöst sind, das Tauschgeschäft ohne Schwierigkeiten zu lösen vermag. Einer Fiktion von Zahlungsmittelflüssen wie im deutschen Recht bedarf es daher nicht. Zudem gibt Section 1001 IRC die grundsätzlichen Koordinaten für die Wert- bzw. Gewinnermittlung beim Tausch vor[995].

---

993 Der *fair market value* ist in Section 20.2031-1(b) Estate Tax Regulations definiert als "*the price at which property would change hands between a willing buyer and a willing seller, neither being under any compulsion to buy or to sell and both having reasonable knowledge of relevant facts*".

994 Vgl. Bittker/Lokken, Federal Taxation of Income, Estates, and Gifts, 44-4, 44-17 f, Burke/Friel, Understanding Federal Income Taxation, 47 ff.; Ditz, IStR 2001, 22 (26); Koschel, Die Federal Income Tax der Vereinigten Staaten von Amerika, 231 f, Reusch, Das Bilanzsteuerrecht der Vereinigten Staaten von Amerika, 103 f.; Schreiber in Ballwieser, US-amerikanische Rechnungslegung, 49 (71 f.). Zum Motiv des gesetzlichen Besteuerungsaufschubs Electric Co. vs Commisioner, 192 F2d 159 (8th Cir 1951).

995 Section 1032 IRC ist eine Besonderheit des amerikanischen Steuerrechts, die hier keiner weiteren Erörterung bedarf. Dazu Reusch, Das Bilanzsteuerrecht der Vereinigten Staaten von Amerika, 103 ff. m.w.N.

5. Wechsel von Wirtschaftsgütern des Anlagevermögens in das Umlaufvermögen und umgekehrt

Die Frage des Wechsels von Wirtschaftsgütern des Anlagevermögens in das Umlaufvermögen und umgekehrt stellt sich im US-amerikanischen Tax-Accounting auf Grund der an das jeweilige Wirtschaftsgut gebundenen Abschreibungsregeln nicht.

6. Volatilität der Bemessungsgrundlage

Folgend wird das Problem der Volatilität der Bemessungsgrundlage im US-amerikanischen Tax-Accounting untersucht.

6.1 Fiskalische Planbarkeit und Gefahren der Manipulationsanfälligkeit der Bemessungsgrundlage

Durch die technische Anbindung der Einnahmen-/Überschussrechnung an das Zu-/Abflussprinzip stellt sich die diesem immanente Problematik der Volatilität der Bemessungsgrundlage auch bei der Cash-Methode. Diese allerdings nur insoweit, wie die Cash-Methode überhaupt anwendbar ist und in ihrem Anwendungsbereich das Zu-/ Abflussprinzip umsetzt. Das US-amerikanische Steuerrecht begegnet dieser Problematik, indem es entweder den Anwendungsbereich der Cash-Methode in persönlicher wie sachlicher Hinsicht (Section 448 IRC, § 1.446-1 (c) (2) Income Tax Regulation) einschränkt oder auf Ebene der Cash-Methode das Zu-/ Abflussprinzip entsprechend modifiziert (beispielsweise gemäß Sections 263, 461 (i) IRC oder §.1461-1 (a) (1) Income Tax Regulations). Die entsprechenden Modifikationen enthalten die Aufnahme periodisierender Elemente, so daß insbesondere dem tatsächlichen Zahlungsabfluss die Zufälligkeit genommen wird und dies zu einer Glättung der Periodengewinne führt. So ergibt sich eine bessere fiskalische Planbarkeit und reduzierte Manipulationsanfälligkeit der Bemessungsgrundlage. Derart wird die Problematik zwar nicht gelöst, aber auf ein vom US-amerikanischen Gesetzgeber toleriertes Niveau gesenkt. Wo dieses anzusetzen ist, obliegt der jeweiligen gesetzgeberischen Entscheidung.

6.2 Verlustnutzungsmöglichkeiten

Für den Steuerpflichtigen stellt sich im Zusammenhang mit der Volatilität die Frage nach den Verlustnutzungsmöglichkeiten. Im US-amerikanischen Steuerecht gilt unabhängig der Gewinnermittlungsmethode der Grundsatz gemäß Section 165 (a)

IRC, dass eine Verrechnung mit jeglichen vertretbaren Verlusten zulässig ist. Dieser Grundsatz wird eingeschränkt durch Regelungen, die einer gezielten Nutzung von Verlustgestaltungen entgegenwirken[996].

6.2.1 Net-Operating-Losses

Übersteigt ein zulässiger Verlust den Gewinn eines Wirtschaftsjahres, entsteht ein sog. *net operating loss* gemäß Section 172 (c) IRC. Dieser kann gemäß Section 172 (b)(1)(A) IRC bis zur Höhe des zu versteuernden Einkommens der Vor- oder Rücktragsperiode auf die vorangegangenen zwei Wirtschaftsjahre zurückgetragen und auf die folgenden 20 Wirtschaftsjahre vorgetragen werden, sofern auch hier keine speziellen Vorschriften[997] Abweichungen beinhalten. Übersteigt der zurückgetragene Verlust das steuerpflichtige Einkommen dieses Jahres, wird der verbleibende Verlust in dem unmittelbar nachfolgenden Jahr abgezogen. Dies wiederholt sich dann in der zeitlichen Grenze bis zum vollständigen Verlustaufzehr, wobei mehrere, auf dasselbe Wirtschaftsjahr vor- oder zurückgetragene *net operating losses* kumuliert werden[998]. Der Steuerpflichtige hat gemäß Section 172 (b) (3) IRC auch ein Wahlrecht, auf den Verlustrücktrag zu verzichten und die entstandenen Verluste umgehend auf die folgenden Wirtschaftsjahre vorzutragen[999].

6.2.2 Capital-Losses

Weitere Besonderheiten ergeben sich für Verluste, die durch die Veräußerung oder den Tausch[1000] eines sog. *capital assets* im Sinne des Section 1221 IRC entstehen (sog. *capital losses*)[1001]. Hier ist gemäß Section 1222 IRC zwischen kurzfristigen (*short-term*) und langfristigen (*long-term*) Veräußerungs- bzw. Tauschergebnissen zu unterscheiden. Die Unterscheidung führt im ersten Schritt

---

996 Beispielsweise das Prinzip der substance over form, vgl. dazu §§ 1.165-1(b), 1.165-1(d) (1) Income tax Regulations oder die Sections 465 und 469 IRC, die der Bekämpfung von Verlustzuweisungsgesellcahften dienen. Zu den Ausnahmen im Überblick Reusch, Das Bilanzsteuerrecht der Vereinigten Staaten von Amerika, 74 f.

997 Siehe Sections 172 (b)(1)(B) bis (G) IRC.

998 Siehe § 1.172-4(b) Income Tax Regulations.

999 Dazu Bankmann/Griffith/Pratt, Federal Income Tax, 100; Burke/Friel, Understanding Federal Income Taxation, 30-463 ff.; Schreiber, in Ballwieser, US-amerikanische Rechnungslegung, 56; Reusch, Das Bilanzsteuerecht der Vereinigten Staaten von Amerika, 76 f.

1000 Siehe dazu Raby/Raby, Tax Notes, 1998, 749 (749 ff.).

1001 Vgl. Section 1001 (a) IRC. Zur Bestimmung der capital assets gemäß Section 1221 IRC siehe Bittker/Lokken, Federal Taxation of Income, Estates, and Gifts, 50-16

---

zu einer Verrechnung der jeweiligen kurzfristigen bzw. langfristigen Veräuße-
rungs- bzw. Tauschgewinne eines Wirtschaftsjahres mit den entsprechenden
Verlusten[1002]. Die Ergebnisse werden in einem zweiten Schritt gegeneinander
aufgerechnet. Ein verbleibender Verlust kann dann gemäß Section 1211 (b) IRC
bis zu US-$ 3.000 mit sog. ordinary income, also nicht von Section 1221 IRC
erfasstem Einkommen ausgeglichen werden. Darüber hinausgehende Verluste
können gemäß Section 1212 (b) IRC lediglich von sog. capital gains anderer
Wirtschaftsjahre abgezogen werden, wobei in diesem Fall ein unbegrenzter Verlustvortrag möglich ist. Dieser Verlustvortrag ist wiederum nur mit Verlusten aus
sog. short-term oder long-term capital gains verrechenbar. Die Verluste müssen mit
dem entsprechend vorhandenem Gewinn eines Wirtschaftsjahrs vollständig aufgerechnet werden, wobei zuerst die Verrechnung mit sog. short-term losses fingiert
wird. Daneben ist gemäß Section 1212 (c) IRC unter den speziellen Voraussetzungen des Section 1256 IRC ein Verlustrücktrag von drei Jahren zulässig[1003].

6.2.3 Resümee

Anhand dieses Überblicks[1004] über die steuerlichen Verlustverrechnungsvor-
schriften im US-amerikanischen Recht bleibt festzustellen, dass die Verlustnutzung im US-amerikanischen Steuerrecht zeitlich und sachlich vertikal begrenzt
möglich ist. Horizontal besteht betragsmäßig eine unbegrenzte Möglichkeit der
Verlustverrechnung.

Für die hier angestellten Überlegungen ist festzuhalten, dass das US-amerikanische Steuerrecht insoweit keine tragfähigen Regelungen beinhaltet. Die aus
Sicht der Steuerpflichtigen bestehende Problematik einer volatilen Bemessungsgrundlage stellt sich weiterhin, da in Perioden mit realwirtschaftlichen und weit
überdurchschnittlichen Gewinnen diese sofort in voller Höhe mit dem gegebenenfalls progressiveren Tarif besteuert werden, während für Verlustperioden nur

---

1002   Sog. net short-term capital gain gemäß Section 1222 (5) IRC bzw. loss gemäß
        Section 1222 (6) IRC und net long-term capital gain gemäß Section 1222 (7) IRC
        bzw. loss gemäß Section 1222 (8) IRC.

1003   Weitere Besonderheiten gelten für Kapitalgesellschaften, die grundsätzlich strenge-
        ren Verlustnutzungsmöglichkeiten unterworfen sind (Section 1211 (a) IRC i.V.m.
        Section 1222 (a) IRC). Hervorzuheben ist hierbei, dass Kapitalgesellschaften ein
        Ausgleich von *capital losses* bis zu einer Höhe von US-$ 3.000 verwehrt ist und
        somit nur ein Ausgleich mit sog. capital gains in Betracht kommt. Daneben sei
        noch auf die zeitliche Befristung des Verlustrücktrages auf drei bzw. -vortrags auf
        fünf Jahre hingewiesen. Spezielle Sonderregeln enthält zudem Section 1231 IRC.

1004   Aufgrund der Themenstellung soll nur ein Überblick über die steuerlichen Verlust-
        verrechnungsvorschriften gewährt werden, vertiefend Reusch, Das Bilanzsteuer-
        recht, 74 ff.

eine eingeschränkte Nutzungsmöglichkeit besteht. Diese Einschränkungen sind weniger gravierend als im deutschen Steuerrecht, sind aber im Ergebnis auf Grund ihrer zeitlichen Begrenzung immer noch zu restriktiv. Die Problematik eines Zinsnachteils auf Grund der zeitlich verzögerten steuerlichen Verlustberücksichtigung bleibt auch hier bestehen.

Das Ergebnis ist, dass die US-amerikanischen Regelungen die Problematik einer Volatilität der Bemessungsgrundlage bei der Cash-Methode aus Perspektive des Fiskus durch die Aufnahme zahlreicher periodisierender Elemente in die Cash-Methode auf ein tolerierbares Maß zurückführen. Aus Sicht der Steuerpflichtigen bleibt die Problematik auf Grund der eingeschränkten Verlustnutzungsmöglichkeit bestehen.

7. Teilwertabschreibungen

Teilwertabschreibungen im Sinne des § 6 I Nr. 1 und 2 EStG sind dem US-amerikanischem Steuerrecht fremd[1005]. Wertverluste werden grundsätzlich gemäß Section 165 (a) IRC erst im Realisationszeitpunkt steuerlich erfasst. Voraussetzung ist gemäß § 1.165-1 (b) Income Tax Regulations, dass der Verlust durch *„closed und completed transactions, fixed by identifiable events"* nachgewiesen ist[1006]. Ausnahmen gelten für vollständig wertlose gewordene Wertpapiere, der Vorratsbewertung nach der *lower of cost or market-method* und für teilweise Wertverluste auf Grund höherer Gewalt[1007].

Eine Betrachtung des US-amerikanischen Steuerrechts im Hinblick auf die deutschen Reformüberlegungen zu Teilwertabschreibungen in der Einnahmen-/Überschussrechnung ist somit nicht möglich.

8. Aufzeichnungspflichten und Standardisierung

Obwohl Section 441 und Section 446 IRC voraussetzen, dass der Steuerpflichtige die Berechnung seines steuerbaren Einkommens für das Steuerjahr und der zugrunde gelegten Ermittlungsmethode auf der Basis seiner Bücher vornimmt, die er zur Berechnung seines Einkommens benutzt, setzen diese Vorschriften nicht ausdrücklich eine bestimmte Buchführung oder Aufzeichnungen voraus. Dies

---

1005 So auch Kroschel, RIW 2000, 286 (289); Reusch, Das Bilanzsteuerrecht der Vereinigten Staaten von Amerika, 173.
1006 Dazu Burke/Friel, Understanding Federal Income Taxation, Kapitel 15 B.
1007 Vgl. § 1.165-2, § 1.167 (a)-(8)(a)(3) Income Tax Regulations.

normieren Section 6001 IRC und § 1.6001-1(a) Income Tax Regulation in grundsätzlicher Art. Eine genaue Aufzeichnungsform ist nicht vorgegeben, sie muss aber in akkurater Form sowohl in formeller wie materieller Hinsicht der Finanzverwaltung die Feststellung einer Steuerschuld und deren Höhe ermöglichen. Der Umfang und die konkrete Aufzeichnungspflicht lassen sich daraus nicht entnehmen. Begründet wird dies mit der Vielzahl unterschiedlicher Geschäftsvorfälle und des darauf anwendbaren Rechts, die eine Normierung ausdrücklicher Richtlinien unmöglich machen[1008]. Ausnahmen finden sich in den Sections 170 (a) (1); 170 (e) (8) und Section 274 (d) IRC.

Führt der Steuerpflichtige keine Aufzeichnungen oder spiegeln diese nach Auffassung der Finanzverwaltung das Einkommen nicht klar wider, hat der Steuerpflichtige gemäß Section 441 (b) (2) IRC und Section 441 (g) IRC nach Ansicht der Finanzverwaltung die bestgeeignete Ermittlungsmethode auf Basis des Kalenderjahres anzuwenden[1009].

Eine dem deutschen § 60 IV EStDV vergleichbare Regelung findet sich im US-amerikanischen Steuerrecht nicht.

9.   *Notwendigkeit eines Korrektivs zur Angleichung von Periodenergebnissen*

Im Vergleich der US-amerikanischen zu der Ermittlungsmethoden deutschen Verständnisses besteht ein grundlegender Unterschied. Nach deutschem Verständnis ist der Gewinn das Ergebnis der jeweiligen Ermittlungsmethode und kann entsprechend der angewandten Methodik zumindest in den einzelnen Jahresergebnissen variieren. Nach US-amerikanischem Verständnis existiert das Einkommen bereits vor der Anwendung der jeweiligen Ermittlungsmethode und wird durch die Anwendung lediglich widergespiegelt (*doctrine of clearly reflected income*). Treffend bezeichnet der Begriff der Einkommensdarstellungsmethode die US-amerikanische Auffassung.

Nicht vertretbar ist, dass lediglich die Accrual-Methode auf Grund ihrer periodischen Ausrichtung in der Lage sei, den Gewinn korrekt darzustellen. Diese Ansicht ist durch die weiterhin bestehende gesetzliche Kodifikation der Cash-Methode in Section 446 (c) (1) IRC widerlegt. Abweichungen der Periodenergebnisse werden im US-amerikanischen Steuerecht durch die generellen Abzugsregelungen in den Sections 162 und 263 IRC weitgehend angenähert. Um das

---

1008   In diesem Sinne Bittker/McMahon/Zelenak, Federal Income Taxation of Individuals, 39-14 f.

1009   Zu grundsätzlichen Sanktionsmöglichkeiten siehe Sections 6663, 7203 IRC.

verbleibende Abweichungspotential weiter zu verringern, hat der Gesetzgeber den Anwendungsbereich der Cash-Methode gemäß Section 448 IRC und § 1.446-1 (c) (2) Income Tax Regulations eingeschränkt. Damit ist die Cash-Methode in persönlicher wie sachlicher Hinsicht in den Bereichen ausgeschlossen, in denen die Elemente der Einnahmen-/Überschussrechnung zu einer deutlichen Abweichung der Periodenergebnisse führen könnten.

10. Besteuerungszeitpunkt

Die Besteuerung im US-amerikanischen Recht erfolgt – wie im deutschen Recht – auf Ebene der Einkommenserzielung.

11. Das Verhältnis zwischen Tax-Accounting und Financial-Accounting

Grundlage der steuerlichen Gewinnermittlung sind gemäß § 446 (a) IRC die vom Steuerpflichtigen geführten Bücher. Dies können Handelsbücher sein, eine Verpflichtung zu dieser Form besteht jedoch nicht. Im US-amerikanischen Recht gibt es nämlich keine der deutschen Maßgeblichkeit gemäß § 5 I Satz 1 EStG vergleichbare Regelung. Unabhängig von Vor- und Nachteilen einer solchen Maßgeblichkeitsregelung ist deren Fehlen im US-amerikanischen Recht nicht auf eine bewusste gesetzgeberische Entscheidung zurückzuführen, sondern systembedingt. Die Gesetzgebungshoheit für das Handels- und Gesellschaftsrecht einschließlich der handelsrechtlichen Rechnungslegung (Financial-Accounting) steht den einzelnen Bundesstaaten zu, so daß der Bundesgesetzgeber auf kein bundeseinheitliches Handels-, Gesellschaftsrecht und Financial Accounting zugreifen kann[1010]. Ausgenommen ist nur das Kapitalmarktrecht. Hier korrelieren die bundesgesetzlichen „Securities Laws"[1011] mit einzelstaatlichen Regelungen zum Schutz des Wertpapierhandels[1012].

1010   Vergleiche beispielsweise Bippus, DStZ 1998, 637 (645 f.); Dammann, in Schön, Steuerliche Maßgeblichkeit in Deutschland und Europa, 575 ff.; Haller, in Ballwieser, US-amerikanische Rechnungslegung, 4 ff.; Kadel, IStR 2001, 419 (420); Kahle, StuW 1997, 323 (324); Small, IStR 1995, 156 (156).

1011   Securites Act of 1933, 15 USC Sections 77a ff. (2004); Securites Exchange Act of 1934, 15 USC Sections 78a ff. (2204).

1012   So bereits Haller, in Ballwieser, US-amerikanische Rechnungslegung, 6.

11.1 Kein Prinzip der Maßgeblichkeit im US-Recht

Die mit der Kontrolle des Kapitalmarktes beauftragte und mit weitreichender Normsetzungsbefugnis ausgestatte Bundesbehörde „Securities Exchange Commission" (SEC)[1013] hat ihre Aufgaben in Bezug auf die materiellen Rechnungslegungsvorschriften an ein privates Rechnungslegungsgremium, das sog. Financial Accounting Standard Board (FASB), delegiert. Auf dessen Arbeit beruhen die sog. *US-Generally Accepted Accounting Principles* (US-GAAP), deren allgemeine Zielsetzung die Information des Kapitalmarktes ist[1014]. Rechtsstaatliche Verbindlichkeit erlangen die US-GAAP dadurch, dass in den USA Wirtschaftsprüfer den von ihnen geprüften Jahresabschlüssen nur dann uneingeschränkte Testate erteilen dürfen, wenn die Jahresabschlüsse in Übereinstimmung mit den US-GAAP erstellt worden sind[1015]. Dies betrifft rechtlich nur prüfungspflichtige Unternehmen, deren Aktien bei der SEC registriert sind[1016]. Nicht prüfungspflichtige Unternehmen sind zumeist auf Grund gesellschaftsvertraglicher Regelungen oder entsprechender Abreden in Darlehensverträgen mit Banken oder anderen Gläubigern zu einem auf US-GAAP beruhenden Wirtschaftsprüfertestat verpflichtet[1017].

Dementsprechend scheitert eine der deutschen Maßgeblichkeit gemäß § 5 I Satz 1 EStG vergleichbare US-amerikanische Regelung an einer der deutschen Buchführungspflicht entsprechenden Normierung im Financial Accounting. Zudem lassen sich divergierende Ziele beider Rechenwerke nach US-amerikanischem Verständnis nicht vereinbaren. So formuliert der Supreme Court in der Entscheidung *Thor Power Tool Corporation vs Commissioner*[1018], dass es oberstes Ziel des Financial Accounting sei, nützliche Informationen für das Management, die Anteilseigner, die Gläubiger und andere mit Recht Interessierte zu liefern. Die Hauptverantwortung des Wirtschaftsprüfers bestehe darin, diesen Personenkreis vor Irreführung zu schützen. Im Gegensatz dazu, so das Gericht, sei das primäre Ziel des Einkommensteuersystems die gerechte Einnahme von

---

1013   Siehe zur SEC und zum FASB Dammann, in Schön, Steuerliche Maßgeblichkeit in Deutschland und Europa, 580 ff.

1014   Exemplarisch zu den US-GAAP und deren Zielsetzung Bippus DStZ 1998, 637 (638 ff.); Dubroff/Cahill/Norris, Albany Law Review 1983, 354; Haller, in Ballwieser, US-amerikanische Rechnungslegung, 6; Kübler, ZHR 1995, 550 (554 f.); Winnefeld, Bilanzhandbuch, Einf 300 ff.

1015   Rule 203 II CPA Code of Professional Conduct. Siehe http://www.aicpa.org/about/code/et_203.html#et_203.01

1016   Koschel, Die Federal Income Tax der Vereinigten Staaten von Amerika, 67 mit Hinweis auf „§ 13 (a) SEA".

1017   In diesem Sinn Kadel, IStR 2001, 419 (420); Kahle, StuW 1997, 323 (324); Förschle/Krone/Mandler, Internationale Rechnungslegung: US-GAAP, HGB und IAS, 4.

1018   Thor Power Tool Co. vs Commissioner, 439 US 522 (1979).

Steuern. Die Hauptverantwortung der Finanzverwaltung bestehe darin, die Staatseinnahmen zu schützen. In Übereinstimmung mit seinen Zielen und Verantwortlichkeiten habe das Financial Accouting als Basis das Vorsichtsprinzip (sog. *principle of conservatism*) mit dem Korrelativ, dass eventuelle Irrtümer bei der Ermittlung mehr in Richtung einer eher zu niedrigeren Festsetzung als zu einer Überbewertung des Nettoeinkommens und des Nettowerts der Aktiva tendieren sollen. Unter dem Blickwinkel der deutlich anderen Ziele und Verantwortlichkeiten der Finanzverwaltung sei die Unterbewertung des Einkommens nicht seine Leitlinie. Unter Berücksichtigung der Gegensätzlichkeiten der tatsächlichen Verhältnisse sei jede vermutete Gleichartigkeit zwischen dem Tax Accounting und Financial Accounting unannehmbar[1019].

Daher schließt sich eine unbedingte Anknüpfung der steuerlichen Gewinnermittlung gemäß Section 446 (1) IRC an die nach dem US-GAAP geführten Bücher aus. Zwar kommt den nach US-GAAP geführten Aufzeichnungen bei stetiger Anwendung durchaus grundsätzliche Bedeutung für die steuerliche Einkommensermittlung zu, jedoch nur soweit diese gemäß Section 446 (2) IRC das Einkommen klar widerspiegeln[1020]. Eine Beachtung der US-GAAP führt also nicht zwingend zu einer klaren Wiedergabe steuerlichen Einkommens. Steuerpflichtige können insofern für das Financial-Accounting nach einer Accrual-Methode vorgehen, für das Tax-Accouting aber die Cash-Methode wählen[1021].

Aus diesen Ausführungen erklärt sich auch die bereits angesprochene Formulierung in Section 446 (c) (2) IRC, die von der Zulässigkeit einer Accrual-Methode spricht[1022]. Der Steuerpflichtige kann seiner steuerlichen Gewinnermittlung nach der Accrual-Methode die US-GAAP zugrunde legen, soweit diese der Anforderung der Section 446 (b) IRC genügen. Er kann aber auch unabhängig der US-GAAP nach einer beliebig anderen Accrual-Methode vorgehen, wenn diese das Einkommen klar wiedergibt und in Einklang mit den gesetzlich kodifizierten steuerrechtlichen Rechnungslegungsvorschriften steht. Im Gegensatz zur Cash-Methode suggeriert die Accrual-Methode durch die fehlende Vorgabe der

---

1019   Siehe Thor Power Tool Co. vs Commissioner, 439 US 522 (542 f.) (1979).

1020   § 1.446-1 (c) (1) (ii) (C) Income Tax Regulations. Dazu American Flechter Cor. Vs United States, 832 F2d 436 (7th Cir. 1987); Dubroff/Cahill/Norris, Albany Law Review 1983, 354 (354 ff.).

1021   Vgl. Revenue Rul. 68-35, 1968-1 CB 190; Revenue Rul. 68.83, 1968-1 CB 190, Revenue Rul. 74-383, 1974-2 CB 146; Priv. Ltr. Rul 7750024 (September 14th 1977), in denen die Finanzverwaltung Steuerpflichtigen gestattet, ihr Einkommen nach der Cash-Methode zu ermitteln, obwohl die sie für Zwecke des Managements oder für Aufsichtsbehörden sog. financial statements auf Grundlage einer Accrual-Methdoe erstellten.

1022   Kapitel E I 4.6.

Anwendung einer bestimmten Accrual-Methode eine breitere Variationsmöglichkeit der steuerlichen Gewinnermittlung, die aber de facto durch die Voraussetzung der klaren Einkommenswiderspiegelung gemäß Section 446 (b) IRC deutlich eingeschränkt ist.

11.2 Grundsätzlich kein Prinzip der umgekehrten Maßgeblichkeit im US-Recht

Nachdem festgestellt wurde, dass im amerikanischen Steuerrecht keine Maßgeblichkeit des Financial-Accounting existiert, ist darauf hinzuweisen, dass es auch grundsätzlich keine gesetzliche Anbindung des Financial Accounting an das Steuerrecht im Sinne einer umgekehrten Maßgeblichkeit gemäß § 5 I Satz 2 EStG gibt. Die Ausnahme bildet Section 472 (c) IRC. Im Rahmen der Vorratsbewertung ist die sog. LIFO-Verbrauchsfolge[1023] nur dann für die steuerliche Rechnungslegung zulässig, wenn diese für entsprechende Wirtschaftsgüter im Financial Accounting ebenfalls zur Anwendung gelangt[1024].

In der Praxis besteht die Möglichkeit für diejenigen Steuerpflichtigen, die nicht an ein auf US-GAAP ausgerichtetes Financial-Accounting gebunden sind, die gesetzlich kodifizierten steuerrechtlichen Rechnungslegungsvorschriften grundsätzlich als Grundlage eines Financial- Accounting zu nutzen. Insofern kann auch aus Section 446 (a) IRC eine faktische umgekehrte Maßgeblichkeit resultieren, wenn ein Steuerpflichtiger steuerlich motiviert für das Financial-Accounting eine Rechnungslegungsmethode wählt, die er eigentlich nur im Rahmen seiner steuerrechtlichen Rechnungslegung anwenden möchte[1025]. Allerdings erfasst die Möglichkeit nur diejenigen Steuerpflichtigen, die nicht nach US-GAAP ermitteln müssen und dennoch ein Financial-Accounting anwenden. Daher kommt der umgekehrten Maßgeblichkeit im praktischen Sinne keine grundlegende Relevanz zu.

1023 Statt vieler Gertzmann, Taxt Accounting, 7-3 ff.
1024 Dammann, in Schön, Steuerliche Maßgeblichkeit in Deutschland und Europa, 571 (611); Ditz, IStR 2001, 22 (28); Eberthartinger/Wiedermann, SWI 2005, 336 (343); Gertzmann, Tax Accounting, 2-19 ff.; 7-14 ff., Lischer/Märkl, WPK-Mitteilungen, Sonderheft 6/1997, 91 (91 ff.); Reusch, Das Bilanzsteuerrecht der Vereinigten Staaten von Amerika, 60 ; Vorwold, Wpg 2002, 499 (501); Weinmann, Taxes, 1981, 419 (419 ff.).
1025 Haller, Die Grundlagen der externen Rechnungslegung in den USA unter besonderer Berücksichtigung der rechtlichen, institutionellen und theoretischen Rahmenbedingungen, 253; Gertzmann, Tax-Accounting, 2-6; Reusch, Das Bilanzsteuerrecht der Vereinigten Staaten von Amerika, 61; Robbins, Journal of Accountancy, August 1985, 89.

11.3 Generally Accepted Tax Accounting Principles

In der Praxis irrelevant sind die von der National Society of Public Accountants (NSPA) entwickelten *Generally Accepted Tax Accounting Principles* (GATAP), basierend auf steuerrechtlichen Rechnungslegungsvorschriften, nicht nach US-GAAP verpflichteten Unternehmen die Aufstellung einer Einheitsbilanz zu ermöglichen[1026].

IV. Zwischenergebnis

Aus den Untersuchungen der US-amerikanischen Ermittlungsmethoden hat sich ergeben, dass nicht nur die der deutschen Einnahmen-/Überschussrechnung gemäß § 4 III EStG ähnelnde Cash-Methode, sondern auch die Accrual-Methode Elemente der Einnahmen-/Überschussrechnungstechnik enthalten. Gleichwohl ist zu konstatieren, dass es an einer Systematik des Einbezugs mangelt: Weder ist die Technik der Einnahmen/Überschussrechnung in der Cash-Methode noch deren Elemente in der Accrual-Methode systematisch ausgeformt. Nach US-amerikanischem Verständnis kommt nicht der Gesetzessystematik Bedeutung zu, sondern der hauptsächlichen Zielsetzung des Steuerrechts – und damit auch der steuerlichen Gewinnermittlung – eine möglichst optimale staatliche Finanzierung zu gewährleisten. Insofern werden Cash- und Accrual-Methode mit jeweiligen Elementen kombiniert, deren gemeinsamer Nenner steuerpolitischer Natur ist.

Die Untersuchung der Cash-Methode hat in Teilbereichen lohnenswerte Anlehnungsmöglichkeiten für die Reformmöglichkeiten der deutschen Einnahmen-/Überschussrechnung gemäß § 4 III EStG aufgezeigt. Der Klärung bedarf allerdings, ob eine Übernahme von US-amerikanischen Gesetzeselementen überhaupt in das deutsche Gesetzeswerk integrierbar ist. Sollte aber ein partieller Umsetzungsvorschlag erfolgen, ließen sich die aufkommenden Praxisfragen auf Grund der entsprechenden US-amerikanischen Rechtsprechung aufzeigen.

1026   Reusch, Das Bilanzsteuerrecht der Vereinigten Staaten von Amerika, 61 m.w.N. zu den GATAP.

Kapitel F: Stellungnahme zu den Reformmöglichkeiten der Gewinnermittlung auf der Grundlage der Einnahmen- /Überschussrechnung

Abschließend werden die Reformmöglichkeiten der Einnahmen-Überschussrechnung gemäß § 4 III EStG auf Grundlage der Untersuchungen der deutschen Reformmodelle und des US-amerikanischen Tax-Accounting aufgezeigt.

I. Anwendungsbereich

Die Ausgestaltung des Anwendungsbereichs ist von verschieden Faktoren abhängig, die zu bestimmen dem Gesetzgeber obliegen. Entscheidet sich dieser für eine einheitliche Ermittlungsmethode, so stellt sich neben der Frage nach deren Ausgestaltung insbesondere die gegenwärtige Problematik des Einkünftedualismus.

Hier ist festzustellen, dass eine einheitliche Ermittlungsmethode auf Grundlage der Einnahmen-/Überschussrechnung möglich ist. Insofern ist auf die Reformmodelle *Elickers*, *Mitschkes*, *Roses* und grundsätzlich auf den *Kölner-Entwurf* zu verweisen. Diese Modelle gehen im Grundsatz von einem sachlich und persönlich unbegrenzten Anwendungsbereich der Einnahmen-/Überschussrechung aus. Die Entwürfe *Elickers*, *Mitschkes* und *Roses* erstrecken den persönlichen Anwendungsbereich ihrer Steuermodelle und damit ihrer Ermittlungstechniken sogar auf die Körperschaftsteuer.

1. Überwindung des Einkünftedualismus

Aus der Kenntnis dieser Modelle ergibt sich in Bezug auf die Problematik des Einkünftedualismus, dass die gegenwärtige Unterteilung in Gewinn- und Überschusseinkünfte überwunden werden kann. Diese Möglichkeit muss nicht zwangsläufig mit einer Änderung des Einkommensverständnisses selbst einhergehen. Gegenwärtig setzt sich dieses aus der Kombination von Reinvermögenszugangs- und Quellentheorie zusammen. Dem wird entweder die Entscheidung für die modifizierte Reinvermögenszugangstheorie, so der *Kölner-Entwurf*, oder die modifizierte Kombination der beiden Ausgangstheorien zu einem einheitlichen Einkommensverständnis, die Sphärentheorie *Elickers*, entgegengesetzt.

Anzumerken ist, dass eine Beibehaltung der Schedulensteuer von der Zweiteilung in Reinvermögenszugangs- und Quellentheorie unabhängig ist. Eine Beibehaltung der Unterteilung des Einkommens in Einkunftsarten wird vielmehr mit der Eindeutigkeit, Verständlichkeit und empirischen Anschaulichkeit des Gesetzes, welche Einkünfte überhaupt der Einkommenbesteuerung unterliegen, gerechtfertigt[1027].

Aus der Untersuchung des US-amerikanischen Steuerrechts ist zu gewinnen, dass sich das dort herrschende Einkommensverständnis mit der ehemals alleinigen Ermittlungsart der Cash-Methode, also einer auf der Grundlage der Einnahmen-/Überschussrechnungstechnik aufbauenden Ermittlungsart, vereinbaren lässt. Die Aufnahme und Ausweitung der Accrual-Methode erfolgte aus praktischen Gründen und dem Misstrauen gegenüber der Einnahmen-/Überschussrechnungstechnik, war aber keinem Mangel der Technik geschuldet.

2. Betriebsvermögensvergleich neben Einnahmen-/Überschussrechnung

So bleibt festzustellen, dass eine reine Einnahmen-/Überschussrechnung grundsätzlich als einheitliche Ermittlungsart mit einem unbegrenzten sachlichen und persönlichen Anwendungsbereich konzipiert werden kann. Dagegen spricht freilich das – sowohl im deutschen wie im US-amerikanischen Steuerrecht vorherrschende – Misstrauen gegenüber ihrer Grundtechnik, das zum entscheiden Faktor der Bestimmung des Anwendungsbereichs wird. Behält der Gesetzgeber dieses Misstrauen bei, so spricht dies gegen eine einheitliche Ermittlungsart nach der Einnahmen-/Überschussrechung mit unbegrenztem persönlichen Anwendungsbereich. Diese Bedenken einbeziehend ist eine Einnahmen-/Überschussrechung neben der Ermittlungsart des Betriebsvermögensvergleichs mit eingeschränktem Anwendungsbereich vorzuschlagen.

In diesen Fall besteht die Möglichkeit, die Einwände gegen die Grundtechnik durch die Aufnahme von periodisierenden Elementen zu reduzieren, wie es zahlreiche Reformmodelle vorschlagen. Insofern stellte die Einnahmen-/Überschussrechnung weiterhin die alleinige oder die grundsätzliche Ermittlungsart mit unbegrenztem Anwendungsbereich dar. Ihre Volatilität würde aber durch die Aufnahme periodisierender Elemente eingeschränkt. Fraglich bleibt, ob allein eine Gewinnglättung durch die Aufnahme periodisierender Elemente ausreicht. Gerade im Bereich großer Unternehmen stellen sich Fragen im Bereich der Rücklagen- und Rückstellungsbildung[1028]. Die Aufnahme solcher Elemente würde aber zu

---

1027 So Mitschke, siehe Kapitel D I 1.2.1.
1028 Beispielsweis im Zusammenhang von Pensionsrückstellungen nach § 6 b EStG.

Ausnahmen vom Grundprinzip führen, da sie der Grundtechnik widersprechen. Hier besteht die Gefahr, dass sich das Grundprinzip der Einnahmen-/Überschussrechnung wieder in zahlreichen Ausnahmen verliert. Daher sollte der Anwendungsbereich der Einnahmen-/Überschussrechnung ihrer Ermittlungstechnik Rechnung tragen, so daß nur diejenigen Steuerpflichtigen nach der Einnahmen-/Überschussrechung ermitteln, deren Einkünfte einfach, d.h. ohne weitreichende Ausnahmen vom Grundprinzip, ermittelbar sind. Ähnlich dem Einfachsteuermodell *Roses* käme daher einmal eine kombinierte Ausgestaltung der Einnahmen-/Überschussrechnung in Betracht, einmal in Reinform und einmal in hybrider Ausgestaltung.

Für die Beibehaltung des Betriebsvermögensvergleichs sprechen zudem Gründe des internationalen Steuerrechts. Da international die Ermittlungsmethode des Betriebsvermögensvergleichs vorherrschend ist, dürfte die Einführung einer einheitlichen Gewinnermittlungsmethode auf der Basis der Einnahmen-/Überschussrechnung im Bereich der Doppelbesteuerungsabkommen auf Schwierigkeiten stoßen[1029]. So sieht beispielsweise das Doppelbesteuerungsabkommen zwischen der Bundesrepublik Deutschland und des USA entsprechend dem US-Musterabkommen 1981/1996[1030] für in den USA ansässige Personen die Anrechnungsmethode vor. So besteht hier das Risiko, dass die USA die Anrechnung von Steuern, die ein Steuerpflichtiger auf Basis einer reinen Einnahmen-/Überschussrechnung in anderen Ländern gezahlt hat, auf die US-amerikanische Steuerlast nicht gestatten[1031]. Die Konsequenz wäre eine Doppelbesteuerung für entsprechende Länder im Verhältnis zu den USA. Die Ernsthaftigkeit dieser Problematik zeigt sich am Beispiel Boliviens. Der Staat Bolivien sah 1995 aus diesem Grunde von der Einführung einer reinen Einnahmen-/Überschussrechung ab und setzte statt dessen eine konventionelle Unternehmenssteuerreform, basierend auf einem Steuerbilanzrecht, also dem Betriebsvermögensvergleich um[1032].

1029   So bereits Erhardt-Rauch, DStZ 2001, 423 (427).
1030   United States Model Income Tax Convention of June 16 1981; United States Model Income Tax Convention of September 20 1996.
1031   Ebenso Zodrow/McLure, International Tax and Public Finance 1996, Seite 97 (97 ff.).
1032   Erhardt-Rauch, DStZ 2001, 423 (427); Nguven-Thanh, finanzreform 2004, 167 (173 f.); Zodrow/McLure International Tax and Public Finance 1996, Seite 97. Siehe allgemein Zodrow/McLure, Tax Law Review, 1991, Seite 405.

3. Anwendungsbereiche der Einnahmen-/Überschussrechnung und des Betriebvermögensvergleichs und deren Abgrenzungskriterien

Denkbar sind getrennte Anwendungsbereiche zwischen Einnahmen-/Überschussrechnung und Betriebsvermögensvergleich, aber auch ein grundsätzliches Wahlrecht zwischen den beiden Ermittlungsmethoden. Ein solches existierte dann aber nur in dem Anwendungsbereich der Einnahmen-/Überschussrechung, außerhalb dessen wäre zwingend nach dem Betriebsvermögensvergleich zu ermitteln. Dieser größere persönliche Anwendungsbereich des Betriebsvermögensvergleichs gegenüber der Einnahmen-/Überschussrechnung darf zu keiner Vorrangstellung desselben führen, da die Eigenständigkeit des Einnahmen-/Überschussrechnung bewahrt werden soll. Insofern ist eine § 1 I StGEG vergleichbare Regelung wünschenswert.

Sodann stellt sich die Frage nach der Fixierung der Abgrenzungskriterien. In sachlicher Hinsicht bedarf es insoweit keiner Abgrenzung, da entweder der Einkünftedualismus überwunden wird oder bei dessen Fortbestehen die Technik der Einnahmen-/Überschussrechung sowohl zur Ermittlung von Gewinn- wie Überschusseinkünften taugt.

3.1 Qualitative Abgrenzungskriterien

Zur Fixierung des persönlichen Anwendungsbereichs kommen zunächst Kriterien qualitativer Art in Betracht: Unter Voraussetzung der Beibehaltung der Schedulensteuer die Einkunftsarten, die Inanspruchnahme des Kapitalmarktes, Kapitalmarktorientierung versus kleine und mittelständische Unternehmungen, branchentypische Eigenschaften oder anlageintensive Unternehmungen versus Dienstleistungsunternehmungen. Allerdings ist die Wahl qualitativer Abgrenzungskriterien nicht unproblematisch.

So führte beispielsweise das einkunftsartenspezifische Abgrenzungskriterium zwischen gewerblicher und freiberuflicher Einkünfte zu einer Ungleichbehandlung, die nicht immer zu rechtfertigen ist. Insbesondere gilt das in Grenzfällen, in denen sich die Einkünfte nicht eindeutig qualifizieren lassen[1033]. Ebenso schwierig ist eine Abgrenzung anhand von Kriterien wie der Inanspruchnahme des Kapitalmarktes oder branchentypische Eigenschaften. Gerade die Inanspruchnahme des Kapitalmarktes rechtfertigt auf Grund der unterschiedlichen Zielsetzungen von steuerlicher und handelsrechtlicher Gewinnermittlung keine unterschiedliche

---

1033   Herzig, IAS/IFRS und steuerrechtliche Gewinnermittlung, 445 mit Bezugnahme auf Kalb-Arnold, Die Gewinnermittlung nach § 4 Abs. 3 EStG, 29 und Trzaskalik, in Hübsch/Hepp/Spitaler, AO, März 2003, § 141 AO, Rz. 11.

Behandlung von Unternehmen. Zumal käme ein Unternehmen, das nicht auf dem Kapitalmarkt auftritt, aber den dort auftretenden Unternehmen von Umsatz-, Beschäftigtenzahlen etc. vergleichbar ist und die kapitalmarktrechtlichen Rechnungslegungsvoraussetzungen freiwillig erfüllt, willkürlich in den Genuss des steuerlichen Gewinnermittlungswahlrechts. Würden die Anwendungsbereiche ohne Wahlrecht ausgestaltet, ist die Abgrenzung auch verfehlt, da die Bedürfnisse beider Unternehmen, beispielsweise in Bereich der Rücklagen- und Rückstellungsbildung, gleich ausgerichtet sind, aber ohne sachlichen Grund unterschiedlich behandelt würden. Eine vergleichbare Rechtfertigungsproblematik stellt sich auch bei einer Differenzierung zwischen anlageintensiven und dienstleistungsorientierten Unternehmungen. Diese ist durch eine hybride Ausgestaltung der Einnahmen-/Überschussrechnung auf Grund der weitreichenden Gewinnglättung noch verstärkt. Zudem ist eine branchenmäßige Einteilung schwierig auszugestalten, da Unternehmen auch branchenübergreifend agieren und eine Zuordnung mithin unmöglich machen[1034].

Daher ist eine Abgrenzung anhand qualitativer Kriterien nicht zu empfehlen, da eine Differenzierung entweder nicht zweifelsfrei möglich ist oder verfassungsrechtliche Bedenken auf Grund nicht zu rechtfertigender Ungleichbehandlungen gemäß Artikel 3 I GG bestehen.

3.2 Quantitative Abgrenzungskriterien

Eine Abgrenzung anhand quantitativer Kriterien ist alternativ denkbar. Solche sind vielfältig wählbar. So kommen Größenkriterien wie Gewinn und Umsatz, Anknüpfung an die Bilanzsumme, die Summe aus Anlage- und Umlaufvermögen oder die Anzahl der Arbeitnehmer in Betracht. Die quantitative Abgrenzung hätte den Vorteil, dass auf bestehende Regelungen und entsprechende Kommentierungen in Rechtsprechung und Literatur zurückgegriffen werden kann. Gegenwärtig nehmen beispielsweise § 141 AO, § 267 I Nr. 1-3, II Nr. 1-3 HGB oder auch Section 448 IRC entsprechende Grenzziehungen vor. Diese Anknüpfung ist deshalb von Vorteil, da der jeweilige Personenkreis genau definiert ist und eine eindeutige Abgrenzung ermöglicht[1035]. Einem Willkürvorbehalt ist entgegenhalten, dass es im gesetzgeberischen Ermessen liegt, bis zu welchem Umfang er bereit ist, die sich aus der Einnahmen-/Überschussrechnung ergebenden Steuerverschiebungen für das Steueraufkommen hinzunehmen.

1034   Herzig, IAS/IFRS und steuerrechtliche Gewinnermittllung, 446.
1035   Herzig, IAS/IFRS und steuerrechtliche Gewinnermittllung, 447.

4. Empfehlung an den Gesetzgeber

Dem Gesetzgeber ist anzuraten, eine Begrenzung des Anwendungsbereichs der Einnahmen-/Überschussrechnung anhand quantitativer Kriterien vorzunehmen. Eine genaue Festlegung der Kriterien liegt dabei in gesetzgeberischem Ermessen. Empfehlenswert ist dabei eine dreifache Unterteilung:

1.) Die Einnahmen-/Überschussrechnung in Reinform in einem eng begrenzten Umfang. In diesem Bereich würde der Gesetzgeber die mit der Grundtechnik verbundenen Risiken der Einnahmen-/Überschussrechung zugunsten der Vorteile unbedingt hinnehmen.

2.) Darüber hinaus ist eine hybrid ausgestaltete Einnahmen-/Überschussrechnung mit einem breiteren Anwendungsbereich denkbar. Die Vorteile der Einnahmen-/Überschussrechnung würden erhalten und gleichzeitig deren fiskalpolitische Risiken abgemildert. So ergäbe sich die Möglichkeit, die Einnahmen-/Überschussrechnung in einem vertretbaren Umfang einem größeren Adressatenkreis als gegenwärtig zugänglich zu machen.

3.) Die hybrid ausgestaltete Einnahmen-/Überschussrechnung wiederum wäre durch ein drittes Größenkriterium in ihrem Anwendungsbereich begrenzt, über das hinaus ein Betriebsvermögensvergleich zwingend vorzuschreiben ist. Allerdings bestünde in jenem Anwendungsbereich der hybrid ausgestalteten Einnahmen-/Überschussrechung ein Wahlrecht, zum Betriebsvermögensvergleich zu optieren[1036].

II. Grundprinzip der Einnahmen-/Überschussrechnung

Ein herauszuarbeitendes Grundprinzip der Einnahmen-/Überschussrechnung muss auf deren Grundtechnik basieren. Infolgedessen muss das Grundprinzip der Einnahmen-/Überschussrechnung auf der Zahlungsmittelrechnung aufbauen. Daher sind Annäherungen zwischen den Gewinnermittlungsarten durch eine teilweise Implementierung der Technik des Betriebsvermögensvergleichs in die Einnahmen-/Überschussrechnung, wie sie gegenwärtig in § 4 III Satz 3 EStG und durch die Neufassung des § 4 III Satz 4 EStG durch das MissbrauchEindämmG vom 28. April 2006 erfolgt ist oder im US-amerikanischen Tax-Accounting erfolgt, abzulehnen.

1036   Zur Begrenzung vom Missbrauchsmöglichekeiten ginge die Ausübung des Wahlrechts mit einer zeitlichen Bindung an die gewählte Gewinnermittlung einher. Siehe dazu beispielsweise Kapitel D II 1.1.

1. Problem: Fehlendes Vertrauen in die Grundtechnik der Einnahmen-/Überschussrechnung

Problematisch ist allerdings das fehlende Vertrauen in die Grundtechnik der Einnahmen-/Überschussrechnung. Einzig die Entwürfe *Elickers* und *Mitschkes* basieren auf einer unbedingten Geltung des Zu-/Abflussprinzips unabhängig von der Qualifikation von Wirtschaftsgütern. Soweit die anderen in dieser Arbeit herangezogenen Reformmodelle sich der Technik der Einnahmen-/Überschussrechnung als (grundsätzlicher) Ermittlungsmethode bedienen, erfolgt dies unter Aufnahme von periodisierenden Elementen. Begründet ist die Aufnahme nicht durch die Vorgaben einer anderen Ermittlungsart, sondern in der Ablehnung der reinen Grundtechnik der Einnahmen-/Überschussrechnung[1037].

Der Vergleich mit dem US-amerikanischen Tax-Accounting zeigt, dass auch dort ein tiefes Misstrauen gegenüber einer unbedingten Geltung der Grundtechnik der Einnahmen-/Überschussrechung, dem unbedingten Abstellen auf Zahlungsmittelflüssen vorherrscht. Das fehlende Vertrauen beruht hier nicht auf einem technischen Mangel der Grundtechnik, sondern ist in fiskalpolitischen Erwägungen begründet. Insofern kann die Rechtsprechung zum US-amerikanischen Tax-Accounting, die die Aufgabe des Steuerrechts und damit auch der Gewinnermittlung in der Gewährleistung einer möglichst optimalen Staatsfinanzierung sieht und dieser unbedingten Vorrang einräumt[1038], nicht auf das deutsche Recht übertragen werden.

Ein Grundprinzip ist derart auszuformen, dass einerseits dem Charakter der Einnahmen-/Überschussrechnung als Zahlungsmittelrechung Rechung getragen wird, anderseits der Ausnahmebedarf aus fiskalpolitischen Motiven anzuerkennen ist.

2. Einfache Ausgestaltung der Einnahmen-/Überschussrechnung als Reformziel

Dem Maßstab der einfachen Ausgestaltung der Einnahmen-/Überschussrechnung wird gegenwärtig keine Argumentationskraft zugebilligt[1039]. Die Einfachheit ist aber nicht nur im Sinne einer einfachen Erfassungstechnik von Einnahmen und Ausgaben, sondern auch im Sinne einer unkomplizierten Ermittlungsmethodik zu verstehen. Diese macht im Unterschied zur doppelten Erfassung von Ertrag bzw.

1037 In diesem Sinne Tipke, Ein Ende dem Einkommensteuerwirrwarr, 141.
1038 Vgl. Thor Power Tool Co. vs Commissiones, 439 US 522 (1979).
1039 Zutreffend Eisgruber, Die Zahlungsmittelrechnung nach § 4 Abs. 3 EStG, 125.

Aufwand bei der Bilanzierung oder der Gewinn- und Verlustrechnung und den damit einhergehenden komplizierten Fragestellungen den Reiz der Einnahmen-/Überschussrechnung als Reformgrundlage der Gewinnermittlung aus. Daher ist die Einfachheit des Grundprinzips als ein Ziel der Ausgestaltung zu formulieren.

3. *Grundprinzip der Einnahmen-/Überschussrechnung und dessen bestimmbare Ausnahmen*

Das Grundprinzip der Einnahmen-/Überschussrechnung drückt sich in einer unbedingten Geltung des Zu-/ Abflussprinzips aus, womit jedem Zufluss von Betriebseinnahmen und jedem Abfluss von Betriebsausgaben Gewinnwirkung zukommt. Daran ist auch unter der steuerpolitischen Vorgabe festzuhalten, dass periodisierende Elemente in die Einnahmen-/Überschussrechnung einzubeziehen sind. Dies gelingt nur dann, wenn die Ausnahmen von der Zahlungsmittelrechnung auch als solche ausgestaltet werden. Insofern bietet sich unter grundsätzlicher Anlehnung an das Reformmodell der *Stiftung Marktwirtschaft* an, die Abweichungen von Zu-/Abflussprinzip nicht auf der Tatbestandsebene zu integrieren, sondern auf zeitlicher Ebene. Demnach sind alle Zu- und Abflüsse ohne Ausnahme als Betriebseinnahmen/-ausgaben zu qualifizieren. Die Frage der Gewinnwirkung ist davon zu trennen und auf zeitlicher Ebene anzusiedeln. Nicht die Frage, ob eine Betriebseinnahme/-ausnahme vorliegt, ist allein entscheidend, sondern der Zeitpunkt der Berücksichtigung.

Dieser zeitliche Ansatz ist gegenüber dem Ansatz vorzuziehen, der das periodisierende Element auf der Tatbestandebene integriert. Zwar ist systematisch nachvollziehbar, dass Abschreibungen als Betriebsausgaben fingiert werden, nicht aber die tatsächliche Nichtberücksichtigung der tatsächlich abgeflossen Zahlungsmittel. Dieser Ansatz vermengt die Definitionsebene der Begrifflichkeiten mit der zeitlichen Ebene. Sieht man die einfache Ausformung des Grundprinzips als Reformziel an, so ist die zeitliche Ebene vorzuziehen. Dann ist es keine Frage auf Tatbestandsebene, ob bestimmte Zahlungsmittel wie Darlehenszuflüsse bzw. -abfüsse Betriebseinnahmen/-ausgaben begrifflich zu fassen sind, sondern allein zu welchem Zeitpunkt diese Betriebseinnahmen und – speziell – Betriebsausgaben berücksichtigt werden. Insofern spiegelt das Grundprinzip auch die Grundtechnik wider, dass alle zu-/abgeflossenen betrieblichen Zahlungsmittel als Betriebseinnahmen/ -ausgaben zu qualifizieren sind.

4. Einbezug von geldwerten Vorteilen in die Einnahmen-/Überschussrechnung

Die Ausweitung der Grundtechnik auf geldwerte Vorteile steht der Systematisierung der Einnahmen-/Überschussrechnung nicht entgegen. Es handelt sich weiterhin um ein Zahlungsmittelrechnung, da die geldwerten Vorteile in Zahlungsmittel umzurechnen sind.

Die Ausweitung auf der Zuflussseite ist zwingend durch das zugrundeliegende Einkommensverständnis gefordert. Unabhängig vom Einkommensverständnis ist kein Rechtfertigungsgrund ersichtlich, weshalb Vermögensvorteile in Zahlungsmitteln besteuert und geldwerte Vermögensvorteile nicht besteuert werden sollten. Die Mißbrauchsgefahr einer nur auf Zahlungsmitteln basierenden Ermittlungstechnik ist offensichtlich. Daher sind die Einbußen der Einfachheit durch Bewertungserfordernisse hinzunehmen, zudem es sich hier auch um eine „einfache" Bewertung im Gegensatz zur dauerhaften Wertbeobachtung des Betriebsvermögensvergleichs handelt. Die Reformmodelle bieten allesamt lohnenswerte Vorschläge zur Bewertung, ohne dass ein Entwurf in dieser Hinsicht besonders vorzugswürdig erscheint.

5. Kein Einbezug von geldwerten Nachteilen in die Einnahmen-/Überschussrechnung

Die Entwürfe *Kirchhofs* und der *Stiftung Marktwirtschaft* führen zu der korrekten Feststellung, dass es keine geldwerten Nachteile gibt, da sich die Betriebsausgabe nicht in der Hingabe des geldwerten Nachteils liegt, sondern in deren Anschaffung. Dies folgt zwingend aus dem Charakter der Zahlungsmittelrechnung, wonach Zu-/Ablüsse einfach zu erfassen sind.

6. Resümee

Ein Grundprinzip der Einnahmen-/Überschussrechnung, aufbauend auf der Grundtechnik der Einnahmen-/Überschussrechnung und ihrem Charakter als einfache Zahlungsmittelrechung Rechnung tragend, ist also erkennbar. Dieses äußert sich in der tatbestandlichen Erfassung jeglicher – betrieblicher – Zahlungsmittelzu- /abflüsse, erweitert um die Zuflüsse geldwerter Vorteile. Dem fiskalpolitischen Bedürfnis, die Grundtechnik der Einnahmen-/Überschussrechung hybrid auszugestalten, ist auf der zeitlichen Ebene Rechnung zu tragen. Eine ausdrückliche Regelung des Zu-/Abflussprinzips ist insoweit notwendig. Dort ist einerseits der Grundsatz der zeitlichen Erfassung und andererseits dessen Ausnahmen zu fixieren. In Anlehnung an die US-amerikanische Technik gemäß Section 162 und 263 IRC sind für spezielle Typen von Wirtschaftsgütern die zeitliche Berücksichtigung von Betriebsausgaben abweichend zu normieren. Im Gegensatz zur Technik, Abschreibungen als Betriebsausgaben zu fingieren, stellen sich dann Abschreibungen ohne weiteres als zeitlich versetzt zu berücksichtigende Betriebsausgaben dar. So erübrigt sich die systematisch problematische Argumentation, weshalb sich der Betriebsausgabenbegriff über die Art des angeschafften Wirtschaftsgutes definiert. Eine solche „zweiseitige" Betrachtung widerspricht der einfachen Ermittlungstechnik der Einnahmen-/Überschussrechnung, die sich gerade durch die einseitige Erfassung von Zu- bzw. Abflüssen auszeichnet.

III. Begrifflichkeiten der Einnahmen-/Überschussrechnung

Die Unsicherheiten im Umgang mit der Einnahmen-/Überschussrechnung gemäß § 4 III EStG sind auch auf die unpräzise bzw. fehlende Legaldefinitionen der Tatbestandsmerkmale zurückzuführen. Daher sind präzisierte Legaldefinitionen der Tatbestandsmerkmale „Betriebseinnahmen" und „Betriebsausgaben" vorzuschlagen. Deren Ausgestaltung im Einzelnen ist Sache des Gesetzgebers, allerdings ist die Beachtung der folgenden Eckpfeiler anzuregen.

Die Begrifflichkeiten der Einnahmen-/Überschussrechnung müssen nicht nur deren Technik, sondern auch deren Grundprinzip widerspiegeln. Insofern müssen sie den Zufluss von Zahlungsmittel als Betriebseinnahmen-/ausgaben ebenso definieren wie den Zufluss von geldwerten Vorteilen als Betriebseinnahmen. Inwieweit dabei der in den Reformmodellen auszumachenden Richtung gefolgt wird, anstatt den Begriff „Betrieb" den Begriff „Erwerb" zu voranzustellen, ist ohne wesentliche Bedeutung. Entscheidend ist nur, dass anhand des Betriebs- bzw. Erwerbsbegriffs die Abgrenzung zur nicht steuerbaren Privatsphäre erfolgt.

In Anlehnung an den Reformentwürfe *Elicker*s und dem der *Stiftung Marktwirtschaft* ist die Trennung der steuerbaren Betriebs-/Erwerbssphäre von der nichtsteuerbaren Privatsphäre für die systematische Erfassung von Einlagen und Entnahmen in die Einnahmen-/Überschussrechung bedeutsam. Insoweit findet ein Zu-/Abfluss aus der steuerbaren in die nichtsteuerbare Sphäre und umgekehrt statt. Deshalb bietet sich eine ausdrückliche Regelung an, die den Charakter der Zahlungsmittelbewegung als Betriebseinnahme bzw. -ausgabe festhält. Dabei handelt es sich zwar nur um eine deklaratorische Norm, welche aber aus Gründen der Klarstellung sinnvoll ist.

Einnahmen- und Ausgabe sind derart zu definieren, dass neben Geld auch Zahlungsmittel erfasst sind. Damit ist die Diskussion in der Literatur um die Rechtsnatur der Einnahmen-/Überschussrechnung mit dem vorzugswürdigen

Ergebnis der Zahlungsmittelrechnung beendet. Darüber hinaus sind die Begriffe Betriebseinnahmen und –ausgaben in Anlehnung an die Entwürfe *Kirchhofs* und der *Stiftung Marktwirtschaft* asymmetrisch auszugestalten, da geldwerte Vorteile als Betriebseinnahmen einzubeziehen sind, geldwerte Nachteile aber nicht existieren. Eine Vorschrift zur Bewertung der geldwerten Vorteile ist sinnvoll, aber auf Grund der Auffangregelung des § 1 BewG nicht zwingend notwendig.

Unklarheiten, ob das Zu- bzw. Abflusskriterium Tatbestandsmerkmal der Betriebseinnahmen bzw. –ausgaben ist, sind durch die entsprechende Formulierungen in den Definitionen zu beseitigen, und insoweit ist auf entsprechende Formulierungen der Reformentwürfe zu verweisen[1040]. Eine solche Formulierung steht im Einklang mit dem Grundprinzip, da zwischen der Tatbestandsebene, was eine Betriebseinnahme/-ausgabe ist, und deren zeitlicher Erfassung zu trennen ist. Eine ausdrückliche Normierung des Zu-/Abflusskriteriums drückt das Grundprinzip aus, indem es zum Ertrags-/Aufwandsverständnis der Gewinn- und Verlustrechnung abgrenzt und einer unsystematischen Vermengung wie sie beispielsweise im US-amerikanischen Tax-Accounting zwischen Cash- und Accrual-Methode beidseitig erfolgt, entgegensteht.

IV. Überprüfungsmaßstäbe des Grundprinzips und der Begrifflichkeiten

Eine Bewährung des hier fixierten Grundprinzips an den Maßstäben Darlehen und Tausch steht ebenso noch aus, wie das Messen der begrifflichen Eckpunkte an eben jenen Maßstäben.

1. Maßstab Darlehen

Das in dieser Arbeit – unter grundsätzlicher Anlehnung an den Reformentwurf der *Stiftung Marktwirtschaft* – erarbeitete Grundprinzip erfasst tatbestandlich alle betrieblichen Zahlungsmittelzuflüsse/-abflüsse als Betriebseinnahmen/-ausgaben. Dies drückt sich auch in den Begriffsdefinitionen der Betriebseinnahmen/-ausgaben aus, die eben keine Differenzierung von Zahlungsmittelflüssen enthalten, sei es in tatsächlicher oder in fingierter Hinsicht. Ebenso kommen die vorgeschlagenen Eckpfeiler der Begriffe ohne die nicht unproblematischen Rückgriffe auf Kriterien wie wirtschaftlichen Erfolg der Betriebseinnahme/-ausgabe oder die schuldrechtlich vereinbarten Rückgabepflicht aus. Damit ist auch der Zu-/Abfluss von Darlehensmitteln als Betriebseinnahmen/-ausgaben zu erfassen, was die Grundtechnik der Einnahmen-/Überschussrechnung systematisch wiedergibt.

1040 Siehe Kapitel D II 2.

Ausgehend von der Vorgabe einer gewinnneutralen Behandlung der Darlehensvaluta ist dies durch die zeitlich versetze Erfassung der entsprechenden Betriebseinnahmen/-ausgaben möglich, ohne dass dies der prinzipiellen Ausgestaltung der Grundtechnik widerspräche. Nicht die Qualifikation als Betriebseinnahme/-ausgabe oder deren Zu- oder Abfluss wird negiert, sondern lediglich die Gewinnwirkung zeitlich verschoben. Die fehlende Gewinnwirkung ergibt sich dann aus der doppelten Gewinnwirkung des Zu-/Abflusses, ohne allerdings einer gedanklichen Gegenbuchung zu bedürfen. Dies ist kein Verstoß gegen das Grundprinzip der einfachen Erfassung. Die Ausnahme liegt darin, dass es in zu keiner unmittelbaren zeitlichen Erfassung der zu-/abgeflossenen Betriebseinnahmen/-ausgaben kommt, sondern der Zu-/Abfluss ausnahmsweise auf den Zeitpunkt des Ab-/Zuflusses verlegt wird.

Insofern bewähren sich das in dieser Arbeit herausgearbeitete Grundprinzip und die Begrifflichkeiten auch in der systematischen Behandlung des Darlehens.

2. Maßstab Tausch

Unproblematisch ist das Tauschgeschäft, vom Grundprinzip und den Begrifflichkeiten systematisch erfasst. Das Erfassen von geldwerten Vorteilen ist zwar eine Ausweitung der Grundtechnik, widerspricht dieser aber im System nicht. Geldwerte Nachteile existieren auf Grund der einfachen Ermittlungstechnik nicht.

Infolge der Bewertung der Betriebseinnahmen in Sachform wird ein Zahlungsmittelzufluss fingiert, der es der Einnahmen-/Überschussrechnung ermöglicht, den ihrer Grundtechnik fremden Geschäftsvorfall des Tausches zu erfassen. Es besteht kein Unterschied zur gegenwärtigen Rechtslage. Eigenständige geldwerte Nachteile sind auf Grund der einfachen Ermittlungstechnik nicht ersichtlich.

Festzuhalten ist, dass das herausgearbeitete Grundprinzip und die Begrifflichkeiten den Sachverhalt des Tausches ohne Schwierigkeiten erfassen. Ähnlich den Entwürfen Kirchhofs und der *Stiftung Marktwirtschaft* gelingt dies auf der Einnahmenseite durch das Abstellen auf den verkürzten Zahlungsweg, auf der Ausgabenseite durch das Abstellen auf die Anschaffungskosten des hingegebenen Wertes.

V. Wechsel von Wirtschaftsgütern des Anlagevermögens ins Umlaufvermögen und umgekehrt

Anlehnungsmöglichkeiten hinsichtlich der Frage nach der Behandlung Wechsel von Wirtschaftsgütern des Anlagevermögens ins Umlaufvermögen und umgekehrt bestehen bei den Reformmodellen nicht.

Unter Rückgriff auf das Grundprinzip der Einnahmen-/Überschussrechnung lässt sich die Frage der Erfassung des Wechsels von Wirtschaftsgütern des Anlagevermögens ins Umlaufvermögen und umgekehrt grundsätzlich systematisch beantworten.

Vorab ist noch festzuhalten, dass sich die Frage nur bei einer hybrid ausgeformten Einnahmen-/Überschussrechung stellt. Dem Wechsel von einem Wirtschafsgut des Umlaufvermögens in das Anlagevermögen kommt keine Gewinnwirkung zu, da sich der Zahlungsmittelabfluss bereits im Zeitpunkt der Anschaffungs-/Herstellungskosten ausgewirkt hat. Entscheidender Erfassungszeitpunkt ist der des tatsächlichen Mittelabflusses gewesen. Eine rückwirkende Änderung kommt bei einer konsequenten Zahlungsmittelanbindung nicht in Betracht.

Im umgekehrten Fall des Wechsels eines Wirtschaftsguts des Anlagevermögens in das Umlaufvermögen hat noch kein – zumindest gänzlicher – Zahlungsmittelabfluss stattgefunden. Auch hier ist der entscheidende Erfassungszeitpunkt der der tatsächlichen Anschaffung bzw. Herstellung des Wirtschaftsguts. Eine rückwirkende Änderung ist abzulehnen, um Missbrauchsmöglichkeiten zu beschneiden. Ansonsten könnte der Steuerpflichtige das Periodisierungselement durch Verschieben von Wirtschaftsgütern in das Anlagevermögen umgehen. Ein Wechsel vom Umlaufvermögen in das Anlagevermögen wirkt sich somit auch in diesem Fall hier nicht aus.

Lohnenswert ist daher eine Anlehnung an das US-amerikanische Tax-Accounting. Dieses unterteilt die Wirtschaftsgüter nicht abstrakt, sondern gibt speziellen Wirtschaftsgütergruppen die Abschreibungsregeln vor. Die Methode gestattet zwar keine Wechsel von Anlage- zu Umlaufvermögen und umgekehrt, schafft aber Klarheit und ausschließende Verlässlichkeit.

VI.   Volatilität der Bemessungsgrundlage

Die Volatilität der Bemessungsgrundlage ist durch die Grundtechnik der Einnahmen-/Überschussrechnung zwangsläufig bedingt. Indem allein einseitig auf den Zu-/Abfluss von Betriebseinnahmen/-ausgaben abgestellt wird, tritt keine Gewinnglättung ein. Eine solche ist nur durch die Aufnahme von Periodisierungselementen erreichbar. Dies hat die Diskussion der Reformmodelle ebenso wie die Betrachtung des US-amerikanischen Tax-Accountig ergeben. Wenn aus steuerpolitischen Gründen eine Gewinnglättung gewünscht wird, ist die Einnahmen-/Überschussrechung hybrid auszugestalten. Zahlreiche Reformmodelle enthalten solche Vorschläge, wobei kein Entwurf absolut vorzuziehen ist. Die genaue Ausgestaltung bleibt Sache des Gesetzgebers.

Beachtenswert an dieser Stelle ist jedoch die Integration der Abschreibungsregeln als zeitlich zerlegte Betriebsausgaben in das Grundprinzip der Einnahmen-/Überschussrechung.

Eine Aufnahme periodisierender Elemente in die Einahmen-/Überschussrechnung ist aber nicht nur für den Fiskus aus Steuerplanungsgründen sinnvoll, sondern beinhaltet auch für den Steuerpflichtigen den Vorteil einer weniger volatilen Steuerlast, die aus dessen Sicht immer die Gefahr eines Progressionsnachteils birgt. Anzumerken in diesem Zusammenhang ist, dass die Möglichkeit des Steuerpflichtigen, seine Steuerlast weitgehend eigenverantwortlich zu bestimmen, reduziert ist.

Gegen eine unbegrenzte Geltung des unmittelbaren Zu-/Abflussprinzips spricht auch eine Umstellungsproblematik. Werden bei einer Umstellung des aktuellen Gewinnermittlungssystems die gegenwärtigen Abschreibungsregeln im Bereich des Anlagevermögens zugunsten einer Sofortabschreibungsregelung aufgegeben und dieser auch bei bis dato noch nicht abgeschriebene Wirtschaftgüter unterstellt, dürfte dies zu nicht tragbaren Steuerausfällen im Übergangsjahr führen. Im Bereich, in dem eine unmittelbar zeitliche Geltung des Zu-/Abflussprinzips zugelassen wird, ist dann aber auch dem Steuerpflichtigen eine ausgedehnte Verlustnutzung zu gestatten. Insofern sind die Reformentwürfe *Mitschke*s, des Kölner-Entwurfs und der Einfachsteuer hervorzuheben, die allesamt die Möglichkeit eines unbegrenzten Verlustvortrages, aber insbesondere einen mehr oder weniger großzügigen Verlustrücktrag vorsehen.

Lohnenswert ist auch die Betrachtung der Verlustnutzungsregeln im amerikanischen US-Tax-Accouting. Hierbei sind zum einen die Regeln gemäß §§ 1.165-1 (b), 165.1 (d) (1) Income Tax Regulations und der Sections 465, 469 IRC, die eine gezielte Verlustnutzung ausschließen sollen, sowie die Unterteilung zwischen einfachen Wirtschaftsgütern und den speziellen *capital assets* gemäß Section 1222 IRC zu beachten. Insofern ist eine großzügige Verlustnutzungsmöglichkeit, wie im Grundsatz gemäß Section 165 (a) IRC normiert so auszugestalten, dass einerseits Sachverhaltsgestaltungen, die allein die Senkung der Steuerlast bezwecken, gezielt zu unterbinden sind und andererseits dies nicht zulasten der Systematik der Gewinnermittlungsmethode zu formulieren ist, wie es derzeit durch die Neufassung des § 4 III Satz 4 EStG durch das MissbrauchsEindämmG vom 28. April 2006 erfolgt ist.

Hinsichtlich des drohenden Zinsnachteils auf Grund der zeitlich verzögerten Verlustberücksichtigung ist auf die in diesem Zusammenhang gelungene Regelung der §§ 10 III, 19 Netto-EStG zu verweisen.

Schließlich ist vorzuschlagen, dass die in § 11 I Satz 2, II Satz 2 EStG vorhandene Regelung beibehalten wird, um trotz einseitiger Erfassungstechnik die ansonsten zufällige Steuerwirkung zum Jahreswechsel zu verringern. Insofern kann so auch auf § 12 I Satz 2 Kölner-Entwurf und § 19 I Satz 2 EinfStG zurückgegriffen werden.

VII. Teilwertabschreibungen

Teilwertabschreibungen sind mit dem in dieser Arbeit herausgearbeitetem Grundprinzip der Einnahmen-/Überschussrechnung nicht vereinbar. Dieses baut auf der einfachen Erfassung von Zahlungsmittelflüssen auf; die Wertentwicklung des Betriebsvermögens ist hierbei ohne Bedeutung. Die Argumente, die für eine Zulässigkeit von Teilwertabschreibungen eingangs angeführt wurden, basieren alle auf der Implementierung von Elementen des Betriebsvermögensvergleichs in die Einnamen-/Überschussrechnung aktueller Gesetzesfassung. Der Vermengung der Ermittlungsmethoden wird aber hier ein eigenständiges Grundprinzip der Einnahmen-/Überschussrechnung entgegengesetzt, dem Teilwertabschreibungen systemfremd sind. Diese Beurteilung entspricht insofern auch der überwiegenden Mehrheit der Reformmodelle, die in ihren Bereichen der Einnahmen-/Überschussrechnung keine Teilwertabschreibungen zulassen. *Roses* Reformentwurf ist insoweit die wie dargestellt – unbegründete – Ausnahme.

Die Untersuchung des US-Tax-Accountings ergibt insoweit auch keine andere Sichtweise, da dort Wertverluste des Vermögens gemäß Section 165 (a) IRC grundsätzlich erst im Realisationszeitpunkt steuerlich erfasst werden.

VIII. Notwendigkeiten eines Korrektivs zur Angleichung von Periodenergebnissen

Unter der Voraussetzung, dass sich der Gesetzgeber für eine Ermittlungsmethodenvielfalt mit entsprechendem Anwendungsbereich entschließt, ist die Notwendigkeit eines Korrektivs zur Angleichung von Periodenergebnissen zu bedenken. Im Ergebnis ist dies schon jetzt abzulehnen, da eine solche Angleichungspflicht die Eigenständigkeit der Gewinnermittlungsarten beeinträchtigen würde. Das Ziel einer eigenständigen Einnahmen-/Überschussrechnung würde durch die partielle Anbindung an den Betriebsvermögensvergleichs untergraben und das unberechtigte Misstrauen gegenüber ihrer Grundtechnik wieder zum Ausdruck gebracht. Hinzu kommt, dass zwar das Grundprinzip zur Ermittlung eines Periodengewinns angewandt würde, dieses Ergebnis aber systemfremd, durch Abstellen auf die Wertentwicklung beim Betriebsvermögensvergleich modifiziert würde. Insofern ist unter Anlehnung an den Reformentwurf der *Stiftung Marktwirtschaft* eine Selbstständigkeit und Unabhängigkeit der Gewinnermittlungsmethoden vorzuschlagen.

Darüber hinaus ist darauf hinzuweisen, dass ein deutliches Abweichen von Periodenergebnissen durch eine hybride Ausgestaltung der Einnahmen-/Überschussrechung reduziert wird und es dem Gesetzgeber durch die Benennung des Anwendungsbereichs der jeweiligen Gewinnermittlungsmethode obliegt, dieses zu unterbinden. Lässt der Gesetzgeber allerdings mehrere Gewinnermittlungsmethoden mit selbigem (Teil-)Anwendungsbereich zu, müssen sich diese nicht nur in der Anwendung der Techniken, sondern auch in der Beibehaltung der jeweiligen Ergebnisse unabhängig voneinander ausdrücken. Die Zulässigkeit einer Ermittlungsmethodenvielfalt macht nur dann Sinn, wenn die Vielfalt nicht in den Jahresergebnissen zurückgenommen wird. Dem verfassungsrechtlichen Gleichheitserfordernis wird durch den Grundsatz der Totalgewinnidentität im Sinne einer endgültig identischen Bemessungsgrundlage entsprochen. Die Belastungsunterschiede in der tatsächlichen Steuerlast, bedingt durch deren progressive Ausgestaltung, gehen dann mit der gesetzgeberischen Entscheidung für eine Ermittlungsmethodenvielfalt mit demselben (Teil-)Anwendungsbereich einher.

IX. Aufzeichnungspflichten und Standardisierungen

Eine Aufzeichnungspflicht für die Einnahmen-/Überschussrechnung ist vorzuschlagen, da sie als korrekte Umsetzung des Grundprinzips der Einnahmen-/Überschussrechnung dient. Dadurch wird der Nachweis für die einwandfrei zeitliche Erfassung von Betriebseinnahmen/-ausgaben erbracht. Dies ist insbesondere von Bedeutung für solche Betriebseinnahmen/-ausgaben, die zeitlich versetzt erfasst werden wie Darlehensvaluta oder abzuschreibende Betriebsausgaben.

Für die Ausgestaltung einer solchen Pflicht sind aus Praktikabilitätsgründen die Reformentwürfe *Elicker*s und der *Stiftung Marktwirtschaft* hervorzuheben. Diese sehen Aufzeichnungspflichten unabhängig von der Qualifikation des Wirtschaftsgutes vor, was eine lückenlose Nachvollziehbarkeit der zu-/abgeflossenen Zahlungsmittelflüsse erlaubt. Dieser Ansatz ist daher dem des *Kölner-Entwurfs* und dem *Roses* vorzuziehen, die lediglich qualifizierte Aufzeichnungspflichten für Wirtschaftsgüter des Anlagevermögens vorschlagen und damit nur einen partiellen Nachweis ermöglichen. Letztlich ist dies aber eine politische und keine rechtliche Entscheidung und somit an dieser Stelle keinem Ergebnis zuzuführen.

Allerdings ist aus systematischen Gründen der Vorschlag *Mitschke*s abzulehnen, der sich für die Beibehaltung der Buchführungspflicht für bestimmte Steuerpflichtige gemäß § 141 AO ausspricht.

Es ist zu betonen, dass es sich bei der Einnahmen-/Überschussrechnung um eine eigenständige Gewinnermittlungsart handelt, der das zweifache Erfassen von Geschäftvorfällen systemfremd ist. Das Argument, dass nur die formalen Regeln der Doppik faktisch eine gewisse Ordnung und Lückenlosigkeit der Aufzeichnung besteuerungsrelevanter Geschäfts- und Erwerbsvorfälle gewährleiste, ist durch die Reformmodelle der *Stiftung Marktwirtschaft* und *Elicker*s widerlegt. Allein das Reformmodell der *Stiftung Marktwirtschaft* bietet mit dem ausdrücklichen Festhalten am amtlich vorgeschriebenen Vordruck gemäß § 39 Satz 3 StGEG eine Anlehnungsmöglichkeit für die Standardisierung. Eine rechtliche Notwendigkeit lässt sich der Diskussion der Reformmodelle nicht entnehmen. Daher bleibt es bei der Aussage, dass dies eine Entscheidung im politischen Ermessen des Gesetzgebers ist. Die eingangs der Arbeit aufgezählten Argumente bleiben weiterhin bestehen.

X. Besteuerungszeitpunkt

Der Versuch, den „richtigen" Besteuerungszeitpunkt zu bestimmen, ist nicht Thema dieser Arbeit, sondern der Nachweis der Kompatibilität der Einnahmen-/Überschussrechung mit unterschiedlichen Besteuerungszeitpunkten. Wie die Darstellung der Reformmodelle aufgezeigt hat, ist die Technik der Einnahmen-/Überschussrechung in der Lage, die Leistungsfähigkeitsindikatoren Einkommen und Konsum zu bestimmen. Mit der Entscheidung für die Ermittlungsmethode der Einnahmen-/Überschussrechnung schränkt sich der Gesetzgeber nicht in seiner Entscheidung hinsichtlich des Besteuerungszeitpunktes ein. Eine Entscheidung des Konflikts zwischen der klassischen, periodenbezogenen Reinvermögenszugangstheorie und der lebenszeitlich angelegten Konsumeinkommenstheorie ist also von der Entscheidung für die Einnahmen-/Überschussrechung unabhängig[1041].

XI. Maßgeblichkeitsprinzip

Übereinstimmend lehnen die in dieser Arbeit diskutierten Reformmodelle eine Verbindung handels- und steuerrechtlicher Gewinnermittlungen, mithin das Maßgeblichkeitsprinzip unter jedem Gesichtspunkt, ab. Sogar der sich für eine konservative Steuerreform aussprechende *Kölner-Entwurf* stimmt darin mit den progressiveren Reformmodellen überein. Die Ablehnung ist verbunden mit dem Bestreben, die steuerrechtlichen und handelsrechtlichen Ermittlungsmethoden auf ihre ursprünglichen Ziele zurückzuführen. Die Auswirkungen der gegenwärtigen Vermengungen sind anfangs dieser Arbeit skizziert worden, um sich an dieser Stelle dem Bestreben der Reformmodelle nach einer eigenständigen steuerrechtlichen Gewinnermittlung anzuschließen. Dies zeigt auch der Vergleich mit dem Verhältnis des US-amerikanischen Tax-Accounting zum Financial-Accounting, der die divergierenden Ermittlungsziele sehr deutlich aufzeigt.

1041   So bereits Kölner Entwurf, Rz. 127.

Die Befürwortung einer unabhängigen steuerrechtlichen Ermittlungsmethode gilt um so mehr, als dass diese eventuell allein auf der Einnahmen-/Überschussrechnung aufbaut und ihrem Grundprinzip nach keinen systematischen Ansatzpunkt für eine Verbindung zur handelsrechtlichen Gewinnermittlung bietet. Handelsrechtlich erfolgt die Gewinnermittlung bilanziell, die steuerrechtliche Ermittlungsart der Einnahmen-/Überschussrechnung hingegen basiert auf der einfachen Erfassung von Zahlungsmittelflüssen. Insoweit handelt es sich um unterschiedliche Ermittlungstechniken, die dem Ursprungsargument der Maßgeblichkeit von einer Einheitsbilanz nicht mehr zugänglich sind.

Im Weiteren stünde eine steuerrechtliche Ermittlungstechnik, die dem Einfluss von internationalen Handelsrechnungslegungsgrundsätzen wie IAS/IFRS ausgesetzt wäre, den bereits angesprochenen verfassungsrechtlichen Legimitationsbedenken gegenüber.

Im Ergebnis bleibt festzuhalten, dass die Argumente der Reformmodelle und des US-Tax-Accouting für eine eigenständige steuerrechtliche Ermittlungsmethode im Allgemeinen überzeugen und sich speziell für die Einnahmen-/Überschussrechnung keine systematischen Berührungspunkte zur bilanziellen Ermittlungstechnik ergeben.

Literaturverzeichnis

Adam, Ralf: Einlage, Tausch und tauschähnlicher Vorgang im Zivilrecht und Steuerrecht, 2005, Frankfurt am Main u.a.

Alt, Markus: Das Überschußvermögen, Heidelberg, 1992

Amico, Joseph C: Introduction to the US Income Tax System, An explanation of the complexities of the US tax system, 1993, London

Arnold, Arnd: Die Zukunft des Verhältnisses von Handelsbilanz und steuerlicher Gewinnermittlung, in Steuer und Wirtschaft (StuW) 2005, Seite 148

Baetge, Jörg: Bilanzrecht, Handelsrecht mit Steuerrecht und den Regelungen des IASB, Kommentar, Loseblatt Ausgabe, 2002, Bonn

Baetge, Jörg / Kirsch, Hans-Jürgen/Thiele, Stefan: Bilanzen, 6. Auflage, 2002, Düsseldorf

Bankmann, Joseph / Griffith, Thomas D. / Pratt, Katherine: Federal Income Tax, 4. Auflage, 2005, New York

Bauer, Klaus: Der Dualismus Betriebsausgaben, Werbungskosten, 1974, München

Bauerfeind, George G.: Income Taxation – Accounting Methods and Periods, Loseblatt Ausgabe, 1994, New York u.a.

Baumbach, Adolf/Hopt, Klaus J.: Handelsgesetzbuch mit GmbH & Co., Handelsklauseln, Bank- und Börsenrecht, 32. Auflage, 2006, München

Bayer, Hermann-Wilfried/Müller, Friedrich Paul: Das Einkommen – der Steuergegenstand des Einkommensteuerrechts, in Betriebs-Berater (BB) 1978, Seite 1

Beisse, Heinrich: Die paradigmatischen GoB, in Festschrift (FS) für Welf Müller zum 65. Geburtstag, 2001, München Seite 731

Bernhardt, Michael: Einkünfte versus Income: Eine systemvergleichende und wertende Betrachtung des deutschen Einkünftebegriffs und dessen US-amerikanischen Synonyms, insbesondere dargestellt am Beispiel der Vermietung und Verpachtung von Wohnimmobilien, 2004, Berlin

Biergans, Enno/Stockinger, Roland: Zum Einkommensbegriff und zur persönlichen Zurechung von Einkünften im Einkommensteuerrecht (I), in Finanzrundschau (FR) 1982, Seite 1

Bippus, Birgit Elsa: US-amerikanische Grundsätze der Rechnungslegung von Unternehmen und die Maßgeblichkeit im deutschen Bilanzrecht – keine vereinbaren Bilanzierungsphilosophien, in Deutsche Steuer Zeitung (DStZ) 1998, Seite 637

Birk, Dieter: Das Leistungsfähigkeitsprinzip als Maßstab der Steuernormen, Beitrag zu den Grundfragen des Verhältnisses Steuerrecht und Verfassungsrecht, 1983, Köln

Birk, Dieter: Steuerrecht, 9. Auflage, 2006, München

Bittker, Boris I. / Eustice, James S.: Federal Income Taxation of Corporations and Shareholders, 6 Auflage, Loseblatt Ausgabe, Boston

Bittker, Boris I. / Lokken, Lawrence: Federal taxation of income, estates and gifts, Bd. 1, 3. Auflage, 1999, Boston

Bittker, Boris I. / McMahon, Martin J. / Zelenak, Lawrence A.: Federal Income Taxation of Individuals, Loseblatt Ausgabe, Boston

Bittker, Boris I. / Stone, Lawrence M.: Federal Income Taxation, 5. Auflage, 1980, Boston/Toronto

Blümich, Walter: Einkommensteuergesetz, Körperschaftsteuergesetz, Gewerbesteuergesetz, Kommentar, Loseblatt Ausgabe, Stand Dezember 2006, München

Bordewin, Arno: Das Fremdwährungsdarlehen in der Überschußrechnung, in Deutsches Steuer Recht (DStR) 1992, Seite 244

Bordewin, Arno / Brandt, Jürgen: Kommentar zum Einkommensteuergesetz, EStG, Loseblatt Ausgabe, Stand Februar 2000, Heidelberg

Bornhaupt, Kurt Joachim von: Der Begriff der Werbungskosten unter besonderer Berücksichtigung seines Verhältnisses zum Betriebsausgabenbegriff, in Deutsche Steuerjuristische Gesellschaft (DStJG) 1980, Seite 149

Bornhaupt, Kurt Joachim von: Zum Begriff der Werbungskosten, insbesondere auch im Verhältnis zum Betriebsausgabenbegriff (Urt. Anm.), in Betriebs-Berater (BB) 1981, Seite 773

Bornhaupt, Kurt Joachim von: Ermittlung des Werbungskostenbegriffs nach dem Veranlassungsprinzip im Wege der Rechtsfortbildung, in Deutsches Steuer Recht (DStR) 1983, Seite 11

Briese, Andre: Das Kleinunternehmerförderungsgesetz, in Deutsche Steuer Zeitung (DStZ) 2003, Seite 571

Buchholz, Rainer: Gebäudebilanzierung nach IFRS – Rechtsformspezifische Anwendungsprobleme von IAS 16 und IAS 36 –, in Steuer und Betrieb (StuB) 2004, Seite 289

Budde, Wolfgang Dieter /Steuber, Elgin: Verfassungsrechtliche Voraussetzung zur Transformation internationaler Rechnungslegungsgrundsätze, in Deutsches Steuer Recht (DStR) 1998, Seite 504

Bullinger, Michael: Der Einfluss der umgekehrten Maßgeblichkeit auf die Bilanzierung von Pensionsverpflichtungen, in Der Betrieb (DB) 1991, Seite 2397

Bundesfinanzministerium: Pressemitteilung Nr.116/2004 vom 22.9.2004, unter http://www.hlbs.de/hlbs_DerBetrieb/owa/wt_show.text_page?p_text_id=100 1434&p_flag=(hlbs)

Bundessteuerberaterkammer: Stellungnahme der Bundessteuerkammer vom 15.12.2004, unter http://www.bstbk.de/muster_stbk/oeffentlich/pdf/5/Stell34-15.12.04.pdf

Bundessteuerberaterkammer: Pressemitteilung vom 16.12.2004, Brief der Bundessteuerberaterkammer (StBK) an das Bundesfinanzministerium vom 15.12.2004, unter http://praesenzen.dateversustadt.de/106/display/show-page.jsp?PageID= 241459&customer

Bundt, Manfred: Ist die Art der Gewinnermittlung ohne Einfluss auf den Gesamtgewinn eines Betriebes, in Deutsche Steuer Zeitung (DStZ) 1958, Seite 346

Burke, J. Martin /Friel, Michael K.: Understanding Federal Income Taxation, 2. Auflage, 2005, Newark/San Francisco/Charlottesville

Camphausen, Otto von: Der Regierungsentwurf zum Kleinunternehmerförderungsgesetz, in Der Betrieb (DB) 2003, Seite 632

CCH: Federal Tax Manual, In One Volume, 2004, Chicago

CCH: 2005 U.S. Master Tax Guide, 2004, Chicago

CCH: Tax Accounting – Fundamentals of Taxation, CPE Series, 1998, Chicago

Chirelstein, Marvin A.: Federal Income Taxation, A law student's guide to the leading cases and concepts, 8. Auflage, 1999, New York

Clemm, Hermann: Steuerrecht, Verfassungsrecht, Finanzpolitik, in Festschrift (FS) für Klein zum 70. Geburtstag, 1967, Göttingen, Seite 715

Conjura, Carol: Hybrid cash-accrual method found to clearly reflect income, in The Tax Adviser 1996, Seite 326

Conjura, Carol: Changing Accounting Method Now Easier But Barriers Remain for Taxpayers under Examination, in Accounting, Journal for Taxation 1997, Seite 5

Crezelius, Georg: Steuerrecht II, 2. Auflage 1994, München

Crezelius, Georg: Maßgeblichkeitsgrundsatz in Liquidation?, in Der Betrieb (DB) 1994, Seite 689

Curtius-Hartung, Rudolf: Zur Abgrenzung des Werbungskostenbegriffs im Einkommensteuerrecht, in Steuerberaterjahrbuch (StBJb) 1982/83, Seite 12

Dammann, Jens: Das Verhältnis zwischen handelsrechtlicher und steuerrechtlicher Rechnungslegung in den USA, in Steuerliche Maßgeblichkeit in Deutschland und Europa, 2005, München

Dendorfer, Wilhelm: Seminar D: Formen der bundesstaatlichen Besteuerung in den USA, Internationales Steuerrecht (IStR) 2001, Seite 545

Deutsches wissenschaftliches Steuerinstitut der Steuerberater e.V.: AO, Handbuch Abgabenordnung Finanzgerichtsordnung, 2006, München

Devitt, Michael R.: Accrual versus cash accounting for health-care providers: tax court fashions a new test, in Accounting 2000, Seite 79

Ditz, Xaver: Die Bedeutung der US-GAAP für die steuerrechtliche Gewinnermittlung in den USA, in Internationales Steuerrecht (IStR) 2001, Seite 22

Döllerer, Georg: Maßgeblichkeit der Handelsbilanz in Gefahr, in Betriebs-Berater (BB) 1971, Seite 1333

Dorenkamp, Christian: Nachgelagerte Besteuerung von Einkommen – Besteuerungsaufschub für investierte Reinvermögensmehrungen, 2004, Berlin

Drüen, Klaus-Dieter: Periodengewinn und Totalgewinn, 1999, Berlin

Drüen, Klaus-Dieter: Zur Wahl der steuerlichen Gewinnermittlungsart, in Deutsches Steuerrecht (DStR) 1999, Seite 1589

Drüen, Klaus-Dieter: Über den Totalgewinn, Maßstab der Gewinnerzielungsabsicht und Störungsfaktor der Gewinnermittlung, in Finanzrundschau (FR)1999, Seite 1097

Drüen, Klaus-Dieter / Grundmann, Karina: Bilanzielle Gewinnermittlung und außerbilanzielle Einkommenskorrekturen bei der Kapitalgesellschaft, in Steuer und Studium (StuSt) 2005, Seite 334

Dubroff, Harold /Cahill, M. Connie /Norris, Michael D.: Tax accounting: the Relationship of clear reflection of income to generally accepted principles, in Albany Law Review 1983, Seite 354

Dziadkowski, Dieter: Die Überschussrechnung – eine Alternative zur Steuerbilanz, in Betriebs-Berater (BB) 2000, Seite 399

Eberthartinger, Eva / Wiedermann-Ondrej, Nadine: Steuerliche Gewinnermittlung in den USA, in Steuer und Wirtschaft International (SWI) 2005, Seite 283

Eberthartinger, Eva /Wiedermann-Ondrej, Nadine: Die Beziehung zwischen externer Rechnungslegung und steuerlicher Gewinnermittlung in den USA, in Steuer und Wirtschaft International (SWI) 2005, Seite 336

Ebke,Werner F.: Der Deutsche Standardisierungsrat und das Deutsche Rechnungslegungs Standards Committee: Aussichten für eine professionelle Entwicklung von Rechnungslegungsgrundsätzen, in Zeitschrift für Wirtschaftsrecht und Insolvenzpraxis (ZIP) 1999, Seite 1193

Ehrhardt-Rauch, Andrea: Die Einnahmen-Überschussrechnung als einheitliche Gewinnermittlungsart, in Deutsche Steuer Zeitung (DStZ) 2001, Seite 423

Eichhorn, Klaus Thomas: Das Maßgeblichkeitsprinzip bei Rechnungslegung nach International Accounting Standards, 2001, Köln

Eigenstetter, Hans: Die Verknüpfung von Handels- und Steuerbilanz, in Wirtschaftsprüfung (Wpg) 1993, Seite 575

Eisgruber, Thomas: Die Zahlungsmittelrechnung nach § 4 Abs. 3 EStG Eine Systematik der vereinfachten Gewinnermittlung verprobt am Beispiel des Tausches, 2005, München

Eisgruber, Thomas: Aktuelle Praxisschwerpunkte bei der Besteuerung von Einzelunternehmen, in Steuerberatung (Stbg) 2005, Seite 573

Elicker, Michael: Darf der Steuerzugriff ein Unternehmen zahlungsunfähig machen?, in Steuer und Wirtschaft (StuW) 2002, Seite 217

Elicker, Michael: Entwurf einer proportionalen Einkommensteuer, 2004, Köln

Elicker, Michael: Fortentwicklung der Theorie vom Einkommen – Rudolf Wendt zum 60. Geburtstag, in Deutsche Steuer Zeitung (DStZ) 2005, Seite 564

Ellrott, Helmut / Förschle, Gerhart / Hoyos, Martin / Winklejaohann, Norbert: Beck'scher Bilanz-Kommentar Handels- und Steuerbilanz §§ 238 bis 339, 342 bis 342 e HGB, 6. Auflage, 2006, München

Ernst & Young: Körperschaftsteuergesetz, Kommentar, Loseblatt Ausgabe, Stand November 2006, Bonn

Erle, Bernd / Sauter, Thomas: Heidelberger Kommentar zum Körperschaftssteuergesetz: die Besteuerung der Kapitalgesellschaft und ihrer Anteilseigner, 2. Auflage, 2006, Heidelberg

Falterbaum, Hermann / Bolke, Wolfgang: Buchführung und Bilanz – unter besonderer Berücksichtigung des Bilanzsteuerrechts und der steuerlichen Gewinnermittlung, 14. Auflage, 1992, Bonn

Federmann, Rudolf: Bilanzierung nach Handelsrecht und Steuerrecht, 11. Auflage, 2000, Berlin

Fein, Oliver: Die Systematik der Einnahme- Überschussrechnung gemäß § 4 Abs. 3 EStG, 2003, Frankfurt am Main

Felix, Günter: Betriebsausgaben- und Werbungskostenabzug nach der reinen Steuerrechtslehre, in Kölner Steuerdialog (KÖSDI) 1985, Seite 5938

Flies, Rolf: Darlehensverluste bei der Gewinnermittlung nach § 4 Abs. 3 EStG, in Der Betrieb (DB) 1967, Seite 1430

Frank, Michael: Die Gewinnerzielungsabsicht im Fokus der Außenprüfung, in Steuerliche Betriebsprüfung (StBg) 2004, Seite 265

Freudler, Rolf: Nichtabziehbare Betriebsausgaben bei der Ermittlung des Veräußerungsgewinns eines ausscheidenden Gesellschafters, in Finanz Rundschau (FR) 1988, Seite 219

Friauf, Karl Heinrich: Zur Frage der Nichtabzugsfähigkeit von Aufsichtsratsvergütungen im Körperschaftsteuerrecht, in Steuer und Wirtschaft (StuW) 1973, Seite 97

Friauf, Karl-Heinrich: Steuergleichheit, Systemgerechtigkeit und Dispositionssicherheit als Prämissen einer rechtstaatlichen Einkommenbesteuerung; zur verfassungsrechtlichen Problematik des § 2 a EStG, in Steuer und Wirtschaft (StuW) 1985, Seite 312

Frotscher, Geritt: Kommentar zum Einkommensteuergesetz, Loseblatt Ausgabe, Stand Februar 2007, Freiburg

Fuisting, Bernhard: Die Preußischen direkten Steuern, Band 4, Grundzüge der Steuerlehre, 1902, Berlin

Gaffney, Dennis J. / Davids, Richard O. / Smith-Gaffney, Maureen H. / Weber, Richard P.: The road widens for the cash-method odyssey: REV. PROC. 2002-28 expands and clarifies availability, in Journal of Taxation, 2002, Seite 22

Gail, Winfried: Rechtliche und faktische Abhängigkeiten von Steuer- und Handelsbilanzen, in Festschrift (FS) zum 65. Geburtstag von Hans Havermann, 1995, Düsseldorf, Seite 109

Gail, Winfried / Düll, Alexander / Fuhrmann, Gerd / Grupp, Siegfried: Aktuelle Entwicklungen des Unternehmensteuerrechts – Steuerliche Überlegungen zum Jahresende, in Der Betrieb-Beilage (DB-Beilage) Nr.14/1999

Gertzmann, Stephan F.: Federal Tax Accounting, 2. Auflage, 1993, Boston – aktualisiert durch 1999 Cumulative Supplement, 1999, Boston

Giloy, Jörg: Zum Begriff der Betriebseinnahme, in Finanzrundschau (FR) 1975, Seite 517

Glanegger, Peter: Heidelberger Kommentar zum Handelsgesetzbuch, Handelsrecht – Bilanzrecht –Steuerrecht, 7. Auflage, 2007, Heidelberg

Graetz, Michael /Schenk, Deborah H.: Federal Income Taxation, Principles and Policies, 3. Auflage, 1995, Westbury, aktualisiert durch 1999 Supplement, 1999, Westbury

Graves, Finley O.: Limitations on Commissionor's Power to Require Accounting Changes, 19 NYU Tax Inst. (1961), Seite 1209

Groh, Manfred: Die Struktur der betrieblichen Überschussrechnung, in Finanzrundschau (FR) 1986, Seite 393

Groh, Manfred: Der Erfolgsmaßstab beim Tausch, in Festschrift (FS) für Georg Manfred Döllerer, Seite 157, 1988, Düsseldorf

Groh, Manfred: Verdeckte Einlagen unter dem Bilanzrichtlinien-Gesetz, in Betriebs-Berater (BB) 1990, Seite 379

Gunn, Alan: Matching of Costs and Revenues as a Goal of Tax Accounting, in Virginia Tax Review 4 (1984), Seite 1

Haig, Robert M.: The Federal Income Tax, in Columbia University Press 1921, Seite 7

Haller, Axel: Wesentliche Ziel und Merkmale US-amerikanischer Rechnungslegung, in US-amerikanische Rechungslegung, in Ballwieser, 3. Auflage, Stuttgart

Haller, Axel: Die Grundlagen der externen Rechnungslegung in den USA unter besonderer Berücksichtigung der rechtlichen, institutionellen und theoretischen Rahmenbedingungen, 3. Auflage, Stuttgart

Handzik, Peter: Die Einnahmen-Überschussrechnung, mit Praxishinweisen zum neuen Vordruck für die Gewinnermittlung nach § 4 Abs. 3 EStG, 2004, Berlin

Haueisen, Bernd / Haupt, Wolfang: Das US-Steueränderungsgesetz von 1986, in Recht der Internationalen Wirtschaft (RIW)1986, Seite 874

Hauer, H.: Bewertung von Wirtschaftsgütern bei der Gewinnermittlung nach § 4 III EStG, in Finanzrundschau (FR) 1959, Seite 117

Hauser, Hansgeorg /Meurer, Ingetraut: Die Maßgeblichkeit der Handelsbilanz im Lichte neuer Entwicklungen, in Wirtschaftsprüfung (Wpg) 1998, Seite 269

Hennrichs, Joachim: Der steuerliche sog. Maßgeblichkeitsgrundsatz gem. § 5 EStG – Stand und Perspektiven –, in Steuer und Wirtschaft (StuW) 1999, Seite 138

Henscheid, Mathias: Die Umkehrung des Maßgeblichkeitsprinzips, Begründung Änderung und Wirkung nach neuer Rechtslage, in Betriebs-Berater (BB) 1992, Seite 98

Henssler, Martin: Gewerbe, Kaufmann und Unternehmen – Herkunft und Zukunft der subjektiven Anknüpfung an das Handelsrecht, in Zeitschrift für das gesamte Handelsrecht und das Wirtschaftsrecht (ZHR) 161 (1997), Seite 13

Hermann, Carl/Heuer, Gerhard /Raupach, Arndt: Einkommensteuer- und Körperschaftsteuergesetz, Loseblatt Ausgabe, Stand Januar 2007, Köln

Hermann, Friedrich Benedict Wilhelm: Staatswissenschaftliche Untersuchungen, Nachdruck der 1. Auflage von 1832, 1874, München

Herzig, Norbert: Internationalisierung der Rechnungslegung und steuerliche Gewinnermittlung, in Wirtschaftsprüfung (Wpg) 2000, Seite 104

Herzig, Norbert: IAS/IFRS und steuerliche Gewinnermittlung, Eigenständige Steuerbilanz und modifizierte Überschussrechnung – Gutachten für das Bundesfinanzministerium, 2004, Düsseldorf

Herzig, Norbert: Steuerliche Gewinnermittlung und handelsrechtliche Rechnungslegung, in Internationales Steuerrecht (IStR) 2006, Seite 557

Herzig, Norbert / Bär, Michael: Die Zukunft der steuerlichen Gewinnermittlung im Licht des europäischen Bilanzrechts, in Der Betrieb (DB) 2003, Seite 1

Herzig, Norbert / Hausen, Guido: Steuerliche Gewinnermittlung durch modifizierte Einnahmen-/Überschussrechnung – Konzeption nach Aufgabe des Maßgeblichkeitsgrundsatzes, in Der Betrieb (DB) 2004, Seite 1

Hilbich, Hans: Einzelaufzeichnung der Barentnahmen und Führung von Tageskassenberichten, in Steuerberatung (StBg) 1976, Seite 87

Hiller, Gerhard: Durchschnittsatzgewinn in der Landwirtschaft nach dem neuen § 13 a EStG – Neue Besteuerungslücken und Schlupflöcher – Teil I, Die Information über Steuer und Wirtschaft (Inf), 1999, Seite 449

Hiller, Mathias: Cashflow-Steuer und Umsatzsteuer: Eine ökonomische Analyse unter Einbezug der US-amerikanischen Reformüberlegungen, 2003, Wiesbaden

Hirschberger, Wolfgang: Steuerliche Gewinnermittlung, in BA VS, Steuern/Prüfungswesen, Diskussionsbeiträge 01/2005, unter http://www.dr-hirschberger.de/ Publikationen/2005_bavs_diskussion_stpw_01-2005_hbg.pdf

Hofstetter, Helmuth: Zur Frage der Anwendbarkeit der juristischen Kausalitätstheorien auf § 4 Abs. 4 EStG, in Deutsches Steuer Zeitung (DStZ) 1991, Seite 658

Holler, Guido: Der Wechsel der Gewinnermittlungsart im Einkommensteuerrecht, 1992, Konstanz

Hommelhoff, Peter / Schwab, Martin: Staatsersetzende Privatgremien im Unternehmensteuerrecht, in Festschrift (FS) für Heinrich Wilhelm Kruse zum 70. Geburtstag, 2001, Köln, Seite 693

Hübschmann, Walter / Söhn, Hartmut: Abgabenordnung, Finanzgerichtsordnung, Kommentar, Loseblatt Ausgabe, Stand Juni 1999, Köln

Icking, Jan: Deutsches Einkommensteuerrecht zwischen Quellen- und Reinvermögenszugangstheorie, Wiesbaden 1993

Ipsen, Jörn: Staatsrechtsorganisationsrecht (Staatsrecht I), 5. Auflage, 1993, Neuwied

Jakob, Wolfgang: Einkommensteuerrecht, 3. Auflage, 2003, München

Jakob, Wolfgang / Wittmann, Jakob: Von Zweck und Wesen steuerlicher Afa, in Finanzrundschau (FR) 1988, Seite 540

Jarass, Hans D.: Bundes-Immissionschutzgesetz, Kommentar, unter Berücksichtigung der Bundes-Immissionsschutzverordnungen, der TA Luft sowie der TA Lärm, 6. Auflage, 2005, München

Jensen, Erik M.: The Taxing Power – A Reference Guide to the United States Constitution, 2005, Westport u.a.

Kadel, Jürgen: Einkommensermittlung und Rechnungslegungsmethoden im US-amerikanischen Steuerrecht, in Deutsches Steuer Recht (DStR) 2001, Seite 419

Kahle, Holger: Steuerliche Konsequenzen der Trennung handels- und steuerrechtlicher Rechungslegung in den USA, in Steuer und Wirtschaft (StuW) 1997, Seite 323

Kahle, Holger: Europarechtliche Einflüsse auf den Maßgeblichkeitsgrundsatz, in Steuer und Wirtschaft (StuW) 2001, Seite 126

Kahle, Holger: Maßgeblichkeitsgrundsatz auf Basis der IAS?, in Wirtschaftsprüfung (Wpg) 2002, Seite 178

Kalb-Arnold, Marie-Luise: Die Gewinnermittlung nach § 4 Abs. 3 EStG, ihre Darstellung und die Problematik beim Übergang zum und vom Vermögensvergleich, 1969, Würzburg

Kantwill, Werner: Die Einnahmen- Überschussrechnung nach § 4 III EStG, in Steuer und Studium (StuSt) 2006, Seite 65

Kanzler, Hans-Joachim: Die steuerliche Gewinnermittlung in Einheit und Vielfalt, in Finanzrundschau (FR) 1998, Seite 233

Kanzler, Hans-Joachim: Der Wechsel der Gewinnermittlungsart, in Finanzrundschau (FR) 1999, Seite 225

Kessler, Harald: Die Wahrheit über das Vorsichtsprinzip – Zugleich Stellungnahme zum Beitrag von Weber-Grellet, Der Betrieb (DB) 1997, Seite 1

Kirchhof, Paul: Der verfassungsrechtliche Auftrag zur Besteuerung nach der finanziellen Leistungsfähigkeit, in Steuer und Wirtschaft (StuW) 1985, Seite 319

Kirchhof, Paul: Empfiehlt es sich, das Einkommensteuerecht zur Beseitigung von Ungleichbehandlungen und zur Vereinfachung neu zu ordnen?, in Gutachten für den 57. Deutschen Juristentag (DJT), Tagungsband 1988, Seite F 12

Kirchhof, Paul: Gesetzgebung und private Regelsetzung als Geltungsgrund für Rechnungslegungspflichten?, in Zeitschrift für Unternehmens- und Gesellschaftsrecht (ZGR), 2000, Seite 681

Kirchhof, Paul: Einkommensteuer Gesetzbuch, Ein Vorschlag zur Reform der Einkommen- und Körperschaftssteuer vorgelegt von Paul Kirchhof, 2004, Heidelberg

Kirchhof, Paul: EStG Kompaktkommentar, Heidelberger Kommentar, 7. Auflage, 2007, Heidelberg, Neckar

Kirchhof, Paul / Isensee, Josef: Handbuch des Staatsrechts, Band III, Demokratie – Bundesorgane, 3. Auflage, 2005, Heidelberg

Kirchhof, Paul / Isensee, Josef: Handbuch des Staatsrechts, Band IV, Aufgaben des Staates, 3. Auflage, 2006, Heidelberg

Kirchhof, Paul / Söhn, Hartmut/Mellinghoff, Rudolf: Einkommensteuergesetz Kommentar, Loseblatt Ausgabe, Stand November 2006, Köln

Klein, Franz: Zur Frage der verfassungsrechtlichen Zulässigkeit von Einschränkungen des objektiven Nettoprinzips, dargestellt an § 4 Abs. 5 Satz 1 Nr. 1 EStG, in Deutsche Steuer Zeitung 1995, Seite 630

Klein, Franz: Abgabenordnung, einschließlich Steuerstrafrecht, 9. Auflage, 2006, München

Klein, William A. / Bankmann, Joseph: Federal Income Taxation, 10. Auflage, 1999, Boston

Knobbe-Kneuk, Brigitte: Bilanz und Unternehmenssteuerrecht, 9. Auflage, 1993, Köln

Koch, Karl / Scholtz, Rolf-Detlev: Abgabenordnung, 5. Auflage, 1996, Köln

Königbauer, Frank: Das Maßgeblichkeitsprinzip im Spannungsfeld zwischen Handelsrecht und Steuerrecht, Berichte aus der Rechtswissenschaft, 1998, Aachen

Korn, Klaus: Einkommensteuergesetz Kommentar, Loseblatt-Ausgabe, Stand März 2006, Bonn

Korn, Klaus: Brennpunkte zur Einnahmen-Überschussrechnung nach § 4 Abs. 3 EStG, in Kölner Steuer Dialog (KÖSDI) 2006, Seite 14968

Kort, Michael: Der Maßgeblichkeitsgrundsatz des § 5 I EStG – Plädoyer für dessen Aufgabe, in Finanzrundschau (FR) 2001, Seite 53

Kragen, Adrian A./McNulty John K.: Federal Income Taxation, Individuals, Corporations, Partnerships, 4. Auflage, 1985, St. Paul

Kramer, Jörg-Dietrich: Grundzüge des US-amerikanischen Steuerrechts, 1990, Stuttgart

Kraus-Grünewald, Marion: Steuerbilanzen – Besteuerung nach der Leistungsfähigkeit contra Vorsichtsprinzip, in Festschrift (FS) für Heinrich Beisse zum 70. Geburtstag, 1997, Düsseldorf, Seite 285

Kröger, Michael: Zum Veranlassungsprinzip im Einkommensteuerrecht, in Steuer und Wirtschaft (StuW) 1978, Seite 289

Kröner, Ilse: Differenzierende Betrachtungen zum Betriebsausgaben- und Werbungskostenbegriff, in Steuer und Wirtschaft (StuW) 1985, Seite 115

Kroschel, Jörg: Die Federal Income Tax der Vereinigten Staaten von Amerika, 2000, Düsseldorf

Kroschel, Jörg: US-Einkommensteuerrecht: Systematische Unterschiede zum deutschen Recht, in Recht der Internationalen Wirtschaft (RIW) 2000, Seite 286

Kruse, Heinrich-Wilhelm: Auslegung am Gesetz vorbei, in Festschrift für Wolfgang Ritter zum 70. Geburtstag, 1997, Köln, Seite 413

Kube, Hanno: Entwürfe für ein neues Einkommensteuergesetz, in Betriebs-Berater (BB) 2005, Seite 743

Kühn, Rolf / Wedelstädt, Alexander von: Abgabenordnung, Finanzgerichtsordnung, Kommentar, 18. Auflage, 2004, Stuttgart

Kunig, Philip / Paetow, Stefan / Versteyl, Ludger-Anselm: Kreislaufwirtschafts- und Abfallgesetz, Kommentar, 2. Auflage, 2003, München

Küting, Karlheinz / Kessler, Harald: Handels- und steuerbilanzielle Rückstellungsbildung: Ansatzprobleme, in Deutsches Steuerrecht (DStR) 1989, Seite 655

Lademann, Fritz: Kommentar zum Einkommensteuergesetz mit Nebengesetzen, Loseblatt Ausgabe, Stuttgart

Lang, Joachim: Die Bemessungsgrundlage der Einkommensteuer, 1981/1988, Köln

Lang, Joachim: Liebhaberei im Einkommensteuerrecht – Grundsätzliche Abgrenzung einkommensteuerbarer Einkünfte, in Steuer und Wirtschaft 1981 (StuW), Seite 223

Lang, Joachim: Verfassungsmäßigkeit der rückwirkenden Steuerabzugsverbote für Geldstrafen und Geldbußen – Ein Beitrag zur Anwendung des Gleichheitssatzes und der Rückwirkungsverbote nach Art. 20 III, 103 II GG auf Vorschriften, die das Leistungsfähigkeitsprinzip durchbrechen, in Steuer und Wirtschaft (StuW) 1985, Seite 10

Lang, Joachim: Die einfache und gerechte Einkommensteuer, Ziele, Chancen und Aufgaben einer Fundamentalreform, 1997, Köln

Lang, Joachim: Kölner-Entwurf eines Einkommensteuergesetzes, 2005, Köln

Lauth, Bernd: Endgültiger Abschied von der Einheitsbilanz, in Deutsches Steuerrecht (DStR) 2000, Seite 1365

Lempenau, Gerhard: Betriebsausgaben und Gewinnermittlung, in Der Betrieb (DB) 1987, Seite 113

Lion, A.: Der Einkommensbegriff nach dem Bilanzsteuerrecht und die Schanzsche Einkommenstheorie, in Festgabe für Georg von Schanz, zum 75. Geburtstag, Band 2, 1928, Tübingen, Seite 273

Lippross, Otto-Gerd: Basiskommentar Steuerrecht, AO, BewG, EigZulG, ErbStG, EStG, FGO, FördG, GewStG, KStG, SolZG, UStG, Loseblatt Ausgabe, Stand März 2005 Köln

Lipton, Richard M.: Installment Rule Change creates a multitude of problems for many taxpayers, in Accounting, Journal for Taxation 2000, Seite 134

Lischer, Henry J. / Märkl, Peter N.: Conformity Between Financial Accouting and Tax Accounting in the United Staates and Germany, in Wirtschaftsprüferkammer-Mitteilungen, Sonderheft 1997, Seite 91

Littmann, Eberhardt/Bitz, Horst/Pust, Hartmut: Das Einkommensteuerrecht: Kommentar zum Einkommensteuerrecht, Loseblatt Ausgabe, Stand Mai 2006, Stuttgart

Listhaut, Ingo van: Steuersenkungsgesetz: Mitunternehmerische Einzelübertragungen iS des § 6 Abs. 5 Satz 3 ff. EStG n.F., in Der Betrieb (DB) 2000, Seite 1784

Mangold, Hermann von / Klein, Friedrich / Starck, Christian: Das Bonner Grundgesetz, Kommentar, 4. Auflage, 2001, München

Mathiak, Walter: Betriebseinnahmen und Zufluß, in Finanzrundschau (FR)1976, Seite 157

Mathiak, Walter: Maßgeblichkeit des tatsächlichen Handelsbilanzansatzes für die Steuerbilanz und umgekehrte Maßgeblichkeit, in Steuerberater Jahrbuch (StBJb) 1986/87, Seite 79

Mathiak, Walter: Unmaßgeblichkeit von kodifiziertem Handelsrechungslegungsrecht für die einkommensteuerliche Gewinnermittlung, in Festschrift (FS) für Heinrich Beisse zum 70. Geburtstag, 1997, Düsseldorf

McCarthy, Clarence F. / Mann, Billy M. / Gregory, William H: The Federal income tax, 2. Auflage, 1971, New York

McNulty, John K.: Struktur der Einkommensteuer und Reformtendenzen der Besteuerung in den Vereinigten Staaten von Amerika, in Steuer und Wirtschaft (StuW) 1989, Seite 120

McNulty, John K.: Federal Income Taxation of Individuals, 6. Auflage, 1999, St. Paul

McNulty, John K. / Kragen, Adrian A.: Cases and materials on federal income taxation: individuals, corporations, partnerships, 1985, St. Paul

Metzner, Bernd: Der US-amerikanische Export als Gegenstand der internationalen Steuerplanung eines deutschen internationalen Konzerns, 1999, Siegen

Mitschke, Joachim: Ökonomische Analyse einkommensteuerlicher Einkunftsermittlung und Alternativen steuerlicher Einkommensperiodisierung, in Steuer und Wirtschaft (StuW) 1988, Seite 111

Mitschke, Joachim: Erneuerung des deutschen Einkommensteuerrechts, Gesetzesentwurf und Begründung, mit einer Grundsicherungsvariante, 2004, Köln

Mittmann, Ernst: Nochmals: Nichtabzugsfähige Betriebsausgaben nach § 4 Abs. 5 EStG bei der Gewinnermittlung, in Finanzrundschau (FR) 1985, Seite 152

Möller, Alex: Reichsfinanzminister Matthias Erzberger und sein Reformwerk, Blickpunkt Finanzen, 1971, Bonn

Morgan, Daniel T. /Bayles, Cristy M.: New Procedure Simplifies Voluntary Accouting Method Changes, but Limits Opportunities for Taxpayers Under Examination, in The Tax Executive 1997, Seite 298

Mösbauer, Heinz: Derivate und originäre steuerliche Buchführungs- und Aufzeichnungspflichten gewerblicher Unternehmer, in Deutsche Steuer Zeitung (DStZ) 1996, Seite 722

Moxter, Adolf: Wirtschaftliche Gewinnermittlung und Bilanzsteuerrecht, in Steuer und Wirtschaft (StuW) 1983, Seite 300

Moxter, Adolf: Selbständige Bewertbarkeit als Aktivierungsvoraussetzung, in Betriebs-Berater (BB) 1987, Seite 1846

Moxter, Adolf: Missverständnisse um das Maßgeblichkeitsprinzip, in Deutsche Steuer Zeitung 2000 (DStZ) , Seite 157

Moxter, Adolf: Bilanzrechtlicher Aufbruch beim Bundesfinanzhof, in Deutsches Steuer Zeitung (DStZ) 2002, Seite 243

Neufang, Bernd / Schmidt, Frank: Vordruck EÜR und Beratungspraxis – Ein rechtswidriger Beitrag zur Verkomplizierung des Steuerrechts, in Steuerberatung (StBg) 2004, Seite 161

Nguyen-Thanh, David: Reform der Gewinnermittlung: Anmerkungen zur Kassenrechnung aus ökonomischer Sicht, in finanzreform 2004, Seite 167

Nguyen-Thanh, David / Rose, Manfred / Thalmeier, Bernd: Die zinsbereinigte modifizierte Kassenrechung als einheitliche Gewinnermittlungsmethode, in Steuer und Wirtschaft (StuW) 2003, Seite 169

Pahlke, Armin / König, Ulrich: Abgabenordnung, §§ 1 bis 368, Kommentar, 2004, München

Petersen, Hans-Georg: Konsumorientierte Besteuerung als Ansatz effizienter Besteuerung, in Steuer und Wirtschaft (StuW) 2006, Seite 266

Pickert, Gisela: Gewinnermittlung durch Einnahmen- Überschussrechnung oder durch Betriebsvermögensvergleich – Die Wahl der Gewinnermittlungsmethode unter dem Aspekt der Steuerplanung, in Der Betrieb (DB) 1994, Seite 1581

Prinz, Ulrich: Grundfragen und Anwendungsbereiche des Veranlassungsprinzips im Ertragsteuerrecht, in Steuer und Wirtschaft (StuW) 1996, Seite 267

Offerhaus, Klaus: Einzelfragen zur vereinfachten Gewinnermittlung durch Überschussrechnung, in Der Betrieb (DB) 1977, Seite 1493

Offerhaus, Klaus: Zur steuerlichen Abgrenzung zwischen betrieblich (beruflich) veranlassten und durch die Lebensführung veranlassten Aufwendungen, in Betriebs-Berater (BB) 1979, Seite 617

Raby, William L. / Raby, Burgess J.W.: "Abuse of Discretion" and "Clearly Reflected Income", in Tax Notes 1996, Seite 227

Ramb, Jörg / Schneider, Josef: Die Einnahme-/Überschussrechnung von A-Z, Gewinnermittlung nach § 4 Abs. 3 EStG, 3. Auflage, 2005, Stuttgart

Reusch, Kai M.: Das Bilanzrecht der Vereinigten Staaten von Amerika Vergleichende Untersuchung und Analyse der Eignung für eine Übernahme in das deutsche Steuerrecht, 2002, Wiesbaden

RIA: Federal Tax Handbook 2005, 2005, New York

Richter, Heinz: Zur Deckungsgleichheit des Werbungskostenbegriffs mit dem Betriebsausgabenbegriff, in Finanzrundschau (FR) 1981, Seite 556

Rick, Eberhardt: Lehrbuch Einkommensteuer, 13. Auflage, 2005, Herne

Ritzrow, Manfred: Betriebsausgaben bei Gewinnermittlung nach § 4 Abs. 3 EStG – Rechtsprechung im Überblick, Steuerwarte (StWa) 1995, Seite 126

Ritzrow, Manfred: Übergang von der Gewinnermittlung nach § 4 III EStG zum Bestandsvergleich nach § 4 Abs. 1 und § 5 EStG, in Steuer und Studium (StuSt) 1995, 485.

Robins, Barry P.: Perspectives on Tax Basis Financial Statements, in Journal of Accountancy 1985, Seite 89

Rose, Manfred: Argumente zu einer „konsumorientierten Neuordnung des Steuersystems", in Steuer und Wirtschaft (StuW) 1989, Seite 191

Rose, Manfred: Konsumorientierte Neuordnung des Steuersystems – Bericht über den Heidelberger Konsumsteuerkongress –, in Steuer und Wirtschaft (StuW) 1990, Seite 88

Rose, Manfred: Konsumorientierte Neuordnung des Steuerrechts, 1991, Berlin u.a.

Rose, Manfred: Reform der Einkommensbesteuerung in Deutschland: Konzept, Auswirkungen und Rechtsgrundlagen der Einfachsteuer des Heidelberger Steuerkreises, 2002, Heidelberg

Rose, Michael D. / Chommie, John C.: Federal Income Taxation, 3. Auflage, 1994, St. Paul

Sachse, Uwe Bernd: Die Abschnittsbesteuerung im deutschen Ertragssteuerrecht, 1977, Mainz

Schanz, Georg von: Der Einkommensbegriff und die Einkommensteuergesetze, in Finanz-Archiv 13. Jahrgang 1896, Seite 1

Schmidt, Karsten: Handelsrecht, 5. Auflage, 1999, Köln

Schmidt, Karsten: Kommentar zum Handelsgesetzbuch, 2. Auflage, 2005, München

Schmidt, Ludwig: EStG, Einkommensteuergesetz Kommentar, 25. Auflage, 2006, München

Schmoller, Gustav von: Die Lehre vom Einkommen in ihrem Zusammenhang mit den Grundprinzipien der Steuerlehre, in Zeitschrift für die gesamte Staatswissenschaft, 19. Band, 1863, Seite 1

Schneider, Dieter: Rechtsfindung durch Deduktion von Grundsätzen ordnungsgemäßer Buchführung, in Steuer und Wirtschaft (StuW) 1983, Seite 141

Schneider, Dieter: Reform der Unternehmensbesteuerung durch „Eckwerte" oder durch Cashflow-Besteuerung?, in Betriebs-Berater (BB) 1987, Seite 693

Schön, Wolfgang: Die Steuerbilanz zwischen Handelsrecht und Grundgesetz, in Steuer und Wirtschaft (StuW) 1995, Seite 366

Schön, Wolfgang: Die steuerliche Maßgeblichkeit in Deutschland und Europa, 2005, Köln

Schoor, Hans Walter: Die Gewinnermittlung nach § 4 Abs. 3 EStG, in Finanzrundschau (FR) 1982, Seite 505

Schoor, Walter: Bilanzierungswahlrechte bei Grundstücks- und Gebäudeteilen von untergeordnetem Wert, in Deutsche Steuer Zeitung (DStZ) 2003, Seite 22

Schreiber, Ulrich: Die Bedeutung der US-amerikanischen Rechnungslegung für die Besteuerung von Gewinnen und Ausschüttungen, in US-amerikanische Rechnungslegung, Ballwieser, 3. Auflage, 2000, Stuttgart

Schultze, Oliver: Zweifelsfragen zur Besteuerung von Seeschiffen im internationalen Verkehr (Tonnagesteuer), in Finanz Rundschau (FR) 1999, Seite 977

Schwarz, Bernhard: Kommentar zur Abgabenordnung, Loseblatt Ausgabe, Stand Dezember 2001, Freiburg

Seago, Eugene: With planning, small real estate contractors can still use the cash method of accouting, in Journal of Taxation 1996, Seite 162

Seago, Eugene: A new revenue procedure makes the cash method more available, but does it go far enough?, in Journal of Taxation 2000, Seite 12

Seago, W. Eugene / Smith Pamela C.: The Tax Court rejects the one-year-rule for prepaid licenses and insurance, in Accouting The Tax Journal 2000, Seite 70

Seago, W. Eugene / Smith Pamela C.: Change in Accouting Method Theories: Liftetime Income, Change in Charakter, and Peace of Mind, in Accouting, Journal of Taxation 2002, Seite 339

Seeger, Siegbert F.: Die Gewinnerzielungsabsicht – Ein unmögliches Tatbestandsmerkmal, in Festschrift für Ludwig Schmidt zum 65. Geburtstag, 1993, München, Seite 37

Segebrecht, Helmut: Die Einnahmen- Überschussrechnung nach § 4 Abs. 3 EStG, 11. Auflage, 2006, Herne/Berlin

Sellien, Reinhold /Sellien, Helmut: Gabler Wirtschafts-Lexikon: die ganze Welt der Wirtschaft: Betriebswirtschaft –Volkswirtschaft – Recht – Steuern, 15. Auflage, 2001, Wiesbaden

Sherman, W. Richard: Request for changes in accounting methods made easier, in The Tax Adviser 1997, Seite 616

Simons, Henry C.: Personal income taxation; the definition of income as a problem of fiscal policy, in The University of Chicago Press 1938, Seite 15

Sittel, Thomas Christoph: Der Grundsatz der umgekehrten Maßgeblichkeit, 2003, Frankfurt am Main u.a.

Small, David G.: Die US-Gewinnermittlung – eine bilanzsteuerliche Übersicht (Teil I), in Internationales Steuerrecht (IStR) 1995, Seite 156

Söffing, Günter: Die Überschußrechnung nach § 4 Abs. 3 EStG, in Deutsche Steuerzeitung (DStZ) 1970, Seite 17

Söffing, Günter: Gewillkürtes Betriebsvermögen, in Steuerberaterjahrbuch (StBJb) 1980/81, Seite 451

Söffing, Günter: Verletzung des Nettoprinzips, in Steuerberaterjahrbuch (StBJb) 1988/89, Seite 121

Söffing, Günter: Die Angleichung des Werbungskostenbegriffs an den Betriebsausgabenbegriff, in Der Betrieb (DB) 1990, Seite 2086

Söffing, Günter: Für und Wider den Maßgeblichkeitsgrundsatz, in Festschrift für Wolfgang Dieter Budde zum 60. Geburtstag, 1995, München, Seite 635

Speich, Günter: Der Übergang von der Überschußrechnung zum Vermögensvergleich, in Finanzrundschau (FR) 1971, Seite 192

Speich, Günter: Die Gewinnermittlung durch Überschußrechnung § 4 Abs. 3 EStG, in Deutsches Steuer Recht (DStR) 1972, Seite 743

Staub, Hermann: Handelsgesetzbuch, Großkommentar, 4. Auflage, 1988, Berlin/ New York

Stiftung Marktwirtschaft: Gewinnermittlungsgesetz, unter http://www.stiftung-marktwirtschaft.de/module/StGEG_mit_ Begründungen_Juli_06.pdf.

Theis, J.: Sonderfragen der Gewinnermittlung nach § 4 III EStG, in Der Betrieb (DB) 1959, Seite 441

Thiel, Jochen: Europäisierung des Umwandlungsteuerrechts: Grundprobleme der Verschmelzung, in Der Betrieb (DB) 2005, Seite 2316

Thiele, Clemens: Der Einkommensbegriff im US-amerikanischen Steuerrecht, in Recht der Internationalen Wirtschaft (RIW) 1997, Seite 586

Thiele, Clemens: Der Einkommensbegriff im US-amerikanischen Steuerrecht, in Recht der Internationalen Wirtschaft (RIW) 1997, Seite 886

Thiele, Clemens: Einführung in das US-amerikanische Steuerrecht, 1998, Wien

Tipke, Klaus: Die Dualistische Einkünfteermittlung nach dem Einkommensteuergesetz in Festschrift (FS) für Heinz Paulick zum 65. Geburtstag, 1973, Köln-Marienburg, Seite 391

Tipke, Klaus: Zur Abgrenzung der Betriebs- und Berufsspähre von der Privatsspähre im Einkommensteuerrecht – Zur Lübecker Jahrestagung der Deutschen Steuerjuristischen Gesellschaft e.V. am 20./21. September 1979, in Steuer und Wirtschaft (StuW) 1979, Seite 193

Tipke, Klaus: Bezüge und Abzüge im Einkommensteuerrecht – Ein Kritischer Beitrag zum Aufbau und zur Terminologie des Einkommensteuergesetzes, in Steuer und Wirtschaft (StuW) 1980, Seite 1

Tipke, Klaus: Über das „richtige Steuerrecht", in Steuer und Wirtschaft 1988, Seite 262

Tipke, Klaus: Einkunftsarten – Kästchendenken versus Systemdenken, zugleich Besprechung des BFH-Urteils v. 12.1.1990 – VIR 29/86, BStBl. II 1990, 423, in Steuer und Wirtschaft (StuW) 1990, Seite 246

Tipke, Klaus: Die Steuerrechtsordnung, Band 1, 2. Auflage, 2000, Köln

Tipke, Klaus: Steuerliche Ungleichbelastung durch einkunfts- und vermögensartdifferenzierte Bemessungsgrundlagenermittlung und Sachverhaltsverifizierung, in Festschrift (FS) für Heinrich Wilhelm Kruse zum 70. Geburtstag, 2001, Köln Seite 215

Tipke, Klaus: Die Steuerrechtsordnung, Band 2, 2. Auflage, 2003, Köln

Tipke, Klaus: Ein Ende dem Einkommenstensteuerwirrwarr?, Rechtsreform statt Stimmenfangpolitik, 2006, Köln

Tipke, Klaus / Kruse, Heinrich Wilhelm: Kommentar zur AO 1977 und FGO (ohne Steuerstrafrecht), Loseblatt Ausgabe, Köln

Tipke, Klaus / Lang, Joachim: Steuerrecht, 15. Auflage, 1996, Köln

Tipke, Klaus / Lang, Joachim: Steuerrecht, 18. Auflage, 2005, Köln

Trzaskalil, Christoph: Zuflussprinzip und periodenübergreifende Sinnzusammenhänge, in Steuer und Wirtschaft (StuW) 1985, Seite 222

Uelner, Adalbert: Zur Konkretisierung des subjektiven Nettoprinzips im Einkommensteuerrecht, in Festschrift (FS) für Ludwig Schmidt zum 65. Geburtstag, 1993, München, Seite 21

Vasel, Anke: Die Maßgeblichkeit – ein Prinzip ohne Zukunft?, in Steuer und Studium (StuSt) 2003, Seite 213

Veigel, Günter: Die Einnahme-/Überschußrechnung – Grundzüge und Zweifelsfragen, in Information über Steuer und Wirtschaft (StuW) 1990, Seite 1

Vinzenz, Klaus: Der Fiskus noch auf dem Boden des Grundgesetzes – Zur Beurteilung der Gewinnerzielungsabsicht im Einkommensteuerrecht, in Deutsches Steuerrecht (DStR) 1993, Seite 550

Vogel, Klaus: Steuergerechtigkeit und soziale Gestaltung, in Deutsches Steuer Zeitung (DStZ) 1975, Seite 409

Volk, Gerrit: Die Überschußrechnung nach § 4 Abs. 3 EStG, Der Betrieb (DB) 2003, Seite 1871

Vorwold, Gerhard: „Cash"-versus „accrual"-Methode-Paradigmenwechsel des US-amerikanischen „tax-accouting"?, in Steuer und Wirtschaft (Wpg) 2002, Seite 235

Vorwold, Gerhard: Clear Refelection of Income: der neue Maßstab für die Steuerbilanz? – Beobachtungen aus dem US-amerikanischen Steuerrecht –, in Die Wirtschaftsprüfung (Wpg) 2002, Seite 499

Wagner, Franz W.: Welche Kriterien sollten die Neuordnung der steuerlichen Gewinnermittlung bestimmen, in Betriebs-Berater (BB) 2002, Seite 1885

Wangler, Clemens / Weber, Andrea: Der Wechsel von der Einnahmenüberschußrechnung zum Bestandsvergleich, in Steuer und Studium (StuSt) 1999, Seite 110

Wanner, Eva: Der einkommensteuerrechtliche Zurechnungszusammenhang steuerbarer Wertabgänge – Ein Beitrag zu einer kausalen Veranlassungstheorie im (Einkommen-) Steuerrecht, in Steuer und Wirtschaft (StuW) 1987, Seite 306

Wassermeyer, Franz: Das Erfordernis objektiver und subjektiver Tatbestandsmerkmale in der ertragssteuerlichen Rechtsprechung des Bundesfinanzhofs – Ein Beitrag zu der im Ertragsteuerrecht maßgeblichen „Kausalitätslehre", in Steuer und Wirtschaft (StuW) 1982, Seite 352

Weber, Helmuth: Betriebswirtschaftliches Rechnungswesen, Band 1: Bilanz sowie Gewinn- und Verlustrechnung, 5. Auflage 2004, München

Weber-Grellet, Heinrich: Europäisiertes Steuerrecht – Stand und Entwicklung, in Steuer und Wirtschaft (StuW) 1995, Seite 336

Weber-Grellet, Heinrich: Das Steuerbilanzrecht, 1996, München

Weber-Grellet, Heinrich: Der Maßgeblichkeitsgrundsatz im Lichte aktueller Entwicklungen, in Der Betriebs-Berater (BB) 1999, Seite 2659

Wehrheim, Michael /Lenz, Thomas: Einfluss der IAS/IFRS auf das Maßgeblichkeitsprinzips, in Steuer und Betrieb (StuB) 2005, Seite 455

Weilbach, Erich A.: Amtliche Gliederung der Überschußrechnung nach § 4 Abs. 3 EStG ohne Rechtsgrundlage, in Der Betrieb (DB) 2005, Seite 578

Wermuth, Horst-Günter: Steuern in den USA, in Recht der Internationalen Wirtschaft (RIW) 1977, Seite 139

Willis, Eugene: West's Federal Taxation, Comprehensive Volume, 1999, Cincinnati

Winkler, Hartmut/Golücke, Martin: Teilwertabschreibungen bei Übertragung von Wirtschaftsgütern, in Betriebs-Berater (BB) 2003, Seite 2602

Winnefeld, Robert: Bilanzhandbuch – Handels- und Steuerbilanz, Rechtsformspezifisches Bilanzrecht, Bilanzielle Sonderfragen, Sonderbilanzen, IFRS/US-GAAP, 4. Auflage, 2006, München

Witner, Larry / See, Linda Y.: Cash Method of Accouting, in Taxes, in The Tax Magazine, 2006, Seite 65

Woerner, Lothar: Die Zurechung von Wirtschaftsgütern zum Betriebsvermögen bei Einzelunternehmern – Der Mitunternehmererlaß vom 20.12.77 – eine „Lebenshilfe" für die Praxis?, in Steuerberaterjahrbuch (StBJb) 78/79, Seite 201

Woerner, Lothar: Notwendiges und gewillkürtes Betriebsvermögen – eine überholte Entscheidung, in Steuerberaterjahrbuch (StBJb) 1989/90, Seite 207

Wolff-Dieppenbrock, Johannes: Zum Nettoprinzip, in Deutsche Steuer Zeitung (DStZ) 1999, Seite 717

Zeitler, Franz-Christoph: Rechnungslegung und Rechtstaat – Übernahme der IAS oder Reform des HGB?, in Der Betrieb (DB) 2003, Seite 1531

Zenthöfer, Wolfgang / Schulze zur Wiesche, Dieter: Einkommensteuer, 9. Auflage, 2007, Stuttgart

Zimmermann, Reimar: Einkommensteuer, 16. Auflage, 2004, Stuttgart

Zodrow, George R. / McLure, Charles E. Jr.: Implementing Direct Consumption Taxes in Developing Countries, in Tax Law Review 1991, Seite 405

Zodrow, George R. / McLure, Charles E. Jr.: A hybrid consumption-based direct tax proposed for Bolivia, in International Tax and Public Finance 1996, Seite 97

Rechtsprechung deutscher Gerichte

BVerfG vom 17.01.1957	Az. 1 BvL 4/54	BVerfGE 6, 55
BVerfG vom 24.06.1958	Az. 2 BvF 1/57	BVerfGE 8, 51
BVerfG vom 14.04.1959	Az. 1 BvL 23/57	BVerfGE 9, 237
BVerfG vom 24.01.1962	Az. 1 BvL 32/57	BVerfGE 13, 290
BVerfG vom 27.02.1962	Az. 2 BvR 510/60	BVerfGE 14, 34
BVerfG vom 14.12.1965	Az. 1 BvR 571/60	BVerfGE 19, 253
BVerfG vom 02.10.1969	Az. 1 BvL 12/68	BVerfGE 27, 58
BVerfG vom 09.02.1972	Az. 1 BvL 16/69	BVerfGE 32, 333
BVerfG vom 02.10.1973	Az. 1 BvR 345/73	BVerfGE 36, 66
BVerfG vom 23.11.1976	Az. 1 BvR 150/75	BVerfGE 43, 108
BVerfG vom 10.12.1980	Az. 2 BvF 3/77	BVerfGE 55, 274
BVerfG vom 03.11.1982	Az. 1 BvR 620/78, 1335/78, 1104/79 und 363/80	BVerfGE 61, 319
BVerfG vom 22.02.1984	Az. 1 BvL 10/80	BVerfGE 66, 214
BVerfG vom 04.10.1984	Az. 1 BVR 789/79	BVerfGE 67, 290
BVerfG vom 17.10.1984	Az. 1 BvR 527/80, 528/81 und 441/82	BVerfGE 68, 143

BFH vom 18.11.1971	Az. IV R 132/66	BStBl. II 1972, 277
BFH vom 07.12.1971	Az. VIII 16/65	BStBl. II 1972, 338
BFH vom 06.12.1972	Az. IV R 4-5/72	BStBl. II 1973, 293
BFH vom 31.08.1972	Az. IV R 93/67	BStBl. II 1973, 51
BFH vom 06.12.1972	Az. IV R 4-5/72	BStBl. II 1973, 293
BFH vom 22.02.1973	Az. IV R 69/69	BStBl. II 1973, 480
BFH vom 10.07.1973	Az. VIII R 34/71	BStBl. II 1973, 786
BFH vom 26.11.1973	Az. GrS 5/71	BStBl. II 1974, 132
BFH vom 13.12.1973	Az. I R 136/72	BStBl. II 1974, 210
BFH vom 18.07.1974	Az. IV R 187/69	BStBl. II 1974, 767
BFH vom 16.01.1975	Az. IV R 180/71	BStBl. II 1975, 526
BFH vom 30.01.1975	Az. IV R 190/71	BStBl. II 1975, 776
BFH vom 19.02.1975	Az. I R 154/73	BStBl. II 1975, 441
BFH vom 27.02.1985	Az. I R 20/82	BStBl. II 1985, 458
BFH vom 12.02.1976	Az. IV R 188/74	BStBl. II 1976, 663
BFH vom 11.03.1976	Az. IV R 185/71	BStBl. II 1976, 380
BFH vom 06.05.1976	Az. IV R 79/73	BStBl. II 1976, 560
BFH vom 27.11.1977	Az. GrS 2-3/77	BStBl. II 1978, 105
BFH vom 28.11.1977	Az. 2-3/77	BStBl. II 1978, 105
BFH vom 02.03.1978	Az. IV R 45/73	BStBl. II 1978, 431
BFH vom 04.08.1977	Az. IV R 119/73	BStBl. II 1977, 866
BFH vom 02.03.1978	Az. IV R 45/73	BStBl. II 1978, 431
BFH vom 01.06.1978	Az. IV R 109/74	BStBl. II 1978, 618
BFH vom 31.10.1978	Az. VIII R 196/77	BStBl. II 1979, 401
BFH vom 23.11.1978	Az. IV R 146/75	BStBl. II 1979, 109
BFH vom 29.03.1979	Az. IV R 1/75	BStBl II 1979, 412
BFH vom 29.03.1979	Az. IV R 103/75	BStBl. II 1979, 512
BFH vom 05.11.1979	Az. IV 145/43	BStBl. II 1980, 146
BFH vom 20.11.1979	Az. VI R 25/78	BStBl. II 1980, 75
BFH vom 13.12.1979	Az. IV R 69/74	BStBl. II 1980, 239
BFH vom 22.01.1980	Az. VIII R 74/77	BStBl. II 1980, 244
BFH vom 12.02.1980	Az. VIII R 114/77	BStBl. II 1980, 494
BFH vom 28.02.1980	Az. V R 138/72	BStBl. II 1980, 309
BFH vom 22.04.1980	Az. VIII R 236/77	BStBl. II 1980, 571
BFH vom 30.09.1980	Az. VIII R 201/78	BStBl. II 1981, 301
BFH vom 30.10.1980	Az. IV R 97/78	BStBl. II 1981, 305
BFH vom 20.11.1980	Az. IV 126/78	BStBl. II 1981, 398
BFH vom 28.11.1980	Az. VI R 193/77	BStBl. II 1981, 368
BFH vom 01.07.1981	Az. I R 134/78	BStBl. II 1981, 780
BFH vom 21.07.1981	Az. VIII R 154/76	BStBl. II 1982, 37

BFH vom 14.01.1982	Az. IV R 168/78	BStBl. II 1982, 345
BFH vom 02.03.1982	Az. VII R 225/80	BStBl. II 1984, 504
BFH vom 18.03.1982	Az. IV R 183/78	BStBl. II 1982, 587
BFH vom 29.04.1982	Az. IV R 95/79	BStBl. II 1982, 593
BFH vom 14.05.1982	Az. VI R 124/77	BStBl. II 1982, 469
BFH vom 29.06.1982	Az. VIII R 6/79	BStBl. II 1982, 755
BFH vom 14.12.1982	Az. VIII R 53/81	BStBl. II 1983, 303
BFH vom 17.09.1982	Az. VI R 75/79	BStBl. II 1983, 39
BFH vom 30.06.1983	Az. IV R 2/81	BStBl. II 1983, 715
BFH vom 13.12.1983	Az: VIII R 64/83	BStBl. II 1984, 426
BFH vom 13.01.1984	Az. VI R 194/80	BStBl. II 1984, 315
BFH vom 14.02.1984	Az. VIII R 221/80	BStBl. II 1984, 480
BFH vom 25.06.1984	Az. GrS 4/84	BStBl. II 1984, 751
BFH vom 25.01.1984	Az. I R 183/81	BStBl. II 1984, 422
BFH vom 08.11.1984	Az. IV R 186/82	BStBl. II 1985, 286
BFH vom 19.12.1984	Az. I R 275/81	BStBl. II 1985, 342
BFH vom 24.01.1985	Az. IV R 155/83	BStBl. II 1985, 255
BFH vom 27.02.1985	Az. I R 20/82	BStBl. II 1985, 458
BFH vom 09.05.1985	Az. IV R 184/82	BStBl. II 1985, 427
BFH vom 24.09.1985	Az. IX R 2/80	BStBl. II 1986, 284
BFH vom 04.03.1986	Az. VIII R 188/84	BStBl. II 1984, 373
BFH vom 17.04.1986	Az. IV R 115/84	BStBl. II 1986, 607
BFH vom 20.08.1986	Az. I R 29/85	BStBl. II 1987, 109
BFH vom 24.07.1986	Az. IV R 309/84	BStBl. II 1987, 16
BFH vom 20.08.1986	Az. I R 80/83	BStBl. II 1986, 904
BFH vom 23.09.1986	Az. IX R 113/82	BStBl. II 1987, 219
BFH vom 21.11.1986	Az. VI R 137/83	BStBl. II 1987, 262
BFH vom 05.02.1987	Az. IV R 105/84	BStBl. II 1987, 448
BFH vom 17.09.1987	Az. IV R 49/86	BStBl. II 1988, 327
BFH vom 08.10.1987	Az. IV R 56/85	BStBl. II 1988, 440
BFH vom 11.11.1987	Az. I R 7/84	BStBl. II 1988, 424
BFH vom 11.12.1987	Az. III R 204/84	BFH/NV 1988, 296
BFH vom 03.12.1987	Az. IV R 41/5	BStBl. II 1988, 266
BFH vom 14.04.1988	Az. IV R 86/86	BStBl. II 1988, 633
BFH vom 22.07.1988	Az. III R 175/85	BStBl. II 1988, 995
BFH vom 24.01.1989	Az. VIII R 74/84	BStBl. II1989, 419
BFH vom 16.03.1989	Az. IV R 153/86	BStBl. II 1989, 557
BFH vom 26.04.1989	Az. I R 147/84	BStBl. II 1991, 213
BFH vom 09.08.1989	Az. I B 118/88	BStBl. II 1990, 175
BFH vom 13.09.1989	Az. I R 117/87	BStBl. II 1990, 57

BFH vom 13.10.1989	Az. III R 30-31/85	BStBl. II 1990, 287
BFH vom 14.11.1989	Az. IX R 197/84	BStBl. II 1990, 299
BFH vom 21.11.1989	Az. IX R 170/85	BStBl. II 1990, 310
BFH vom 02.02.1990	Az. III R 173/86	BStBl. II 1990, 497
BFH vom 25.04.1990	Az. X R 135/87	BStBl. II 1990, 742
BFH vom 04.07.1990	Az. GrS 2-3/88	BStBl II 1990, 817
BFH vom 04.07.1990	Az. GrS 1/89	BStBl. II 1990, 830
BFH vom 12.07.1990	Az. IV R 137-138/89	BStBl. II 1991, 13
BFH vom 28.09.1990	Az. III R 51/89	BStBl. II 1991, 27
BFH vom 12.01.1990	Az. VI R 154/76	BStBl. II 1990, 423
BFH vom 15.11.1990	Az: IV R 103/89	BStBl. II 1991, 228
BFH vom 06.03.1991	Az. X R 57/88	BStBl. II 1991, 829
BFH vom 22.05.1991	Az. I R 32/90	BStBl. II 1990, 94
BFH vom 19.06.1991	Az. I R 37/90	BStBl. II 1991, 914
BFH vom 23.08.1991	Az. VI B 44/91	BFH/NV 1992, 512
BFH vom 08.10.1991	Az. VIII R 48/88	BStBl. II 1992, 174
BFH vom 12.02.1992	Az. X R 121/88	BStBl. II 1992, 468
BFH vom 12.03.1992	Az. IV R 29/91	BStBl. II 1993, 36
BFH vom 10.06.1992	Az. I R 9/91	BStBl. II 1993, 41
BFH vom 29.06.1993	Az. VIII R 69/93	BStBl. II 1995, 725
BFH vom 22.09.1993	Az. X R 37/91	BStBl. II 1994, 172
BFH vom 24.09.1993	Az. X R 37/91	BStBl. II 1994, 172
BFH vom 01.10.1993	Az. III R 32/92	BStBl. II 1994, 179
BFH vom 26.08.1993	Az. IV R 127/91	BStBl. II 1994, 232
BFH vom 29.03.1994	Az. VIII R 7/9	BStBl. II 1994, 843
BFH vom 30.03.1994	Az. I R 124/93	BStBl. II 1994, 852
BFH vom 18.05.1994	Az. I R 59/93	BStBl. II 1995, 54
BFH vom 12.10.1994	Az. X R 192/93	BFH/NV 1995, 587
BFH vom 25.10.1994	Az. VIII R 79/91	BStBl. II 1995, 121
BFH vom 09.11.1994	Az. II R 87/92	BStBl. II 1995, 83
BFH vom 30.01.1995	Az. GrS 4/92	BStBl. II 1995, 281
BFH vom 16.02.1995	Az. IV R 29/94	BStBl. II 1995, 635
BFH vom 08.03.1995	Az. IV R 87/92	BStBl. 1994, 176
BFH vom 26.09.1995	Az. VIII R 35/93	BStBl. II 1996, 273
BFH vom 16.12.1995	Az. IV R 29/94	BStBl. II 1995, 635
BFH vom 01.10.1996	Az. VIII R 40/94	BFH/NV 97, 403
BFH vom 18.12.1996	Az. XI R 52/95	BStBl. II 1997, 351
BFH vom 19.02.1997	Az. XI R 1/96	BStBl. II 1997, 399
BFH vom 30.07.1997	Az. I R 11/96	BFH/NV 1998, 308
BFH vom 12.11.1997	Az. XI R 30/97	BStBl. II 1998, 252

Rechtsprechung des EuGH

EuGH vom 27.06.1996   Az. C-234/94   Deutsches Steuer
                                                   Recht, 1996, 1093

Rechtsprechung US-amerikanischer Gerichte

Allen versus United States	541 F2d 786 (1996)
American Automobile Association versus United States	367 US 687 (1961)
American Dispenser Co. versus Commissioner	396 F2d 137 (1968)
American Flechter Cor. versus United States	832 F2d 436 (1987)
Ansley-Sheppard-Burgess Co. versus CIR	104 TC 367 (1995)
Automobile Club of Michigan versus Commissioner	353 US 180 (1957)
Ames versus Commissioner	112 TC 304 (1999)
Basila versus Commsioner	36 TC 111 (1961)
Baxter versus Commsioner,	816 F2d 493 (1987)
Blumeyer versus Commissioner,	TC Memo 1992-647 (1992)
Bilar Tool & Die Corp. versus Commissioner	530 F2d 708 (1979)
Birch Ranch Oil Coporation,	3 TCM 378 (1944)
	152 F2d 874 (1946)
	328 US 863 (1946)
Briarcliff Candy Corp. versus Commissioner	475 F2d 775 (1973)
Bright versus United States	91-1 USTC 50, 142 (1991)
Brown versus Helvering	291 US 193 (1934)
Burnet versus Sanford & Brooks Co.	282 US 359 (1931)
Caldwell versus Commissioner	202 F2d 112 (1953)
Capitol Federal Savings & Loan versus Commissioner	96 TC 204 (1991)
Cesarini versus United States	296 F.Supp.3 (1969)
Cincinnati, New Orleans and Texas Pacific Railway Co. versus United States	424 F2d 563 (1970)
Cole versus Commissioner	586 F.2d 747 (1978)
Colorado Springs National Bank versus United States	505 F2d 1185 (1974)
Commissioner versus Boylston Market Assossiation	131 F2d (1942)
Commissioner versus Glenshaw Co.	348 US 426 (1955)
Commissioner versus Indianapolis Power & Light Co.	493 US 203 (1990)
Commissioner versus Lincoln Sav. & Loan Association	403 US 345 (1971)
Commissioner versus Smith	324 US 177 (1945)
Commissioner versus Wilcox	327 US 404 (1946)

Cowden versus Commissioner	289 F2d 20 (1961)
Davis versus Commissioner	TC Memo 1978, 12 (1978)
Dean versus Commissioner	187 F.2d 1019 (1951)
Decision Inc. versus Commsioner	47 TC 58 (1966)
Eisner versus Macomber	252 US 189, 206 (1920)
Electric Co. versus Commisioner	192 F2d 159 (1951)
Fall River Gas Appliance Co. versus Commissioner	349 F2d 515 (1965)
Hagen Advertising Displays Inc. versus Commissioner	407 F2d 1105 (1969)
Hamilton Indus. Inc. versus Commissioner	97 TC 120 (1991)
Havley versus United States	513 F.2d (1975)
Hevering versus Price	309 US 409 (1939)
Hooper versus Commissioner	TC Memo 1995, 108 (1995)
Hornung versus Commissioner	47 TC 428 (1967)
George W. Johnson	25 TC 499 (1955)
Gilbert versus Commissioner	552 F2d 478 (1977)
Gillis versus United States	402 F2d, 501 (1968)
Glenn versus Kenntucky Colour & Chem. Co.	186 F2d 975 (1977)
Havley versus United States	513 F.2d (1975)
Helvering versus Bruun	309 US 461 (1940)
Helvering versus Horst	311 US 112 (1940)
Huntington Sec. Corp. versus Bursey	112 F2d 368 (1940)
Jack's Cookie Co. s. United States	597 F2d 395 (1979)
	444 US 899 (1979)
James V. Cole	64 TC 1091 (1975)
	586 F2d 747 (1978)
	441 US 924 (1979)
James versus United States,	366 US 213 (1961)
Jerry Fong	48 TCM 689 (1984)
Jones Lumber Corporation versus Commissioner	404 F2d 764 (1968)
Kenneth H. van. Raden	71 TC 1083 (1979)
	650 F2d 1046 (1981)
Koebig & Koebig, Inc.	23 TCM 170 (1964)
Marquardt Corporation,	39 TC 443 (1962)
Minor versus United States	772 F2d 1472 (1985)
Mulholland versus United States	92-1 USTC 267 (1992)
North American versus Burnet	286 US 417 (1932)
North Carolina Granite Corp. versus Commsioner	43 TC 149 (1964)
Old Colony Trust Company versus Commissioner	279 US 719 (1929)
Osterloh versus Lucas	37 F2d 277 (1930)

Paul versus Commsioner	TC Memo 1992, 582 (1992)
RECO Indus. Versus Commissioner	83 TC 912 (1984)
Reed versus Commissioner	723 F2d 138 (1983)
Richard M. Evans	55 TCM 902 (1988)
RLC Industries versus CIR	98 TC 457 (1992)
	58 F3d 413 (1995)
Rosenberg versus United States	295 F Sup. 820 (1969)
	422 F2d 341 (1953)
Rutkin versusUnited States	363 US 130 (1952)
Schlude versus Commissioner	372 US 128 (1963)
Spoull versus Commissioner	194 F2d 541 (1952)
Tampa Bay Devils Rays Ltd.	TC Memo 2002-248 (2002)
Thor Power Tool Co. versus Commissioner,	439 US 522 (1979)
Towers Warehouse Inc.	6 TCM 59 (1947)
United States versus Anderson	269 US 422 (1926)
United States versus Akin	248 F2d (1957)
	355 US 956 (1958)
United States Freightways Corporation versus Commissioner	270 F3d 1137 (2001)
United States versus Hughes Properties	476 US 593 (1986)
United States versus Kirby Lumber Co	284 US 1 (1931)
United States versus Lewis	340 US 590 (1951)
Warren Jones Cooperation versus Commissioner	524 F2d 788 (1975)
	TC Memo 2003-175 (2003)
Watson versus Commissioner	613 F2d 594 (1980)
Waldheim Realty & Inv. Corp. versus Commissioner	245 F2d 823 (1957)
William H. White Sr.	12 TCM 996 (1953)
Young Door Co. versus Commissioner	40 TC 890 (1963)
Zaninovich versus Commissioner	616 F2d 429 (1980)

Internetadressen

http://www.access.gpo.gov/nara/cfr/waisidx_98/26cfrv1_98.html
http://www.archives.gov/national-archives-experience/charters/constitution_
    amendments_11-27.html#16
http://www.fasb.org/.

http://www.frc.org.uk/asb/
http://www.iasb.org/Home.htm
www.irs.gov
http://www.standardsetter.de/drsc/news/news.php
http://en.wikipedia.org/wiki/Steve_Forbes
http://www.4president.org/brochures/steveforbes1996brochure.htm;
http://www.4president.org/brochures/steve forbes2000brochure.htm
http://www.law.cornell.edu/uscode/html/uscode26/usc_sup_01_26_10_A.html
http://www.access.gpo.gov/nara/cfr/waisidx_98/26cfrv1_98.html

Magnus Müller

Das interpersonale Korrespondenzprinzip im Einkommensteuerrecht – Eine steuersystematische Betrachtung

Frankfurt am Main, Berlin, Bern, Bruxelles, New York, Oxford, Wien, 2007.
XIX, 311 S.
Europäische Hochschulschriften: Reihe 2, Rechtswissenschaft. Bd. 4543
ISBN 978-3-631-56602-6 · br. € 59.70*

Die Arbeit befasst sich mit dem interpersonalen Korrespondenzprinzip im Einkommensteuerrecht. Kernaussage dieses Prinzips ist, dass bestimmte Leistungen zwischen zwei Steuerpflichtigen, insbesondere Unterhalts- und Versorgungsleistungen, hinsichtlich ihrer Abziehbarkeit auf Geberseite und der Steuerbarkeit auf Empfängerseite entsprechend zu behandeln sein sollen. Der Autor stellt das interpersonale Korrespondenzprinzip anhand der tragenden verfassungsrechtlichen Prinzipien des Einkommensteuerrechts in Frage und gelangt unter Berücksichtigung des Leistungsfähigkeitsprinzips und des mit ihm verbundenen Grundsatzes der Individualbesteuerung zu dem Ergebnis, dass eine interpersonale Korrespondenz lediglich Folge, nicht aber Voraussetzung einer sachgerechten Besteuerung nach der individuellen Leistungsfähigkeit sein kann.

Aus dem Inhalt: Steuerbarkeit und Abziehbarkeit von Unterhaltsleistungen, Versorgungsleistungen und anderen wiederkehrenden Bezügen · Historische Grundlagen des Korrespondenzprinzips · Realsplitting bei Geschiedenenunterhalt · Reform der Familienbesteuerung · Vermögensübergabe gegen Versorgungsleistungen, insbesondere Gestaltungsmöglichkeiten

Frankfurt am Main · Berlin · Bern · Bruxelles · New York · Oxford · Wien
Auslieferung: Verlag Peter Lang AG
Moosstr. 1, CH-2542 Pieterlen
Telefax 0041 (0)32/376 17 27

*inklusive der in Deutschland gültigen Mehrwertsteuer
Preisänderungen vorbehalten
Homepage http://www.peterlang.de

Peter Lang · Internationaler Verlag der Wissenschaften